国家物流与供应链系列报告

中国供应链发展报告
(2023—2024)

中国物流与采购联合会　组织编写

彭新良　主　编

马天琦　副主编

中国财富出版社有限公司

图书在版编目（CIP）数据

中国供应链发展报告. 2023-2024 / 中国物流与采购联合会组织编写；彭新良主编；马天琦副主编. --北京：中国财富出版社有限公司，2024. 8. --（国家物流与供应链系列报告）. --ISBN 978-7-5047-8208-3

Ⅰ. F259. 21

中国国家版本馆 CIP 数据核字第 2024DK0137 号

策划编辑	王　靖	**责任编辑**	刘　斐　陈　嘉	**版权编辑**	李　洋
责任印制	尚立业	**责任校对**	杨小静	**责任发行**	敬　东

出版发行	中国财富出版社有限公司		
社　　址	北京市丰台区南四环西路 188 号 5 区 20 楼	**邮政编码**	100070
电　　话	010－52227588 转 2098（发行部）		010－52227588 转 321（总编室）
	010－52227566（24 小时读者服务）		010－52227588 转 305（质检部）
网　　址	http：//www. cfpress. com. cn	**排　　版**	宝蕾元
经　　销	新华书店	**印　　刷**	宝蕾元仁浩（天津）印刷有限公司
书　　号	ISBN 978-7-5047-8208-3/F・3700		
开　　本	787mm×1092mm　1/16	**版　　次**	2024 年 8 月第 1 版
印　　张	24. 5	**印　　次**	2024 年 8 月第 1 次印刷
字　　数	508 千字	**定　　价**	158. 00 元

《中国供应链发展报告（2023—2024）》

编　委　会

《中国供应链发展报告（2023—2024）》

编　写　组

主　　编：

彭新良　中国物流与采购联合会采购与供应链管理专业委员会常务副主任

副 主 编：

马天琦　中国物流与采购联合会采购与供应链管理专业委员会研究部主任

编 写 组：（按姓名首字母排序）

鲍文韬　蔡鸿亮　陈冠竹　陈　希　陈啸风　程建宁　程敏勇

程秀昌　丛威龙　范　伟　符健博　高　峰　宫佩辰　郭青松

贺　舟　侯海云　贾文灿　蒋抱阳　李　超　李　威　李　伟

刘高杨　刘婷婷　刘治华　柳晓莹　陆嘉俊　马林霞　马潇宇

潘孝成　陶　敏　佟希飞　王春阳　王建民　王金多　王丽波

王　茂　王振超　吴　江　吴树贵　夏　烨　谢　娟　熊　霜

徐晓晗　姚　锐　叶虹麟　殷积锋　袁上力　月　球　岳　文

张森林　张栩凡　张泽明　张珠君　周天成　周　晓　朱闪闪

参编单位：（按公司名首字母排序）

安徽同徽信息技术有限公司

鞍山钢铁集团有限公司

安永（中国）企业咨询有限公司

北京道可特（上海）律师事务所

北京国联视讯信息技术股份有限公司

北京京邦达贸易有限公司（京东物流）

北京外国语大学国际商学院

北京物资学院物流学院

重庆精耕企业管理咨询有限公司

重庆青山工业有限责任公司

多点智联（北京）科技有限公司

富士康工业互联网股份有限公司

海信集团控股股份有限公司

河北清华发展研究院智能机器人产业发展中心

华世界（深圳）网络科技有限公司

华信咨询设计研究院有限公司

蓝幸软件（上海）有限公司

联想（北京）有限公司

隆道（成都）信息技术研究院

内蒙古伊利实业集团股份有限公司

上海冬忍机器人技术有限公司

上海华能电子商务有限公司

深圳市朗华供应链服务有限公司

深圳市益普科技有限公司

卧龙电气驱动集团股份有限公司

用友网络科技股份有限公司

浙江菜鸟供应链管理有限公司

中采物联（北京）供应链管理咨询有限公司

中国船舶集团有限公司第七一一研究所

中国科学院大学经济与管理学院

中国科学院信息工程研究所

中国南方航空集团有限公司采购管理部

中国物流与采购联合会采购与供应链管理专业委员会

中国移动通信集团供应链管理中心

中国移动通信集团陕西有限公司

中国移动信息技术有限公司

中科云谷科技有限公司

中铁物贸集团有限公司

中兴通讯股份有限公司

序　言

2023—2024 年是实现“十四五”规划目标任务的关键两年。回顾 2023 年，中国供应链展现了强大的韧性和恢复力。在当前世界经济复苏乏力、国际局势变乱交织的大背景下，中国稳中求进、以进促稳，“稳”与“进”的衔接激发了新动能，“内”与“外”的循环塑造了新格局，既实现了总量增长，也实现了结构变化，放眼全球仍然是“风景这边独好”。

2024 年新年伊始，《政府工作报告》中就提出了“推动产业链供应链优化升级”“增强产业链供应链韧性和竞争力”“维护产业链供应链安全稳定”“加快形成绿色低碳供应链”等重点任务。“大力推进现代化产业体系建设，加快发展新质生产力”被列为 2024 年中国政府工作十大任务之首，该任务包含三项子任务，第一项便是“推动产业链供应链优化升级”。这体现了国家对产业链供应链发展的高度重视和更高期望。中共中央政治局 2024 年 4 月 30 日会议上再次强调“在更大范围内联动构建创新链、产业链、供应链”。面对异常复杂的国际环境和内外部压力，中国不断把供应链优势转换为经济发展势能，继续行稳致远。上半年新动能持续增强，高质量发展扎实推进，呈现增长较快、结构优化、质效向好的开局。

在这两年间，习近平总书记多次强调发展“新质生产力”，“要围绕发展新质生产力布局产业链，提升产业链供应链韧性和安全水平，保证产业体系自主可控、安全可靠”。新质生产力是由技术革命性突破、生产要素创新性配置、产业深度转型升级而催生的当代先进生产力，它以劳动者、劳动资料、劳动对象及其优化组合的质变为基本内涵，以全要素生产率提升为核心标志。

在供应链领域培育新质生产力，需要从人才队伍、生产关系、技术创新三个方面着手。近两年中国物流与采购联合会（以下简称“中物联”）也在这些方面做了一些工作。中物联是国务院政府机构改革过程中，经国务院批准设立的中国唯一一家物流、采购与供应链领域的综合性社团组织，推动供应链创新与应用是我们的一贯使命。中物联始终致力于传播、推广先进供应链管理理念、技术和经验，研究制定供应链标准和规范，开展与供应链有关的国际交流合作。

在人才队伍建设方面，中物联一方面更新了“供应链管理专家（SCMP）”知识体系，另一方面继续组织“第五届全国供应链大赛”。2023 年发布的新版 SCMP 坚持可持续更新和专业化方向、与国际接轨的原则，组织 40 多位国内顶级专家，历经两年多精心开发而成，旨在为广大企业的采购、物流、运营、计划等与供应链相关岗位的人员提供一套权威的认证知识体系，协助中国供应链企业打造能够创造新质生产力的战略人才和能够熟练掌握新质生产资料的应用型人才。历年的供应链管理大赛，则是通过实战模拟，促进供应链人员深入理解供应链的协同思维，提高数据决策能力，提升供应链运营专业水平，从而达到以赛促学、以赛育人、以赛增效的目的。

在塑造新生产关系方面，中物联持续为商务部、工信部、国家发展改革委、国资委等部委提出政策建议，始终致力于优化我国供应链发展体制机制。中物联与商务部等八单位继续联合开展全国供应链创新与应用示范创建工作，2024 年 3 月评选公布了第三批示范创建单位名单，引领我国供应链模式创新、理论创新。

在供应链技术创新方面，中物联重点关注与供应链有关的前沿设备、产品、科技等。中物联每年组织评选“科学技术奖”，尤其聚焦新一代信息技术、人工智能等前沿技术在供应链领域的应用；中物联参与制定了许多供应链领域的标准，如《企业采购供应链数字化成熟度模型》，为广大企业的供应链创新应用提供可靠参考；中物联每年组织承办的数十个大型论坛更是覆盖了供应链发展的各大垂直领域，为先进企业经验提供推广平台。

《中国供应链发展报告》是中物联组织编写出版的年度蓝皮书，收录了我国最前沿的供应链理论研究成果与实践经验。每年的发展报告从宏观、中观、微观三个层次着笔，总结该年度我国供应链发展轨迹。在《中国供应链发展报告（2023—2024）》中，经过公开征集、专家遴选、多方论证，我们总结提炼了最具代表性的 5 个词组，来描述 2023—2024 年中国供应链发展趋势，它们分别是：供应链协同价值、供应链韧性增长、供应链智能升级、供应链 ESG 发展、供应链标准建设。对这 5 个趋势，编委会在综合报告中一一进行了详细的解读，在此不予赘述。在每个趋势主题篇中，都精选了不同领域、不同视角的报告。除此之外，本书还收录了华为、伊利、菜鸟、南航、联想、富士康、多点等企业的供应链创新案例，可谓是我国产业链供应链学界、业界的智慧凝练。

这本发展报告在编写过程中，得到了业内专家和供应链领域知名企业、资深人士的广泛支持，在此我代表中国物流与采购联合会，对长期以来一直关注和支持协会工作的专家学者、研究机构和行业同人，表示衷心的感谢！

供应链的创新不止，中国物流与采购联合会的脚步不停。希望《中国供应链发展报告》能够引导我国广大供应链企业实现模式创新和转型升级，为构建协同化、标准化、数字化、绿色化、全球化的现代供应链体系提供参考和借鉴。希望《中国供应链发展报告》能够为政府供应链有关部门、供应链研究人员、各垂直行业中的供应链从业人员提供有益参考。希望《中国供应链发展报告》能够得到越来越多业界同人的关心和帮助，让更多、更新、更丰富的理论研究与实践创新呈现在中国供应链人面前。

蔡　进

中国物流与采购联合会副会长、

国际采购与供应管理联盟全球副主席

目　录

上篇　宏观报告

中篇　趋势专题报告

趋势一：供应链协同价值

趋势四：供应链 ESG 发展

趋势五：供应链标准建设

下篇　企业案例

上篇

宏观报告

第 1 章　2023—2024 年中国供应链大事件

（按时间顺序排列）

一、新冠病毒感染由“乙类甲管”调整为“乙类乙管”，有利于供应链复苏

自 2023 年 1 月 8 日起，新冠病毒感染由“乙类甲管”调整为“乙类乙管”，这是我国新冠疫情防控政策的一次重大调整，防疫的工作重心从“防感染”转向“保健康、防重症”。本次新政的主要调整内容为：对新冠病毒感染者不再实行隔离措施，不再判定密切接触者；不再划定高低风险区；对新冠病毒感染者实施分级分类收治并适时调整医疗保障政策；检测策略调整为“愿检尽检”；调整疫情信息发布频次和内容；不再对入境人员和货物等采取检疫传染病管理措施。

二、国家级智能制造标准应用试点项目下达，5 个供应链项目位列其中

2023 年 1 月 17 日，国家标准化管理委员会和工业和信息化部发布关于下达 2022 年度智能制造标准应用试点项目的通知，5 个“供应链协同”方向项目位列其中，分别是“基于平台化的智慧供应链标准应用试点”“钢铁行业智慧供应链方向智能制造标准应用试点”“汽车行业智慧供应链协同标准应用试点”“电气行业供应链协同智能制造标准应用试点”“客车制造供应链协同智能制造标准应用试点”。通过在试点企业中实施标准化工作，将形成一批可复制、可推广的标准应用经验，为全国范围内的制造业企业提供参考和借鉴。

三、首届中国—中亚峰会西安召开，推动区域供应链发展

5 月 18 日至 19 日，中国—中亚峰会在陕西西安举行。习近平主席与中亚五国领导人共同探讨深化合作之道，并签署了多项重要协议。此次峰会旨在构建更加紧密的中国—中亚命运共同体，为地区和平与发展注入新动力。峰会达成了包括《中国—中亚峰会西安宣言》和《中国—中亚峰会成果清单》在内的 7 份重要文件，为深化政治、经济、安全等领域合作奠定了基础。100 余份合作协议的签署，涵盖贸易、投资、交通、能源、农业等多个领域，展现了合作的广阔前景。此次峰会成果丰硕，不仅推动

了中国与中亚国家的紧密关系，也为构建人类命运共同体注入了新的活力。期待未来中国与中亚国家在各领域的合作取得更加丰硕的成果。

四、全球最大半导体存储制造商之一美光公司在华销售的产品未通过网络安全审查，危害我国关键信息基础设施供应链安全

5 月 21 日，国家互联网信息办公室发布对美光公司在华销售产品的网络安全审查结果。结果显示，美光公司产品存在严重网络安全问题隐患，对我国关键信息基础设施供应链构成重大安全风险，威胁国家安全。因此，网络安全审查办公室依法作出不予通过网络安全审查的决定。根据《中华人民共和国网络安全法》等相关法律法规，我国关键信息基础设施的运营者必须停止采购美光公司的产品。据悉，美光公司是全球最大的半导体储存及影像产品制造商之一，其产品广泛应用于信息储存等领域。

五、Gartner 2023 全球供应链 TOP25 重磅出炉，联想位列第 8，阿里巴巴排名第 23 位

5 月 25 日凌晨，Gartner 公布了 2023 年全球供应链 TOP25 榜单。施耐德电气首次登上榜首，美国思科公司排名第二，高露洁棕榄位列第三，联想集团和阿里巴巴两家中国公司再度上榜，联想升至第 8 位，阿里巴巴排名第 23 位。在供应链大师榜单中，亚马逊、苹果、宝洁和联合利华四家公司仍然位列其中，往年被评为“大师级”的麦当劳跌落至第 20 名。

六、国产大型客机 C919 首次商业载客飞行成功，实现大型客机供应链自主可控

5 月 28 日，国产大型客机 C919 开启全球首次商业载客飞行，首飞由中国东方航空 MU9191 航班执飞，搭载 130 余名旅客从上海虹桥机场起飞飞往北京首都机场。执行商业首飞的 C919 飞机注册号为 B-919A，“B”代表飞机的中国国籍，“919”和型号名称契合，“A”则有首架之意，全机为 164 座两舱布局，并在机身前部印有“全球首架”的“中国印”标识和对应英文。未来，东航首架 C919 大型客机将在上海虹桥—成都天府航线上实行常态化商业运行，这一里程碑事件标志着国家大飞机重大专项中大型客机项目的成功，也意味着我国首架商飞“大飞机”C919 正式进入商业运营阶段。

七、八部门联合发布 28 条举措，全面促进民营经济发展，提升我国供应链生态圈活力

7 月 28 日，国家发展改革委、工信部、财政部等八部门联合推出 28 条具体举措，全面发力促进民营经济发展。此举旨在增强市场活力，解决民营经济发展中面临的突出问题，激发其内在活力，提振发展信心。这些举措涵盖了促进公平准入、强化要素支持、加强法治保障、优化涉企服务和营造良好氛围等多个方面，从而为民营企业创造一个更加公平、透明、有活力的营商环境，推动破解民营经济发展中面临的突出问题，激发民营经济发展活力，提振民营经济发展信心。

八、五部门开展2023年度智能制造试点示范，建设一批智能制造示范工厂和智慧供应链

8月1日，为深入实施《“十四五”智能制造发展规划》，工业和信息化部、国家发展改革委、财政部、国务院国资委、市场监管总局联合宣布启动2023年度智能制造试点示范行动。此次行动旨在通过揭榜挂帅的方式，遴选并建设一批具有标杆意义的智能制造示范工厂和智慧供应链，同时在各行业、各领域树立一批领军企业，以推动智能制造向更高质量、更高水平发展。

九、美国发布对外投资审查行政令，严重扰乱全球产业链供应链稳定，商务部、外交部相继回应表示密切关注

8月10日，美国白宫发布对外投资审查行政令，该命令对投资于中国某些特定领域的资本实施了更为严格的限制措施。新政要求，任何涉及与中国实体进行国家安全相关技术交易的美国企业或个人，必须向美国政府进行事先通报。此外，新政还禁止美国企业或个人进行某些敏感技术的交易。对此，中国商务部于第一时间发表声明，表示美方此举严重背离了其一贯提倡的市场经济和公平竞争原则。美方打着“去风险”的幌子，实质上是在投资领域搞“脱钩断链”，严重扰乱全球产业链供应链稳定。中国外交部也对此表示严重关切，强调希望美方能够尊重市场经济规律和公平竞争原则，既不要人为阻碍全球经贸交流与合作，更不要为世界经济的恢复增长设置障碍。中方将密切关注这一政策的后续发展，并坚决维护自身权益。

十、无视国际呼声，日本政府决定启动福岛核废水排海计划，严重影响海产品供应链

8月24日，日本政府在面临国内外广泛的担忧和反对声音中，决定启动福岛核电站核废水排入海洋的计划。根据东京电力公司（东电）的排海方案，计划在接下来的17天里，每天排放约460吨核废水，并预计随后会逐步增加排放量。东电公司在2023年的计划中，预计将排放超过3万吨的核废水，这相当于清空30个储存罐。目前，福岛第一核电站内储存的核废水总量约为134万吨，并且这个数字每天仍在增长。这一决策已经引起了国际社会的广泛关注和讨论。

十一、未发布先销售，华为 Mate 60 Pro 提前开售，标志着我国手机供应链实现自主可控

8 月 29 日，华为在一封庆祝其 Mate 系列手机累计销售量达到一亿台的公告中，提前低调发布了 Mate 60 系列的新款手机。Mate 60 Pro 装载了华为自主研发的鸿蒙 4.0 操作系统，并整合了盘古 AI 大模型。它基于先进的玄武架构，采用了第二代昆仑玻璃，使其抗冲击能力提高了 5 倍。值得注意的是，Mate 60 Pro 是全球首款支持卫星通信的主流智能手机，能够在没有地面网络信号的情况下通过卫星拨打和接听电话，大幅扩展了其功能应用范围。这次的新品发售是继春季 P60 发布后 Mate 系列新机的再次亮相，意味着华为的手机业务正在逐步恢复和发展。

十二、新版“供应链管理专家（SCMP）”系列丛书正式出版发行

9 月 20 日，新版“供应链管理专家（SCMP）”系列丛书由人民邮电出版社正式出版发行，本次系列丛书包含 3 册必修教材、3 册选修教材以及 1 册术语集。该认证项目由 40 多位国内顶级专家历时 10 年精心开发，是国内唯一拥有自主知识产权的供应链管理职业认证项目。项目立足于供应链管理职业教育，努力贯彻《国务院办公厅关于积极推进供应链创新与应用的指导意见》关于供应链人才培养的部署，坚持可持续更新和专业化方向、与国际接轨的原则，为广大企业的采购、物流、运营、计划等与供应链相关岗位的人员提供一套权威的认证知识体系。

十三、“第四届全国供应链大赛”（企业组）完赛

10 月 10 日，备受瞩目的“第四届全国供应链大赛”（企业组）获奖名单揭晓。这场由中国物流与采购联合会主办的盛大赛事经过数月的激烈角逐，共吸引了 80 余家优秀企业、153 支精英队伍踊跃参与。经过初赛和决赛的严格选拔，最终脱颖而出一等奖 20 名、二等奖 30 名、三等奖 50 名。同时，为表彰组织工作出色的单位，还评选出 10 个最佳组织奖和 1 个卓越组织奖。这场大赛不仅是对企业供应链管理能力的全面检阅，更是推动行业交流与发展的重要平台。

十四、《共建“一带一路”：构建人类命运共同体的重大实践》白皮书重磅发布，诠释区域供应链发展成果

10 月 10 日，国务院新闻办公室发布《共建“一带一路”：构建人类命运共同体的重大实践》白皮书。白皮书指出，共建“一带一路”倡议源于中国，更属于世界。这一倡议创造性地传承和弘扬了古丝绸之路精神，赋予其新的时代内涵，为构建人类命运共同体提供了实践平台。10 年来，在各方的共同努力下，共建“一带一路”从理念转化为行动，从愿景转变为现实，成为深受欢迎的国际公共产品和国际合作平台。这一倡议不仅给参与国家带来了实实在在的利益，也为推动经济全球化健康发展、破解全球发展难题和完善全球治理体系作出了积极贡献。中国愿与各国一道，坚定不移地推动高质量共建“一带一路”，落实全球发展倡议、全球安全倡议、全球文明倡议，共同构建一个持久和平、普遍安全、共同繁荣、开放包容、清洁美丽的世界。

十五、中美元首在旧金山会晤，全球供应链发展趋势不可逆

在 11 月 15 日举行的中美元首会晤中，国家主席习近平与美国总统拜登在美国旧金山斐洛里庄园进行了深入交流。两位领导人就中美关系的战略性、全局性问题以及影响世界和平与发展的重大议题进行了坦诚的讨论。习近平强调，面对当前世界百年未有之大变局，中美两国面临加强合作或分裂对抗的选择。他指出，中美关系的重要性不容忽视，双方应共同努力，避免冲突和对抗。习近平提出中美应共同建设五大支柱：互相尊重、有效管理分歧、推动互利合作、承担大国责任，以及促进人文交流。他还深入讲解了中方对台湾问题的原则立场，强调中国对和平统一的承诺。拜登对习近平的访问表示欢迎，并强调美中关系的重要性。他重申了在巴厘岛会晤中的承诺，表明美国不寻求新冷战或改变中国体制，不支持“台独”，并希望避免与中国的冲突。这次会晤被视为中美关系新起点，两国领导人同意继续保持联系，并指导双方团队落实本次会晤达成的新愿景。

十六、首届中国国际供应链促进博览会于北京开幕

11 月 28 日至 12 月 2 日期间，首届中国国际供应链促进博览会（以下简称“链博会”）于北京顺义区的中国国际展览中心盛大开幕。国务院总理李强于 11 月 28 日亲临链博会开幕式暨全球供应链创新发展论坛，并发表主旨演讲。本次链博会以“链”为名，以“链接世界共创未来”为主题，旨在促进上中下游产业的衔接、大中小企业之间的融通、产学研用各环节的协同，以及中外企业间的互动合作。在展览部分，精心设置了智能汽车链、绿色农业链、清洁能源链、数字科技链、健康生活链五大链条，以及供应链服务展区。共有 515 家中外企业和机构参与其中，其中不乏已经预约第二届链博会展位的展商，显示出链博会的强大吸引力和深远影响力。

十七、中央经济工作会议在北京举行，会议指出要提升产业链供应链韧性和安全水平

12 月 11 日至 12 日期间，中央经济工作会议在北京举行。中共中央总书记、国家主席、中央军委主席习近平出席会议并发表重要讲话。中共中央政治局常委李强、赵

乐际、王沪宁、蔡奇、丁薛祥、李希出席会议。会议提出“五个要求”“九个任务”，强调2024年要围绕推动高质量发展，突出重点，把握关键，扎实做好经济工作。会议指出，要完善新型举国体制，实施制造业重点产业链高质量发展行动，加强质量支撑和标准引领，提升产业链供应链韧性和安全水平，积极稳妥推进碳达峰碳中和，加快打造绿色低碳供应链。

十八、巴拿马运河遭遇持续旱情，全球供应链稳定受到负面影响

每年4月到11月是巴拿马运河的雨季。但2023年雨季期间，运河降雨同比减少41%。从12月起，巴拿马运河每天可预约通行的船舶数量由7月的32艘减少为22艘，到2024年2月之前可能进一步下调到每天18艘。船舶通行量减少导致通行效率降低和等待时间延长。据悉，船舶等待通行的平均时间已从11月初的4.3天延长到12月的11.7天。专家预测，当地旱情在2024年可能持续下去，短期内巴拿马运河的通行条件难以得到改善。巴拿马运河管理局已提醒，至少在2028年之前，将保留一定程度的限制通行措施。运河旱情影响油气资源和大宗农产品运输，给欧美国家年末消费季带来阴影。

十九、红海供应链危机，国际航运巨头纷纷宣布暂停红海航行

12月16日，瑞士的地中海航运公司与法国的达飞海运集团宣布将暂停旗下货轮在红海的航行，这一决定紧随全球航运巨头丹麦马士基和德国航运公司赫伯罗特的脚步。18日，长荣海运也发表声明，表示将暂停以色列的进出口服务。据悉，自新一轮巴以冲突爆发以来，也门胡塞武装以“支持巴勒斯坦”为由对以色列频繁发动导弹和无人机攻击，并在红海连续袭击“关联以色列”的船只，导致红海地区供应链危机加剧。为了避开红海的风险，许多货船选择绕道非洲西南端的好望角。这一改变预计会增加7000至10000公里的航程，并延长7至10天的航行时间。这不仅推高了航运成本，还增加了航行安全和供应链安全的风险性。国际航运公会发出警告，货船绕行好望角将导致航行成本增加、航行天数增多，并可能使交货时间相应推迟。

二十、中共中央政治局就扎实推进高质量发展进行第十一次集体学习

2024年1月31日，中共中央政治局就扎实推进高质量发展进行第十一次集体学习。习近平强调，要及时将科技创新成果应用到具体产业和产业链上，改造提升传统产业，培育壮大新兴产业，布局建设未来产业，完善现代化产业体系。要围绕发展新质生产力布局产业链，提升产业链供应链韧性和安全水平，保证产业体系自主可控、安全可靠。加快绿色科技创新和先进绿色技术推广应用，做强绿色制造业，发展绿色服务业，壮大绿色能源产业，发展绿色低碳产业和供应链，构建绿色低碳循环经济体系。

二十一、工业和信息化部等十二部门印发《工业互联网标识解析体系“贯通”行动计划（2024—2026年）》

2024年1月31日，工业和信息化部等十二部门印发《工业互联网标识解析体系“贯通”行动计划（2024—2026年）》，提出到2026年，我国建成自主可控的标识解析体系，在制造业及经济社会重点领域初步实现规模应用，对推动企业数字化转型、畅通产业链供应链、促进大中小企业和第一、第二、第三产业融通发展的支撑作用不断增强。

二十二、2023年全国供应链创新与应用示范城市和示范企业评审结果公示

2月29日，商务部、工业和信息化部、生态环境部、农业农村部、中国人民银行、市场监管总局、金融监管总局、中国物流与采购联合会联合印发通知，开展2023年全国供应链创新与应用示范创建工作。在城市和企业自愿申报、地方择优推荐的基础上，商务部等8单位本着公平、公正、公开和优中选优的原则，组织专家对城市和企业申报材料进行评审。经各单位审核和社会公示，确定了第三批全国供应链创新与应用8个示范城市和46家示范企业。

二十三、2024《政府工作报告》发布

3月5日，十四届全国人大二次会议开幕会在北京人民大会堂举行，习近平等党和国家领导人出席大会。国务院总理李强代表国务院，向十四届全国人大二次会议做政府工作报告。政府工作报告多处提及产业链供应链相关内容。“大力推进现代化产业体系建设，加快发展新质生产力”被列为2024年中国政府工作十大任务之首，该任务包含三项子任务，第一项便是“推动产业链供应链优化升级”。

二十四、中国船舶工业行业协会发布2024年1~2月造船最新数据

3月28日，中国船舶工业行业协会发布2024年1~2月造船最新数据，我国造船三大指标在国际市场份额继续全球领先。

二十五、商务部印发《数字商务三年行动计划（2024—2026年）》，布局数字供应链发展

4月28日，商务部印发《数字商务三年行动计划（2024—2026年）》，提出推动商务各领域数字化发展的具体举措，其中三项涉及产业链供应链相关内容。包括推动

农产品产业链数字化转型。开展供应链创新与应用，出台数字供应链发展专项行动计划。建设一批数字国际供应链平台，完善平台信用评价、国际物流、支付结算、信息服务、跨境数据流动等供应链综合服务功能。引导数字经济产业链合理有序跨境布局。推动出海消费端平台和国内产业端平台协同，鼓励电商平台带动智慧物流、移动支付等产业链上下游出海。

二十六、习近平访法，促进供应链安全稳定、绿色发展

当地时间5月6日下午，国家主席习近平在巴黎爱丽舍宫同法国总统马克龙举行会谈。习近平指出，双方要坚持独立自主，共同防止“新冷战”或阵营对抗；要坚持相互理解，共同促进多彩世界的和谐共处；要坚持高瞻远瞩，共同推动平等有序的世界多极化；要坚持互利共赢，共同反对“脱钩断链”。双方要加强发展战略对接，深化航天航空等传统优势领域合作，加强核能、创新、金融领域合作，拓展绿色能源、智能制造、生物医药、人工智能等新兴领域合作。

二十七、第二届链博会匈牙利推介会举办

当地时间5月10日，第二届中国国际供应链促进博览会匈牙利推介会在布达佩斯举行，中国贸促会会长任鸿斌、匈牙利工商会主席帕拉格·拉斯洛及多家匈牙利企业和商协会的代表出席会议。

二十八、维护产业链供应链稳定，《2024年全球贸易投资促进峰会北京倡议》发布

2024年全球贸易投资促进峰会5月13日在北京举行，来自40个国家和地区的170个外方机构代表参会，国际组织和工商界的与会嘉宾均看好中国经济未来发展。会上发布的《2024年全球贸易投资促进峰会北京倡议》呼吁，各界要通过维护产业链供应链稳定畅通，加强国际产业分工协作，推动产业链供应链优化升级，搭建务实经贸合作平台等举措，在共同推进复苏和发展中发挥更大作用。

峰会发布的《2024年全球贸易投资促进峰会北京倡议》提出，加快推动世界经济复苏、维护产业链供应链稳定畅通、拥抱人工智能变革力量、激发绿色低碳发展动力、打造互利共赢的工商界伙伴关系等方面的内容。

第 2 章　中国供应链发展报告（2023—2024）综述

全球产业链供应链正面临深度重构，区域化、多元化、碎片化特征日益突出，未来供应链发展仍面临诸多挑战。从外部看，世界经济复苏乏力，经济全球化遭遇逆流，国际格局复杂演变，贸易保护主义及地缘政治博弈持续加剧，全球产业链供应链发展由效率优先向效率与安全兼顾转变；从内部看，周期性结构性问题叠加，有效需求不足，重点领域与关键技术“卡脖子”问题尚在，产业链供应链风险凸显。面对复杂交织的国际环境和国内经济恢复进程中的诸多困难挑战，在积极推动创新链产业链资金链人才链深度融合的背景下，加快供应链的转型升级与高质量发展成为未来中国供应链发展的主旋律。

“新质生产力”自 2023 年首次提出，它所代表的是由技术革命性突破、生产要素创新性配置和产业深度转型升级所催生的当代先进生产力。加快发展新质生产力，需要推动产业链供应链优化升级、积极培育新兴产业和未来产业、深入推进数字经济创新发展。新质生产力是抓住新一轮科技革命和产业变革机遇、加快培育经济增长新引擎、在全球产业链重塑中占据有利地位的需要。

总体来看，未来几年，构建安全稳定、畅通高效、开放包容和互利共赢的产业链供应链体系仍是供应链发展的重点。企业通过构建与产业链、创新链、资金链和人才链深度协同的能力，形成供应链高效创新的竞争优势；通过提升韧性和安全能力，实现供应链自主可控；通过运用数字化形成价值创造的能力，加快供应链转型升级；通过推进绿色低碳可持续发展能力，打造供应链 ESG（环境、社会和公司治理）治理新范式；通过建设供应链安全、绿色、科技等方面的标准化建设能力，引领供应链快速高质量发展。

（陈啸风、张森林、王金多、陆嘉俊、殷积锋，
安永（中国）企业咨询有限公司）

一、供应链协同价值

全球政治和经济环境错综复杂，供应链管理面临“既要、又要、还要”的多维目标，供应链的协同将变得日趋重要。通过供应链内外部系统的有机协同来创造新价值和新优势，成为现代供应链的关键制胜因素。供应链需要保障内外部各个部分协调运营，从而使整体效益最大化，让1+1发挥大于2的作用。生态协同是供应链发展的高级形态和主旋律，其系统演进将为企业、社会带来全新的价值。

国家通过深入推进“一带一路”建设、加快推进“新质生产力”发展、拓展自由贸易区、加强产业链供应链互联互通基础设施建设、加大吸引外商投资力度、加快国际高标准经贸规则对接、构建人类命运共同体等，推动更高层次的、更前沿的开放型经济发展。通过充分利用各国资源禀赋和产业特点，提升跨国产业链运作的效率和价值地位，拉动整体经济效益。

产业链链长制在实践中得到不断发展和完善，通过科学制定产业发展战略、实施产业重大任务、培育产业创新生态等推动产业链有序链接和资源共享，带动产业新质生产力提升，增强产业国际竞争力。同时，行业协会也将进一步发挥平台作用，增进产业链高水平交流，共享先进发展技术，促进产业链生态各节点企业、研究机构等各方的通力合作。

领先的企业通过扁平化组织、对流程进行重新编排和再造、建立生态合作机制等手段消除壁垒、构建信任，让供应链协同效率大幅提升。成功的协同将帮助组织增强其供应链韧性、拓展新市场、降本增效、提升客户满意度以及实现可持续发展目标等。例如采购商与供应商通过联合创新，找到降本的新方法、新策略，突破内卷；企业与高校深度合作，促进教育链、人才链与产业链、创新链有机衔接，攻克重大难题；通过构建生态协同平台，简化交易，共享数据资源，提升客户体验与黏性，实现价值变现。

尽管供应链协同的概念被广泛认可，但在当前实践的过程中仍面临诸多挑战。对外，面临经济结构调整、国际形势复杂等客观环境的影响；对内，面临组织壁垒、机制僵化、数字化转型困难等固有格局的限制。为实现高效的协同与价值最大化，组织需要开展协同战略顶层设计和搭建系统化的协同体系，重构供应链组织及运营模式，进一步加强数智协同平台建设等。

此外，供应链协同的类型和主体正变得日益多元化，协同不仅发生在传统的甲乙双方之间，组织还有可能与其竞争对手协同。而随着数智时代生产工具的升级，人机协同、机器与机器协同也将变得越来越常见。如何处理好组织、人员、技术之间的多维协同关系成为新的挑战。

未来数年的外部环境将更加纷繁复杂，从宏观经济到产业环境，“变化”成为新常态。通过深度参与国际供应链合作，促进国内国际双循环，加深各国原料供应商、生产制造商、经销商、分销商以及为其提供服务的金融机构和物流公司间的交流往来，有利于加快技术进步，集聚要素资源，加强企业间沟通协作，推动产业结构升级，为发展新质生产力添薪蓄力。唯有充分发挥产业链、供应链的协同作用，才能形成更大的合力，在不确定性的商业环境获取新优势，创造新范式，共拓新增长。

（刘婷婷）

二、供应链韧性增长

当前，世界正在经历百年未有之大变局，经济全球化遭遇阻力，贸易保护主义有所上升，全球治理体系发生深刻变革，各种不确定性、不稳定性、不可预见性事件显著增多。全球范围内，供应链中断危机频发。供应链韧性作为面对供应链中断风险时的反应和恢复能力，近年来受到了我国政府和各行业企业前所未有的高度重视。然而，目前部分企业为保障供应链韧性，盲目储备大量冗余库存、分散所有原材料的供应商分布、在全国乃至全球大范围增设新工厂等，以牺牲成本和效率的方式来换取供应链韧性。因此，笔者认为 2024 年应当更关注供应链韧性平衡式增长，具体包括以下要点。

1. 极简的供应链韧性，平衡冗余与成本。在保持供应链简洁的同时，确保其能够抵御外部冲击和内部变化。供应链通过实时感知供应网络变化、精准预测需求与风险、科学找到成本和冗余之间的平衡点，实现供应链韧性的健康增长。

2. 精益的供应链韧性，平衡风险防控与运营效率。提倡新型的 JIR（Just-In-Resilience）韧性精益制模式，充分融合 JIT（Just-In-Time）和 JIC（Just-In-Case）两种模式的优势，既能控住风险，又能保障运营效率、减少浪费。在保持 JIT 模式的及时供应、高效生产、按时交付的优势同时，也借鉴 JIC 模式的抵御风险、稳定运营优势，通过适量的库存、产线、多元供应商等资源储备，增强供应链对突发风险冲击事件的适应和恢复，从而实现供应链管理的韧性和精益化。

3. 成长的供应链韧性，既要应对风险还要学习成长。供应链韧性除了体现在面对风险事件的反应和恢复能力，还体现在恢复后的成长，即在应对风险干扰的过程中习得知识与经验，实现新的改进。例如在经历过不同类型的风险事件后，企业可以通过建立对不同风险事件发生概率的分布认知、刻画供应链恢复过程中不同企业的运营状态和恢复速度等方式，不断优化供应链结构和运作流程，实现企业绩效不降反增。

4. 数智的供应链韧性，重视科技创新与赋能。全球人工智能、数字孪生、物联网、区块链等数智化技术正在快速发展，我国企业应当充分进行科技创新，赋能数智化供应链的构建与应用，实现风险实时感知与预警、跨企业风险传导可视、不同响应策略结果推演、短期应对与长期规划的智能决策，以新质生产力促进供应链韧性的高质量增长。

（马潇宇）

三、供应链智能升级

2023—2024 年，中国经济进入高质量发展的新阶段。在社会主义市场经济环境下，企业的竞争压力显著增加，企业需要转变发展方式来应对市场竞争中的挑战，而供应链管理成为当前市场形势下最为科学合理的发展方式。随着数字经济的蓬勃发展和新技术的广泛应用，供应链管理迎来了前所未有的变革机遇。政府大力推动“新基建”建设，进一步夯实了 5G、人工智能、大数据、物联网等新兴技术的基础设施，为供应链的智能化升级提供了坚实的支持。政府出台了一系列政策和标准，积极推动供应链的智能化升级。例如，《“十四五”数字经济发展规划》明确指出，要全面推进制造业数字化转型，加快供应链创新与应用。政策的引导和扶持为企业供应链智能化升级提供了有力保障，激励了企业在新技术应用和创新方面的投入。

中国企业加速数字化转型进程，以实现供应链的智能化升级。2023 年，越来越多的企业意识到数字化技术在提升供应链效率、降低运营成本和增强市场竞争力方面的巨大潜力。通过引入先进的物联网、大数据、云计算和人工智能技术，企业开始构建更加智能、互联、实时共享的供应链系统。这些系统不仅提高了供应链的可见性和响应速度，还增强了风险管理能力。传统的供应链管理信息化系统通常基于企业内部需求而建立，关注企业内部各部门之间的数据流动，此类系统多以 ERP（企业资源计划）作为核心。然而，ERP 系统功能繁复、实施周期长，且外部相关企业难以有效参与，限制了其在企业智能升级中的应用。物联网、大数据、云计算和人工智能等新一轮颠覆性技术的快速发展，加速了企业供应链管理向网络化、信息化、数字化和智能化方向的升级。企业经营越发需要以整合和连接为核心的“新供应链思维”和“数据思维”。

建设安全、高效的信息系统是供应链智能升级的基础保障，是提升供应链运作效率和灵活性的重中之重。随着数字化时代的到来，数据安全性成为供应链管理的首要考虑因素之一。通过采用先进的加密技术、访问控制和身份验证措施，可以有效防范数据泄露、黑客攻击以及其他潜在的安全威胁，确保供应链信息的机密性和完整性。高效的信息系统还能够实现供应链各环节之间的数据共享和协同。通过实现信息的实时共享和可见性，供应链各方可以更好地协调运作，及时应对变化，并快速作出决策，从而提高整体供应链的响应速度和灵活性。

物联网和新兴的智能化技术如人工智能（AI）、机器学习（ML）、大数据分析等技术手段的应用是供应链智能升级的核心。这些新技术可以增强供应链每个阶段的可见性，促进各环节之间的协作性，极大地优化了整个供应链流程，在多个关键领域和具体应用场景帮助企业应对挑战，同时改善成本、提升效率、优化运营并增强客户体验。AI和ML革新供应链管理的一个最关键方式是通过大数据分析准确地预测未来的需求和风险，并结合区块链技术，帮助企业进行战略和战术制定，使公司能够优化库存水平、简化供应链流程和增强供应链韧性。许多企业已经意识到人工智能在供应链各个任务中带来的优势，包括在物流管理和仓储管理、质量检查、库存管理和供应商关系管理的应用。例如，制药、汽车和电子零部件等行业的制造流程非常复杂，跨越多个国家边界的多个地点。传统的供应链运作模式依赖基于电子表格的手工操作，往往导致缺乏协同，尤其是在供应链全球化背景下，一个地区的运作中断将在更广的地域范围内产生放大性的影响。在这种情况下，通过AI和ML技术对供应链的数字化描述与模型分析，将多层级供应商的信息、物料清单信息、在途及现场库存水准、产品需求预测、运营和财务指标等整合在一起，并且结合区块链技术，可以在详细呈现整个供应链网络的基础上帮助企业分析供应链上的潜在风险点以提前备案，同时计算出不同供应链环节出现问题后带来的业绩影响及最佳解决方案，提升供应链韧性。

在供应链智能化升级过程中，协同和生态建设成为重要趋势。企业不再仅关注自身供应链的优化，而是更加注重整个供应链生态的协同发展。通过区块链等技术，企业能够实现供应链各环节的透明化和数据共享，提升整体供应链的效率和稳定性。同时，各类供应链平台和联盟的兴起，也促进了企业间的协同合作与资源整合。

2023—2024年，中国企业在推进供应链智能化升级的同时，越发重视绿色环保和可持续发展。智能技术的应用不仅提升了供应链的运营效率，还在节能减排、资源循环利用等方面发挥了积极作用。政府和行业组织积极推广绿色供应链标准，推动企业在实现经济效益的同时，承担更多的社会责任。

供应链智能化升级对人才和技术提出了更高的要求。为应对这一挑战，各大企业和高校加强了在供应链管理和新兴技术方面的人才培养力度。与此同时，创新驱动成为供应链智能化升级的核心动力，企业加大了在研发和技术创新方面的投入，不断探索和应用新的技术解决方案，以保持竞争优势。

（岳文、张栩凡）

四、供应链 ESG 发展

气候变化和环境问题已成为全球关注的焦点，推动可持续发展和绿色经济已成为全球共识，随着 ESG 问题的关注度日益提高，企业供应链的 ESG 管理与发展已成为不可忽视的重要议题。供应链 ESG 管理不仅能够帮助企业更好地进行风险管理，提升供应链的稳定性，同时也能够助力提升企业形象并增强企业竞争力。在供应链 ESG 领域持续创新与改进，可以促使企业获得更多的市场机会和投资者支持，引领企业创造更多价值。

目前，越来越多的企业将 ESG 理念融入传统供应链管理的各个环节，从原材料采购、生产制造到物流配送等，都体现了环境友好、社会发展可持续和治理透明的追求。企业不仅对治理架构、员工福利、利益相关者管理、碳排放情况、环境效益和危机管理等提出更多考核要求，同时企业开始向端到端供应链 ESG 建设全面转型，从企业战略的高度来对供应链进行全局性规划，以更好地降低潜在的贸易、政策、气候、产业转型等风险，提升企业市场竞争力。

整体来看，供应链 ESG 管理呈现以下趋势和特点。

（1）可持续供应链的崛起与战略管理。随着消费者对环境和社会问题关注度的提高，供应链的可持续性成为各行业创造长期价值的差异化因素。企业正努力确保其在供应链各环节的可持续性。这包括构建端到端的可持续供应链，减少碳排放、提高能源效率，以及确保公平的劳工待遇等。

（2）供应链透明度的提高。在公众和监管机构对企业的期望增加的背景下，企业需要对其供应链进行更全面的披露。这包括公开供应商的运营情况、产品质量、劳工待遇等。

（3）ESG 投资的增长。越来越多的投资者将 ESG 因素纳入投资决策过程，这促使企业更加重视供应链的 ESG 表现。这不仅有助于提高企业的财务表现，还有助于建立良好的企业声誉。

与此同时，企业发展供应链 ESG 时还面临成本、数字化治理、利益相关者等多方面的挑战，企业需要有前瞻性的视野和灵活应变的策略来应对。

（1）法规和标准的多样性，导致成本增加的风险。全球各地的 ESG 法规和标准各不相同，这给企业在全球范围内实施一致的供应链 ESG 政策带来了挑战。由于实施可持续的供应链管理和提高供应链透明度可能会增加企业的成本，企业需要在确保 ESG 合规性和成本控制之间找到平衡，在充分合理解读供应链 ESG 法规标准的基础上，将可持续发展原则与理念融入采购、生产制造、物流等各环节，实现供应链 ESG 的高质量管理。

（2）ESG数据的收集与整合的挑战。企业需要收集和整合来自供应链各个环节的数据以评估其ESG表现。然而，由于供应链的复杂性，数据收集和整合可能是一项具有挑战性的任务。通过科技赋能供应链ESG管理，将低碳环保等可持续指标纳入考量范围，设计价值链同步的供应网络，实现供应链绿色可持续发展目标。

（3）利益相关者的期望差异。不同利益相关者对ESG问题的关注点可能存在差异。企业需要与利益相关者沟通，了解他们的期望并努力满足其需求，积极进行跨领域人才的培养与建设，在各利益相关者间充分发挥协调作用以促进供应链动态平衡发展。

供应链ESG发展是一个复杂而重要的议题，面对各种挑战，既要求企业进行全面的战略管理与规划，还需要企业基于自身的行业特征及属性对供应链ESG能力进行核查，建立与之匹配的可持续、透明的供应链，对标世界一流企业先进实践经验，利用数字化手段，将ESG管理融入供应链各个环节，带动供应链上各利益相关方的深度合作，形成良性发展的闭环管理，从而在竞争激烈的市场中取得持续竞争优势。

（陈啸风、张森林、王金多、谢娟、殷积锋）

五、供应链标准建设

1. 供应链领域相关标准化现状

（1）国际标准化组织注重供应链安全和风险管理标准化工作。

目前国际标准化组织中，对供应链标准的研究侧重于安全管理和风险方面，如ISO/TC 292 安全与韧性技术委员会发布 ISO 28000 供应链安全管理体系系列标准，指导企业建立、实施、维护和改进供应链安全管理体系，并成立供应链安全工作组（ISO/TC 292，WG8），负责供应链安全领域标准研制和推广应用；ISO/TC 262 风险管理技术标委会发布 ISO 31000 风险管理系列标准，指导企业建立和改进风险管理机制，更好地识别和应对风险，同时成立了供应链风险工作组（ISO/TC 262，WG4），负责供应链风险相关标准研制和推广应用。

（2）国内“供应链”标准化工作侧重于安全和绿色，数字化方向开始受到关注。

全国标准信息公共服务平台数据显示，2020—2022 年，“供应链”国家标准共发布 15 项，以供应链安全管理、绿色管理的标准为主，占比 53. 3%。其中供应链安全体系相关国家标准 3 项，均为等同采用 ISO 国际标准，占比 20. 0%；绿色供应链管理相关国家标准 5 项，为自主制定标准，占比 33. 3%，逐步构建起国家绿色供应链标准体系。

2. 供应链领域相关标准化发展趋势

（1）深入参与国际标准化活动。

各国都非常重视在国际标准化中的地位，都在积极推进国际标准化工作，加强国际标准化活动的参与度。我国在《国家标准化发展纲要》中提出要提升标准化对外开放，深化标准化国际交流合作，推动标准化协调发展。党的二十大报告中强调“推进高水平对外开放，稳步扩大规则、规制、管理、标准等制度型开放”。供应链标准的国际化将是发展的重点方向。

（2）助力可持续发展目标。

国际标准化组织发展目标与联合国《2030 年可持续发展议程》相呼应，利用国际标准化手段作为可持续发展的关键因素和催化剂。2023 年 12 月，中央经济工作会议上指出，要完善新型举国体制，实施制造业重点产业链高质量发展行动，加强质量支撑和标准引领，提升产业链供应链韧性和安全水平，积极稳妥推进“碳达峰”“碳中和”，加快打造绿色低碳供应链。

（3）制定新兴技术标准。

新兴技术标准离不开高标准的助力。我国提出要加强人工智能、生物技术等关键技术领域标准研究。工业和信息化部、国家发展改革委、财政部、国务院国资委、市场监管总局联合宣布启动2023年度智能制造试点示范行动。此次行动旨在通过揭榜挂帅的方式，遴选并建设一批具有标杆意义的智能制造示范工厂和智慧供应链，同时在各行业、各领域树立一批领军企业，以推动智能制造向更高质量、更高水平发展。国家标准化管理委员会与工业和信息化部遴选并下达国家级智能制造标准应用试点项目（含供应链方向），通过在试点企业中实施标准化工作，形成一批可复制、可推广的标准应用经验，为全国范围内的制造业企业提供参考和借鉴。这些国家级供应链试点示范技术将转化为相关标准领航发展。

未来，供应链能力的打造将成为一种隐形国力，供应链的协同能力、韧性与安全能力、数字化能力、ESG发展能力与供应链标准化建设能力必将会促使产业链、价值链、供应链不断延伸拓展，直面供应链重构进程中的各种挑战，为经济发展提供持续强劲动能。

（侯海云）

中篇

趋势专题报告

趋势一：供应链协同价值

第 3 章　供应链协同创造新价值

一、三重视角洞悉供应链协同

1. 宏观视角

在新的发展环境下，党的二十大报告明确提出，要加快构建以国内大循环为主体、国内国际双循环相互促进的新发展格局。通过充分利用各国资源禀赋和产业特点，加强区域间的经济合作，有助于发挥我国和共建国家的各自比较优势，提升跨国产业链运作的效率和价值地位，拉动整体经济效益。

2023 年是中国“一带一路”倡议提出 10 周年，“一带一路”合作网络从亚欧大陆延伸到非洲和拉美，150 多个国家、30 多个国际组织和中国签署“一带一路”合作文件，“朋友圈”持续扩大，基础设施互联互通水平显著提升，贸易投资规模质量稳步提高，合作规模也不断扩大。2013 年至 2023 年 10 月，中国与“一带一路”共建国家进出口总额累计超过 21 万亿美元，对共建国家直接投资累计超过 2700 亿美元。在农业、能源、数字经济等领域开展一系列合作项目，有力促进了各国产业结构升级、产业链优化，中欧班列通达欧洲 25 个国家 200 多个城市，成为稳定全球供应链的“黄金通道”。习近平主席在第三届“一带一路”国际合作高峰论坛上宣布中方下一步采取的八项行动，标志着共建“一带一路”进入高质量发展的新阶段。

2023 年也是《区域全面经济伙伴关系协定》（RCEP）全面生效的一年，在推动对外发展的新格局下，中国积极推进加入《全面与进步跨太平洋伙伴关系协定》（CPTPP）和《数字经济伙伴关系协定》（DEPA），高质量实施 RCEP，加快规则、规制、标准等对接。2023 年 6 月，国务院印发《关于在有条件的自由贸易试验区和自由贸易港试点对接国际高标准推进制度型开放的若干措施》的通知，相关对接国际高标准经贸规则的方案大量借鉴了 CPTPP 等高水平经贸协定中的条款，结合相关自贸试验区的实际情况，提出了一系列开放和改革举措，为推进我国高水平制度型开放助力。此外，中国完成了一系列新的自由贸易协定，签署国包括厄瓜多尔、尼加拉瓜、塞尔维亚等。至 2024 年 1 月 1 日，中国已经签署了 22 个自贸协定，拥有 29 个自贸伙伴，占中国对外贸易总额的 1/3 左右。中国与各成员国通力合作，区域贸易成本大幅降低，产业链供应链联系更加紧密，为区域经贸合作注入了强劲动力。

此外，中国在 2023 年举办了首届中国国际供应链促进博览会，来自全球 55 个国家和地区的 515 家中外企业和机构参展，来自国外的参展商占比达 26%，美欧企业占外方参展商总数的 36%，有关各方签署合作协议、意向协议 200 多项，涉及金额 1500 多亿元人民币。在博览会开幕式暨全球供应链创新发展论坛上，李强总理对深化产业链供应链国际合作提出四点倡议：一是共同构筑安全稳定的产业链供应链；二是共同构筑畅通高效的产业链供应链；三是共同构筑开放包容的产业链供应链；四是共同构筑互利互赢的产业链供应链。四个“共同”，体现了国家对供应链协同共赢的战略决心。

全球经济相互关联，产业链供应链紧密联系，各国都是全球合作链条中的一环。从提出并深入推进“一带一路”建设、构建人类命运共同体，到建设自由贸易区、举办进口博览会，首届国际供应链促进博览会提出稳外贸、稳外资，每一项决策部署都体现出我国一直在持续推动更高层次的、更前沿的开放型经济发展。

2. 中观视角

从行业中观层面上来看，链长制是具有中国特色的产业链协调策略，是发挥新型举国体制实现的重要载体。作为首批产业链链长，中国移动积极推动产业链有序链接、资源共享、高效协同，并围绕产业链安全、创新、价值、融合、国际竞争力五个维度，形成六十余项评价指标，科学、系统、动态、均衡地监测和评估产业链发展情况。此外，中国移动针对移动信息产业中的卡点堵点，科学制定产业发展战略，实施产业重大任务，培育产业创新生态，开展前沿能力攻关，是链长制的先行者。目前，中国特色产业链链长制还在进一步探索中，需要产业链生态各节点企业、研究机构等各方的通力合作，不断总结规律，在实践中发展完善。

行业协会也积极发挥平台作用，打造产业链协同的交流共享机制。2023 年 11 月，中国物流与采购联合会组织粤港澳大湾区国有企业供应链协同交流会，华润集团、南方电网、中国电子等 12 家央国企发挥带头作用，共同发起《粤港澳大湾区国有企业供应链协同发展倡议书》，通过整合资源、联合课题研究、建立重点实验室、制度创新等举措，拓展粤港澳大湾区供应链协同与开放水平。

3. 微观视角

从微观层面上来看，在企业经历新冠疫情、地缘政治、通货膨胀等一系列冲击后，越来越多的企业开始重视供应链的协同。2023 德勤 CPO 调研报告显示，在实现最大价值的战略排名中，“提高供应商协作水平”以 61%的占比排名第一。业绩优异的采购团队越发频繁地与各业务部门领导、职能合作伙伴以及供应商通力合作，将团队打造为“价值调度者”。

领先的企业致力于推动生态系统的健康发展，在提升供应链韧性、实现共同可持续发展目标、拓展新市场、降本增效、客户满意度方面成效显著。

京东集团与天津大学、天津交通职业学院牵头组建全国智能供应链行业产教融合共同体，旨在深化现代职业教育体系建设改革，“政行企校”协同破解制约产教深度融合的体制机制障碍，开展政校共建、聚力行校联动、强化校企协同、推动校校合作，服务教育强国、科技强国、人才强国建设。未来三年，智能供应链产教融合共同体将致力于推动人才培养供给侧和产业需求侧在结构、质量、水平上高度契合，促进教育链、人才链与产业链、创新链有机衔接，“政行企校”协同育人模式基本成型，企业核心竞争力显著增强，产业集群国际化水平加速提升。在共同体内部，院校专业布局与产业结构布局高度匹配、教育培训内容与岗位需求深度结合、院校人才培养与企业用人需求精准对接，技术协同创新成果有力支撑产业升级和工艺改进，全力建成国家级示范性产教融合共同体。

为了满足全球各国政府监管、国际标准及国内外客户要求，同时践行企业的社会责任，中兴通讯在国家“双碳”战略的指引下，从 S 战略（Strategy）、M 管理（Management）、A 核算（Accounting）、R 减排（Reduction）和 T 技术（Technology）五大维度构建了“双碳”治理 SMART 模型，并在此基础上提出供应商“双碳”治理 8 步骤，以指导供应链企业开展“双碳”治理工作，使供应链企业“双碳”治理工作能够有章可循且更加系统性地有效开展。近年来，中兴通讯制定并面向全球数千家供应商发出了《关于供应商启动双碳战略规划的要求函》，对数百家供应商进行了“双碳”审核和双碳培训，推动供应商设置减排目标和减排举措，进行产品轻量化设计，打造了十余项绿色供应链样板点，跟上下游合作伙伴通力协作建立“绿色供应链”。

美云智数基于佛山汽车零部件产业，打造了具备行业属性的公共技术服务平台。该平台通过整合行业协会、运营商、数字化服务商及金融机构等生态资源，为中小企业提供了汽车资质认证、数字化人才培训、供应链金融等公共服务，助力汽车零部件中小企业向精细化、集成化、数智化运营加速迈进，高质量推进产业转型升级。

二、供应链协同面临的挑战

在 21 世纪前十年里，全球化的加速助力全球经济快速增长、供应链体系不断完善。企业需要在全球范围内寻求合作伙伴，优化资源配置，提高自身竞争力。企业之间的竞争已经从单一的产品或服务竞争转变为整个供应链的竞争，供应链协同变得尤为重要。尽管供应链协同的概念被广泛认可，但具体实践的过程中仍面临诸多挑战。对外，面临经济结构调整、国际形势复杂等客观环境的影响；对内，面临组织壁垒、机制僵化、数字化转型困难等固有格局的限制。

1. 外部协同面临全球经济、地缘政治等多重压力

近年来，包括公共卫生安全、地缘政治冲突等多种因素导致逆全球化思潮的不断蔓延，使全球产业链供应链安全稳定受到影响，对供应链协同带来了一系列的挑战。目前来看，国际局势对供应链协同的影响仍较严重，贸易政策、关税壁垒、地缘冲突、汇率波动会导致全球供应链中断或重组的风险增加，这极大增加了供应链协同的复杂性。

例如2023年俄乌冲突并没有如预期出现缓和，转而陷入长期化泥沼。俄罗斯是全球谷物、食用油料、天然气、金属矿物、化肥等国际大宗商品的主要供应商，俄乌冲突仍将波及能源、食品、化工和金属制造业的供应。在常态化的地区冲突下，原有的供应链协同生态圈开始重组，协同失效使全球供应链从互利共赢走向多极化竞争，面对不可抗力等客观因素导致的协同失效时，企业需要可快速构建且可复制的供应链协同新模式以提高韧性和增加抗风险能力。

在刺激全球经济调整的同时，也颠覆了产业链全球化的既有格局。全球产业链供应链布局正从低成本高效率导向，转变为以安全为导向。逆全球化思维的上升，使各个国家逐渐从参与全球价值链的垂直分工向局部区域化的水平分工转移，制造业回流，力求实现一国或一个区域内的产业链、供应链的完整闭环。商务部国际贸易经济合作研究院发布的《跨国公司在中国：全球供应链重塑中的再选择》指出，从全球分工向区域聚集转变是目前全球供应链格局呈现的重要趋势之一。

由此，在外部动荡的环境之下，既有的供应链协同也不可避免地面临着更大的风险——逆全球化或再全球化下的原有协同失效，同时随着全球供应链生态圈开始向区域供应链生态圈转移，供应链协同方式也亟待创新。如何在国际局势紧张的情况下，保证原有供应链协同生态圈的稳定，同时在提高供应链韧性以面对突发情况和区域化供应链下的成本增加之间寻找平衡，成为目前供应链协同不得不面对的挑战。

2. 内部协同受到组织固有格局的限制

组织壁垒作为企业长期运行的产物，在传统的金字塔式职能型组织中相当常见。企业在追求精细化管理的过程中，组织结构日渐臃肿，职责不清、工作重叠、流程冗余等问题频发；内部人员的思维方式和行为习惯固化，各部门之间的目标和利益不一致甚至存在冲突，由此形成的部门本位意识导致部门之间形成阻碍信息传递的无形的墙；各层级管理的增强使企业内部部门（横向边界）、层级之间（纵向边界）壁垒加

深，协同困难。组织壁垒的出现使供应链内各部门利益与整体利益相互割裂，阻碍了资源的合理配置和整体利益最大化，限制了供应链协同的发展和创新。

在业务流程上，由于涉及的关联岗位多、规则复杂，优化的速度很难和企业发展的进程相匹配。流程规范提高了公司业务的可控性，但同时也会带来效率和可控性的矛盾。流程问题对于供应链协同的影响主要集中在两个方面：一是降低协同效率；二是流程优化脱离客户视角。首先，影响效率最常见的流程是审批流，部门主义导致的流程断点和职责不清、权利因素导致的审批人员增加、内控与合规管控等都会拉长流程周期。其次，供应链内部流程的优化缺乏客户视角，进而影响到客户协同效率及供应链竞争力。在企业实际中，内部权力与职责划分的长期固化会对审批流的优化产生较大的内部阻力，而多层指挥链导致的信息失真及“牛鞭效应”也会使流程执行偏离客户一线。

以技术的视角来看，数字化转型作为供应链体系升级的核心手段，能提升信息和数据传递的及时性、完整性和充分性，保证供应链各个环节之间信息同步，消除供应链上下游信息差，提升企业内外的协作效率，是确保协同生效的重要一环。虽然数字化供应链相对于传统供应链具有巨大优势，但是不可否认数字化转型的失败率仍然较高。根据波士顿咨询、毕马威及麦肯锡等咨询公司给出的数字化转型失败概率统计，企业数字化转型的成功率不到30%。工信部印发的《中小企业数字化转型指南》中，重点提到中小企业数字化转型的工作思路是从易到难，优先推动基础数据资源的采集工作，距离挖掘数据价值乃至实现内外部协同仍有相当长的距离。

三、供应链协同发展的对策与展望

在复杂的内外部环境变量下，需要将宏观政策与微观资源禀赋结合起来，构建高效、灵活且可持续的供应链协同生态圈，以应对不断变化的国际形势、市场环境和客户需求。展望未来，协同仍是保障产业链供应链韧性、高效、可持续运营的关键要素。

1. 软硬兼施，宏观层面构建协同环境优势

在硬联通设施上，国家进一步建设更有韧性的海陆空一体化全球基础设施立体互联互通网络，为我国各行业供应链运营提供通达性好、转换方便的交通网络，保障物流运作的高效、平稳、节约、安全，合力应对各种新型挑战。

在软联通方面，建设更加开放式的全球流通商贸体系，加大吸引外商投资力度，加快国际高标准经贸对接，从法律、金融、社会服务等角度为供应链企业打造一个更好的营商环境；发挥供应链协同服务平台作用，打造上下游有效串接、分工协作的联动新模式，引导行业、企业间加强供应链安全信息共享和资源协同。

2. 绿色发展驱动供应链协同

当前，疫情后全球绿色复苏已呈现积极迹象，第二届全球绿色目标伙伴2030峰会呼吁进一步强化国际合作，通过金融援助和技术转让等绿色合作助力全球经济可持续发展。供应链领域，ESG标准组织和监管组织要求企业进行绿色低碳转型，发展绿色供应链。《国务院关于加快建立健全绿色低碳循环发展经济体系的指导意见》鼓励企业开展绿色供应链试点，从设计、采购、制造、包装、运输、回收全流程推行产品全生命周期的绿色环保，探索建立绿色供应链制度体系。在科学碳目标（SBTi）中，企业的碳排放核算范围三，包括外购的商品和服务、合作的供应商等，这就使企业的减碳之路不能只关注自身的碳排放，还需要关注供应链上下游，协同整个供应链实现减碳。对此，企业需要将绿色经济、循环经济理念纳入供应链管理，提高企业上下游协同水平，推动产业链可持续降本增效。

例如，中兴通讯携手中国外运、汉莎航司，实现了南京—上海—法兰克福—马德里端到端全程“碳中和”物流方案，并分段分场景完整测算了全程的碳足迹，结合碳补偿方案，最终达到“碳中和”，并获得SGS达成“碳中和”宣告核证声明证书。

随着国际可持续发展理念的推进，国家将越来越重视企业供应链产生的环境影响，供应链的各方利益相关者将开展更多的合作实践，共同建立可持续发展共生生态。

3. 选择合适的生态运营模式

随着越来越多的企业建立起自己的生态圈，或融入其他组织的生态系统，传统的以自身或行业出发的战略框架存在一定的局限性，在生态圈经济下，需要关注跨越行业界限、数字赋能的生态系统之间的竞争，并明确自身的定位，选择合适的生态圈模型。

Gartner定义的三类企业生态圈模型中，第一类以企业为主导，关注合作伙伴之间的互联共生，建立共同的标准和目标。比如小米生态圈，小米通过承担生态链公司前期的渠道、供应链及生态成本，迅速将生态链公司推进至行业第一梯队，后期通过股权投资分享生态链公司自身的发展红利。对于生态圈中的企业，借助小米已经成熟的产品孵化路径，可以快速占领细分市场。

第二类以平台为中心，依赖一个技术平台或交易体来保障伙伴之间的数据共享。中国电信天翼云聚焦产业链协同共创，提供一个云生态开放合作的平台，通过云原生安全核心技术，构建平台+租户端到端的安全防护体系，同时构建了云网融合的纵深一体化防御体系，全面保障用户云上安全。通过云边协同、云端一体，将算力统一管理、动态调配，提供到用户端侧。天翼云也携手中兴通讯SaaS产品，打造“天翼云Easy-Coding敏捷开发平台”，助力生态企业发展。

第三类以目标为中心，引导合作伙伴协同发展。ESG 企业生态圈中，企业联盟建立信息有效披露机制，有助于提高企业的透明度，增强投资者信心，降低投资风险，助力可持续发展目标的实现。世界资源研究所 WBI 发起的企业合作项目 Scope 3 Lab，协同不同行业的合作伙伴，探索企业全价值链减碳的路径。

无论选择何种模式的生态运营模型，构建信任是基石。一些领先的企业已通过扁平化组织、对流程进行重新编排和再造、建立生态合作机等消除壁垒，让供应链协同效率大幅提升。开放合作是推动生态系统发展的关键，需要在共赢的基础上推动资源的共享，并通过持续学习和创新不断提升生态的整体竞争力和适应力。

4. 从企业间的协同扩展到产学研的融合

党的二十大强调，要以国家战略需求为导向，加强企业主导的产学研深度融合，推动创新链产业链资金链人才链深度融合。产学研的深度融合，将科技、人才、创新涉及的相关主题组成一个系统，以系统的整体性推进科技创新。

尤其是以 ChatGPT 为代表的 AI 大模型进一步刺激产学研的融合，AI 大模型的开发与训练需要巨量的算力资源，在训练背后是庞大的数据和前沿的算法。大模型的发展，将社会的各种数据资源、最强的算法以及算力整合到一起，助力国家科技核心竞争力的突破。当前，国家数据局等部门印发了《“数据要素×”三年行动计划（2024—2026年）》，强调要完善数据资源体系，建设行业共性数据资源库，打造高质量人工智能大模型训练数据集。未来，在政府的扶持下，企业提供算力、数据，高校提供人才、算法，产学研的深度融合，将政府、企业、科研机构、高校组成一个新的系统，推动前沿技术的发展，促进产业链供应链协同创新。

5. 新兴技术重塑供应链协同

新兴技术的发展，让供应链协同有了更多可能。企业需要加速新兴技术的研究落地以促进和合作伙伴之间的信息透明、资源共享，增强产业链供应链的韧性和竞争力。

客户数字孪生作为数字孪生供应链的一部分，能够更加精准地仿真客户行为，提高供应链的敏捷性，增强客户体验感，促进供应链协同的实现。

区块链技术具有去中心化、不可篡改、高安全性的特征，由此搭建起的信用体系可以保证供应链协同的可靠性。其中智能合约有效提高了协同企业交易的信任度和效率，共识机制保证区块链系统去中心化下分布式账本的一致性，为供应链中各企业运营提供数据可靠性的保障。

基于云计算技术构建起来的供应链信息共享和服务平台，可以保障多供应链主体同时使用统一软件服务平台，解决网络互联难、信息共享难、业务协同难的问题，提高公有资源利用率，让供应链协同更加高效。

AI 大模型能够在大规模数据上训练，进行跨领域的知识融合创新，其强大的语义理解和对话交互能力，已经应用于企业面向合作伙伴的智能客服中，实现需求一问可得。随着机器在协同中扮演越来越多的角色，人机协同、机器与机器的协同将成为协同主体中的重要组成。

展望未来，新兴技术的融合应用将重构现有供应链平台层层递进式的交互逻辑，实现业务操作一问可执行，协助企业内外人机料法环的高效协同，推动供应链平台走向智能、自决策、自适应的新业态。

（刘婷婷、鲍文韬、符健博，中兴通讯股份有限公司）

参考资料

1. 中国新闻网，十年来中国与“一带一路”共建国家进出口总额累计超过 21 万亿美元，2023 年。
2. 中国自由贸易区服务网，我国已经与 29 个国家和地区签署 22 个自贸协定，2024 年。
3. 法制日报，中外企业期待以“链”为媒共话合作，2024 年。
4. 王新哲，李文庆，新冠疫情冲击下的全球价值链重构与中国方案，《商展经济》2023 年第 3 期。
5. 商务部国际贸易经济合作研究院，跨国公司在中国：全球供应链重塑中的在选择，2022 年。
6. 孙春艳，王凤彬，大型国有企业集团内部如何实现战略协同？——一项聚焦管控效力的定性比较分析，《外国经济与管理》2023 年第 9 期。
7. 国务院办公厅，国务院办公厅关于印发“十四五”现代物流发展规划的通知（国办发〔2022〕17 号）。
8. 国务院，国务院关于加快建立健全绿色低碳循环发展经济体系的指导意见（国发〔2021〕4 号）。
9. Gartner，Realizing the True Potential of Ecosystem Partnerships.
10. 国家数据局等部门，国家数据局等部门关于印发《“数据要素×”三年行动计划（2024—2026 年）》的通知（国数政策〔2023〕11 号）。
11. 毕马威 & 中关村产业研究院，人工智能全域变革图景展望：跃迁点来临（2023）。

第 4 章　践行"链长"职责使命，带动产业链协同共赢

一、移动信息产业链"链长"实施背景

1. 贯彻落实国家"现代供应链"的战略部署

自党的十九大首次提出"现代供应链"建设要求以来，中共中央、国务院、各部委都高度重视产业链供应链体系的建设，通过发布国家层面的一系列政策、国家供应链创新与应用示范、对标世界一流管理提升行动等多种方式，积极推动国有企业，尤其是中央企业供应链管理转型升级与高质量发展，持续向世界一流供应链目标迈进，从而充分带动和促进各行各业产业链供应链的蓬勃发展。

党的二十大报告再次强调，要"着力提升产业链供应链韧性和安全水平""加快构建新发展格局""推动高质量发展"，由此可见，供应链建设工作已经上升至国家战略层面，供应链管理的重要程度正日益凸显，提升产业链供应链现代化水平迫在眉睫。

2. 充分彰显国资央企的责任担当和使命作用

随着新一轮科技革命和产业变革风起云涌，全球产业链供应链竞争日趋激烈，如何提升产业链供应链竞争力已经引起党和国家领导人的高度关注。习近平总书记强调，"要紧扣产业链供应链部署创新链，不断提升科技支撑能力""中央企业等国有企业要勇挑重担、敢打头阵，勇当原创技术的'策源地'、现代产业链的'链长'"。

打造现代产业链链长，最能充分彰显国资央企的责任担当和使命作用，是中央企业"十四五"期间加快实现高质量发展、建设世界一流企业的必然要求和重要路径。作为国资央企，要紧盯推动我国成为世界主要科学中心和创新高地的战略目标，聚焦国家战略，坚持系统观念，以企业为主体、市场为导向，集聚各类创新要素，营造分工协作、优势互补、开放融合的良好生态，持续增强科技支撑力和产业带动力。要加快打造现代产业链链长，遵循市场经济规律和企业发展规律，加强产业链开放合作，积极利用各种市场化手段，着力提升基础固链、技术补链、融合强链、优化塑链能力，

围绕产业链部署创新链、围绕创新链布局产业链，努力成为产业发展方向的引领者、产业基础能力提升的支撑者，为增强我国产业链安全性、稳定性和竞争力贡献力量，为党和国家事业发展作出更大贡献。

3. 有力支撑“产业自主可控和新质生产力”发展需要

当今世界百年未有之大变局加速演进，逆全球化、单边主义、保护主义思潮盛行，信息通信产业成为大国博弈的“主战场”，产业供应链发展面临诸多新挑战。

国家加快推进网络强国、数字中国建设，新一轮科技革命孕育兴起、数字世界不断拓展，为经济社会发展持续注入生机和活力。新一代信息技术加速突破，既呈现有机融合、系统创新的发展态势，推动信息文明向纵深演进，也为新质生产力的构建提供重要支撑。作为建设网络强国、数字中国和维护网信安全的主力军，信息通信产业亟须加快固链、补链、强链步伐，进一步提升产业链供应链韧性和现代化水平，攻克“卡点”，在保障产业链供应链安全稳定、确保关键核心技术自主可控、提升原创技术的科研创新能力等方面形成产业合力，锻造国家自主可控战略基石，助力产业加快培育新质生产力，更好地发挥国资央企“科技创新、产业控制、安全支撑”的新时代使命作用。

二、移动信息产业链“链长”建设面临的主要挑战

移动信息产业已成为构建国家基础设施、全面支撑经济社会发展的战略性、基础性和先导性产业，是全球各主要经济体发展的重要战略支撑，是新一轮科技革命的关键必争领域，也是经济社会数字化转型的核心驱动引擎。移动信息产业正在肩负起新的发展使命，将进一步丰富“新基建”内涵，加速数字产业化发展；将不断释放“新要素”价值，提升全社会创新效能；将持续激发“新动能”潜力，推进产业数字化升级。移动信息产业势必迎来广阔的发展机遇，同时也面临着诸多挑战。

1. 产业链复杂程度高、涉及链条广

移动信息产业具有产业链条长、技术进步快、服务领域广、全球化协作强等特点，同时，产业链复杂度高、涉及面广，“链长”牵引产业群体突破和发展受制于诸多因素。因此，需要建立科学完善的“链长”机制和行动方案，充分发挥“链长”作为产业发展的引领者、产业基础能力提升的支撑者、产业协同合作的组织者作用，带领各方紧密协同、把握机遇、应对挑战，推动产业实现高质量发展。

2. 产业根基不够牢固、产业供给不够丰富

移动信息产业链对于集成电路制造、材料、基础软件等产业依赖度很高，受新冠疫情、地缘政治等多种因素影响，部分产品断供风险较大，“卡脖子”问题依然存在，关键元器件仍然依赖国外供应商，部分自主可控设备在可持续供应能力、生态应用、性能等方面仍存在一定差距。产业链中存在的部分卡点问题需要相关产业突破科技研发、生产制造的瓶颈才能形成攻关闭环，因此，相关产业的补链强链进程也将会影响移动信息产业链的发展，对产业链总体发展目标的达成带来很大风险。

3. 上下游协同贯通不足、跨行业融合不够深

在“链长”目标达成过程中，产业链上下游协同贯通至关重要。需要全产业链目标一致、形成合力、齐头并进，统筹整个产业链资源配置和发展重点，才能携手破解产业链发展瓶颈，攻克核心关键问题，切实提升产业链核心竞争力。

此外，移动信息作为共性技术，既是数字经济落地应用的基础，也是经济社会发展的数字引擎，因此移动信息产业链辐射范围广，与工业、能源等领域数字化转型相关的产业链关联度非常高，若相关产业链发展情况不佳，也会对本产业链发展目标的实现带来较大风险。

4. 国际关系走势存在较大不确定性，脱钩断链风险持续存在

国际关系趋势存在较大不确定性，未来全球技术标准、产业生态分化等风险持续加大。移动通信的成功得益于全球统一标准，而当前部分国家可能持续推行“脱钩”等政治干预手段，通过非技术手段削弱我国在6G等前沿领域的话语权，这将会对我国产业竞争力和全球化发展带来较大风险。

三、通信运营商的主要做法与实践探索

立足新发展阶段，贯彻新发展理念，服务新发展格局，面对产业发展的诸多问题挑战，以中国移动、中国电信等为代表的信息通信行业中央企业，勇挑信息产业链“链长”重任，作为“头雁”，充分发挥运营商“扁担效应”，一头拉动“有效投资”，一头激发“新型消费”，携手产业各界，进一步提高产业链互补性、融通性和系统性，加速形成“雁阵格局”，共同提升移动信息产业链“四力”（“生存力”“竞争力”“发展力”“持续力”）。充分发挥龙头领军企业的带动作用，推动创新链、产业链、资金链、人才链深度融合，推进产业链协同共建，支撑产业补链、延链、固链、强链，增强通信

领域全产业链竞争优势，持续提升产业链供应链韧性与供应链管理现代化水平。

1. 带动产业科技创新，强化供应自主可控

主动融入国家创新发展大局，全面承接战略新兴产业任务，充分发挥主体支撑和融通带动作用，紧密联合产业链上下游及产学研用伙伴，全力推动信息产业链协同创新发展。

（1）构建一流科技创新体系。

中国移动勇担移动信息现代产业链“链长”职责，构建5G创新联合体，开展关键技术核心攻关，打造原创技术策源地。构建从研发到应用的创新体系，加速研发成果落地。打造覆盖应用基础研究、产品和解决方案、前端产品落地、外部合作、海外研发的“一体五环”创新体系，五环高效协同，优势互补，打通从科技到技术、从技术到产品、从产品到市场、从市场到生态的全链条，提升研发组织效率，加速科技成果转化。

中国电信聚焦前瞻研究、云网融合、网信安全和数字化平台四大研发方向加强自主研发，不断完善科技创新体系，全面完成基础研究、应用技术研发和运营式开发研发体系布局，建立产学研深度融合的创新体系，以链式思维引领带动战新产业融通发展、生态共建，不断增强自主创新能力。

（2）培育关键技术攻坚能力。

一是突破一批“卡脖子”瓶颈。统筹梳理5G、物联网、云计算和人工智能等重点领域端到端产业链布局，明确设备、芯片、服务等制约产业链高质量发展的堵点卡点，绘制产业图谱，形成卡点图谱，制定攻关作战图，分步骤分阶段有序推进核心芯片/器件、操作系统、数据库、中间件等关键技术攻关。

二是锻造一批长板能力。通过国家级创新平台、5G创新联合体、“联创+”5G开放实验室、产学研协同等多种形式，集聚产业链各类优质创新资源，加快云计算、大数据、人工智能等新兴技术能力锻造，推动融合赋能。

三是培育一批前沿战略技术。布局5G-Advanced、6G、算力网络、下一代光通信等前沿领域标准与技术，以及智能硬件、基础通信、信息安全、云计算、人工智能等云网端边的核心环节，打造一批“专、精、特、新”企业，进一步充实国家战略科技力量。

（3）打造联合创新产业生态。

一是持续建设完善联合创新机制。组建5G创新联合体，构建关键技术攻关、国产化替代和战略储备有机衔接、梯次推进的循环体系，与产业链各方共同实施“创新发

展引领、千行百业赋能、供应链促产业链、产业投资升级、开放合作升级、重大工程牵引”六大行动。发布“联创+”行动计划，构建研发合作新体系，建设研发合作图谱、合作伙伴库、N个研发载体（高校联合实验室、开放实验室等），通过“共投资源、共同研发、共有成果、共担风险、共享收益”的新型联合研发模式，积极与高校及企业开展高质量合作。

二是建设协同创新基地。协同产、学、研、用合作伙伴，共同打造重大技术策源之地、跨界技术融合之地、科技成果转化之地、专精特新孵化之地。发布产业协同创新基地信息港主节点，聚焦前沿、战略、基础的科研领域，锚定新技术实验床、国家示范基地、产业聚合平台和新业态孵化器四大定位，为入驻产业合作伙伴提供联合创新孵化环境。

2. 深化“研采投”协同，筑牢两链安全防线

面对国际国内复杂形势和诸多不利因素，通信运营商充分发挥链长企业技术创新力、产业协同力、投资拉动力、资本放大力等产业引领作用，把企业巨大的建设规模、采购规模转化为引领产业发展的强大动力，深化产业链供应链“研发、采购、投资”一体化协同，建立技术攻关、国产替代、资本支持有机衔接、梯次推进的循环体系，多措并举支持关键核心技术攻关，加速国产化产品性能迭代完善，做强做优产业链供应链，提升产业链整体竞争力和供应链自主可控核心能力。

现代化产业链中的多链协同如图1所示。

（1）推进“研采”深度协同。

一是构建原创技术规模化应用生态。依托全球最大、业务场景最丰富的网络资源，制定测试规范、搭建实验室和现网测试环境，积极推进自主可控产品的试点验证，加快产业链迭代优化。通过采购策略引导、制定自主可控评估标准及产品性能准入机制、多元化供应、AVAP直采等方式，“以用促研”，带动产业链积极开展关键核心技术攻关。培育优秀合作伙伴，引导产业链有序竞争，鼓励合作伙伴投入更多资源聚焦技术升级、自主创新等关键要素。

二是推进自研生态体系建设。强化供应链条线与科技创新单元的紧密连接，全程嵌入推动，促进科技创新；在需求环节，供应链与科创部门形成自主研发需求输入机制，实时传递产业链动态，汇总一线需求，与科创研发方向有效衔接；在研发生产环节，为科技成果研发单位提供嵌入式供应链服务，如合作伙伴寻源与管理、出厂检查和到货抽检等质量检测工作，并将科创成果作为供应商分级分类及后续项目供应商选择等相关工作的重要依据。

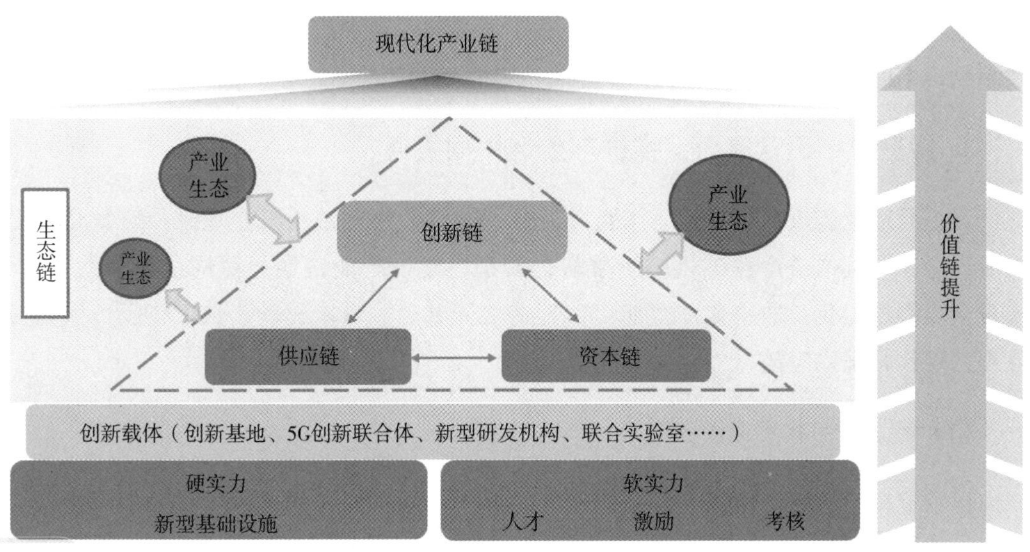

图1　现代化产业链中的多链协同

（2）强化“研投”生态布局。

以资本为手段，强化投资生态构建，通过并购、参股、创投、供应链金融服务等多种方式进行投资布局，巩固产业链、供应链关键环节，助力产业链的稳定发展。

一是开展重点领域投资布局。引导产业资本根据产业链发展需求，开展“补短板、锻长板”的重点领域布局。中国移动累计投资规模超百亿元，涉及投资超聚变、启明星辰、创芯慧联、国博电子、鼎桥通信、大华股份、明珞装备等多家公司。中国电信持续聚焦云计算、网信安全、AI大数据、数字化平台等数字经济核心领域进行资本布局，出资成立或参股入股辰安科技、云轴科技、天翼智慧航空科技等多家公司。

二是设立产业发展基金。为进一步发挥链长影响力，通过设立基金的方式，放大资金优势，撬动社会资本，拉动各类资源、资本共同支持信息通信产业链繁荣发展。设立产业链发展基金，投资布局一批标杆企业、超前布局一批前沿原创技术、瞄准突破一批“卡脖子”瓶颈、培育一批“专精特新”的隐形冠军。

（3）建立BCM安全供应机制。

搭建“监测、预警、评估与响应”供应链风险管理体系，建立业务连续性供应机制（Business Continuity Management，BCM），通过关键物料管控、多元化供应、价格联动、战略储备、风险研判、交付保障等多种方式着力提升供应链韧性和安全水平，确保产业链供应链安全可靠。积极开展供应链安全评估，及时跟踪形势变化，研究把握供应趋势，提前预判供应风险，推进供应商多元化和关键部件供应多元化，做好战略资源储备，广泛应用价格联动机制，统筹好各层级需求和供应平衡，有力保障数百亿战略物资不间断供应，着力提升产业链供应链韧性与安全水平。

3. 锻造数字运营能力，推进产业链协同贯通

为提升产业链数字化协同运作能力，信息通信产业“链长”企业秉持现代供应链发展理念，持续推进产业链供应链数智化转型，建设产业链融通协同运作系统平台，实现全流程线上化、数字化、智能化，打造协同共享、需求驱动、数字创新、可持续发展的现代智慧供应链。

（1）建立数字化贯通供应网络。

以物资全生命周期管理为目标，充分发挥产业链枢纽作用，建立贯通上游供应商到末梢使用节点的数字化供应网络，以“一码到底”（借鉴区块链技术，赋予每个产品唯一标识）打通从投资立项到计划、采购、下单、仓储、工建、交维、转资、退服及逆向物流的每个环节。发挥链长链主引领作用，从关注“自身”向关注“全链条最优”转型，向上整合供应商资源，实时掌握供应商产能、原材料储备、履约能力等关键数据；向下打通供应链末端，实时跟踪出库后物资的流动，自动完成交维、转资以及拆旧物资的逆向管理，实现供应链全链条透明可视、可管可控。物资全生命周期追踪可视如图 2 所示。

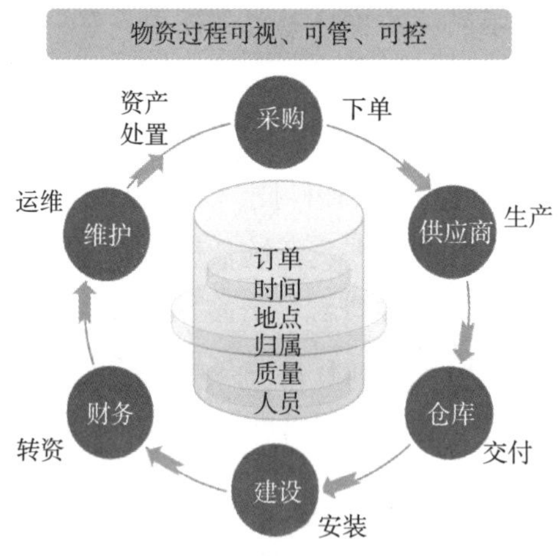

图 2　物资全生命周期追踪可视

（2）建设集中统一运营平台。

中国移动供应链相关系统在大 IT 的整体架构下，实现了端到端业务流程高度集中化。对内与公司计划管理系统、ERP 系统、合同管理系统、报账管理系统等主要资源

系统的贯通，实现需求、寻源、执行、仓储、报账等供应链各环节全流程信息自动流转。对外与战略供应商进行全面系统对接和信息共享，针对一般供应商打造集信息发布查询、订单线上化、到货证明电子化、报账自动化等功能于一体的统一门户。

中国电信统筹打造端到端一体化的供应链数字化管理运营平台（CTSC）（见图3），实行统一管理、统一运营。CTSC平台采用“1+8+N”运营模式，其中：“1”代表平台，是核心；“8”代表重点构建的供应链运营八大能力，即供应链端到端全流程数字化的智能供应能力、动态履约能力、质量管理能力、合规管理能力、供应链上下游企业供需协同管理数字化的同步计划能力、产品协作能力、智能运营能力，以及供应链生态运营数字化的生态连接能力；“N”代表重点业务应用，支撑省公司、专业公司、实业公司等面向客户的供应链应用场景，并加强基于应用场景和业务流程的能力编排组合，实现数字供应链的有效运作，赋能企业各生产经营单元。

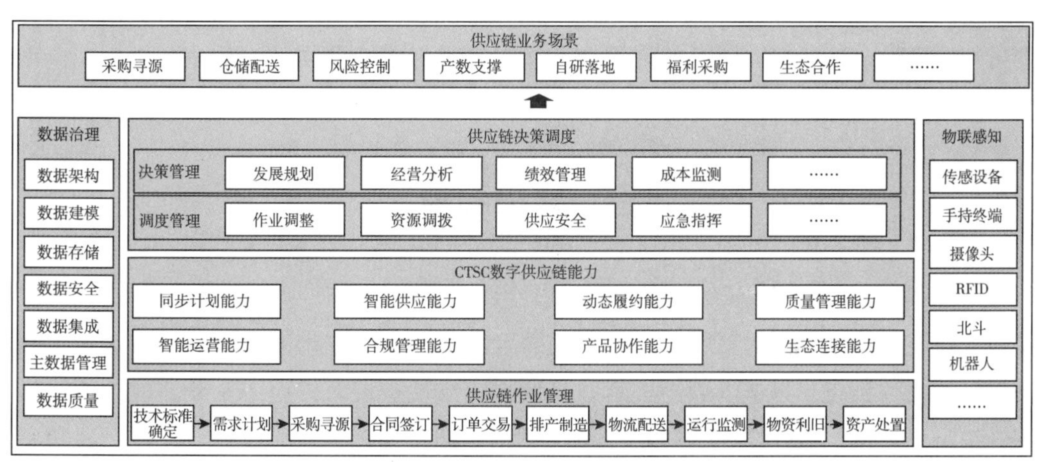

图3　供应链数字化管理运营平台

（3）深化产业链数字化协同。

信息通信产业“链长”企业积极落实国家关于提升产业链现代化、数字化水平的号召，持续深化与供应商数字化协同，打造“交易在线、供应可视、敏捷柔性、安全可靠”生态，基于上下游企业信息系统对接，实现需求计划、产品配置、订单交易、生产制造、供应交付、自动报账等端到端的电子化交易、数字化流转和实时跟踪可视，有效实现信息共享、流程贯通，充分挖掘全流程降本增效价值，为产业链上下游数字化发展起到重要推动和示范作用。

中国移动与各供应商合作伙伴在协同规模、流程、内容、系统平台等方面持续深化，在提升供应效率、缩短供货周期、交易电子化、配置和编码标准化等方面均取得了显著成效。供应商订单流转周期大幅缩短，减少了原材料呆滞和无效备货，降低了人工处理和沟通成本，大幅压缩了回款周期。产业链上下游数字化协同如图 4 所示。

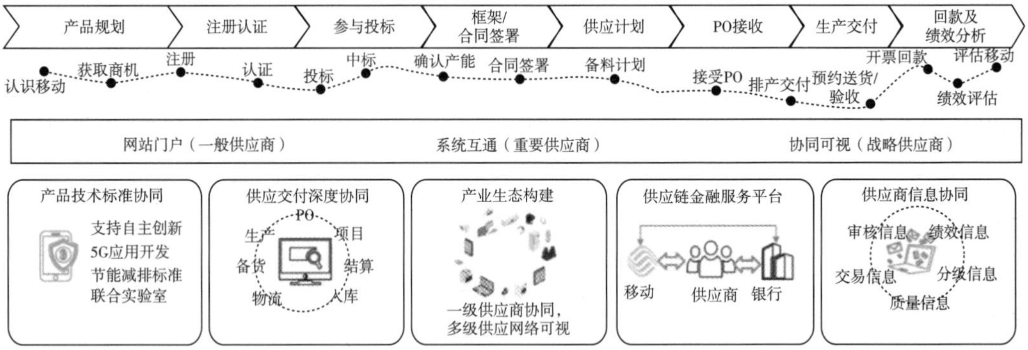

图 4　产业链上下游数字化协同

中国电信拉通供应链端到端的生产作业流程，从采购实施、合同签约、生产交付到付款结算，全过程与供应商实现无缝衔接，实现与供应商端到端的业务协同，全网采购实施全流程、物流交付全流程 100%可视化。

四、未来展望

“链长制”是党和国家在准确研判国内外形势后提出的一项强化产业链主体责任、提升产业链整体竞争力的制度创新，通过集聚内外部资源在产业链薄弱环节进行重点突破，推动“强链、补链、固链、延链”取得实质性进展。国企应紧紧抓住产业链转型升级历史机遇，充分发挥“链长”带头作用与职责使命，从更高站位、更广视角科学看待产业发展，对产业链的结构全貌和发展情况形成清晰认知，以自身需求引导“建链、补链、强链和固链”，带动产业升维、再造产业价值、重构资源配置，放大国有资本促进各类市场主体共同发展的功能，助推传统产业转型升级和战略新兴产业培育集聚。

面向未来，信息通信行业中央企业将加强系统性谋划和顶层设计，以新技术引领产业高质量发展，以产、学、研为抓手拉通产业全链条，持续整合内外部资源，实现更有效的合作共赢。信息通信行业中央企业将持续以创新引领发展为路径，将现代供应链理念充分融入实体产业各领域，高效整合产业链上下游各类资源和要素，在保障“两链”安全稳定、推动产业转型升级、赋能经济高质量发展等方面作出持续贡献。

充分发挥国家新一轮改革深化提升行动提出央企“科技创新、产业控制、安全支撑”的“三个作用”，信息通信行业中央企业将继续推动公司采购管理向供应链管理的价值转型，深入践行“供应安全的守护者、降本增效的践行者、阳光合规的示范者、产业生态的引领者”的新定位，在进一步统筹整合产业链上下游、内外部资源的基础上，加快世界一流供应链体系建设步伐，充分挖掘发挥现代化产业链的价值作用，为信息通信产业的长足发展和转型升级贡献更大的力量。

（柳晓莹、李威、吴江、刘治华，中国移动通信集团供应链管理中心；王春阳、宫佩辰、马林霞，中国移动信息技术有限公司）

参考资料

1. 宋华，中国供应链韧性建设与高质量发展：内涵、机制与路径，《供应链管理》2023 年第 9 期。
2. 宋华，杨雨东，中国产业链供应链现代化的内涵与发展路径探析，《中国人民大学学报》2022 年第 1 期。
3. 曲永义，产业链链长的理论内涵及其功能实现，《中国工业经济》2022 年第 7 期。
4. 刘婷婷，供应链韧性管理体系架构研究，《供应链管理》2022 年第 6 期。
5. 周天成，程建宁，柳晓莹，等，通信运营企业 ICT 供应链安全形势及风险影响研究，《供应链管理》2023 年第 6 期。

第 5 章　构建数字协同平台，赋能供应链价值创造

2023 年 10 月 10 日，国务院新闻办公室隆重发布了《共建“一带一路”：构建人类命运共同体的重大实践》白皮书，深入剖析“一带一路”倡议推动全球经济增长和加强国际合作发挥举足轻重的作用。然而，在全球化大背景下，世界经济同样面临很多挑战。2023 年 12 月以来，持续紧张的巴以冲突导致国际航运业巨头相继暂停红海航行，对全球供应链的稳定性造成了重大冲击。诸多事件和迹象表明，在全球化和逆全球化空前盛行的今天，如何超越国界和地缘政治的限制，强化供应链协同、携手面对各种挑战，已成为摆在我们面前的重要议题。

一、供应链协同

1. 供应链协同理论

（1）供应链的多维视角。

人们对供应链的认知，是一个持续不断深化的过程。从不同的维度审视，可以发现供应链呈现出需求链、资源链、价值链、协同链、风险链和数据链等不同的链性特征（见图 1）。

隆道研究院将供应链定义为“以特定产品或服务为核心的价值创造与交付过程”。在这一过程中，不同的组织以独特的方式在各个环节参与其中。首先，供应链作为“需求链”，始终以需求为驱动，构建并持续运行。其次，在追求需求满足的过程中，对资源的新需求不断产生，这些需求层层向上游传递，资源按需整合，从而形成了紧密的“资源链”。再次，资源配置的过程不仅满足了需求，更是以具体产品或服务为载体，实现了价值的创造与传递，这便是“价值链”的体现。同时，供应链的高效运作离不开各方参与者的协同努力，在价值创造过程中，所有相关方必须紧密合作、相互成就，这使供应链同时成为一条“协同链”。然而，这种协同过程复杂多变，伴随诸多不确定性，供应链也呈现“风险链”的特征。最后，在数字化时代背景下，供

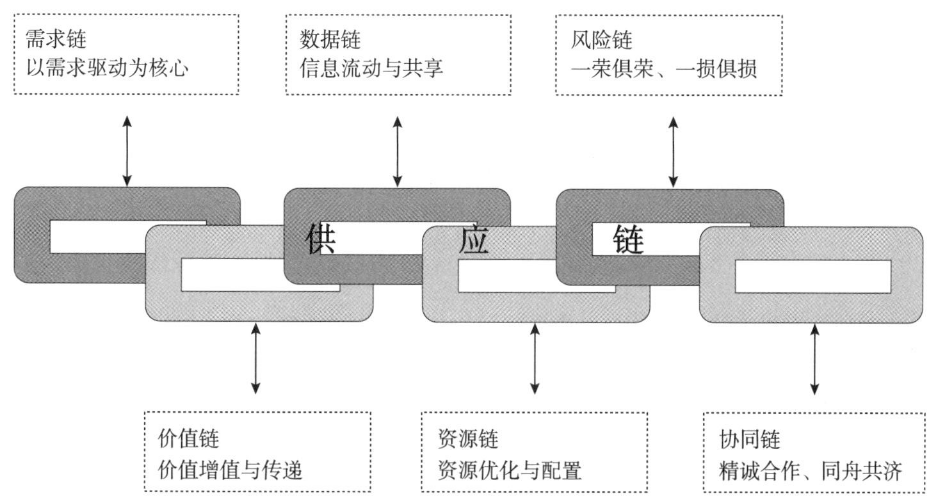

图1 供应链的多维链性特征

应链每个环节都蕴含着丰富的数据信息，并以数据的形式展现出来，这使供应链不仅是一条物质与价值的流动链，更是一条“数据链”。

经济全球化在一定意义上标志着全球经济运行进入了供应链时代，从经营管理的角度来看，企业不再是四面围墙之内的存在。以上六大链性特征的分析，为供应链的管理和优化提供了全新的视角和可能。这些对供应链多维度的认知，不仅深化了我们对供应链的理解，也为我们更好地探索和管理供应链提供了宝贵的启示。

（2）供应链协同理论综述。

供应链协同理论是现代供应链管理理论的重要组成部分。它源于人们对供应链复杂性和相互依赖性的深刻洞察，有代表性的理论包括协同理论、价值网络理论、供应链整合理论等。

①协同理论（Synergetics）。

协同理论又称“协同学”，在20世纪70年代最早由联邦德国斯图加特大学教授、著名物理学家赫尔曼·哈肯（Hermann Haken）提出，主要研究系统如何通过内部各部分的协同作用实现整体的有序性和稳定性。

在供应链管理中，协同理论的应用体现在供应链各个环节的协调和同步过程中。这包括信息共享、风险共担及合作决策等众多方面，旨在提高供应链的响应速度，降低运营成本，实现供应链整体性能最优。

②价值网络理论（Value Network）。

20世纪90年代，美世咨询公司的著名顾问亚德里安·斯莱沃斯基（Adrian Slywotzky）在《发现利润区》一书中首次提出了“价值网络”的概念，主要关注企业如何通过与不同合作伙伴建立联系，共同创造价值。

在供应链管理中，价值网络理论强调企业与供应商、客户以及其他相关组织之间的紧密合作关系。通过构建高效的价值网络，企业能够更有效地利用资源、降低成本、提升市场价值。

③供应链整合理论（Supply Chain Conformity）。

20 世纪 90 年代，Lalnode、Lambert、Knhn & Mentzer 等学者陆续提出了供应链整合的概念，后经 Maloni & Benton、于毅红、马士华等的贡献而日趋完善，主要强调以顾客需求为核心的流程管理和协调管理。

供应链整合理论不仅关注企业内部流程的协调，更关注与供应商、分销商、客户等外部伙伴的战略性合作。通过供应链整合，企业可以优化流程、减少浪费、提高运作效率。

2. 供应链协同要素

隆道研究院认为，供应链协同主要由组织、资源、流程和环境四大核心要素组成（见图 2）。这些要素之间相互作用、相互影响，共同决定供应链协同的效能。具体而言，组织为资源、流程和环境提供必要的组织保障；资源则构成组织、流程和环境稳定运行的基础；流程确保组织、资源和环境的高效运行；而环境则作为组织、资源和流程运作的支撑条件。

图 2　供应链协同的核心要素

（1）组织。

组织是供应链协同的核心，主要包括：供应商的供应商、供应商、制造商、分销商、零售商、运输商、消费者等组织，以及各组织内部部门。“供应链外无企业”，这句话深刻揭示了企业在全球化背景和高度互联的商业环境中的地位和作用。从企业运营角度看，任何企业都无法独立于供应链之外而单独存在，企业的生产、销售、服务等各个环节都需要紧密地与供应链中的其他组织衔接；从企业竞争角度看，供应链已成为企业竞争优势的重要来源，这种基于供应链的竞争优势可以帮助企业在激烈的市场竞争中脱颖而出。

（2）资源。

资源是供应链协同的基础，主要包括：厂房、设备、原材料、技术、资金、人力资源、信息系统、相关知识等。资源是构成供应链全链条、各环节所拥有的物力、财力、人力等要素的总称，资源的有效投入与合理配置是影响供应链协同顺利进行的基石。资源要素的重要意义在于，通过优化供应链的获取、分配和利用，持续提升供应链的协同效率和价值创造能力，增强供应链的竞争力。资源的丰富程度及其高效利用，不仅直接关系到供应链的协同效果和竞争实力，而且对于维护社会稳定与保障国家安全也具有深远意义。

（3）流程。

流程是供应链协同的运行保障，主要包括：产品研发流程、采购管理流程、生产管理流程、销售管理流程、财务管理流程等。流程由一系列紧密相连且相互作用的作业范式组成，其目的在于将输入有效地转化为输出。流程在供应链协同中扮演着非常重要的角色：它为整个供应链协同提供了一个高效有序的活动框架，确立了一个从输入到输出转化的标准范式，同时确保各个节点依法合规作业。借助流程，可以确保供应链从原材料采购、生产制造、物流配送到最终销售等各个环节的顺畅运行，从而提高供应链的响应速度，降低潜在风险，并确保供应链全链条的价值输出能够紧密贴合市场需求。

（4）环境。

环境是供应链协同的支撑条件，主要包括：政治环境、经济环境、法律环境、技术环境、地缘政治等，以及组织内部环境。环境是供应链协同正常运行所需的一系列支持和约束条件，它对供应链的运作和管理产生着直接或间接的影响。环境要素的重要性表现在，它直接或间接地影响供应链协同的边界。例如，政策法规、技术标准等环境因素直接规定了供应链协同的范围和实施方式，要求供应链必须在这些规定的框架内开展协同。此外，环境还关乎供应链协同的效果及其可持续性，诸如经济环境、市场需求等外部条件的变化，会直接影响供应链协同的成本与收益状况。

3. 供应链协同效应

“协同”这一概念，最初由德国物理学家赫尔曼·哈肯提出，后来逐渐被引入企业经营、管理以及财务等多个领域，成为一种全新的战略理念。“协同效应（Synergy Effects）”描绘了这样一种现象：当两个或多个组织或个体进行合作时，所产生的整体效益超过了各部分独立运作时的效益总和。在供应链管理中，这种协同效应理念得到了具体应用，并形成了供应链协同效应。它着重强调供应链各环节间的有效合作与协同，旨在实现供应链整体效能的最大化。具体而言，供应链协同效应可以从质量、成本、效率、创新及可持续发展等几个维度展开分析。

（1）质量。

供应链协同有助于提高产品和服务质量。通过加强供应链各环节之间的沟通与协作，能够确保从原材料、零部件到最终产品的整个过程中，质量标准得到统一执行和有效监控；也有助于及时发现潜在的质量问题并迅速采取纠正措施，降低产品缺陷率和退货率。

（2）成本。

供应链协同有助于降低整体成本。通过采用准时制（JIT）、供应商管理库存（VMI）等协同策略，能够优化库存管理，有效减少库存积压，降低库存成本；还可以通过与供应商谈判降低采购成本，通过共享资源和提高资源利用率降低生产成本。

（3）效率。

供应链协同有助于提升整体运作效率。通过加强供应链各环节之间的协调和配合，能够优化生产计划和物流配送，从而减少等待时间和运输时间，提高交货速度和响应速度；还能促进信息共享和决策协同，确保各环节在决策过程中能够高效、准确地作出判断。

（4）创新。

供应链协同有助于推动创新。通过知识共享、信息共享、技术协同及资源共享等途径，能够促进供应链各环节之间的技术创新和新产品涌现；还能够促进组织与组织之间的合作研发和技术转移，缩短产品研发周期，加速创新成果的转化和应用。

（5）可持续发展。

供应链协同有助于实现可持续发展。通过运用敏捷（Agile）、精益（Lean）等方法和理念，能够优化资源利用，减少废物排放，推动绿色采购实践，降低供应链对环境的影响；还可以促进企业之间的社会责任共担和合作共赢，提升供应链的抗风险能力。

二、供应链协同问题及分析

1. 供应链协同目标不一致

供应链中的各参与方，如供应商、制造商、分销商等，经常持有不同的经营目标和利益诉求。当这些目标和诉求不能达成一致时，就会对供应链的整体协同造成阻碍。协同的核心在于“心往一处想，劲往一处使”，但关键在于如何明确并统一这个“一处”的指向。在实际操作中，如何界定这个指向是一大难点。

数字技术为解决上述问题提供了一定的解决方案或思路。例如，利用物联网和大数据分析，可以实时监控和预测供应链各方的需求和产能，从而帮助调整各方的目标和期望，促进目标的一致性。构建企业级的供应链管理系统，将各方的规章制度、作业流程等“规”系统地纳入，可以确保执行团队有统一的认知和行动方向。

2. 供应链协同信息不对称

供应链流程涉及多个环节和复杂的管理要求，这需要高度的协同和精细化的管理。但信息不对称的难题却常常横亘在企业与供应商、客户之间，使下游企业难以实时掌握上下游的动态信息，无疑拖慢了供应链的响应速度，也削弱了整体效率。由此可能带来的库存积压或供应短缺等问题，不仅影响企业运营，更可能对整个供应链造成不必要的负担。

数字技术也为解决上述问题提供了一定的解决方案或思路。例如，依托数字化平台或供应链管理系统，构建透明的信息共享机制，实现供应链各方之间的实时数据交换和沟通。同时，大数据分析可以对供应链中的各类数据进行挖掘和分析，帮助企业更准确地把握供应链状况，优化库存管理和供需匹配。

3. 供应链协同信息传导失真

在供应链协同过程中，信息的及时准确传递对于保证业务活动的顺利进行至关重要。然而，由于信息系统的不兼容、数据传输的延迟或错误以及信息传递过程中的失真等问题，供应链业务活动可能会受到干扰或错误执行。例如，“牛鞭效应”和“蝴蝶效应”现象增加了供应链管理的风险。

数字技术同样为解决上述问题提供了一定的解决方案或思路。例如，通过物联网技术和实时数据分析，确保信息的及时、准确传递，减少信息传递过程中的失真和延迟。利用先进的供应链管理软件，实现供应链各环节的无缝对接，提高供应链的灵活性和响应速度。通过构建数字化供应链协同平台，整合需求预测、采购管理、库存控制等全过程，提高供应链全流程的可视化和信息透明度，应对“牛鞭效应”等带来的风险。

4. 供应链协同合作信任困难

在供应链协同中，信任是一个关键因素。相较于组织内部协同，组织间的协同往往面临更大的信任挑战。供应链中的各方，如供应商、制造商、分销商和零售商等，可能因历史遗留问题、信息不对称或利益分配上的矛盾而缺乏信任。这种不信任会导致信息沟通不畅和协同决策受阻。

数字技术可以为解决上述问题提供一定的解决方案或思路。例如，可以考虑引入区块链技术来增强信息的透明度和可信度，利用其不可篡改的特性，确保供应链中信息的安全性和真实性，从而增强各方之间的信任。同时，建立供应链协同平台，通过共享信息、资源和风险，促进供应链各方的合作与信任建立。

三、数字技术赋能供应链协同

1. 数字技术

数字技术，通常被定义为一种利用计算机、网络及通信等手段，将信息与数据转化为数字形式，以便于存储、处理、传输和展示的技术。数字技术大致由以下三部分构成。

（1）基础技术。

数字技术的基础主要是计算机技术和信息技术，它们为数字信息的处理、存储和传输提供了根本支持。其中，计算机技术是数字技术的核心，负责执行各种复杂的计算和操作；而信息技术则主要负责信息的获取、传递、处理和应用。

（2）关键技术。

数字技术的关键组成部分主要包括网络技术、通信技术、数据库技术等。其中，网络技术使各种设备能够互相连接，形成一个庞大的网络，实现信息的共享和传输；通信技术则负责信息的传递和交流，保证信息的及时性和准确性；数据库技术则用于存储和管理大量的数据，提供高效的数据检索和分析功能。

（3）**最新发展**。

除此之外，物联网、云计算、大数据、区块链及人工智能等技术，代表了数字技术的最新进展（见表1）。其中，物联网技术通过信息传感设备，按照约定的协议，实现智能化识别、定位、跟踪、监管等功能；云计算提供了一种按需获取计算资源的方式，使用户可以随时随地通过网络访问所需的计算能力和数据存储服务；大数据技术则关注海量数据的处理和分析，挖掘数据中的潜在价值；区块链技术通过链式数据结构、密码学算法等技术手段保证数据传输和访问的安全；人工智能技术通过模拟人类的智能行为，实现自动化决策、图像识别、语音识别等功能。这些新兴技术的涌现，极大地推动了数字技术的创新与应用拓展。

表1　数字技术最新发展领域及其应用场景

最新发展领域	核心技术	主要应用价值
物联网	主要包括传感器技术、射频识别技术、嵌入式系统、纳米技术、GPS技术等	可极大地提高生活便利性和生产效率；被广泛应用于智能家居、智能交通、工业监测等领域
大数据	主要包括数据预处理、数据收集、大数据可视化、大数据存储及管理、语义引擎、大数据清理与融合、预测性分析等	在优化决策、提升服务质量和效率等方面表现出色；被广泛应用于电商、金融、医疗等领域
云计算	主要包括虚拟化技术、分布式数据存储技术、大规模数据处理、编程模式、云计算平台管理技术、多租户技术等	可实现数据和服务的集中管理和按需交付；被广泛应用于企业信息化、在线教育、远程办公等场景
区块链	主要包括分布式存储技术、非对称加密技术、共识机制、智能合约技术、跨链技术等	可确保数据的不可篡改性和透明度，以及增强各方之间的信任；在数字货币交易、供应链管理、身份验证等领域有较多的应用
人工智能	主要包括机器学习、计算机视觉、自然语言处理、机器人技术、生物识别技术、语音识别、数据挖掘等	可显著提高自动化和智能化水平，提升工作效率和用户体验；在智能制造、智慧金融、智能医疗等领域有广泛的应用

2. 赋能协同的基本思路

数字技术赋能供应链协同的基本思路，在于构建一个“知行合一”的数字供应链协同平台，通过解决海量数据的处理、加工和利用问题，推动供应链的高效运转。

在“知行合一”的理念中，“知”代表信息和数据，而“行”则是对这些信息和数据的处理及相关应用。为了更具体地阐释这一理念，我们可以通过“即知即行”“即行即知”两个维度进行解读。

“即知即行”强调信息和数据传递的时效性与行动的即时性。当流程中的一个节点接收到新的信息或数据时，相关责任人需要立即对这些内容进行处理，确保供应链的每一个环节都能够紧密衔接，不出现任何延误。

“即行即知”关注的是信息反馈的充分性。每当一个流程节点的责任人完成其数据处理任务后，所有与此相关的节点责任人都应迅速得到通知，并根据新的信息作出及时的反应和调整。

通过实现“知行合一”的目标，我们期望能够推动供应链从简单的信息分享跃升到数字时代真正意义上的协同作业。无论是企业内部的不同团队，还是处于同一供应链中的各个伙伴企业，都需要通过紧密无间的合作来达到提高全链效率、降低成本以及更好地满足市场和用户需求的目的。

但值得一提的是，要实现这种高效的数字化协同，首先需要对作业流程和各个节点进行细致梳理和重新定义。其中，为信息和数据设定统一、标准化的格式和标准尤为重要。只有当所有的信息和数据都遵循同一套规则，才能够确保它们在整个供应链中的流畅传递和处理。

除此之外，为了满足现代供应链中信息和数据非线性传递、多节点同步的复杂需求，数字系统的建设也必须具备足够的灵活性和扩展性。这意味着，在系统设计之初，就需要充分考虑到未来可能的业务发展和变化，确保系统能够轻松应对各种复杂场景，为供应链的持续高效运转提供坚实的技术支撑。

3. 赋能协同的设计原则

（1）以平台为战略擘画顶层设计。

平台，作为一种产品和服务形态，成功地将多边网络中的不同用户群体聚集在一起。这些平台不仅提供基础架构和规则，更重要的是为这些群体创造了一个方便、高效的交易环境。陈威如教授在《平台战略》一书中深入阐述了这一点，他强调平台战略的核心在于连接不同的特定群体并为他们提供互动机制，这样不仅可以满足各方的需求，还能为平台带来可观的收益。

当我们谈及平台战略时，我们实际上是在谈论一个基于数字技术的、更为复杂的生态体系。这个生态体系不仅是一个简单的交易场所，更是一个能够促进供应链中各节点组织之间及其内部实现高度协同合作和信息共享的环境，它涵盖了从供应商的供应商到最终消费者（包括制造商、物流服务商、金融服务商等）众多参与方，构建了一个多边、多元的交流与合作网络（见图3）。在这个网络中，每一个参与方都能够找到自己的位置，与其他组织进行高效、准确的沟通与协作。这种连接超越了传统的物理界限，深入逻辑和数据层面，构建了一个高度集成和互动的供应链协同平台。

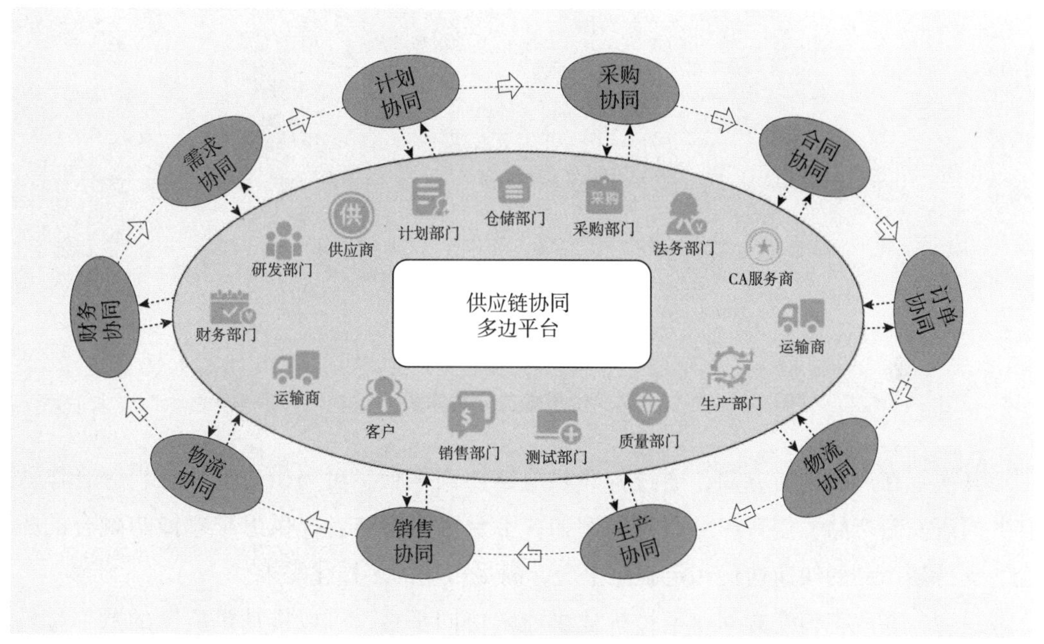

图3　供应链协同多边平台

（2）以价值为导向指引功能开发。

构建供应链协同平台，应避免盲目地追求平台本身的构建，应当紧密围绕供应链协同的核心初衷“实现价值的创造与提升”展开。2022年，国家市场监督管理总局会同国家标准化管理委员会联合发布了《信息化和工业化融合 数字化转型 价值效益参考模型》（GB/T 23011—2022），提供了一个综合的价值框架——“价值效益分类体系”（见图4）。该体系涵盖了生产运营优化、产品/服务创新和业态转变三个层级、九个方面，对于指导供应链协同平台在价值导向上的构建具有重要意义。

具体来讲，供应链协同平台在促进价值创造与实现方面，可发挥如下作用。

首先，在业务优化方面，通过构建供应链协同平台，能够实现供应链各环节的信息共享和流程协同，进而优化供应链各个环节的作业效率。例如，平台通过整合订单处理、库存管理、物流配送等关键业务流程，不仅优化了资源配置，还能有效降低运营成本和供应链风险。

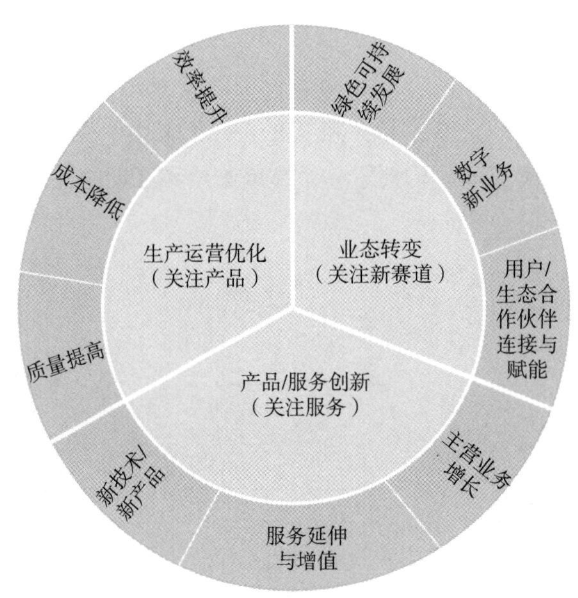

图 4　价值效益分类体系

其次，在产品创新方面，通过构建供应链协同平台，可与供应商、客户等合作伙伴共同研发新产品，创新产品服务。例如，平台可为参与者提供思维碰撞与融合的机会，支持新产品的快速迭代和定制化生产，满足市场的多样化需求。

最后，在业态转变方面，通过构建供应链协同平台，可以推动供应链的数字化转型和智能化升级，实现业态的创新与转变。例如，平台可以整合物联网、大数据、人工智能、区块链等先进技术，提升供应链的透明度和可视化程度，实现智能化决策和精细化管理。

4. 实践案例

数字技术赋能供应链协同，最具象的成果是构建数字化供应链协同平台。

根据中国物流与采购联合会发布的“供应链运营与规划框架”（SCOP 模型），供应链管理在运作层面主要涉及计划、采购、生产、交付和物流五大核心领域。在实际应用中，构建数字化供应链协同平台也主要有以上几个角度。

受篇幅所限，本文选取以采购为切入点构建的供应链协同平台——LD 数字化采购与供应链管理协同平台（以下简称“LD 平台”）为案例进行介绍。之所以选择此实践案例，主要有两个原因：其一，采购是供应链运行的关键环节，在资源配置方面具有不可替代的重要性；其二，采购是构建供应链的关键抓手，企业在完成采购交易的同时供应链体系也随之建立。

（1）案例简介。

LD 平台是国内领先的采供协同和供应链管理平台，致力于“用数字技术服务采购和供应链”，持续专注于企业数字化转型市场，以采购为切入点，在供应链全链优化、营销、协同服务等领域，为客户提供数字化、智能化、平台化、生态化、安全可信的企业云服务产品和解决方案（见图 5）。

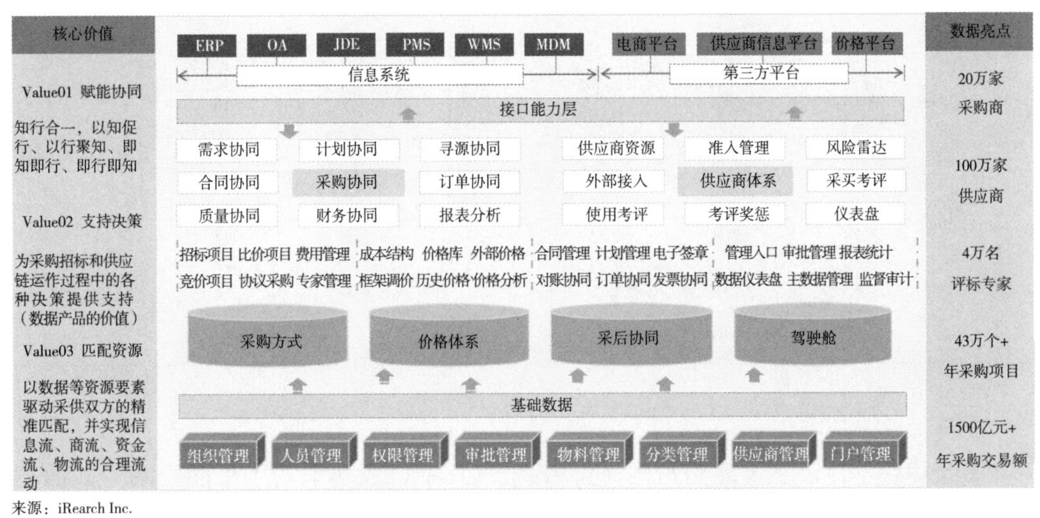

来源：iRearch Inc.

图 5　LD 数字化采购与供应链管理协同平台架构示意

目前，LD 平台已形成企业采购、公共采购、网上商城、供应商服务四大产品体系；并以智能采购、全流程电子招标投标、跨平台电子商城、五大资源库、供应商全生命周期管理、多维度数据分析模型等核心服务，帮助企业加速推进数字化转型，把握数字经济赛道发展新机遇。

（2）运营情况。

自 2018 年 10 月上线运营以来，平台实现累计线上采购交易项目数量 213.38 万个（见图 6），累计项目成交金额 5603.29 亿元，累计参与项目供应商数量 66.54 万个。

（3）主要成效。

LD 平台自推向市场以来，显著提升了企业间的采供协同效率，强化了采购和供应链管理的战略地位，进而增强了企业的供应链竞争力，并促进了上下游企业间的业务联动。此外，还带来了深远的经济效益和社会价值。

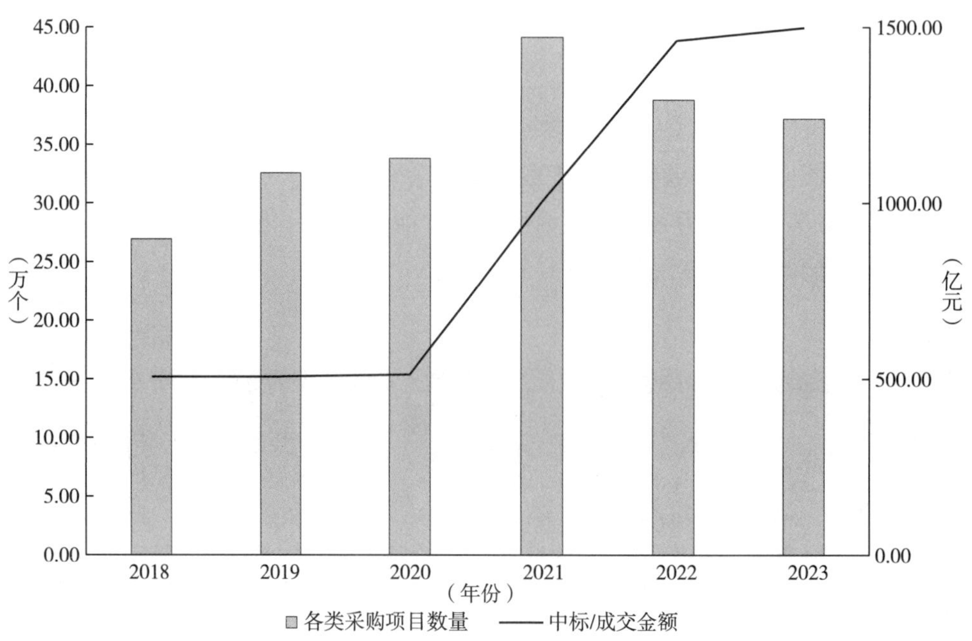

图 6　LD 平台采购项目交易情况

①降低交易成本。

通过将数字技术融入采购与供应链管理，LD 平台成功推动了采购交易方式的革新，从而有效降低了参与者在搜寻交易伙伴、进行谈判、签约以及交付等环节的综合成本。

②提高采购效率。

LD 平台为所有参与者构建了一个“即知即行、即行即知”的协同环境，显著减少了信息获取、处理和反馈所需的时间，拉近了参与者之间的时空距离，降低了信息不对称性，从而大幅提升了采购的整体效率。

③优化资源配置。

依托先进的数字技术和数据这一新型生产要素，LD 平台遵循平台经济学原理，打造了一种更高效、更透明、更公正的资源配置模式，不仅提升了行业整体运营效率，还显著提高了参与者的福利水平。

④保障供应链稳定。

LD 平台将先进理念和优秀企业实践相融合，积极传播领先的采购与供应链管理知识和经验，这既发挥了大中型企业的引领作用，又促进了中小企业的规模化成长，使平台成为推动行业变革、提升产业链供应链现代化水平以及维护产业链供应链稳定的关键力量。

（4）主要创新点。

①“平台化”的模式创新。

LD 平台以供应链的采购环节为切入点，首先将买方接入平台，随后以买方需求驱动供应商入驻平台，从而解决了平台经济学中的“蛋鸡相生难题”，然后再逐步引入采购代理机构、物流服务商、金融服务商、政府部门及更多参与主体，并提供一系列协同和互动机制，进而构建了一个多边网络协同和共赢的商业生态系统。

②“应用化”的产品创新。

LD 平台主张以“应用思维”替代“软件思维”，创造性地提出了“产品应用化”和“应用平台化”的产品设计理念，并将其成功运用到了平台产品体系建设之中，打造了一个与时俱进、具有良好扩展性和成长性的数字化生态系统。

③以数字技术引领技术创新。

LD 平台依托多项独家专利技术，结合云计算、大数据、人工智能等技术，创新性地实现了多元混合数据的高效集成，形成了高性能数据仓库和可视化多维数据仪表盘，不仅促进了平台对各类数据资源的有效利用，而且大幅降低了企业的开发建设和运营成本。

④以系统性思维深化服务创新。

LD 平台突破了传统的“售前、售中和售后”的产品服务模式，把服务创新作为提升平台竞争优势的重要途径，以“系统性思维”协助客户构建数字化系统，同时推出了采购战略规划与咨询、供应商协同无忧托管等一系列贴心服务，助力企业快速实现数字化转型。

四、总结与展望

数字技术为供应链协同注入新的活力，推动其不断向前发展。技术的持续创新和进步，使数字供应链协同平台的建设和应用越发广泛且深入。在数字化时代背景下，数据能力已然成为供应链竞争的核心能力。笔者建议在构建和管理供应链时，务必高度重视其“数据链”属性，积极推进供应链数字化转型及其战略规划与实施。

本文旨在抛砖引玉，期望能激发更多企业借助数字技术推动供应链协同，实现数字化转型升级，进而在激烈的市场竞争中崭露头角，脱颖而出。

（吴树贵、姚锐，隆道（成都）信息技术研究院）

参考资料

1. 姚锐，余也，基于平台经济学视角的第三方电子招标采购平台建设探析，《招标采购管理》2020 年第 1 期。
2. 中国物流与采购联合会，《供应链运作》，人民邮电出版社，2023 年。
3. 吴树贵，张晶，隆道数字产品白皮书（2023），隆道研究院，2023 年。
4. iResearch，2024 中国供应链数字化行业研究报告，艾瑞咨询，2024 年。

第 6 章　全链供应网管理环境下的价值协同

在企业的竞争优势中，供应链优势是其中重要的优势之一。为了在竞争中胜出，各家公司在供应链的管理上都在持续深耕挖潜，创新不断。尤其是近几年，随着国际国内环境的动态变化，供应安全和供应链韧性受到的关注日趋上升，不少企业不断向整个供应链的上游延伸，希望通过掌控整个供应链条来获得新的独特优势。

一、互联网行业供应链的环境变化与转型升级

这些年来，中国的互联网行业蓬勃发展，业务规模不断增大，技术能力也不断增强，不仅在国内越做越深入，影响到各行各业，而且还在海外频频布局，与国外的互联网同行相互竞争。伴随业务的变化，互联网行业的供应链也在不断探索发展，走出了自己独特的转型升级之路。

互联网行业最主要的生产资料是数据中心内的服务器、交换机（整机）等硬件设备，加上在这些硬件上运行的软件程序（数据库、应用程序等），他们通过光纤等传输设备，利用运营商的宽带、流量，进行相互连接并交互数据信息，为客户提供服务。

其中，最大的成本来自服务器、网络设备（整机）等硬件。原先是由戴尔、惠普、思科等供应商采购上游原材料（如 CPU，GPU、SSD、内存、交换芯片等关键部件），经过研发、生产组装成整机卖给互联网公司。这些整机 80%以上的成本都集中在上游的这些关键部件上，而且整机的关键技术和性能也都集中在这些关键部件上。然而，这些整机厂商提供的标准商用机器追求性能平衡，难以满足互联网行业业务场景多样性的要求，导致设计和性能冗余，在部分场景中又不能满足技术和性能要求，所以互联网行业纷纷探索定制最适配自己的整机，适配自己的业务场景，通过自身的软件来最大限度地发挥硬件的性能和效率。

近几年，因为地缘政治的原因，这些整机的上游的关键部件，频频受到相关的管制和供应限制，不少国内供应商，如华为、海光等被美国列入实体清单，如果仅依赖整机供应商的话，供应的连续性得不到保障，供应链韧性就成了一个很大的挑战。所

以，以笔者所在的企业为代表的大型互联网公司，数年前开始往整机上游的关键部件延伸，自己管控这些关键部件。

但是由于原来的整机厂商多是国外的 OEM 品牌公司，既不愿意放弃自己对关键部件的控制权，也不愿意配合进行整机的定制化改造，于是互联网公司引入愿意配合的整机厂商，如国内的 ODM 代工厂等，与这些新生代的 ODM 厂商战略合作，互联网公司掌控关键部件，整机厂商与互联网公司客户联合研发、设计和生产（JDM）适配互联网公司业务场景的整机。再后来，互联网公司与关键部件的厂商以及整机厂商多方合作，联合开发、设计和生产定制的关键部件和整机，最大限度地发挥多方的软硬件能力。

到最近 2~3 年，随着国产化芯片企业的崛起，互联网企业甚至深入关键部件的上游，将关键部件进一步白盒化，管控关键部件的关键部件（如 SSD 和内存的芯片颗粒芯片，NAND 颗粒和 DRAM 颗粒），找代工厂进一步定制和自研关键部件（如 SSD 和内存等），以及定制自己的板卡，从而掌控了从芯片到整机的整个链条的关键物料。

同时，由于交付效率的原因，以 BAT 为首的互联网公司联合移动、电信两家运营商，组建“天蝎”联盟（后来演变为开放数据中心委员会 Open Data Center Committee，ODCC），共同定义标准，把不同的整机（服务器和网络设备）集成组装在一起，以标准的整机柜（统一的整机柜尺寸、功耗等）形式，交付到数据中心，实现更高级别的标准化集成交付，提升了交付效率，简化了数据中心的管理复杂度。

通过上述过程，互联网行业联合整个供应商生态，实现了从 OEM—ODM—JDM 的供应链转型升级之路，管控了全供应链上的关键物料，实现了从芯片颗粒—芯片模组/板卡—整机—整机柜的 4 层供应链的全链条的管理和掌控（见图 1），这条供应链转型升级之路，牵引了整个产业链的转型升级，带动了整个产业链的根本性的创新与变革。

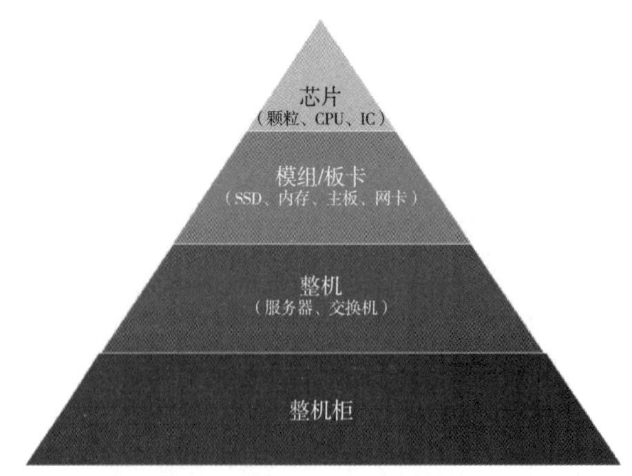

图 1　互联网行业硬件的四层管控

由互联网行业发起的ODCC组织也不断发展，目前已经壮大为包括8家决策成员在内的100余家成员单位的跨行业组织，持续不断地引领和影响行业的发展。

二、链主企业全链供应网管理的协同实践

为研究和表达方便，我们将上面论述的互联网行业全链供应链的层级进行抽象，将上面的芯片—模组/板卡—整机—整机柜的4层供应链的链条定义为：顶端—上游—中游—下游，每层供应商简化为2~3家，且暂时不考虑逆向供应链的流转，再加上互联网客户作为最终用户的链主，形成一个5层的供应链条，如图2所示。

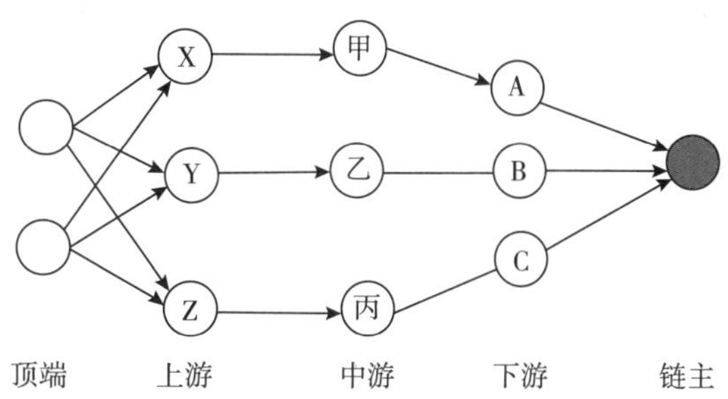

图2　互联网公司全链供应链示意

图2所示是一个简单的链状结构，仍然是供应链的概念，但是它表述了端到端全链条的管控。在此基础上，以笔者所在的互联网公司（为表述方便，统称为链主企业，而将非特指的管控供应链的终端客户企业，称为链主）为代表的互联网企业，进一步推动变化，在全链条的供应商之间，进行相关的物料调度、储备和库存优化，以及相应的动态成本管理，将全链条的整个供应商生态联结成网状，不仅有传统“横向”的供应链管理（正向与逆向），而且扩展到同层供应商之间的“纵向”的供应商管理，将“供应链”发展成为“供应网”，让实物流、资金流、信息流实现在全网的流动，达到全网信息传递和资源配置的进一步协同与优化。

1. 全网的物料调度优化

由于链主企业实行全链路供应商管控，物料流转的链路长且同层供应商间物料分配复杂，储备不均。如果需求变动，或者出现特定批次物料需重新分配（如旧批次物料质量问题不可用，新批次可用物料需要重新分配），或者仓储变动，或者管制政策等其他原因，需要在全网内进行物料的调动和重新配置，以达到整体最优的效果。

实际操作中主要包括两方面：一是横向的物料的调度；二是纵向的物料调度。横向的物料调度，主要是指相邻的供需双方间的物料正向与反向的调度（如图2中的从

甲到A再到链主，以及反向的从链主到A再到甲的调度；纵向的物料调度，主要是指链条上同层的不同供应商之间的物料调度（如图2中的甲、乙、丙之间的物料调度）。

横向的物料调度相对比较容易理解，在传统的供应链管理中，本身就有正向与逆向的物料流动，正向的物料流动就是供应商将物料交付给客户，逆向的物料流动包括质量问题导致的退货。但是链主企业的逆向物流调度，也包括正常物料的退旧换新。在链主企业采购的物料里，一些新旧代次间的物料本身存在自然的演进和替换关系，同代次的物料之间有时也可以相互替换，如2块8T的硬盘可以改为一块16T的硬盘。同时，有些物料如存储产品有一个特点，就是上游的主要原材料有共通性，比如HDD的主要原材料是磁碟，SSD的主要原材料是NAND颗粒，同样的磁碟可以通过不同数量的叠加生产出不同容量的HDD，同样的NAND颗粒也可以生产出不同容量的SSD，也为正常物料的退旧换新带来了可能。

具体操作上，链主企业与存储物料厂商签署年度协议（LTA），约定存储总容量PB数，但是在具体SKU间可以灵活跳动；链主企业可以协调上下游间谈判签署换料协议，在共用原材料的物料间可以退旧换新。如果发生了物料冗余，链主企业可以直接将自己仓库的存储物料退给供应商甲，或者供应商A将为链主企业采购的存储料退给供应商甲。供应商们愿意签署这样的协议退旧换新，一是因为旧料可以挪给其他客户使用；二是新料因毛利更高，或者供应商想要尽快收回新料的研发投资，愿意以旧换新加快新料的上量。这种退换，对链主企业而言库存总量优化，供应弹性更好，避免使用折价处置旧料；对供应商而言，可以适当盘活库存，提升新料的上量速度。这样，整个供应商间相互支持和配合，就实现了物料横向的正反双向的流转，达到双赢。

纵向的物料调度相对复杂一点。但是原因是类似的，比如链主企业的需求预测不准导致的物料在同层供应商间的长短脚，但是因为供应商间份额分配的卡控，导致原本分配到供应商A的物料要调整到供应商B处。比如，按照供应商间份额分配，A、B和C分别获得链主企业的60%、30%和10%的订单。原本一个1000台整机柜的需求，A作为主力供应商，拿到了链主优先分配的600台的中游物料，B和C的中游物料在陆续到货中。后来需求下调到只有800台，这时需要将供应商A提前拿到的600台的中游物料，调拨出120台的物料分给供应商B和C。

在常规情况下，因为A与B之间是相互竞争关系，他们之间是不愿意相互借调物料的，但是经由链主企业的全链条的管控和协调，可以打通原本是相互竞争关系的供应商之间的物料调度。具体操作上，链主企业协调同层的供应商A/B/C之间签署相互销售物料的协议，按照链主企业事先统一拉齐的Buy/Sell的Sell价格来结算，这样A/B/C之间的结算不存在价格差异，唯一的额外费用是运费。这些费用相对小，由链主企业承担。这种操作下，链主企业的库存物料，在同层供应商间相互调拨，可以部分抵消需求变动下的冗余，库存可以最快消耗，不会导致一家有结余另外一家缺料要额外重新采购的局面。对供应商而言，每家都可能会面临同样的物料长短脚不齐套的问题，只要各供应商间同等对待和操作，各家也都能接受相互调拨。

同样的道理，这种纵向与横向的物料调拨，不仅发生在链主与下游之间，在上游、中游以及下游间也会发生，在顶端也会有横向的物料调拨问题。这样，物料的流转就会在多个方向进行，加上本身正常采购的物料流转，全链条的供应商生态从原来的链状结构，发展形成网状的流转结构（见图3）。供应网管理已经成型，链主企业在供应商生态中进行全网的价值协同也就具备了基础。

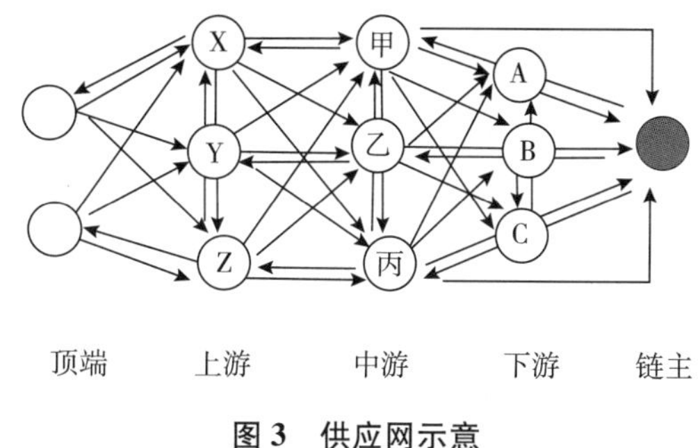

图3　供应网示意

2. 全网的需求预测与备料协同

上面论述的在供应网中进行物料的调度，是事后的补救，如果事前能就需求变动第一时间内在整个供应网中的全部相关方进行沟通调整，让整个供应网能在预测和备料上进行第一时间的协同应对，就能减少这种事后的补救措施，进一步减少额外的成本。

因此，需求预测要解决信息流第一时间同步传递的问题。链主企业将下游整机柜的需求，依照物料清单 BOM 逐层分解到最顶端的物料，比如下游 1000 台整机柜，分解中游的整机是 1000 台，对应上游的存储部件是 12000 块硬盘，对应到顶端的 IC 芯片可能是 20000 片芯片颗粒等。链主企业将这些需求信息以及后续的变动第一时间分发到各层供应商，并且每周进行滚动刷新。各层供应商，如 A/B/C，甲/乙/丙等，都会第一时间收到链主企业的需求信息以及变动情况，并与上下游直接交互的客户以及链主企业的订单进行相互印证，确保需求信息的同步和匹配。在此基础上，各层供应商在网络中反馈交付信息，确保需求与供应间的对齐，保障交付。这种信息流的交互演变成如图 4 所示的环式流转。

这种环状的交互，相比链式的交互，能确保信息流第一时间按最短传递进行路径，提升信息交互的时效性与效率。从理论上讲，整个供应链条的物料生产时间是客观的，如果链主企业不通过这种环状的方式交互信息流，而是通过传统的链式路径进行信息

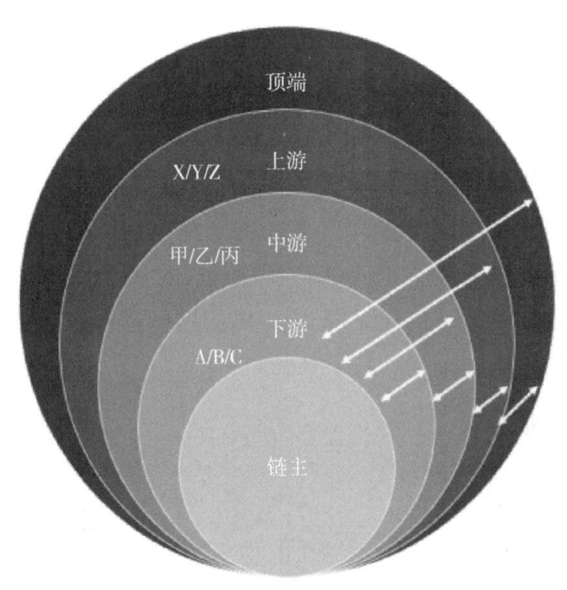

图 4 供应网环状信息流示意

交互，各供应商间通过相邻双方进行层层传递信息，每层也会有自己的判断和加工，导致传递时间延长滞后，信息传递失真，各层供应商会层层加码，库存大量冗余。而通过这种环状方式交互信息，可以避免类似情况发生。

除了交互信息外，为了应对需求的变动，各级供应商也还需要进行备料（安全库存）。而在这种全网信息共享的情况下，备料也可以全网协同，以达成在保障供应和弹性的前提下库存最优。链主企业对不同层级的物料在生产周期、通用性、战略重要性，以及价格等各方面分析发现，越到上游战略重要性越高，生产周期越长，而且因为原材料相对成品而言没有完成生产组装，单价更低，还可以更加灵活地适应需求变动组装不同的成品，通用性也更好。所以储备安全库存，就应该向更上游做更多的备料：比如顶端可以考虑备 8 周的库存，上游考虑备 6 周的库存，中游考虑备 4 周的库存，而下游只需要备 2 周的安全库存以适应生产周转的时间即可。这样物料分析是一个“正金字塔”，而备料多少就形成一个“倒金字塔”，如图 5 所示。

这种“倒金字塔”式的备料，对链主企业而言，在满足交付保障和服务水平（SLA）的前提下，对整个链条的物料，特别是战略物料（芯片），有直接的掌控，做到了整个供应链上的关键物料可视化和可感知，而且整体上备料成本最低，所备物料因通用性更高不易成为呆滞物料。对供应商而言，供应商能基于实时的信息分享，整个供应商生态都能第一时间感知最终用户的需求和库存情况，不会自己盲目判断和层层加码，造成损失，链主和全链条上的供应商生态都能获得更好的收益。当然，上述备料策略还可以结合物料的市场供需状况来调整，比如同为芯片的顶端物料，在供应紧张时

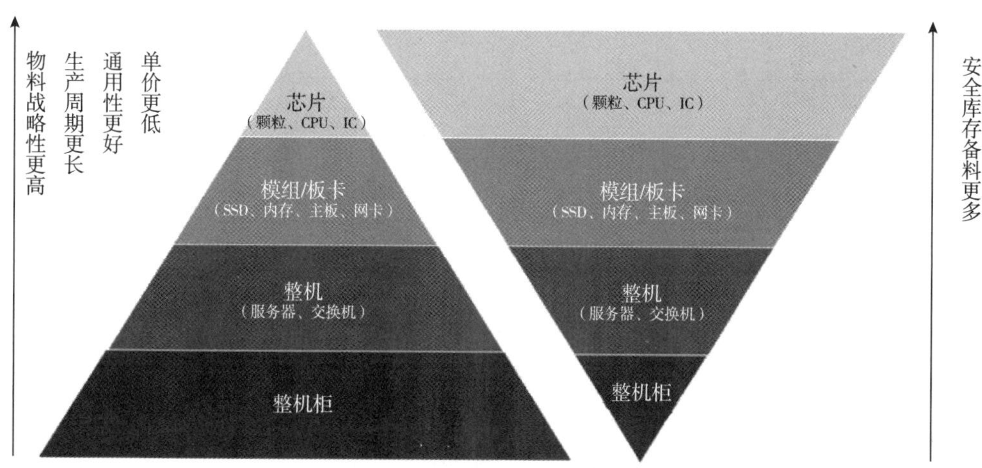

图5　物料层级与备料的金字塔

可以多备，在供应宽松时可适当少备。另外，备料策略上还可以考虑备在哪里，是集中备在链主企业这里，还是分散在不同层级的供应商处，以及基于各供应商和链条的生产地址进行最优的仓库选址和物流路径规划，这些都可以综合考虑，并进一步优化。

3. 全网的物料追踪与成本动态管理

对供应链全链条上的物料进行管控，不仅意味着管理的物料在数量上的增加，还意味着更多的物料状态需要标识与区分。除了常规的物料属性，如用途（生产料、研发料、备件料）、品类、库龄、验收状态等之外，额外的物料属性还包括库位（是在链主企业仓库的不同地点，还是不同层级供应商的不同库房）、物料层级（顶端，上游，中游等）、流转状态（初次采购还是链主 Buy/Sell 后的回购、正向运输还是逆向退货、同层的供应商间的流转还是不同层级的供需间的流转，等等）。还有涉及最重要的价格属性，包括首次下单价格、采购净成本（扣除返点、折扣后的价格）、链主与供应商间 Buy/Sell 的 Sell 价格，链主与供应商间 Sell 后回购的价格、供应商之间物料纵向调度的结算价格，等等不同属性值，如表1所示。

表1　　全链供应网下的物料的额外属性

属性分类	属性值		
物料层级	顶端	上游	中游
库位	链主库	供应商 A 仓库	供应商甲仓库
流转状态	初次采购，回购	正向发货/逆向退换货	同层供应商间的调度
			相邻供应商间的调度

续 表

属性分类	属性值		
价格	采购下单价格	采购净成本	
	链主与供应商间 Buy/Sell 的 Sell 价格	链主与供应商间 Sell 后回购的价格	
	同层供应商间结算价	相邻供应商间的结算价	

从表 1 可以看出，因为前面论述的全网物料调度和流转，导致物料属性在流转状态以及相关的结算价格上更为复杂。如果不能对这些状态和价格进行区别管理，全链供应网管理只是一句空话，无法落地。所以，需要对这些额外的状态和价格进行打标赋值。链主企业在常规批次管理的基础上，借助公司的技术能力，进一步精细到系列号颗粒度上进行管理，而且采购与财务一起进行了成本穿透项目，将每个批次的每颗物料依据唯一的系列号进行精准赋值（状态，成本，以及常规的物料属性），这样就能知道每颗物料在时间和空间上的状态以及价格信息，并做到实时动态更新，比如哪些物料是开箱拆装过的，在物料哪个供应商或者链主企业的哪个仓库，经过几次物料调度流转，不同流转状态下的成本是多少，等等。

虽然上述物料属性的赋值非常复杂和麻烦，投入也大（比如链主企业的各仓库，都需要进行物料的系列号扫描和录入，需要投资购买扫描枪和其他相关设备等），但是上述精细化管理，才能使物料状态实时可见，准确追踪和结算资金，并随时可以基于不同属性维度进行分析。当然，为了管理方便，实际操作中可以进行适当简化，比如 Sell 价格统一拉平，运费等小额成本单独结算等，这里就不一一展开。

综上所述，链主企业通过对四层供应商的全链条物料管控，在全链供应网管理环境下进行全网的物料调度、需求预测和备料、物料追踪与成本结算；实现了实物流最复杂的横向与纵向的流转，信息流最短路的环状流转，以及资金流依实际流转的准确结算；实现了物料管理的可视、可感、可调、可算；保障了供应安全和交付韧性，并在各供应商中形成合力，实现全网的管理优化。

三、总结与引申：全链供应网管理环境下的价值协同

1. 全链供应网管理，是端到端的供应链管理的新阶段。

回顾供应链管理发展的历史过程，在最初阶段，企业的采购部门只管理与自己相邻的第一层供应商，即图 2 中的供应商 A/B/C，我们定义为供应商管理，这时供应商管理只是单维单边的关系，即相邻公司的买卖关系。到 1985 年迈克尔 · 波特提出价值

链，后来演化为供应链管理的概念，它定义的是围绕核心企业，从供应商到制造商、分销商、零售商，直到最终用户这样的一个链条模式的管理，这个定义似乎更多强调的是核心企业对下游销售链路的延伸管理，并没有明确提及向整个链条的上游延伸，即管理供应商的供应商（第二层的供应商，即图 2 中的供应商甲、乙、丙等，甚至到顶端的供应商）。

到 21 世纪后，一些国外的大型知名企业开始涉足管理供应商的供应商，即第二层供应商管理。再加上供应链社会责任（Supply Chain Social Responsibility，SCSR）、绿色供应链等概念的提出和兴盛，链主开始深度管控供应商的上游，比如进行 SCSR 的审计等。这个时候，供应链管理虽然开始涉及多层供应商关系，但仍然是单维的横向买卖关系（可能会涉及逆向物料的逆向供应链），还没有形成网状管理结构。

在此基础上，如上述关于链主企业的物料调度等的论述，链主进一步协同多层供应商，跨越到物料的二维（横向、纵向）的调度，以及多维的信息交互以及相关的资金结算，并掌控端到端的全链条，形成了全链路的网络结构，发展为供应网管理。如果我们把“供应网”这个概念与传统的“供应链”的概念作出区分的话，从供应商管理到供应链管理，以及全链供应网管理的发展过程，如图 6 所示。

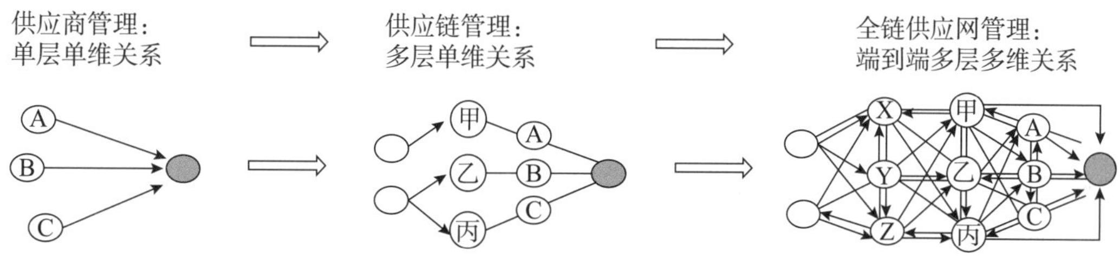

图 6　供应网的演进发展

2. 全链供应网管理的挑战

从图 6 可以看出，供应网管理会更加复杂更具挑战。

首先，在突破多层供应商管理上，涉及供应商格局的调整和利益的重新分配，需要整个供应商生态的支持与配合。

比如，原来是下游的供应商管控中游的供应商，下游供应商与中游供应商进行价格和合同谈判，如果链主直接管控中游供应商，下游供应商的物料成本会白盒透明，其利润会受到影响；同时，中游供应商是否愿意和链主合作，并且在下游供应商与链主之间选择站在链主这一边，也是一个问题，毕竟中游供应商与下游供应商多年合作，其关系远比后来的互联网企业更加深远，中游供应商会平衡链主与直接客户的力量对比，作出不同的选择。而在同层的供应商之间，本身就是相互竞争关系，要相互配合进行物料调拨和资金结算，其难度可想而知。

同时，我们定义的上、中、下游的供应商，是从链主的意愿出发，实际上各层供应商之间本身还有垂直整合和纵向扩张的多元化战略变化，比如原来做服务器的，会扩张做交换机；原来做芯片的，会扩张做芯片模组。这种多元化的发展变化，会导致供应网上供应商的站位发生变化，一个供应商可能存在多重身份，参与多重业务的竞争，导致供应网管理更加复杂。

其次，供应网管理本身的复杂度增加，如上文关于链主企业的实践中所说明，实物流、信息流、资金流“三流”的流转更加复杂，物料的管控数量和不同流转状态下的物料的属性值数量会大幅增加，要管理这些，需要设计相应的新的流程和模式，对应的 IT 工具的开发和使用等，也会大幅增加。

最后，内部其他团队的配合、人才和能力建设方面也是不小的挑战。因为要管控更多的物料和更多的供应商，不仅是采购和供应链的事情，也包括研发、财务、法务等内部职能部门的配合。比如，对关键部件的生命周期管理、质量问题的处理等，就需要跨越多个部门联合进行，相关的复杂的资金结算，也需要财务投入。相应地，团队建设也面临新的需求和挑战。由于顶端和上游物料的产业中多数是国外的企业，中国本土的公司前期涉足少，对这些行业有较深的了解和积累的人才比较稀缺，人才的获取和能力建设自然面临严峻的挑战。

因此，要进行全链供应网环境下的协同，必须应对这些挑战，从根本上解决这些问题。

首先，需要结合产业的发展，设计合理的利益分配和协调机制，找到和吸引愿意配合的供应商，支持全链供应网管理和价值协同的变革。这方面可能涉及供应商的选择和汰换，以及不同时期的供应商的策略调整，比如开始扶持相对弱势的供应商，再到强弱搭配相互竞争，最后强强联合等阶段性的不同策略。另外，在各层供应商的协同上，要做到责、权、利对等，信息透明公开。这样，才能慢慢打开缺口，然后逐步突破。

其次，在供应网环境下协同，需要进行大量的内外部流程再造，以应对和承接这些新的机制和商务模式。如上层供应商间与链主间的多方业务结算，如系列号颗粒度的精细管理，如通过采购侧的供应时长与需求侧的预测时长的差距来倒逼需求管理，如通过供应商份额管理来卡控供应商的交付促进供应商的配合，等等。这些流程再造，可以由轻到重，在初步见到效果和收益后再深入管控。如刚开始管控上游物料时，可以从指定供应商指定价格（Assign Vendor Assign Price，AVAP）模式开始，不管控具体物料的实物流，只做信息流的传递和资金流的结算（拿到上游供应商的返利收益即可），再到后面慢慢深入 Buy/Sell 甚至更重的 Consign 模式（见表 2）。

表2　三种上层供应商联结和管控模式的对比

	实物流	资金流	信息流	比较
AVAP	上、中游厂商到下游厂商	下游厂商与上游厂商进行订单与资金结算	下游厂商向中、上游厂商下订单	轻介入轻管控，管控力度最弱
Consign	从上、中游厂商形式上到客户再到下游厂商	客户与上游厂商进行结算	客户向中、上游厂商下订单，且向下游厂商结算时不算管控物料成本	重介入重管控，资产归客户，客户承担相应的资产风险
Buy/Sell	从上、中游厂商形式上到客户再到下游厂商	客户与上游厂商进行结算	客户向中、上游厂商下订单，且卖给下游厂商，与下游厂商结算时算管控物料成本	重介入重管控，资产卖出后归下游供应商，下游承担相应的资产风险，但客户的运营更复杂

最后，需要借助现代化的信息技术工具进行供应链的数字化建设，实现对供应网管理的简化和提效。这些年随着云计算、大数据等技术的应用，供应链的数字化建设获得了跨越式的发展。全链供应网管理环境下的协同，必须借助这些新兴的技术，帮助节省人力成本，提升管理效率。这些协同操作必须进入供应链管理平台，实现线上化、数字化，让业务流程看得见、看得清。再基于设计的流程和规则，考虑将相应的环节进行自动化，比如系统自动下单给供应商等，以提升效率。在此基础上，还可以考虑进一步的智能化，比如满足和触发一定条件，系统可以自动选择不同的路径，采取不同的措施自动应对。事实上，近2~3年，数字孪生和AI技术帮助供应网管理实现数智平台的升级发展，给供应链管理带来不少便利的同时，也给供应链管理从业者带来全新的思路和启发，供应链管理从业者甚至可以利用低代码技术，自己设计和建设相应的供应链管理平台和相应的模块。这些数字化技术反过来也促进供应链管理本身的变革发展，两者相得益彰。

因此面对全链供应网管理协同的挑战，我们仍然可以基于普适和基本的供应链和采购管理理念、理论，利用最新的技术，团结内外部伙伴，由易到难，由浅到深，由点到面，在全链供应网里面进行协同。这种全链供应网管理环境下的协同，具有端到端的全网全链视角，通过全网设计，全网优化，链主可以全面感知整个供应生态的情况和变化，比在局部（如仅在下游一个层级，或者仅在横向一个维度）进行优化，会获取更大的额外收益。由链主来做这种协同，也比各层级供应商自己优化后的叠加效果更好，因为各层供应商自己做，仍然无法避免“牛鞭效应”。所以，从全链供应网的视角思考供应链管理的转型升级，可以应对当前复杂的国际国内形势，为公司创造更大价值，为行业带来更大变化。

四、展望

本文分享的链主企业全网协同的实践探索，以及由此引申开来的思路和探讨，仍然局限于外部供应商的上游链路，如果从最初供应链概念提出的思路来看，需要结合内部的业务，甚至外部的销售链路，才更加全面。从现实的角度来看，采购和供应链从业者至少可以在内部触达各业务单元的运营，结合供应侧的创新，给内部业务单元提供相应的影响分析，帮助业务单元快速决策。如链主企业基于供应侧的交付情况，结合各业务单元的机型和数据中心的对应关系，将全链路的映射对应出来（见图 7），这样，前面任何一层供应商的情况和变化，都可以快速模拟和分析对业务单元的影响；业务单元的需求变动，也可以反过来模拟和分析出对供应商侧的要求变化。这样，全链供应网管理和协同，就可以加上业务单元的视角，做到细分到单元业务的颗粒度影响分析，给业务侧快速决策提供依据和参考。

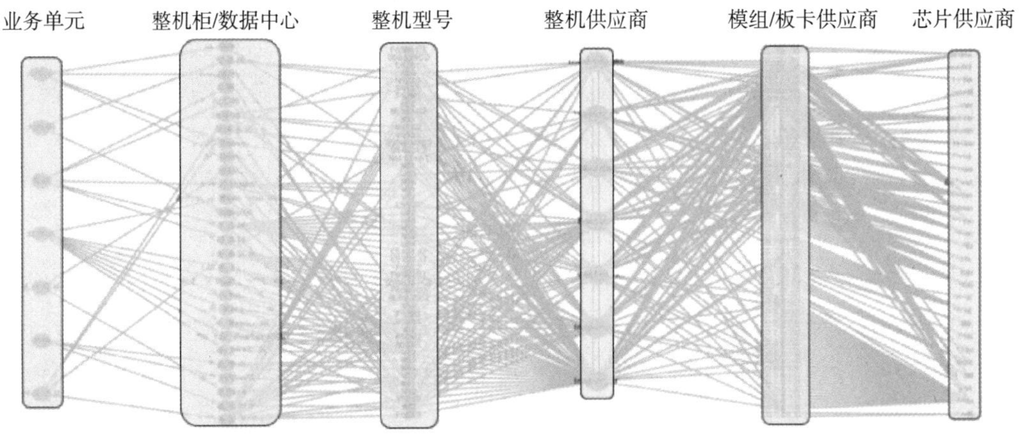

图 7　全链供应网管理结合业务单元影响示意

众所周知，企业的竞争是供应链之间的竞争，但从学术角度，如何评价不同企业的供应链的强弱，似乎没有一个标准。如果我们具备全链供应网管理的基础，是不是可以评价两个不同企业的全链供应链的竞争优势呢？比如，可以从供应商的意愿和能力两个维度，将通常的供应商评估因素，如价格竞争力、交付时效、战略匹配度、质量和技术水平等各方面，都量化为一定的数值，并归属到意愿和能力两个维度里，通过单个供应商的意愿和能力的分数乘积（强弱值），评价单个供应商的强弱，并在此基础上将全链条的供应商的强弱值进行层层乘积，得出全链条的强弱值，然后就可以对比不同企业的全链供应链强弱值，作为评价企业供应链强弱的参考。

供应链协同是历久弥新的话题。本文以国内互联网的实践为例探讨的全链供应网管理下的价值协同，其本质上是价值链概念在产业链上的落地和实践。当然，这些实践探索肯定还有许多不足的地方，有许多地方甚至可能难免是一孔之见，相信其他行业的采购和供应链从业者一定有更多更好的实践和思路。欢迎各方批评指正，共同探讨，把供应链的价值协同提升到更高的水平。

（郭青松、陶敏）

参考资料

1. ［美］迈克尔·波特，陈小悦译，《竞争优势》，华夏出版社，1997 年。
2. Boyd D E，Spekman R E，Kamauff J W，et al，Corporate Social Responsibility in Global Supply Chains：A Procedural Justice Perspective，*Long Range Planning*，2006 年第 3 期。
3. 李金华，黄光于，供应链社会责任的整合治理模式与机制，《系统科学学报》2016 年第 1 期。
4. 吴定玉，供应链企业社会责任管理研究，《中国软科学》2013 年第 2 期。
5. 侯方淼，绿色采购研究，对外经济贸易大学，2007 年。

趋势二：供应链韧性增长

第 7 章　平衡式增长：供应链韧性管理新思路

当前，世界正在经历百年未有之大变局，经济全球化遭遇阻力，贸易保护主义有所上升，全球治理体系发生深刻变革，各种不确定性、不稳定性、不可预见性事件显著增多，导致供应链中断危机频发。供应链韧性作为面对中断风险时供应链的反应和恢复能力，近年来受到了我国政府和各行业企业前所未有的高度重视。

党的二十大报告指出："着力提升产业链供应链韧性和安全水平。"提升关键产业供应链韧性已被提高到国家战略的高度，这既是应对百年未有之大变局和当前全球产业链供应链重构的现实选择，也是推动产业高质量发展、建设制造强国的必然路径，更是加快构建以国内大循环为主体、国内国际双循环相互促进的新发展格局的必然要求。

与此同时，供应链韧性已经成为各行业企业发展考虑的重要因素，一场关于供应链韧性的管理变革势在必行。根据麦肯锡的调查显示，93%的受访企业已经将提高供应链韧性提上日程。埃森哲的一项研究报告也指出，供应链韧性发展较快的企业往往能更敏锐地洞察市场趋势变化、抵御或缓冲风险事件的冲击，并在冲击后捕捉新的发展机遇，实现竞争优势。

然而，当前很多企业在建设供应链韧性的过程中存在不顾成本建韧性、抛开精益谈韧性、忽略增长保韧性等问题，为此本文希望系统性分析供应链韧性的内涵和演化机制，阐述当前供应链韧性管理面临的难题，提出"平衡式增长"的供应链韧性管理新思路。

一、供应链韧性的内涵和演化机制

"韧性"这一术语起源于材料科学领域。在材料科学中，韧性是指"材料在变形后恢复到原始形状且不超过其极限能力的特性"。具体到供应链领域，不同的学者关于供应链韧性（Supply Chain Resilience）的定义虽然存在差异，但主流观点认为它是一种面对中断风险时供应链的反应和恢复能力。供应链韧性能够帮助企业在供应链受到中断风险冲击后作出更迅速、更有利的反应，从而减少供应链损失，敏捷恢复到正常经营状态。

供应链中断（Supply Chain Disruption）是供应链面临的重大挑战，它是指在突发意外事件的影响下供货量、需求量、成本或质量等指标与供应链预定管理目标发生显著偏离。根据意外风险来源的不同，供应链中断风险一般分为两种类型：内生性中断风险和外生性中断风险。内生性中断风险主要来自供应链内部，如单个企业的设备故障、财务危机造成的供应链中断。外生性中断风险来自供应链外部环境，一般具有突发性和较强的不可抗力，如新冠疫情、俄乌冲突导致的供应链中断。供应链中断破坏了供应链正常的经营活动，影响了生产和交付商品的能力，对企业的客户服务水平和财务绩效产生严重的负面影响，对经济社会的稳定发展造成很大威胁。

面对供应链中断风险，关于供应链韧性演化机制的研究在不断深化。Serhiy 和 Mary 认为供应链韧性演化包括三个阶段，分别为：准备、反应、恢复。Nils 等在此三阶段的基础上补充了第四阶段：成长。供应链韧性的演化机制四阶段如图 1 所示。首先，在准备阶段，企业应当通过战略规划和培训来提升员工和合作伙伴对潜在风险的认识，并建立有效的沟通渠道和进行模拟演练。其次，在反应阶段，一旦风险冲击事件发生，企业必须立即启动应急响应计划，利用已建立的沟通渠道来快速部署资源和人员。再次，在恢复阶段，企业需要着手实施恢复计划，将供应链运营和绩效水平逐步恢复到正常状态。最后，在成长阶段，企业应将从前三阶段的经历中获得的经验和教训整合到长期战略规划中，优化供应链网络，调整运营策略，实现供应链绩效超越基准水平的提升。

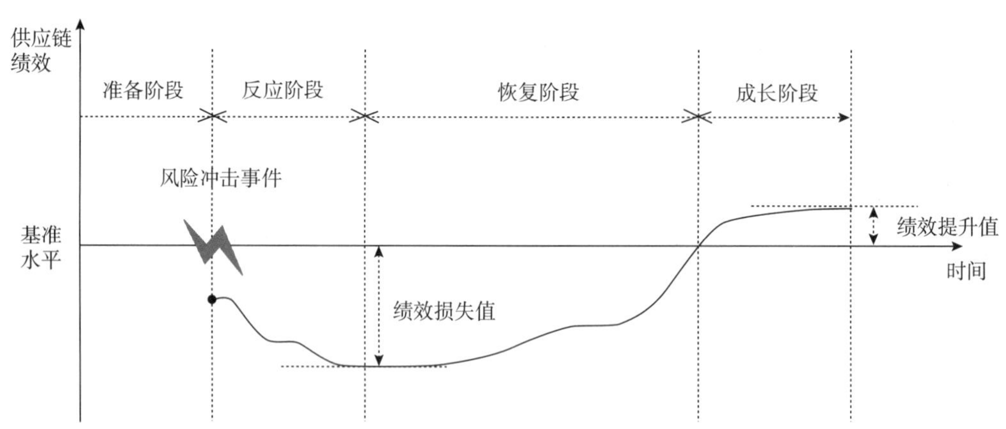

图 1　供应链韧性的演化机制示意

二、供应链韧性管理现存问题

当前很多企业为了保障供应链韧性、应对供应链中断风险问题，通常会采取增加大量冗余库存、分散原材料供应商分布、增加不同位置的工厂布置等策略，但这些策略可能会令企业付出较高的代价。以牺牲成本和效率的方式来换取供应链的韧性，并不能较好地提升企业绩效，反而可能影响企业的可持续发展。

1. 不顾成本建韧性，冗余与成本的失衡

为应对突发风险冲击事件的发生，许多企业常常采用提升供应链韧性的解决方案有三种。

第一种，过多地增加冗余库存，让库存始终维持在可以应对各类风险发生的安全水平。麦肯锡在一项对全球供应链领导者的调查中显示，有47%的领导者计划通过增加关键产品的库存建立供应链韧性。但这样做的代价显而易见，据埃森哲的研究报告显示，截至2023年，全球制造业用于生产的存货价值已攀升至19000亿美元，在如此庞大的库存成本背景下，企业不得不面临冗余与成本的失衡。一旦冗余库存未能被及时使用或转出，经常会在资金占用、仓储管理、库存折旧等方面都产生额外的费用，进一步增加了企业的成本压力。

第二种，大量分散原材料和零部件供应商分布，实施多元化采购。企业可以使其供应商网络多样化，建立更大的灵活性和冗余性，防止因某个单独区域的材料缺失等原因导致的整条供应链的停摆，最大限度地避免风险事件发生后因需要再寻求供应商而造成的成本上升等情况。然而，多样化的供应商网络也存在着问题。首先面临的就是成本上升问题，更大的供应商网络往往伴随更高的物流成本和管理成本，同时也要考虑与新供应商建立关系的寻源成本；其次，潜在质量问题同样也不容忽视，要保证每个供应商提供的原材料或零部件都符合企业的质量标准并非易事；最后，过于分散的供应商分布无疑会增加企业所在供应链的复杂性，使预测和缓解潜在的供应链风险变得更加困难。

第三种，在全国乃至全球的不同区域，增加工厂和生产线布置。虽然投资先进的生产技术和自动化技术可以提高生产效率，减少对人工的依赖，并且备用的生产线可以在主要生产基地受到影响时迅速接管生产任务，随时保证供应链的连续性。但增加工厂、生产线会带来大量固定资产投资，过多的冗余意味着更高的成本。此外，在订单需求较少时，工厂和生产线的停产也意味着产能的浪费与闲置。

在市场风云变幻、产品更新周期日益缩短的今天，以上三种以牺牲成本的方式来换取供应链韧性的做法，无法很好地实现冗余与成本之间的平衡。如果为了追求供应链的短期稳定而牺牲了长期的成本优势，很可能会与企业可持续发展的理念背道而驰，使企业在激烈的市场竞争中处于不利地位。

2. 抛开精益谈韧性，风险防控与运营效率的失衡

随着中国的改革开放，精益管理思想从日本引入国内，并得到广泛应用。精益管理通常强调消除浪费、提高效率，通过持续改进和优化流程来最小化成本、最大化价值。Just-In-Time（简称 JIT）准时制模式是精益管理中的一个关键概念，其核心思想是在正确的时间，以正确的数量，生产正确的产品，从而减少库存、等待时间等一切不必要的浪费，提高运营效率。在这种模式下，企业基本没有存货，极大地降低了原材料的库存成本，极少出现生产过剩的现象。大量企业（尤其制造企业）为了追求精益化管理、降本增效，普遍采用 JIT 模式。

然而近年来，受新冠疫情、中美摩擦、俄乌冲突等一系列冲击事件的影响，全球供应链经历了前所未有的压力和考验。这些事件导致了物流中断、贸易限制增加、原材料价格的波动甚至断供，从而迫使企业重新评估和调整他们的供应链管理策略，开始转向 Just-In-Case（简称 JIC）储备制模式。与 JIT 模式相反，JIC 模式一般会考虑最坏的情况，通过保持大量库存和多条产线，以应对不确定性和供应链中断发生，确保提升供应链韧性。

JIT 模式与 JIC 模式如图 2 所示。

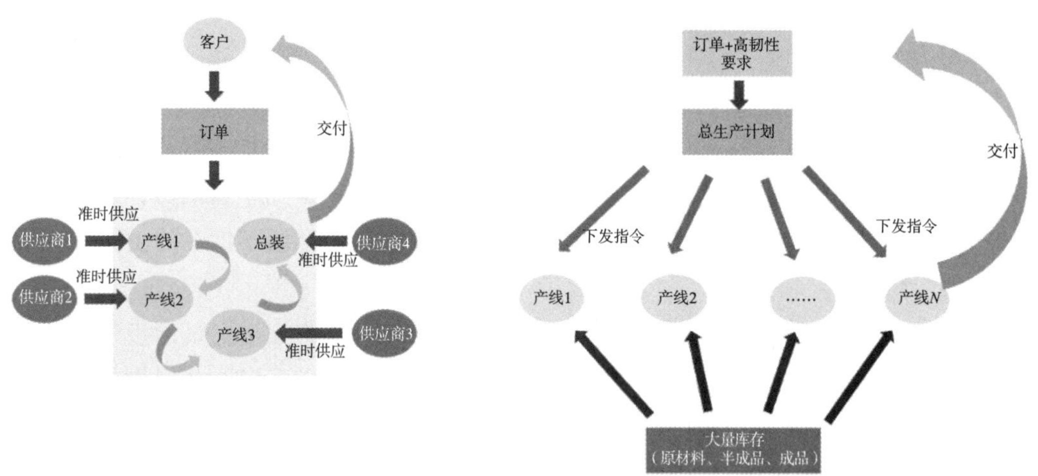

图 2　JIT 模式（左）与 JIC 模式（右）

图 2 形象地展示了 JIT 模式和 JIC 模式。JIT 模式可以消除生产过程中无效的作业和浪费，做到准时供应、准时生产，追求最低库存的理想情况，以此来节省成本和资源、提高运营效率。JIC 模式则以满足各类不确定性、极端风险冲击情况下的供应链稳定运营为目标，以储备大量库存、大量产线等资源为代价，最大限度地减少风险事件带来的影响。

这两种模式虽然能在一定程度上满足企业的部分目标，却都存在一定的问题。如使用JIT模式的企业在特殊风险事件发生时期，面对工厂、供应商或运输服务的停摆，自身的正常生产运行极大地受到限制，容易发生中断等后果；而使用JIC模式的企业，如果产品价值高、产品更新换代较为迅速，大量的库存未被及时处理将会带来成本的上升，和多元供应商的对接、管理等过程同样会降低企业的运营效率。

3. 忽略增长保韧性，缺乏风险冲击后的成长

供应链韧性不仅体现在风险冲击发生时的应对能力，更应该体现在经历风险冲击后的持续学习和成长的能力。在面对风险事件时，企业不仅要能够迅速反应和恢复，还要在恢复过程中不断学习和成长，积累应对风险和维持稳定运营的经验，实现持续的改进和创新。这种持续学习和成长的能力，将成为企业在未来竞争中的关键优势之一。

风险事件往往带来挑战，但同时也为企业提供了反思、优化和创新的机会。通过深入分析风险事件的根本原因，企业可以识别其供应链中的薄弱环节和潜在改进点。在经历过不同类型的风险事件后，企业可以通过建立对不同风险事件发生概率的认知、准确刻画供应链恢复过程中不同企业的运营状态和恢复速度等方式，动态提升供应链韧性，不断优化供应链结构和运作流程，实现企业绩效增长。

然而目前部分企业在供应链韧性管理中往往只关注短期的风险应对和中断恢复，而忽视了风险事件后的持续学习和成长。这种做法限制了企业的长期竞争力提升和可持续发展水平。当企业遭遇如自然灾害、政治动荡、贸易壁垒等风险冲击事件时，它们往往会立即启动应急预案，确保供应链的稳定运行。然而，一旦风险得到控制，企业往往就放松了对供应链韧性管理的警惕，没有将风险事件作为一次学习和成长的机会，去深入探究在保障韧性的同时如何实现企业绩效的增长。这种短视的态度，使企业错失了从风险中汲取经验教训、优化提升韧性和绩效的机会。

三、平衡式增长：供应链韧性管理新思路

面对当前供应链韧性管理存在的三类问题，解决冗余与成本的平衡、风险防控与运营效率的平衡、短期应对与长期成长的平衡，实现供应链韧性平衡式增长迫在眉睫。为此，本文创新提出Just-In-Resilience（简称JIR）韧性精益制模式，以期在JIT模式和JIC模式两者之间找到平衡点，充分融合两者的优势。如图3所示，本模式在保持JIT模式的及时供应、高效生产、按时交付优势的同时也借鉴JIC模式的抵御风险、稳定运营优势，通过适量的库存、产线、多元供应商等资源储备，增强对突发风险冲击事件的适

应和恢复，从而实现既韧性又精益的供应链管理。通过 JIR 模式，企业可以更好地管理风险，同时保持竞争力和灵活性。JIR 模式提倡供应链韧性的精益化发展，让企业在构建供应链韧性的过程中既能扛得住风险，又能高质量高效率发展。

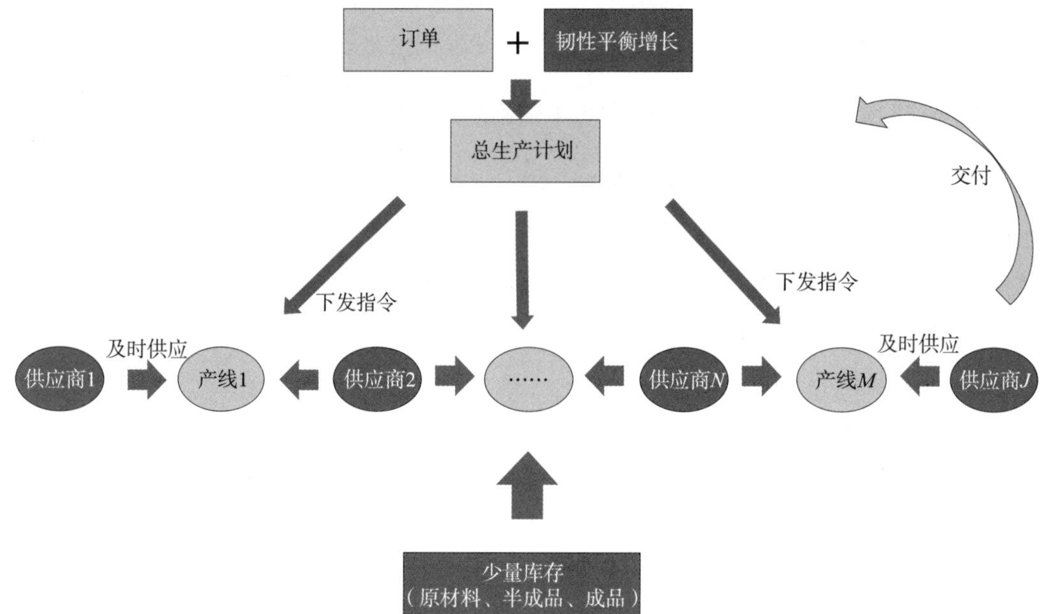

图 3　兼顾韧性和精益的 JIR 模式

为了成功运用 JIR 模式，实现供应链韧性的平衡式增长，我们需要充分发展新质生产力，使用数字化、智能化等技术进行创新应用。具体建议有如下几点。

1. 构建数字化供应链，提升供应链可视性

既要提升供应链韧性、扛得住风险冲击，又要提升企业绩效、促进经济增长，在这样双目标驱动的背景下，实现“平衡式增长”需要首先“看得见”。

一方面，利用物联网（IoT）设备和传感器实时监控企业内部的生产等业务流程，利用大数据技术进行分析处理，快速识别企业内部潜在风险。例如，通过实时监控某产品或某条生产线的生产情况来分析哪些客户订单最有可能面临交付延期风险，从而能尽快解决风险带来的问题，而不影响未来的生产和交付订单。

另一方面，利用工业互联网平台共享上游供应商、下游客户、物流服务商等生态伙伴的数据，利用区块链技术保障数据的安全性、可追溯性，利用云计算、大数据技术进行跨企业分析处理，快速识别整条供应链上的潜在风险。例如，华为、中兴等企业在苏伊士运河、红海等物流要道受阻时，能以最快的速度实现风险感知、资源可视、

过程可控，从而敏捷更换在途产品的配送方案，将延误的订单比例降到最低。而且，在供应链可视化之后，企业就可以合理安排自身的供应链网络结构，对有必要增加工厂的地方加设工厂，对有必要补充新供应商的地方寻源补充，对有必要保持库存的原材料、零部件品类保持合理库存，而对非必要、不影响抗风险能力的环节一律精益化运营，以极简的结构和流程实现成本的下降、效率的提升，高质量地发展。

2. 利用人工智能技术，提升企业决策水平

在供应链运营中，决策的重要性不言而喻，它直接关系到整个企业的运营效率、成本控制、市场响应能力以及最终的盈利情况。Gartner 在其全球首席数据官（Chief Data Officer，CDO）调研报告中指出，提高企业的业务决策能力是最多企业 CDO 所关注的问题。要想实现供应链韧性和绩效的“平衡式增长”，除了需要“看得见”，还需要在此基础上“算得优”，因此提升企业的决策水平至关重要。

人工智能技术作为具备自学习、自推理、自决策、自执行能力的高级计算机科学技术，可以快速处理和分析大数据，实时响应并智能决策。目前，人工智能在供应链管理的很多方面（如网络规划、需求预测、库存管理、仓储配送等）都起到了十分关键的作用。例如阿里巴巴旗下的菜鸟集团与多家合作伙伴共同研发了配置各种传感器和人工智能系统的无人驾驶送货设备，以实现在复杂环境中的自主导航和完成配送任务。

为实现平衡式增长，企业可以利用人工智能技术进行两方面的决策优化。一方面，利用人工智能技术，企业可以收集和分析供应链性能及预警信号，根据来自供应商、物流服务商等关键合作伙伴的实时数据进行智能分析计算，并科学预测供应链上各类潜在风险，作出相应的长期决策（如兼顾韧性和精益的网络规划）和短期决策（如实时的不同品类零部件库存水平）。另一方面，当风险冲击真正发生时，企业利用人工智能技术可以在多目标多约束的场景下迅速作出响应，对动用哪些资源、采用什么路径来快速恢复供应链的正常运作进行决策，并能学习这次风险事件发生和应对的全过程，相应智能地调整未来供应链网络结构、供应商管理策略、物流路径规划等，提高供应链韧性的同时提升绩效水平和客户满意度。

特别是 2024 年以来，人工智能大模型凭借更强大的数据分析能力、学习和适应能力、自动生成能力，在供应链管理领域产生了很多新场景。未来，在供应链韧性和绩效的平衡式增长中，人工智能大模型也会提供质量问题智能检查、库存计划自动调整等新功能，值得我们探索和应用。

3. 打造仿真推演平台，提升动态推演力

除了上述的“看得见”和“算得优”之外，为了实现“平衡式增长”，企业还须

“想得远”，即提升动态推演能力。只有将远期的环境变化和供应链场景变化都能准确推演，企业才能运筹帷幄，掌握应万变的能力。为此，打造一个高效且实用的仿真推演平台显得尤为重要。该平台应允许企业在虚拟环境中模拟各种供应链场景，包括但不限于突发事件、市场需求变化以及供应链中断等。通过这种模拟推演，企业不仅可以预测和评估这些潜在情况对供应链韧性和绩效的具体影响，更能够在实际挑战出现之前，就制定出针对性强、效果显著的应对策略。例如，京东物流打造了基于离散事件仿真方法的一体化供应链智能超脑系统，可以模拟出特殊日期下市场需求骤增的场景，从而提前了解物流配送体系中的压力点，进而找到科学应对方案，如优化库存管理、调整物流计划或寻求外部协作等。

此外，仿真推演平台还能帮助企业在不中断实际运营的情况下，测试新的供应链策略或管理模式。这种“沙盘模拟”的方式，不仅成本较低，而且能够迅速反馈策略的有效性，分析供应链绩效的变化和抗风险韧性能力的变化，为企业提供了宝贵的试错和调整空间。例如，中国科学院大学 AgentLab 团队为多个行业的链长企业打造了产业链供应链仿真模型，模拟不同采购策略等情景下整个链条的绩效变化和韧性变化，不仅有利于链长企业与上下游企业实现高质量协同发展，而且便于供应链生态中各企业共同抵御外部风险带来的冲击。

更重要的是，通过不断地仿真推演，企业可以培养一支具备前瞻性思维的管理团队。这样的团队不仅能够更好地应对当前的供应链挑战，还能预见到未来可能出现的各类风险问题，并提前规划解决方案。

综上所述，通过“看得见”的数字化供应链，“算得优”的人工智能决策，再辅以“想得远”的仿真推演能力，企业将能更加从容地应对复杂多变的供应链环境，实现供应链韧性和绩效的“平衡式增长”。

四、结语

在全球经济环境下，国外贸易保护主义盛行、西方国家供应链“去中国化”倾向凸显，供应链的韧性与安全已成为保障国家战略和企业竞争力的关键。然而，当前企业在供应链韧性建设的过程中出现了成本与效率的失衡、风险防控与运营效率的失衡、短期应对与长期成长的失衡等一系列问题。针对这些问题，本文首倡了 Just-In-Resilience（JIR）韧性精益制模式，充分融合 JIT 模式的及时供应、高效生产、按时交付优势，同时也借鉴 JIC 模式的抵御风险、稳定运营优势，实现供应链韧性和绩效的平衡式增长。

为了实施 JIR 模式，我们需要大力发展新质生产力，通过数字化技术让企业“看得见”内部和外部的风险问题，通过智能化技术让企业“算得优”短期决策和长期决策，通过仿真推演平台让企业“想得远”未来变化和应对策略。新时期的供应链韧性管理思路已经不再是以牺牲成本和效率为代价来换取抗风险能力的提升，而是既要提升供应链韧性、扛得住风险冲击，又要提升企业绩效、促进经济增长，双轮驱动的平衡式增长。通过平衡式增长的新思路，把风险防控与经济增长两手抓、两手硬，将有力促进企业的可持续健康发展，促进我国产业链供应链的稳定与创新。

（马潇宇，北京外国语大学国际商学院；
贺舟，中国科学院大学经济与管理学院；
刘高杨，北京外国语大学国际商学院）

参考资料

1. Knut A, Richa G, Vera T, Resetting supply chains for the next normal, https://www.mckinsey.com.
2. Jeff W, Stephen M, 打造韧性企业 开创增长新局：重塑供应和制造全价值链能力，https://www.accenture.cn。
3. Rice J B, Caniato F, Building a secure and resilience supply chain, *Supply Chain Management Review* 2003 年第 9 期。
4. 郭茜，蒲云，李延来，供应链中断风险管理研究综述，《中国流通经济》2011 年第 3 期。
5. 马潇宇，黄明珠，杨朦晰，供应链韧性影响因素研究：基于 SEM 与 fsQCA 方法，《系统工程理论与实践》2023 年第 9 期。
6. 马士华，如何防范供应链风险，《中国计算机用户》2003 年第 3 期。
7. 王宇奇，高岩，滕春贤，扰动下的供应链弹性研究回顾与拓展，《管理评论》2017 年第 12 期。
8. Ponomarov S Y, Holcomb M C, Understanding the concept of supply chain resilience, *The International Journal of Logistics Management* 2009 年第 1 期。
9. Nils-Ole H, Edda F, Evi H, et al, Research on the Phenomenon of Supply Chain Resilience, *International Journal of Physical Distribution & Logistics Management* 2015 年第 1 期。
10. Kirstin S, Pamela S S, Brian F, Mitigation Processes-Antecedents for Building

Supply Chain Resilience，*Supply Chain Management*：*An International Journal* 2014 年第 2 期。

11. Susan L，James M，Lola W，et al，Risk，resilience，and rebalancing in global value chains，https：//www. mckinsey. com.

12. Gao Y，Feng Z，Zhang S，Managing supply chain resilience in the era of VU−CA，《工程管理前沿》2021 年第 3 期。

13. 刘杰，王栋梁，面向企业韧性建设的工业 5. 0——从追求 Just in Time 到兼顾 Just in Case，《清华管理评论》2023 年第 4 期。

14. Logan D，Rollings M，Duncan A D，et al，CDO Agenda 2022：Pull Ahead By Focusing on Value，Talent and Culture，Gartner。

15. 马潇宇，张玉利，叶琼伟，《数字化供应链理论与实践》，清华大学出版社，2023 年。

16. 蔡进，供应链韧性与安全调研报告，《中国物流与采购》2023 年第 16 期。

第 8 章　农业产业链供应链韧性分析

农业全产业链是一个紧密联系、有效衔接的整体，涵盖了农业研发、生产、加工、流通和消费等多个环节。近年来，我国农业全产业链发展势头强劲，但依然存在一些短板和薄弱环节。加快建设农业强国，依靠传统、常规的生产力水平提升是远远不够的。从现实看，农业领域发展新质生产力尤为迫切。初露端倪的农业新产业新业态，已初步展示了农业新质生产力的巨大潜力。

新质生产力的发展为提升产业链供应链韧性提供了有力支撑。通过科技创新和智能化手段的应用，可以优化农业生产流程，提高资源利用效率，降低生产成本，从而增强产业链供应链的竞争力。深入剖析我国农业产业链面临的挑战，围绕以发展新质生产力布局产业链，我们提出了提升供农业产业链供应链韧性的指导原则以及具体的对策。

一、我国农业产业链供应链背景

自党的十八大以来，我国的粮食生产能力不断增强，粮食流通现代化水平持续改进，粮食供给结构逐步优化，国家粮食安全保障日益巩固。粮食安全在很大程度上依赖于安全可靠的农业供应链，所以提高农业产业链供应链韧性的任务格外重要。虽然在过去的很长周期的时间内，我国农业经济保持着高速增长，联合国粮农组织（FAO）数据表明，2018 年我国农业总产值占全球农业总产值的 22.5%，位列第一。但是对标新质生产力和现代农业强国的特征，我国农业在生产效率、科技创新、高水平人才支撑等方面与发达国家还存在一定的差距。由于资源环境限制加剧和粮食供需短期内仍处于较紧平衡的情况下，农业产业链供应链面临着基础设施亟须升级、数字化运营水平较低、整合能力弱等实际问题。从国际形势看，当今世界正经历着百年未有之大变局，国际环境更趋复杂和不确定，国际粮食市场的不确定性和不稳定性显著增强，全球粮食供应链面临的脱钩与断链风险进一步上升，导致我国农业产业链不确定性加剧，韧性不足的问题变得尤为突出。

党的二十大报告提出了要努力提升产业链供应链的韧性和安全水平，并倡导“树立大食物观，发展设施农业，构建多元化食物供给体系”。2023年“中央一号文件”明确要求坚决坚持和加强党对“三农”工作的全面领导，坚定建设农业强国的目标，以“千万工程”经验为指导，致力确保国家粮食供应安全、杜绝规模性贫困再次出现，注重提升乡村产业发展、建设和治理水平。显然，提升农业产业链供应链的韧性对于保障粮食和重要农产品的稳定安全供应，以及建设农业强国具有重要意义。唯有不断提高粮食产业链供应链的韧性和安全水平，通过扩展、强化和完善链条，实现现代化升级，方能推动粮食产业实现高质量发展，全方位奠定粮食安全的基础。

二、我国农业产业链供应链韧性面临的挑战

农业产业链供应链主要由农业研发、生产、加工、流通和消费五个环节组成。对我国农业产业链各个环节进行分析，可以看出农业产业链的韧性正面临着多重的风险挑战。

1. 农业研发

农业研发是农业产业链的起点，在提升农业产业链的韧性和安全水平方面具有至关重要的意义。然而，目前我国农业研发仍面临一些挑战，包括研发投入不足、科研机构之间合作不够紧密、科研成果与实际生产脱节等情况，具体表现有以下两点。

（1）创新能力不足。我国在农业科技创新方面相对欠缺，特别是在基因编辑、人工智能等前沿技术领域，与发达国家存在明显差距。这使我国农业产业链的产前环节在农药、种子和化肥等方面创新动力不足，缺乏足够的科技支持，难以有效应对外部风险和挑战。

（2）研发资金不足。尽管我国政府逐年增加对农业科研的投资，但整体来看，资金投入仍未达到充足水平。同时，由于农业产业的投资回报周期长、风险高，社会资本对农业研发的投入也相对有所不足。这造成了我国农业产业链在源头缺乏足够的资金支持，难以实现技术突破和产业升级。

2. 农业生产

农业生产是农业产业链的重要环节，然而，目前我国农业生产面临着诸多挑战。

（1）频繁自然灾害。我国是一个频繁遭受自然灾害侵袭的国家，每年都有大量农田受到自然灾害的影响。这些自然灾害可能导致农作物减产、品质下降等问题，给农业生产带来巨大的损失。

（2）现代农业生产要素引入不足。受土地细碎化、地区地形差异以及农地流转制

度进展缓慢等因素的影响，先进资本和生物技术、数字技术、智能化技术等在农业生产、经营和服务领域的引入较为困难，造成小农分散生产、独立经营的情况仍较为普遍，机械化、规模化生产不够，生产效率低。此外，随着我国经济发展和人口老龄化问题日益加剧，劳动力成本持续上升。这导致农业生产中的人工成本大幅增加，给农民带来了较大的经济压力。

（3）农产品质量安全问题时有发生。农产品质量安全一直是消费者关注的焦点，其中包括农药残留、重金属超标等问题。这些问题不仅对消费者的健康和信心造成影响，给农产品市场的稳定和发展带来挑战，也对我国农产品在国际上的声誉产生了不良影响。

3. 农产品加工

农产品加工是连接农业生产与消费的重要纽带，在提升农业产业链的附加值方面具有至关重要的意义。然而，目前我国农产品加工业仍面临一些挑战，包括技术水平相对滞后、产品质量不稳定、市场竞争激烈等问题。

（1）农业加工链短。目前我国农业产业链的延伸主要集中于农产品加工，农产品加工程度仍以初加工为主，深加工开发度不够。同时，我国农产品加工业的技术水平相对滞后，很多企业仍在使用传统的加工工艺和设备。这造成了加工效率低下、产品质量不稳定等问题，无法满足消费者对高品质农产品的需求。

（2）加工企业规模小、分布零散。我国农产品加工企业数量庞大，但大部分规模较小、分布分散。这种情况使加工企业难以实现规模效应，难以降低成本和提升竞争力。同时，也增加了政府监管的难度，容易引发食品安全问题。

4. 农产品流通

农产品流通是连接农业生产与消费的另一个重要环节，目前我国农产品流通存在如下的问题。

（1）流通环节过长。从农产品生产到消费的具体过程来看，我国传统农产品从生产到完全实现其价值的链条需要经过种植、收购、加工、运输、批发配送、零售等环节才能最终到达消费者手中，而在这一产业链条中，真正创造价值的仅为种植和加工两个环节。受我国小农户经营以及农产品冷链物流运输和储存时限短等特点影响，我国农产品自被收购到真正送达消费者手中，至少会包含四个流通环节，有时候甚至长达六个流通环节，冗长的流通链条通过层层加价增加了农产品的成本，最终结果是消费者花高价购买农产品，农民则低价卖出农产品，导致农产品生产长期处于产业价值链底端，收入水平低下。

（2）冷链物流发展滞后。冷链物流对于保持农产品的新鲜度和质量至关重要，但在我国仍处于发展初期阶段。目前存在冷链物流设施建设不足、技术水平较低等问题，这些问题明显制约了农产品流通业的发展。

（3）信息化程度不足。我国农产品流通领域的信息化水平相对较低，存在信息传递不畅、不及时等普遍问题。这导致农产品的供求信息难以有效对接，增加了流通成本和风险。

5. 农产品消费

随着我国经济持续发展和居民收入水平提高，消费者对农产品的需求正由数量向质量转变，更加追求健康、绿色、有机的农产品。消费者对农产品的品种、口感、营养价值等方面的要求也日益提高。然而，目前我国农产品在消费侧存在如下的挑战。

我国农产品消费市场需求多元化、个性化趋势明显，但农产品供给结构不合理，品质不稳定，难以满足消费者需求。同时，消费者对农产品质量安全的关注度不断提高，对农产品品牌化、可追溯化的要求也越来越高，这对农业产业链的质量和稳定性提出了更高的要求。

农产品附加值低。我国农产品附加值低、销售难问题仍较为突出。我国农产品销售难，除受销售渠道、物流体系不健全因素影响外，更重要原因在于小农户生产模式下标准化生产约束不足，造成产品品质参差不齐，同质化问题严重，同时产品品牌、深度加工、文化价值开发缺失等导致农产品附加值低。如部分地区种植农产品仍存在跟风的现象，在缺乏专业种植指导的情况下导致产品质量下降，同时品种杂乱，商品率低，大部分农户仍以卖“原始产品”为主。相比之下，发达国家大多通过提升农产品加工精度、赋予文化价值、增加科技含量等方式提升产品本身的附加值，使农产品销路更广、产品价格更高，提升了农户收入水平。

三、提升农业产业链韧性的指导原则

习近平总书记在中共中央政治局第十一次集体学习时强调，要围绕发展新质生产力布局产业链，提升产业链供应链韧性和安全水平，保证产业体系自主可控、安全可靠。发展新质生产力，关键在以科技创新推动产业创新，从而真正转化为生产力。科技创新应坚持以企业为主体、市场为导向、产学研用深度融合，一体化推进部署创新链、产业链、人才链，提高科技成果转化和产业化水平。只有让科技创新与产业创新相互促进，使产业链与创新链同频共振，才能实现以新技术培育新产业，赋能传统产业，进而实现生产力的跃迁。

第一，要坚持统筹规划。着眼于提高产业基础水平和现代化产业链发展，推动第一产业向后延伸、第二产业两端连接、第三产业走向高端发展，“补短板”“拉长板”“锻新板”，推动全产业链各环节品质提升、全链条附加值增加、全产业各领域融合发展。

第二，要坚持以农兴农。涉农领域新质生产力的发展，将拓展“农”的边界由第一产业向第二、第三产业延伸，引领农科新兴产业、新兴业态的培育与发展。涉农新业态的范围不仅涵盖传统的农业种养业、农产品加工业和农业服务业，还将延伸到营养健康、医学和公共卫生、生态文明、农业文化等诸多新的领域，推动农业价值链高端化、智能化和绿色化。

第三，要坚持以创新驱动。新质技术的创新、掌握、使用都需要“新质人才”。需要大力培养具有原创精神、具备交叉学科素养、掌握前沿科技的高素质创新型人才。目前涉农人才的培养中，较为普遍地存在知识体系陈旧、知识结构过窄、创新能力不足等问题，不能很好适应新质生产力发展的需要。在产业链上需要部署创新链，通过创新链配置资金链和资源链，引进并培育核心关键人才，建立“产、学、研、用”创新机制，促进技术创新、产品创新、模式创新和管理创新。

第四，要坚持协同推动。推动多主体协同作业、多要素投入保障、多层次利益协调、多政策支持助力，建立政府引导、农户参与、企业推动、科技支持、金融支持的良好产业生态体系。

四、提升农业产业链供应链韧性的举措建议

农业产业链承受着巨大的风险，同时受到自然和市场的多重影响，需要积极探索各种措施以提升其韧性。结合我国农业产业链的发展现状和所面临的挑战，借鉴国内外的经验，要构建并强化更具韧性的农业产业链体系，进一步提升农产品价值链，以确保粮食等供应安全，推动农民增收增益。

1. 布局农业产业链，不断拓展和延伸农业产业链

纵向延伸农业产业链，以第一产业农业为依托，以新型生产经营主体及相关组织为主体，通过高新技术对农业产业的渗透，第一、第二、第三产业间的联动与延伸，体制机制的创新等多种方式，将资金、技术、人力及其他资源进行跨产业集约化配置，将农业生产、加工、销售、休闲农业及其他服务业有机整合，形成较为完整的产业链条，带来农业生产方式和组织方式的深刻变革，让农户共享增值收益。让农业生产不再局限于获得农产品的过程，而是将现代化农业的生产优势、观光体验、娱乐活动、社会

参与、文化传承和市场引导等因素综合利用，开发农业旅游观光、农业教育基地、农业科研基地等多种功能。

2. 着力提升农业科技水平，提高农业科技全链竞争力

农业科技创新是包含基础研究、技术研发、商业化应用、社会效用化等诸多环节在内的系统工程。其中，基础研究是农业科技创新的源头，技术研发是其直接体现，商业化应用与社会效用化则关系到科技创新的可持续性。只有科技创新链上每一个环节都强，农业科技创新能力才能持续提升。应不断为科研院所、经营主体提供良好政策环境，通过政策引导、体制机制创新、项目支持等，吸引更多创新要素进入科技创新链。应提高涉农科技领军企业的创新主体地位，推动创新链上每一环节都有一个或多个掌握关键核心技术的龙头企业，逐步构建起完整的、富有竞争力的农业科技创新链。

3. 夯实农业根基，加强农业风险管控和应对

坚持将粮存于地下，加强农业基础设施、物流仓储设施和加工设施等建设，提升农产品供给保障能力。要加速推进高标准农田建设。按照《全国高标准农田建设规划（2021—2030 年）》的要求，到 2025 年和 2035 年分别建成 10.75 亿亩和 12 亿亩高标准农田。此外，需要增加对农业灌溉设施的投资，同时鼓励和支持企业、合作社等单位建设农产品物流仓储设施。

4. 延伸乡村产业链条，完善多主体分工和利益联结机制

为提升我国农业产业链的韧性，关键在于不断延伸乡村产业链条，完善多主体分工机制，促进乡村第一、第二、第三产业融合发展。然而，实际情况中，资源匮乏的农户在参与现代农业产业链分工和利益分配中处于不利地位。习近平总书记多次强调，要建立企业和农户之间优势互补、分工合作的良好格局，尽量让农户发挥自身优势，关键要完善利益协同机制，让农民分享全产业链的增值收益，避免富人富了，穷人却未得到实惠。这些指导原则坚持以人民为中心，兼顾效率和公平，展现了对构建有群众基础和韧性的农业产业链的深远考量。

5. 拓宽供应来源和丰富供给，促进农产品的加工和流通

基于我国人口众多和资源短缺的现状，需要在保护生态环境的前提下拓宽食物来源，全面利用国土资源，充分发挥耕地、森林、草原以及江河湖海等自然生态系统的生产功能，分散资源环境压力。同时，应鼓励多样化的食品生产，包括水果、蔬菜、

谷物、坚果、海产品等，以提高国民的营养摄入；推动农业多样化发展，探索农产品的多元化经营模式，以增加食品供应的多样性。加强新型食品如人造肉、藻类、昆虫等的研究和开发，挖掘未来食品的潜力。同时，强化农产品质量和安全监管，确保食品安全。

综合运用科技、管理和营销等多种手段，以提升产品附加值、增强品牌知名度和建立合作伙伴关系为核心目标，推动第一、第二、第三产业的融合发展，助力建立完备的产业链、价值链和供应链系统，实现产购储加销的“五优联动”农业产业体系。促进农产品精深加工，提高农产品附加值。通过提升农产品品质、构建品牌形象、发挥品牌联盟效应、利用互联网平台、打造区域品牌、加强质量管理等措施，强化农业品牌建设。加速数字经济的发展，强化全产业链管理，提升农业产业链效率和各环节之间的衔接，建立多元化的食品生产和供应网络，确保供应链畅通。

做强农业产业韧性，重在把产地做优，把物流加工做强，把消费做细做精，要加快培育和树立生产端与物流加工消费端品牌，并使生产端更加专业化、特色化，消费端更加社区化、便捷化。

6. 优化国内农业生产区域布局，促进国外进口多元化

在产销平衡区和主销区，根据品种、用途、区域和城乡差异设定粮食自给底线。根据各地资源和市场需求，合理规划农业生产布局。结合当地资源条件和市场需求，推广适宜技术和优质品种，以提高作物产量和品质。整合同一地区的农产品种植、加工和销售环节，形成完整的产业链和产业集群，提升农业生产的效益和价值。同时，加强当地食物系统建设，鼓励在本地生产和分配粮食和食物，减少对外地食物供应的依赖。

加强政府、企业和消费者之间的合作，推动农产品进口来源的分散化，通过技术合作等方式加强与“一带一路”沿线发展中国家的合作，拓展新的农产品进口来源，改善农产品贸易模式，增加进口农产品品类。创新国际农业合作的利益联结机制，协助发展中国家提高农产品自给和粮食出口能力，积极参与东道国农业综合开发以及全球供应链建设。积极推动本国农产品走向国际市场，提升国内农产品的国际竞争力和知名度，扩展农产品的供应范围。加强贸易自由化，促进农产品贸易，为多元化农产品进口提供更广阔的机遇。

7. 畅通农业人才的培养，打造高层次创新人才

新技术的创新、掌握和使用，都需要人才。发展新质生产力的核心要素是科技创新，创新驱动实质上又是人才驱动，而人才培养主要依靠教育。发展新质生产力、推

动农业现代化需要充分发挥农业高等教育的支点作用，培养知农爱农的创新人才。此外，建立重大科创平台为高层次人才培养提供保障，破除人才培养体制壁垒，推动人才跨专业合作、跨领域培养，为高层次人才培养拓宽路径。

五、总结

本文深入分析了我国农业产业链在新质生产力推动下面临的挑战与机遇，并提出了一系列针对性的策略与建议。通过科技创新和智能化手段的应用，优化农业生产流程，提高资源利用效率，降低成本，并增强整个供应链的竞争力。面对自然灾害、技术应用不足、质量安全问题等多重挑战，本文提出了加强农业基础设施建设、提升科技水平、延伸产业链条、完善利益联结机制、拓宽供应来源、优化区域布局、强化人才培养等方面的举措。通过这些综合性措施建设一个更具韧性、高效和可持续发展的农业产业链，保障国家粮食安全和农业产业的长远发展。

（陈啸风、殷积锋、程敏勇、谢娟、高峰，
安永（中国）企业咨询有限公司）

第 9 章　通信行业产业链供应链韧性和安全形势与对策

一、背景

1. 当前我国产业链供应链处于高质量发展关键期

随着改革开放的不断深入，中国政府一直致力于推动市场化改革、对外开放和全球价值链重构，逐步建立起与国际市场接轨且符合本国国情的产业体系。当前，我国已成为全球第二大经济体，且拥有完备的生产体系，制造业大国地位不断巩固。根据国家统计局的数据，我国工业增加值持续上升，2023 年全年全部工业增加值 39.9 万亿元，比上年增长 4.2%；规模以上工业增加值增长 4.6%，较 2022 年提升 1 个百分点，其中制造业规模以上工业增加值同比增长 5.0%，制造业总体规模在全球占 30%以上，连续 14 年位居全球第一。

我国产业链供应链经历了“从无到有”和“从小到大”两个阶段以后，目前已进入“由大到强”的高质量发展关键阶段。近年来，受地缘政治、金融国际化及国际贸易保护主义抬头等因素的共同影响，全球产业链分工格局深度调整，产业链供应链面临重构。产业链供应链的稳定畅通不仅关系到我国能否更好地适应经济全球化发展的新趋势，也直接影响到我国产业竞争力的提升和在国际竞争中的表现。

2. 产业链供应链韧性和安全提升至国家战略高度

在贸易摩擦加剧、地缘政治变动和贸易保护主义抬头等因素叠加背景下，我国也将产业链供应链韧性和安全提升至战略高度，党和国家在不同重要会议场合对“提升产业链供应链现代化水平”“保障产业链供应链安全”“维护全球产业链供应链韧性与稳定”等内容进行了重要论述。党的二十大报告提出“要坚持以推动高质量发展为主题，把实施扩大内需战略同深化供给侧结构性改革有机结合起来，增强国内大循环内生动力和可靠性，提升国际循环质量和水平，加快建设现代化经济体系，着力提高全要素生产率，着力提升产业链供应链韧性和安全水平，着力推进城乡融合和区域协调发展，推动经济实现质的有效提升和量的合理增长”“推进国家安全体系和能力现代化，坚决维护国家安全和社会稳定”“增强维护国家安全能力，坚定维护国家政权安全、制度安全、意识形态安全”“确保粮食、能源资源、重要产业链供应链安全”。中央经济工作会议提出，找准关键核心技术和零部件薄弱环节，集中优质资源合理攻关，保障产业体系自主可控和安全可靠，确保国民经济循环畅通。可见当前我国产业链供应链发展已经到达关键期，在面临外部环境不确定性冲击和内部经济转型升级的双重背景下，全面提升产业链供应链韧性和安全水平已经提升至战略高度。

3. 重要产业链供应链的韧性和安全研究意义重大

除粮食、能源资源等国家支柱型产业外，我国的重要产业链供应链也涉及其他多个领域，这些产业链和供应链相互关联，形成了我国庞大而完整的产业体系，它们在经济发展中发挥着重要的支撑作用，并为我国提供了丰富的就业机会和创造了巨大的经济价值，其产业链供应链韧性和安全水平提升也显得至关重要。

以通信行业为例，随着全球信息化高速发展，其产品和服务在各行业应用场景日益丰富深入。通信领域作为信息与通信技术（Information and Communications Technology，ICT）产品及服务深度应用的行业，其对ICT供应链的依赖度和安全稳定性要求日益增强，因此通信行业供应链与传统供应链相比具有全球性、全局性、复杂性和多样性的差异特点。通信运营企业供应链受上游限制较大，存在国产化和自主可控程度低、寻求核心产品供应替代的难度较大、供应安全稳定保障不足、产品采购价格波动较大等情况，这使通信行业产业链供应链韧性与安全管控变得越来越难。在当今世界政治经济局势深刻变革背景下，全球通信产业链供应链体系处在解构与重构之中，不确定性显著上升。亟须进一步深刻分析当前产业链供应链韧性和安全形势，识别安全风险及其影响性，制定相应的安全风险应对策略以保障业务有序发展。

4. 供应链韧性和安全水平提升需进行系统性工作

随着全球产业分工格局加速重构，我国产业链供应链呈现出新的特征，单一的供应链风险被动应对已经无法满足当前的新形势，需要开展系统性的产业链供应链韧性和安全水平提升工作，以强化对产业链供应链的精准治理。系统性工作能够横跨多个专业领域，将各种相关的因素和变量综合考虑，全面理解复杂的现象和问题。系统性工作通过整合各种数据、观点和理论，可以提供更为全面、深入的分析和解释，提出合理的管理应对策略，全面提升产业链韧性和安全水平。

当前产业链供应链韧性和安全是国内外的研究和关注热点，研究如何“提升产业链供应链韧性和安全水平”，必须对产业链供应链的相关概念有一个准确的把握，首先要充分明确解析“产业链”“供应链”“韧性”“安全”等基本概念和内涵，在此基础上，结合当前国际和国内产业链供应韧性和安全管理发展现状，明确全球管理趋势，进一步探究多因素驱动下的产业链供应链面临的机遇与挑战。其次基于宏观研究，针对重点产业链供应链开展细化研究，提炼总结管理实践经验，提出科学适用的可行性建议，形成体系性的管理提升机制，为国家、行业、企业提升产业链供应链韧性和安全水平提供参考。

二、通信行业产业链供应链形势

1. 通信行业产业链供应链发展现状与特点

（1）通信行业产业链供应链基本概念与特点。

通信行业产业链供应链是构成ICT基础的一个更加专业化的子集，它不仅支撑着数据的流转、通信的交换以及信息的处理，更是现代社会各种高科技应用的命脉。这一产业链从基础的电子元件制造到复杂的系统集成，再延伸至全球的网络运营和服务提供，呈现出高度的技术集成性和服务综合性。其核心在于其极具特色的高速信息流和产品流，这不仅包括有形的通信设备和基础设施，如手机、卫星、基站等，也包括无形的软件服务和网络技术，如数据加密、云计算服务等。

从结构上看，通信行业供应链是一个由多个上游与下游组织相互连接形成的网链结构，如图1所示。与传统供应链相比，通信行业供应链涵盖的环节更多，涉及的范围更广，因此存在更多的安全风险，具有全球分布性、全生命周期特性、技术驱动性、产品服务复杂性、供应商多样性等特点。

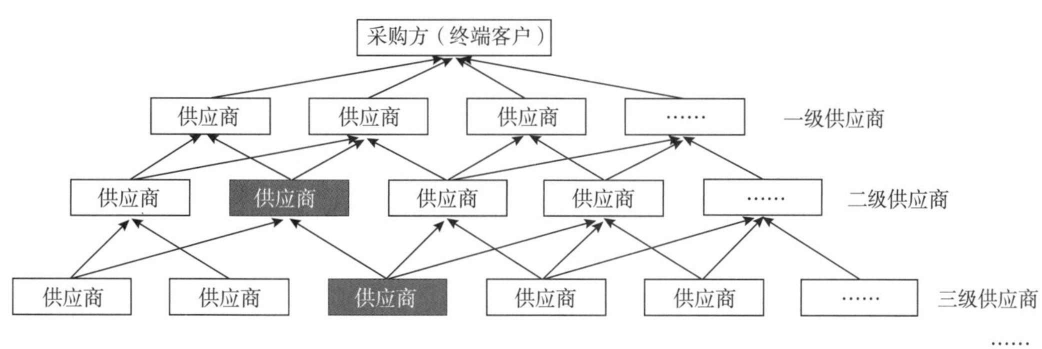

图1　通信行业供应链结构示意

从运营商角度来看，通信运营商处于通信行业产业链的中下游位置，如图2所示，其上游主要为通信设备商、硬件软件供应商等，最上游的核心供应商主要为半导体芯片厂商，下游是最终的消费者及用户。

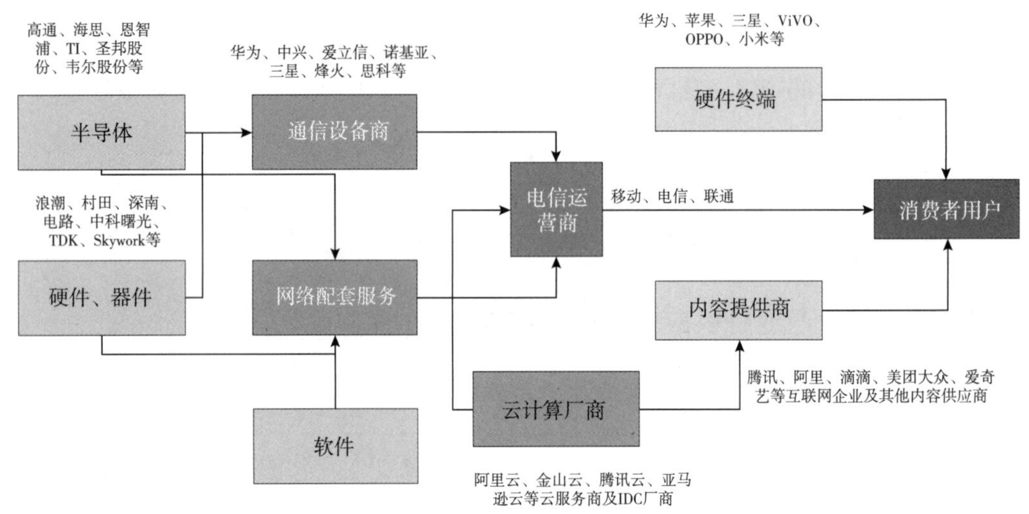

图 2　通信行业供应链结构

（2）通信行业产业链供应链安全风险问题显现。

随着全球化局势变化、大国博弈、贸易争端、全球经济下行等宏观形势的变化，全球产业链供应链体系的不稳定性、不确定性日益凸显。断供、原材料涨价、“卡脖子”、限电限产等影响供应链韧性和风险水平的问题层出不穷，对全球政治、经济格局变化产生深远影响。当前我国很多产业仍缺乏完整、循环的产业链供应链，我国传统制造业仍处于全产业链中下游，高端制造业仍由美、日、德等发达国家掌控。再叠加贸易摩擦不断升级、保护主义抬头等多重因素，我国产业链供应链韧性和安全稳定易遭受严重冲击。特别是自 2020 年以来，以新冠疫情、俄乌冲突为典型代表的“黑天鹅”事件频发，严重冲击全球经济发展，各国更加强调贸易收缩和保护，这既对全球产业链供应链的开放协作造成重创，也使我国面临更为严峻的“断链”“破链”风险。以芯片为例，据中国海关总署数据显示，2022 年中国进口集成电路 5384 亿件，按价值计算，进口额为 4156 亿美元。2023 年，进口芯片数量降至 4795 亿件，同比减少了 589 亿件，下降了 10.8%。进口芯片金额为 3494 亿美元，同比减少了 662 亿美元，下滑 15.9%，数据反映出国家在降低芯片外部依赖方面取得的显著成效，但也要看到未来依然还有很长的路要走。2017—2022 年中国芯片进口额与增长率如图 3 所示。

美、日、欧等国家和地区从政策、科技技术、标准指南等方面提升产业链供应链

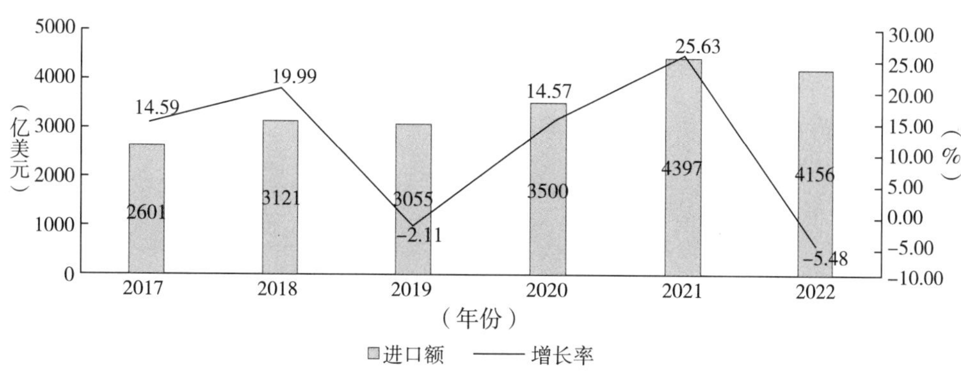

图3 2017—2022年中国芯片进口额与增长率

韧性和安全稳定，积极推动产业链供应链多元化、近岸化和本土化，引发全球产业链供应链格局加速重构，产业链供应链韧性和安全也随之成为全球热点话题。

（3）通信行业高度重视产业链供应链韧性建设和风险管理。

面对产业链供应链韧性和安全风险，全球各大企业持续深化在技术创新、产品研发、市场开拓等方面的合作。特别是通信运营商企业，更加重视发挥“链长”“链主”聚合带动效应，实现核心技术的能力突破与供应链的自主可控，产业链上下游协同发展，互惠共赢。同时通过数字网络对技术、金融、人才等赋能，协助企业打造供应链韧性。借助供应链端到端智能分析、综合数字规划、运营优化、智能工厂、数字化交付及敏捷商业供应链等解决方案，积极主动监控企业内外部的潜在风险，提前建立危机快速响应机制，提高企业供应链的灵活性与韧性水平。

华为、苹果、联想等行业领先公司积极开展供应链韧性和安全提升工作。总的来看，主要包括多元化供应链、透明度审核、风险管理、持续改进和技术创新等措施，不断提升供应链的韧性和安全性。在多元化供应链方面，积极寻找和发展多个供应商和合作伙伴，以减少对特定供应商的依赖性；供应链透明度和审核方面，其要求所有的供应商遵守供应链责任政策，并进行定期的供应链透明度审核，以确保供应链的合规性和可持续性；在风险管理和规划方面，其积极进行供应链风险评估和规划，识别和评估潜在的供应链风险和威胁，建立紧急响应团队，制订应急预案和紧急备份计划，以应对突发事件和供应链中断的情况；在持续改进和合作方面，其与供应商合作，分享最佳实践和技术，提供培训和支持，共同推动供应链的持续改进和创新；在技术创新和数字化转型方面，其应用物联网、人工智能和大数据分析技术，提高供应链的智能化和自动化程度，优化供应链的规划、运作和管理。

2. 通信行业产业链供应链韧性和安全分析

（1）通信行业产业链供应链韧性整体安全态势分析。

①通信行业本身特点导致安全更易受到威胁。

通信行业的核心组件和技术，如高端半导体芯片、先进的路由技术、5G 设备等，多是由少数几家全球供应商独家生产的，导致供应链的集中性和脆弱性显著提高。任何供应链中断，都可能迅速影响全球通信服务的稳定性。同时，通信行业的技术发展速度飞快，这种快速的创新周期要求供应链必须持续适应新技术和产品，而这种快速适应往往会牺牲安全性，因为安全措施的开发和实施通常滞后于新技术的部署。

此外，通信行业形成了高度复杂且相互依赖的网络，任何单点的故障都有可能波及整个网络，造成广泛的服务中断。这种复杂性本身就是一种安全风险，因为攻击者可以利用网络中的薄弱环节进行攻击，以此影响更多的系统和服务。加之通信行业的数据流量巨大，通信链路中传输着敏感信息，这使它成为网络攻击的高价值目标。黑客攻击、间谍活动和数据泄露事件可以造成重大的安全风险，不仅威胁个人隐私，还可能对国家安全构成风险。因此通信行业的供应链不仅要面对常规的物流和运营风险，还需要对抗技术、政治和社会带来的独特挑战，这些都使其供应链的安全受到了更多的威胁。

②原材料涨价导致采购成本增加。

新形势下全球原材料普遍涨价。在全球流动性受限、后疫情时代市场需求有所复苏而短期供给不足等各种因素的推动下，钢、铜、铝等原材料大幅涨价，连带导致通信行业供应链上游的主要原材料（单晶硅、光刻胶、掩模板、电子特气、湿化学品、溅射靶材等）价格大幅上涨。以芯片的重要原料晶圆为例，据环球晶圆 2021 年的预测，2022 年和 2023 年，12 英寸硅晶圆供应缺口将分别达 2.2%、4.9%，供需紧张以及上游材料涨价趋势下，2022 年 12 英寸、8 英寸将分别调涨 10%～20%、5%～15%，而 2022—2024 年，全球硅晶圆产业 12 英寸价格将连续三年攀升，累计涨幅将达 30%～50%。此外，由于新冠疫情下国际物流受阻、劳工不足等方面的因素影响，上游的原材料涨价压力被传导至下游，进一步导致通信网络设备、服务器等价格上涨，供应链成本端受原材料涨价影响的冲击很大，生产企业将面临成本增长、利润受到严重挤压、资金占用增加等压力。

③大国博弈引发关键技术卡脖子问题。

全球各国对通信行业核心技术保护愈演愈烈。通信行业供应链中的半导体芯片等核心技术对社会经济发展、国家安全有着重要意义，全球各国均纷纷出台相关政策及战略发展要求，也更为关注对芯片等核心技术的保护。2022 年 2 月 4 日，美国国会众议院审议通过《2022年美国竞争法案》（因其主要针对芯片制造，所以被称为《芯片法案》），重点强调对半导体芯片产业领域的支持和补贴，包括将为半导体芯片产业拨款520亿美元，鼓励企业投资半导体生产，其具体用途包括半导体制造、汽车和电脑关键部件的研究。除了内部法案，美国将科技战拓展到政治、经济、外交等方面，通过五眼联盟、芯片四方联盟、四方安全对话（QUAD）、美英澳三方安全伙伴关系（AUKUS）、G7基建计划等方式进行政治施压，联合其他国家一同对中国进行限制。

④多种因素综合作用下的产能下降。

以俄乌冲突为例，俄罗斯是铝、镍和铜等金属的重要生产供应国，以上金属是电子设备制造的重要原材料，而乌克兰是电子特种气体的主要供应国，氖气、氪气、氙气在全球供应份额分别达到70%、40%、30%，直接应用于光刻机、半导体生产，据TECHCET数据显示，全球45%~54%的半导体级氖气由乌克兰Ingas和Cryoin两家公司供应。这些使通信行业产业链上游的产能受到了俄乌冲突的影响，产业链的供需处于失衡状态。

洪水、雪灾、地震等自然灾害也会加剧产品的供给紧张和供应稳定。以芯片行业为例，2021年第一季度美国的重要芯片产地得克萨斯州的暴雪与寒潮导致该州水电供应中断，致使许多位于该州的晶圆厂被迫停工、关闭，直接影响半导体芯片产能。2022年，半导体主要产地日本、中国台湾频发地震，日本福岛外海发生规模7.3级强震，中国台湾台东县海域发生6.6级地震，造成部分产线的暂停，对半导体芯片的制造产生一定影响。

（2）通信行业产业链供应链韧性安全风险因素分析。

①恶意篡改风险。

恶意篡改是指在供应链的设计、开发、生产、集成、仓储、交付、运维、废弃等某一环节，对通信产品或上游组件进行恶意篡改、植入、替换等，以嵌入包含恶意逻辑的软件或硬件，危害产品和数据的保密性、完整性和可用性，允许攻击者控制整个系统，如阅读、修改或删除敏感信息，中断运行，发起对其他组织的系统的攻击，甚至毁坏系统，导致重大损失。恶意篡改类型包括恶意程序、硬件木马、外来组件被篡改、未经授权的配置、供应链攻击、供应信息被篡改。

②假冒伪劣风险。

假冒伪劣是指产品或组件存在侵犯知识产权、质量低劣等问题，如未由原始制造商生产或由未经授权的承包商生产、不符合设计模型或标准性能、属于残次品或原制造商以旧充新、提供错误或假冒的说明书。伪造组件威胁着供应链系统的完整性、可信性和可靠性：伪造品的可靠性通常较低，所以比正品出故障的时间更早而且故障更频繁；伪造给造假者提供了向副本中植入恶意逻辑或后门的机会，而在正品的制造中很难实现。

③信息泄露风险。

信息泄露是指在未经授权的情况下，将通信行业供应链上的敏感信息有意或无意地泄露给其他企业。其他企业既包括没有知情权的供应链上的成员企业，也包括供应链之外的企业；敏感信息包括销售、采购、生产、库存、技术等业务信息或商业秘密。近些年因信息泄露导致的数据安全问题在全球有很广泛的影响，例如2018年Facebook巨大的数据隐私泄露影响了数百万Facebook用户。

④供应中断风险。

供应中断是指由于人为或自然原因，造成ICT产品和服务的供应量和质量下降，与下游需求单位预定目标显著偏离，甚至ICT供应链中断或终止。随着经济全球化逐渐深入，ICT供应链的长度、复杂度、地理分布都在大幅度增长，导致供应链断供风险增加。

三、提升通信行业供应链韧性和安全的策略和建议

1. 行业层面：健全标准、补短锻长、夯实数智基础

（1）推动建设产业链供应链安全的运营规范和评估标准。

引导重点行业加快构建产业链供应链安全的运营规范。制定规范和标准的产业链运营保障体系，推进标准化技术使用和业务操作，优化产业链的内外部管理流程，规避由复杂性和不确定性带来的风险，为产业链韧性和安全水平的提升提供系统保障，引导企业优化供应链结构。

建立并完善全球产业链供应链韧性及安全评估体系。梳理产业链供应链完整关系网络，建立完整的产业链供应链知识图谱，完善我国产业链供应链安全的调查预警和清单机制，摸清薄弱环节，找准风险点，制定问题清单，建设全覆盖、多层次的产业链安全数据库；有针对性地评估不同产业链供应链韧性及安全水平，研究建立重点产业链供应链安全风险量化评估指标体系和预警模型，对可能存在的风险实行“全方位、全天候、全因素、全过程”的实时监控；进行精准量化分析、监测和评估，科学设定产业风险等级，推动产业风险分类防控；搭建国家核心产业的产业链供应链安全风险预警平台，及时发布国家产业链供应链安全风险预警评估报告，并在断链风险较大的领域，开展具有现实可行性的替代和补链预案研究，提高主动预防的针对性。

（2）加快实施产业链供应链补短板、锻长板工程。

在补短板方面，以核心技术与关键环节“卡脖子”技术短板问题作为主攻方向，

突出科技创新原动力的引领带动作用，强化企业的创新主体地位与功能。坚持攻坚克难，加快补强关键核心技术和零部件的薄弱环节，努力抢占科技竞争和未来发展制高点，实现产业链供应链的可控性、安全性和稳定性，加大对基础科学的投入研发力度，建立共性技术平台，解决跨行业、跨领域的关键共性技术问题，打造具有战略性和全局性的产业链供应链。

在锻长板方面，要采取有效措施和依靠政策支持，发展壮大全球产业链供应链中的龙头企业和核心企业，扩大这些企业的全球市场份额，稳固提升我国企业在全球产业链供应链中的地位。对于较为成熟、高质量的产业链供应链，引导其不断加强研发投入，稳扎稳打，提高产品的质量和竞争力。同时，发挥企业家精神和工匠精神，培育一批“专、精、特、新”的企业，努力将“专、精、特、新”的“杀手锏”产品打造成全球“单项冠军”，使企业和产业链供应链生态有机结合，形成深度嵌入全球产业链、不会被轻易替代的独特竞争优势。

（3）加速产业链供应链数智化转型。

以大数据和数字技术为媒介促进产业数字化，提升原有生产要素间的协同性，以此推动产业链韧性建设。数字化转型一方面可以将企业产品的生产、分配、交换等各个环节中的信息传递和要素流动均以要素信息化和数据化作为标准流通媒介，使企业间的信息共享更便利，信息传导更通畅，面对冲击时能更快、更好地作出反应。另一方面，可以突破生产要素流动的时空壁垒，新型信息技术的运用，使产业链边界划分不再囿于分工、地域和交易成本的限制，促进生产要素的自由流动，要素间协同性得以凸显，在有效扩大企业经济活动时空范围的同时，降低企业的生产交易成本、信息获取成本和学习成本。

整合各产业链供应链的数字平台，提高产业链供应链资源的利用效率。借助数字平台这一载体，通过接驳多条产业链，企业可以实现信息的整合、数字的共享以及资源的调配等，打破产业链供应链单独成链或封闭链条等现状，推动产业链的网络协同化，形成产业生态群落；进一步地，平台还能集聚各类优质创新资源，实现创新业务的平台化及协同发展，破解创新过程中的“信息孤岛”问题，为企业创新提质赋能，最终提升产业链韧性。

2. 通信运营企业层面：坚定发展理念，多措并举保稳定

（1）坚持技术创新和人才发展。

要重视技术创新，打铁还需自身硬。在快速发展的通信行业，技术创新是提升产业链供应链安全的强有力工具。企业应投资于研发新技术，如区块链、人工智能、大

数据分析等，以增强供应链的透明度和监控能力。这些技术可以帮助企业实现更高效的供应链管理，及时发现和响应潜在的风险点。同时，通过提升技术水平，通信运营企业也能够加强对关键基础设施的保护，防范网络攻击和数据泄露，确保信息流和物流的安全。

在人才方面，通信运营企业应当建立一套完整的人才发展体系，通过内部培训和外部引进的方式，不断提升团队的专业技能和危机应对能力。特别是在供应链管理和信息安全领域，培养具备专业知识和实践经验的人才至关重要。此外，企业还应与高等教育机构、研究机构进行合作，以获取最新的行业知识和技术，培养适应未来市场需求的高素质人才。

（2）完善供应链安全管理机制。

强化供应链风险识别，加强信息交流机制，定期与供应方、需求方、内部成员、供应链风险专家等对象交流，收集组织内外风险因素，同时针对采购全流程，构建从设计、研发、采购、运输、仓储、使用、运维、回收等流程的供应链安全风险数据库；开展风险评估，评估供应链安全风险的影响后果和发生概率，综合这两个维度，对供应链风险进行优先级排序，作为后续风险应对策略和相关行动的基准和指导；执行风险分级响应，对识别、分析后的风险进行红黄绿分级分类管理，对不同级别的风险执行不同的应对措施；做好风险管理监管，用好 PDCA 质量管理工具，把风险管理作为持续改进、永不停止的过程，不断监督风险的变化，评估风险处理的有效性，优化风险应对措施。

（3）强化采购全流程风险预防。

强化在需求规划阶段市场洞察和需求预测。开展供应市场趋势研究，摸底上游产业链、供应链情况，拉通需求端和供给侧，在原有分级分类物资供应管理体系基础上，加强重点物资、易受影响物资的需求管理，主动响应，提前介入。

推进寻源采购阶段协同生态建设。在关键零部件方面，从源头出发、从设计阶段出发，提升网络和 ICT 产品之间的耦合性，在重要设备上保证两套以上解决方案。坚持供应商多元化策略，缓和因突发情况造成的影响。发挥运营商“链主”作用和地位，积极主导供应链生态，扶持中小供应商，促进产学研协同发展，推动形成国产化产业链生态。

提升仓储物流阶段响应敏捷性。加强链上物流管理，促进产业链上下游节点合作，打造一站式、全流程物流管理信息系统，构建信息联动、快速响应的应急物流体系。优化内部仓储模式，推进跨省物资调度和多级联合供应，保障物资灵活调配。推进仓储数字化能力建设，智能监控库存状态，强化对全国仓库网络的集中管理。

最大化使用阶段的物资利用效率。盘活现有物资，推动“下岗”设备再次“上岗”。在关键设备供应链处于长期风险的情况下，优先保证供应链稳定性，强调“能用尽用”。推动物资的全生命周期管理、清单式管理、数字化管理，对物资需求、采购、供应、使用、维护、报废等所有环节进行更细化的管理。

（4）丰富供应链安全具体举措。

为了制定更高效的预防措施，通信运营企业应不断丰富，并着重实施一系列综合策略。例如，构建实时供应链动态监测系统，利用数据分析和人工智能技术来预测潜在风险，从而实现快速响应；绘制详尽的供应链产业链地图，明确每一个环节，尤其是可能成为单点故障的关键节点，强化与供应商的合作伙伴关系，共享信息、协同风险评估，以增强整体链条的适应性，施行有效的风险分散和管理；加强法律和合规性审查，确保全链条符合各项法规要求，以及实施多元化供应源策略，减少对单一供应商的依赖；实施供应链金融策略，为供应商提供资金支持，确保运作顺畅；周期性地实行供应链审计，评估和提升供应链的可持续性、韧性和效率。通过这些措施，通信运营企业将显著提升其供应链韧性，确保业务连续性和长远发展。

四、总结

在本文中，我们深入剖析了通信行业产业链供应链的韧性和安全形势，并提出了相应的对策和建议。通过对我国产业链供应链在高质量发展关键期的背景分析，我们认识到了提升产业链供应链的韧性和安全至关重要，其具有国家战略层面的意义。

本文详细阐述了通信行业供应链的发展现状与特点，识别了其面临的主要风险和挑战，并对其韧性和安全状况进行了细致的分析。在此基础上，我们提出了一系列策略和建议，旨在通过行业层面的标准健全、能力补齐及数智基础加固，以及通信运营企业层面坚定发展理念与多措施保障稳定，共同构建一个更加坚固和安全的通信产业链供应链。这将有助于增强整个行业对各种潜在威胁的抵御能力，促进可持续发展，并确保国家信息通信网络的安全与稳健运行。

展望未来，随着政策的不断完善和技术的进步，通信行业的供应链韧性和安全管理将逐步提升，为国家的信息化建设和数字经济的发展提供坚实保障。

（程建宁，中国移动通信集团陕西有限公司；
柳晓莹，中国移动通信集团供应链管理中心；
周天成、潘孝成，华信咨询设计研究院有限公司）

参考资料

1. 国家统计局，中华人民共和国2023年国民经济和社会发展统计公报，2024年。
2. 郭晗，侯雪花，提升供应链韧性和安全水平推动经济高质量发展的路径，《长安大学学报（社会科学版）》2023年第1期。
3. 周天成，程建宁，柳晓莹，等，通信运营企业ICT供应链安全形势及风险影响研究，《供应链管理》2023年第6期。
4. 胡永俊，程建宁，将ICT供应链风险降至最低，《通信企业管理》2022年第8期。
5. 胡舒婷，廖文昭雪，新冠疫情冲击下国际贸易发展趋势浅析，《中国商论》2021年第6期。
6. 李雨涵，李创硕，曹善文，等，运营商落实“链长制”的思考与建议，《通信世界》2023年第4期。
7. 李博渝，钟敏，华为供应链风险防范与管控研究，《物流科技》2022年第19期。
8. Mark Gurman，程玺（译），苹果致力于建立多元化供应链，《商业周刊》（中文版）2023年。
9. 李婧婧，李勇建，宋华，等，资源和能力视角下可持续供应链治理路径研究——基于联想全球供应链的案例研究，《管理评论》2021年第9期。
10. 赵健雅，陈美华，陈峰，等，美国《2022年芯片与科学法案》对中国科技安全的影响分析，《情报杂志》2023年第11期。

趋势三：供应链智能升级

第 10 章　供应链智能升级

近十年来，中国经济面临着增长速度换挡期、结构调整阵痛期，以及前期刺激政策消化期这“三期叠加”的复杂局面。这意味着传统的发展模式亟待变革，以适应新时代的需求。党的二十大报告提出了全面贯彻新发展理念、加快构建新发展格局、着力推动高质量发展的新要求。

随着全球市场竞争的日益激烈和消费者需求的不断变化，传统的供应链模式已经面临着诸多挑战和限制。在过去的供应链模式中，信息传递效率低下、库存管理不精确、供应链各环节难以协同等问题时常出现，给企业带来了巨大的经济损失，制约着企业的发展和竞争力。在这样的背景下，供应链智能升级已经成为企业发展的必然选择。智能化的供应链管理可以通过物联网技术实现供应链各环节的实时监控和数据采集，通过大数据分析技术实现供应链数据的精准分析和预测，通过人工智能技术实现供应链决策的智能化和自动化。这不仅可以帮助企业优化供应链运作、提高生产效率，还能够更好地满足消费者的个性化需求，提升企业的竞争力和市场份额。

因此，加速推进供应链智能化升级已经成为当前全球供应链管理的重要趋势和发展方向。本文将探讨供应链智能化的内涵与驱动力、技术手段，并通过案例分析来揭示其和企业面临的挑战与发展趋势，以期为读者提供全面的了解和洞察。

一、供应链智能升级内涵与驱动力

当前，全球正在经历一场新一轮的科技革命和产业变革，这不仅在宏观层面上重塑着世界格局，也在微观层面上推动着企业的转型升级。党的二十大报告提出把发展经济的着力点放在实体经济上，推进新型工业化，建设制造强国、质量强国、航天强国、交通强国、网络强国、数字中国。《中国制造 2025》更进一步明确了以促进制造业创新发展为主题，以推进智能制造为主攻方向，走中国特色新型工业化道路。在这一背景下，智能工厂成为智能制造的关键和中枢。

供应链智能升级的驱动力源自对智能制造的迫切需求。智能工厂的建设不仅是为了提高生产效率和产品质量，更是为了实现供应链的数字化、网络化、智能化，从而提升供应链整体运作效率和灵活性。因此，推动供应链智能升级的驱动力在于实现智能制造的目标，以适应当前科技革命和产业变革的新要求，为企业持续发展和赢得未来竞争优势奠定坚实基础。供应链智能升级是指利用大数据、云计算、人工智能、物联网等信息技术，对企业内部和供应链上下游企业的各环节进行全方位、全过程的数字化、智能化改造和升级，实现供应链的自动化、可视化、可预测和优化决策。其目标是提高整个供应链的透明度、协同性、灵活性和响应速度，实现供应链可持续发展。

第一，在供应链智能升级的进程中，政策推动发挥了至关重要的作用。政府部门通过出台一系列政策文件，为供应链的智能化转型提供了明确的方向和支持。例如，《国务院办公厅关于积极推进供应链创新与应用的指导意见》明确提出了发展目标，强调了供应链创新的重要性，并提出了适应国情的供应链发展新技术和新模式的愿景。此外，工业和信息化部等八单位联合发布的《全国供应链创新与应用示范创建工作规范》中，提出了加快先进适用技术推广应用、优化产业结构、深入实施产业基础再造工程等措施，直接推动了供应链的智能化升级和产业结构的优化。这些政策不仅为企业提供了资金支持和税收优惠，还通过制定和推广相关标准，推动了供应链的规范化和智能化发展。同时，政府支持建立的重点行业产业链对接平台，如工信部搭建的平台，有效地保障了核心企业及上下游中小企业的复工复产，维持了产业链和供应链的稳定性。政府还通过国际合作与交流，推动企业参与全球供应链网络，提升国际竞争力。这些政策措施共同构成了供应链智能升级的政策驱动力，为企业的技术创新和产业升级提供了坚实的基础。

第二，市场需求的多样化和个性化趋势要求供应链能够快速响应市场变化，提供定制化的产品和服务。这促使企业通过智能化升级来增强供应链的灵活性和敏捷性，以满足客户需求。首先，需求端面临着多重挑战，包括人口红利逐渐退缩、经济放缓、通货膨胀等因素导致需求收缩，同时原材料成本不断上涨也给企业经营带来了巨大困难，这使精益运营和降本增效成为企业生存和发展的必然选择。在这种情况下，企业迫切需要通过智能化提升供应链效率，降低成本，应对市场的变化和竞争的压力。其次，随着消费理念的转变和技术的跃进，消费者越来越注重个性化产品和服务，追求新产品的同时也追求性价比。这对企业的销售预测、产品创新和交付能力提出了更高的挑战，企业对供应链的智能化改造，有助于满足日渐“挑剔”的消费者。再次，随着传统品牌商和线上新型品牌商走向多渠道销售以及新业态的不断涌现，订单碎片化和物流复杂化成为供应链管理面临的另一大挑战。这要求企业必须通过智能化技术来实现订单的集中管理、物流的优化和运营的协同，以提高供应链的灵活性和响应速度。此外，消费者对产品和服务的环保和社会责任要求越来越高，这要求供应链能够实现可持续发展和绿色生产。供应链智能化还可以通过优化物流路线和运输方式，减少能源消耗和排放，实现资源的有效利用和环境保护。最后，消费者对数字化体验的要求越来越高，希望能够通过数字化技术实现在线购物、个性化推荐、实时反馈等功能，而供应链智能化可以通过数字化技术实现供应链信息的实时共享和协同，提高消费者的购物体验和满意度。

第三，数字经济也对供应链智能升级起了关键的驱动作用。数字经济是当今世界科技革命和产业变革的阵地前沿，统筹推进数字经济与实体经济的深度融合是实现高质量发展的重要抓手。2022 年，我国数字经济规模达 50. 2 万亿元，总量稳居世界第二，同比名义增长 10. 3%，占国内生产总值比重提升至 41. 5%，数字产业规模稳步增长。以数字化驱动传统行业转型升级是把握新工业革命机遇实现自我突破的核心要素。围绕数字经济，国家层面打出一系列“组合拳”，谋划推进国民经济高质量发展的长远大计。《数字中国建设整体布局规划》《中华人民共和国国民经济和社会发展第十四个五年规划和 2035 年远景目标纲要》《关于加快推进国有企业数字化转型工作的通知》等文件作出的重大战略部署，立足于我国社会主义现代化建设全局，数字化转型将为深化供给侧改革带来新的生命力，从质量变革、效率变革、动力变革三个层次直接促进深化供给侧结构性改革，从而为新发展格局建立夯实基础。数字化成为众企业打造“软实力”的最主要手段。在数字技术的推动下，对企业的经营模式、组织架构、业务流程以及客户体验进行全面变革和升级是供应链发展的主流方向，凸显了数字化时代与传统商贸流通行业的融合。以数字化转型融合供应链应用场景，加强数据融合，整合订单需求、物流、产能、供应链等数据，强化产销对接、精准推送，优化配置产业链资源，打造快速响应市场的产业协同创新生态是供应链智能升级的发展路径。

第四，供应链智能升级是科技创新和研发投资的推动下的必然趋势。近年来，物流数字化和智能化投融资的兴起凸显了资本市场对物流行业科技创新的关注，为供应链智能化升级提供了资金支持。而在技术方面，云平台、SaaS 服务、人工智能和自动化技术等关键技术的发展，更是加速了这一进程。云平台和 SaaS 服务提供了灵活的供应链管理解决方案，人工智能技术的应用，如自然语言处理和机器学习，使供应链管理更加智能化和自动化。此外，自动化技术在物流作业层面也发挥着关键作用，例如，无人机进行远程监控、基于 AI 的质检和能耗监测等。这些技术的应用不仅提高了供应链的效率，还增强了供应链的韧性和可持续性。此外，人工智能在员工参与度和作业效率方面发挥着关键作用，为知识管理、内容管理和客户支持技术等领域带来了新的可能性。然而，随着供应链数字化程度的提高，网络安全问题也越发凸显。在这一关键领域中，人工智能的应用变得尤为重要，能够帮助企业及时发现和应对各种网络安全威胁。

第五，成本压力是推动企业进行供应链智能升级的重要因素之一。在市场经济中，企业始终面临着成本控制和利润最大化的挑战。为了保持竞争力和提高盈利能力，企业必须不断寻求降低运营成本的方法。智能化手段提供了一种有效的解决方案，它能够帮助企业优化库存管理、物流配送等关键环节。通过引入智能化技术，企业能够实现更精准的需求预测和库存控制，降低过剩库存和缺货风险，从而降低库存成本。智能仓库管理系统能提高仓库操作的效率，减少人工错误，加快货物的流转速度。此外，智能化的物流配送系统能够优化运输路线降低运输成本，同时提高配送的准时率和服务质量。在全球化的背景下，供应链的智能化升级还能帮助企业更好地应对国际市场的波动和不确定性。通过实时监控和分析供应链数据，企业能够快速响应市场变化，调整生产和采购计划，减少因市场波动带来的成本损失。同时，随着全球环境问题的日益严重，国家对于绿色发展和可持续发展的要求越来越高。在国家"双碳"战略的指导下，企业通过供应链智能升级可以实现更高效的资源利用和更低的能耗排放。例如，通过优化供应链设计，减少不必要的运输和包装，企业能够在降低物流成本的同时减少碳排放。智能供应链管理系统还能监控和评估供应链的环境影响，帮助企业实现绿色采购和绿色生产，满足日益增长的环保要求和消费者对绿色产品的需求。

二、供应链智能升级技术手段与效果

1. 信息系统建设

建设安全、高效的信息系统是供应链智能升级的基础保障，是提升供应链运作效率和灵活性的重中之重。随着数字化时代的到来，数据安全性成为供应链管理的首要考虑因素之一。通过采用先进的加密技术、访问控制和身份验证措施，可以有效防范数据泄露、黑客攻击以及其他潜在的安全威胁，确保供应链信息的机密性和完整性。高效的信息系统还能够实现供应链各环节之间的数据共享和协同。供应商、制造商、物流服务商和客户之间能够实时共享关键信息，例如库存水平、订单状态和交货时间。通过实现信息的实时共享和可见性，供应链各方可以更好地协调运作，及时应对变化，并快速作出决策，从而提高整体供应链的响应速度和灵活性。

2. 数据分析与预测技术手段

物联网和新兴的智能化技术如人工智能、大数据分析等技术手段的应用是供应链智能升级的核心。物联网（IoT）是一种由物理对象组成的网络，这些对象无须人类干预，通过数字方式连接进行数据收集和共享，形成了一个庞大的连接对象生态系统。在物联网系统中，公司内部和公司与其供应链之间进行感知、监测和交互，从而实现灵活性、可见性、追踪和信息共享，以促进及时规划、控制和协调供应链流程，为供应链及物流数字化提供了传统信息流以外更多样化的信息。首先，物联网技术可以增强供应链从制造到零售每个阶段的可见性。原材料供应商使用物联网设备收集影响交付物及时性和质量可用性的因素数据。例如，监测农业作物健康状况、林业伐木作业以及畜牧业的动物健康状况。同样，零售商利用物联网提高货物提取的准确性，提高物料处理效率。他们跟踪货架上的产品以实现更好的库存管理、监控商店客流量以实现更好的展示和空间利用，并从中受益。其次，物联网可以促进团队之间的更好协作。供应链中的复杂价值链通常会分解成一系列数据孤岛。当团队参考不同的数据且不同频时，供应链中的瓶颈就会出现。对于使用传统系统且不具有数据分析能力的企业来说尤其如此。由于基于物联网的解决方案带有云和数据分析功能，帮助打破了数据孤岛，增强了团队之间的协作，并进而促进了问题的快速解决。再次，物联网可以帮助优化资产和库存。一方面，供应链和物流部门可以制定更智能的路线，识别延迟的资产，监控资产效率，并调整操作来增加交付数量。此外，机器学习和人工智能有助于解读物联网设备提供的数据并进行预测性分析，协助车队维护、货物管理、车辆监控和满足可持续发展。另一方面，物联网设备收集和分析库存水平和库存位置数据，为采购部门、分销公司和运输公司提供了准确的数据，使企业能够优化库存水平，减少缺货情况，并提高订单履行效率。最后，物联网技术可以监控产品发货，并准确预估交付时间。通过早期识别交付问题，企业可以及时采取纠正措施，促进了供应链顺畅高效运行，提升了客户体验，并进而促进了业务增长。

3. 智能化决策支持

在供应链管理中，人工智能（AI）和机器学习（ML）技术的应用可以极大地优化整个供应链流程，在多个关键领域和具体应用场景帮助企业应对挑战，同时改善成本、提升效率、优化运营并增强客户体验。AI 和 ML 革新供应链管理的一个最关键方式是通过大数据分析准确地预测未来的需求和风险，并结合区块链技术帮助企业进行战略和战术制定，使公司能够优化库存水平、简化供应链流程和增强供应链韧性。许多企业已经意识到人工智能在供应链各个任务中带来的优势，包括在物流管理和仓储管理、质量检查、库存管理和供应商关系管理的应用。例如制药、汽车和电子零部件等行业的制造流程非常复杂，跨越多个国家边界的多个地点。传统的供应链运作模式依赖基于电子表格的手动技术，往往导致缺乏协调。尤其是在供应链全球化背景下，一个地区的运作中断将在更广的地域范围内产生放大性的影响。在这种情况下，通过 AI 和 ML 技术对供应链的数字化描述与模型分析，将多层级供应商的信息、物料清单信息、在途及现场库存水准、产品需求预测、运营和财务指标等整合在一起，集合区块链技术可以在详细呈现整个供应链网络的基础上帮助企业分析供应链上的潜在风险点以提前备案，并计算出不同供应链环节出现问题后带来的业绩影响及最佳解决方案，提升供应链韧性。另外，在电信、汽车、工业和石油天然气开采等拥有重型基础设施的行业中，AI 和 ML 技术，再加上机器人技术，可以进行整体的预测性维护，防止任何业务中断。AI 和 ML 还在可持续供应链方面发挥着重要作用。利用机器学习和数据分析可以优化车辆路线，降低总里程和燃料消耗，同时帮助解决“最后一公里”物流难题，提高物流效率和提升服务质量。

4. 人才和团队

智能升级最终带来的不是单个环节的数字化，而是让企业内部供应链和外部上下游中的各个环节能够有效地连接起来，实现业务流程的再造、组织架构的再造。在智能升级中，并不是那些只懂数字化技术的人才最核心，最重要的应该是把懂业务流程的技术人才和懂技术的业务人才组织在一起形成有合力的团队，让供应链智能化技术落地。

供应链智能升级不仅是数字化技术的应用，而且要求企业内外各个环节能够有效地连接起来，实现业务流程和组织架构的再造。因此，在智能升级中，人才和团队的选择和组合变得至关重要。

智能升级所需的团队首先需要具备跨领域的能力，包括懂业务的技术人才和懂技术的业务人才的结合。考虑到供应链的复杂性和多样性，一支团队中既要有对供应链业务流程深入了解的专业人才，又要有熟悉智能化技术的技术人员。这样的团队能够在升级过程中更好地理解业务需求、把握技术趋势，并结合两者，制订更加符合实际情况的智能升级方案。此外，沟通和协作能力也是智能升级团队不可或缺的一部分。供应链智能升级涉及多个部门和利益相关方之间的协同工作，因此团队成员需要具备良好的沟通和协作能力，能够跨部门合作，协调资源，解决问题。例如，在升级过程中，供应链部门、IT 部门、运营部门等之间需要密切合作，共同制定并实施升级计划，确保整个过程的顺利进行。此外，创新和适应能力也是智能升级团队所需具备的重要素质。随着技术的不断发展和市场的变化，智能升级团队需要能够不断地创新和适应，及时调整策略和方案，以应对不断变化的挑战和需求。当新的智能技术出现时，团队需要及时了解并掌握，评估其在供应链中的应用价值，并在需要时进行技术集成和应用。通过构建具备跨领域能力、良好沟通和协作能力以及创新适应能力的团队，企业可以更好地实施供应链智能化升级，推动业务流程和组织架构的再造，实现供应链的持续优化和提升。

三、船舶发动机企业供应链智能升级研究——以 W 企业为例

W 企业是一家总部位于上海的知名船舶发动机制造商，拥有先进的技术实力，产品涵盖多个细分领域并广泛应用于商用船只、海洋工程领域。公司秉承质量第一、创新驱动的理念，在行业中享有良好的声誉，并与众多大型造船企业建立了长期合作关系。自 2021 年以来，该企业在开展供应链升级的过程中，纳入了数字化、智能化的理念，期望通过供应链智能升级来提升企业内部运营水平，在提高效益效能的同时实现企业的可持续发展。具体来讲，W 企业的供应链智能升级策略主要包含以下三个方面。

1. 加强多方沟通，优化供应链体系流程

W 企业制定了全面一体化的规划和目标，并将其与经营指标相结合，然后，设立专门的项目组或委员会来促进供应链各环节之间的交流，通过定期召开会议，分享数据和资讯，并开展协同研究以及共同规划升级工作。同时，在沟通协作及组织架构优化方面积极引入数字化工具支持，通过先进技术如大数据分析等，在供应链体系中实施数字化管理系统，使各个环节可实时共享数据，提升沟通效率，同时保护商业敏感信息的安全性。在此基础上，通过设定绩效考核体系，将供应链管理部门与其他板块之间的协作融入员工个人以及团队目标中。

2. 加强信息化建设，助力供应链升级

W 公司以 ERP 和 MOM 系统为企业管理的核心，实现供应链系统中的业务及流程整合、执行、运营、协同和决策的数字化，采用多维度、多层级的系统架构，实现了智能化管理经济效益的目标（见图 1）。

在项目管理方面，根据 ERP 系统的项目需求计划，W 企业建立了多版本、多物料的计划及供需追溯体系，确保计划的灵活性、准确性和自适应性。

在运营管理方面，MOM 作为供应链智能升级的核心，W 企业实现了车间智能排产、精益生产管理、安灯报警、质量精准追溯、产品质量优化、智能协同制造、设备管理、安全管理场景。

在质量管理方面，MOM 通过与智能仪表、PAS（测试自动系统）、QDMS（质量数据管理系统）的连接，W 企业实现了发动机装配零件可追溯性和装配、测试台位各数据的前置管理。

在能源管理方面，PAS 和 BAS（楼宇自控系统）相互协助，保持试车环境的稳定，

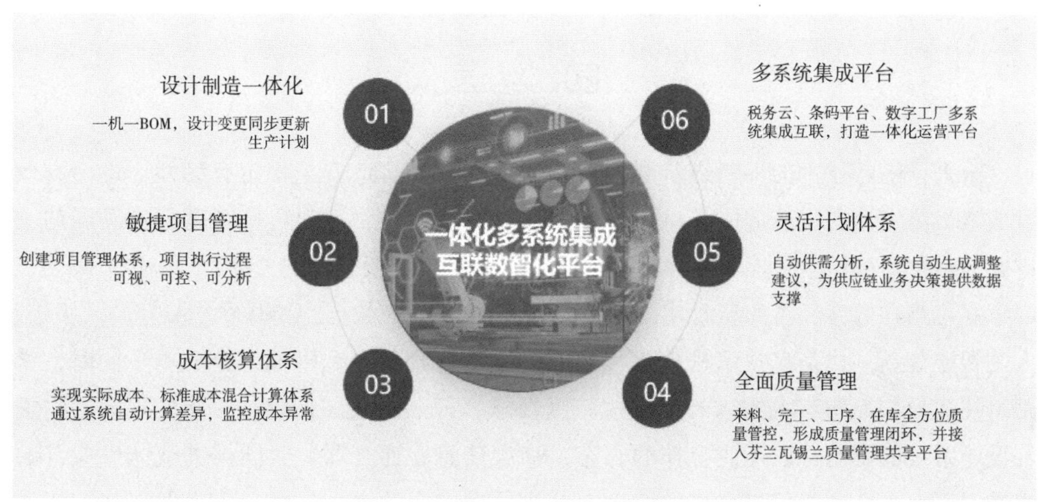

图1　一体化多系统集成互联数智化平台

自动测量发动机油耗和气耗，测量精度可以在0.5%，实现了发动机在线运行监测、人机协同作业、能耗数据监测的场景。

W企业在提高测试数据管理效率方面取得了显著进展。他们的PAS系统实现了测试数据的闭环管理，自动完成数据采集，并且每10分钟进行一次平均计算更新，从而减少了人为干预，使数据更加可靠。与此同时，为了有效地识别各种类型的不规范行为，W企业还采用了一系列新技术。他们应用了机器视觉技术，如行为识别和电子围栏，可以有效地甄别多种类型的不规范行为。此外，为了减少手工工作的失误并实现无纸化办公，W企业还积极采用了OCR识别和3D扫描技术。

3. 加强队伍建设

W企业鼓励团队成员积极参与公司内部痛点分析、流程梳理再造等活动。为他们提供更广泛而深入的调研背景资料，并通过专业机构协作渠道获取市场情报数据，有针对性地引导他们锻炼商业敏感度及预测能力。除此之外，W企业还积极构建横向沟通机制，推动不同功能部门之间的有效沟通与合作，培养各部门团队对大数据、云计算等最新信息技术趋势及数字化工具运用等方面的相关意识。

经过供应链智能升级后，W企业的氮氧化物减排85%，空压系统可回收30%的热能，安全隐患整改时效平均缩短5天，用纸量节约50%。2023年，其整体生产效率同比提升20%，库存周转率提升27%，库存周转天数降至82天，物料齐套率可达100%，订单准时交付率99%。

四、结语

未来，随着技术的不断进步和应用场景的拓展，打造安全稳定有韧性、迅捷高效且成本优势突出的供应链体系将是构建企业新发展格局、实现可持续高质量发展的关键路径，更是中国企业能否在异常激烈的全球竞争中创新引领的关键。

立足当前数字经济的新时代，各方应利用好5G、大数据、物联网、AIoT、区块链、人工智能等新一代信息技术构建现代化的供应链管理体系，降低综合成本。同时，紧跟科技前沿，面向市场需求和规则规范新要求，开展绿色、低碳、智能的平台、物资和设备系统的研制；以开放合作的心态，加大信息互通互联，共同推进整体供应链的智能升级；在公平竞争与合作的基础上，让优秀的企业更加优秀，建立发展共同体和命运共同体。

（岳文、张栩凡）

第 11 章　新质生产力下的供应链数字化创新与数据要素价值挖掘

一、新质生产力与供应链数字化创新

1. 新质生产力与供应链产业链相关的基本内容

2024 年政府工作报告将“大力推进现代化产业体系建设，加快发展新质生产力”列为 2024 年政府工作任务的首位，强调“以科技创新推动产业创新”。同时，5 次提及供应链、4 次提及产业链供应链、7 次提及产业链，重视产业链供应链优化升级。

供应链产业链领域的技术革命和产业升级非常符合实现新质生产力的路径要求。发展新质生产力，实现供应链产业链资源的优化配置、供需匹配，进一步降本增效、提高供应链履约效率和质量，概括下来有如下几方面的内容。

首先，供应链和产业链是科技创新成果应用的重点领域，通过科技创新应用，改造提升传统产业的供应链和价值链、培育壮大新兴产业、布局建设未来产业，完善现代化产业体系。通过科技创新应用，可以对传统产业的供应链和价值链进行改造提升，从而实现产业转型升级，提高产业链的附加值。

其次，从供应链产业链的布局上，需要围绕新质生产力布局产业链，提升产业链供应链韧性和安全水平，保证产业体系自主可控、安全可靠，围绕战略任务科学布局科技创新、产业创新，巩固现代化产业体系建设的基础。提升产业链供应链的韧性和安全水平是保障我国产业体系稳定运行的关键。在韧性的提升上，通过技术创新和系统优化，增强产业链对风险的抵抗能力和恢复能力。在安全水平的提升上，确保产业链的关键环节不受外部不稳定因素的影响，确保产业链供应链的稳定性和安全性。

再次，供应链产业链数字化作为数字经济发展的关键领域，其重要性不言而喻。数字经济的发展不仅为我国经济增长注入新动力，同时也为全球经济发展提供了中国经验。通过大力发展数字经济，我们可以有效地推动实体经济和数字经济的深度融合，进一步促进产业结构的优化升级，提升我国供应链产业链的国际竞争力，打造具有国际竞争力的数字产业集群，充分发挥我国在 5G、大数据、人工智能等领域的技术优势，推动产业链供应链的数字化、智能化和全球化。

最后，新质生产力就是绿色生产力，绿色发展是高质量发展的底色，供应链产业链的发展必将走向绿色化低碳化。通过优化供应链管理、提高资源利用效率、降低能源消耗和污染物排放，可以有效减少碳排放，保护生态环境。绿色低碳发展对供应链产业链也具有积极的推动作用。随着全球环保意识的提高，绿色低碳产品日益受到消费者的青睐。为了满足市场需求，企业加大对绿色低碳技术的研发和应用，推动产业链向更加绿色化低碳化方向发展。

2. “新”，也可以是产业链供应链的技术创新和模式创新

技术创新和模式创新能够推动产业链供应链的升级和优化，从而提升整个经济体系的生产效率和竞争力。

首先，技术创新能够推动产业链供应链中的各个环节进行技术升级，提高生产效率和产品质量，降低生产成本，从而提升整个产业链供应链的竞争力。技术创新是指通过研发新的技术、工艺或产品来提升产业链供应链的效率和效能，实现产业链供应链的智能化、数字化和网络化，提高产业链供应链的韧性和抗风险能力。例如，数字化技术（如物联网、大数据分析、人工智能等）为基础的供应链控制塔可以实现供应链的实时监控和优化，从而减少采购和库存成本、提高配送效率、降低风险。此外，新技术还可以帮助企业更好地预测市场变化和需求，从而实现更加灵活和敏捷的供应链管理。去中心化的分布式结构可以解决传统 IT 和信息化的数据孤岛及流程断点，实现供应链上下游的协同和产业链业务一体化。

其次，模式创新能够推动产业链供应链中的各个环节进行业务模式的创新，从而提升整个产业链供应链的效率和竞争力。模式创新涉及商业模式、管理模式和组织模式的变革。例如，通过引入跨界合作、定制化生产、共享经济、行业内、行业间、区域性产业平台等新兴模式，可以实现产业链供应链的优化和协同，提高产业链供应链的响应速度和灵活性，实现更大范围内的资源共享和产业协同。又如，像 SHEIN 这样的企业就采用了数字化柔性供应链模式，通过紧密整合设计和生产流程，实现了快速响应市场变化的能力。这种模式不仅提高了效率，还降低了因市场预测失误带来的风险。这些模式能够打破传统的产业界限，实现资源共享、风险共担，从而提高整个产业链供应链的竞争力和抗风险能力。

最后，技术创新和模式创新的组合还能够推动产业链供应链的转型升级，从而实现产业链供应链的延伸和拓展，提升整个经济体系的发展质量和效益。例如，通过引入新技术，企业可以开发新的产品和服务，从而开拓新的市场空间。同时，产业链的拓展还可以涉及上下游产业的整合，形成更加紧密和高效的产业生态。通过技术和模式的复合创新，可以推动产业链供应链向高附加值、高技术含量、高社会责任感的方

向发展，实现产业链供应链的智能化、生态化、低碳化和可持续发展。

因此，新质生产力的“新”，也可以是产业链供应链的技术创新和模式创新，这是推动产业链供应链高质量发展、加快实现新质生产力的路径和手段（见图1）。

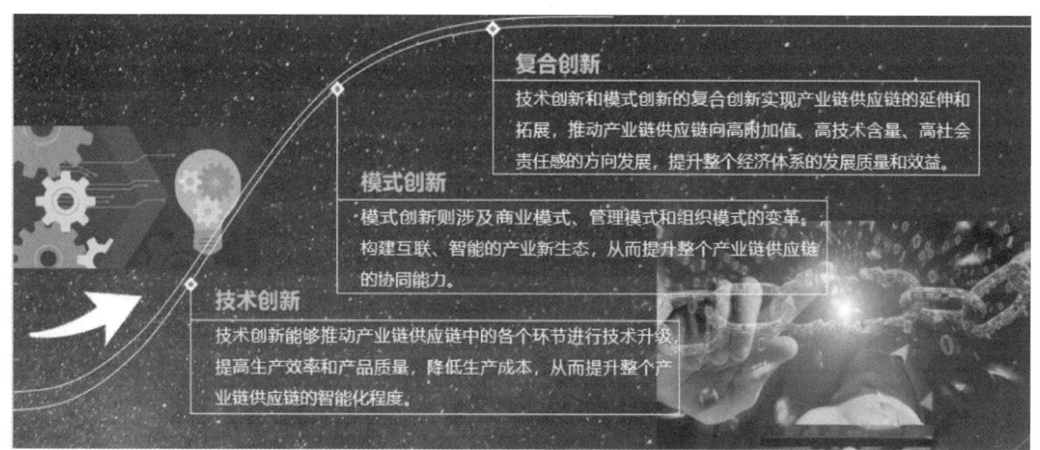

图1　新质生产力的“新”，也可以是产业链供应链的技术创新和模式创新

二、供应链数字化创新如何推动新质生产力目标的发展与实现

新质生产力和供应链数字化创新之间的关联是相辅相成的。新质生产力是指通过技术创新和生产方式变革所释放的生产力，而供应链数字化创新则是运用现代信息技术对供应链的各个环节进行改造和升级，提高供应链的运作效率和响应速度。将新质生产力和供应链数字化创新关联起来，是通过技术革新推动生产方式的变革，通过高效供应链管理提升生产效率，通过产业链整合促进经济结构优化升级，以及通过构建安全可靠的供应链体系来保障和增强国家经济的整体实力。这种关联体现了现代化产业体系建设中科技创新和产业升级的重要方向。

我们通过数字化创新打造供应链产业链四大支柱能力（见图2），来推动新质生产力的加快发展，从而走向创新驱动的产业数字化智能化，推动产业深度转型升级、形成全新产业生态、实现全要素生产率大幅提升。

1. 供应链高效运作能力推动新质生产力的发展

供应链数字化创新通过整合先进的信息技术和数据分析工具，能够显著提升供应链的高效运作能力，在以下领域进行创新应用。

流程标准化与自动化：制定清晰的数字化战略，确保供应链流程的标准化与自动

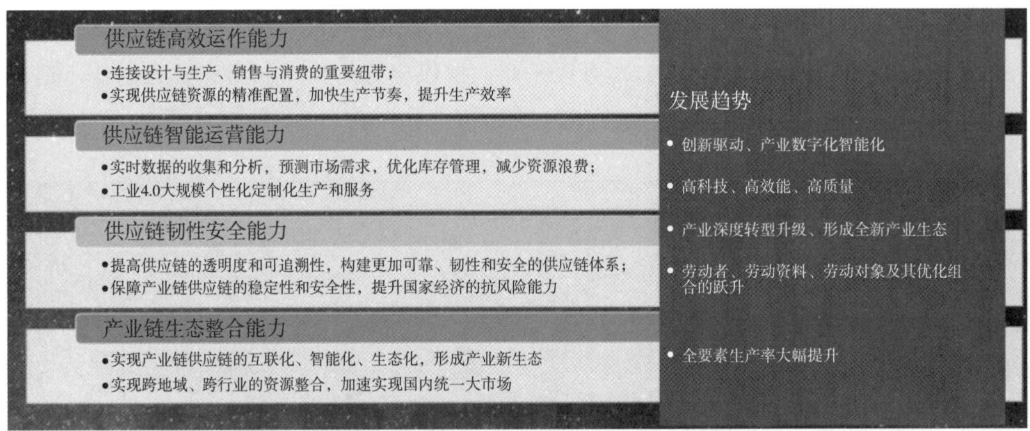

图 2　通过数字化创新打造供应链产业链四大支柱能力

化与企业整体战略相一致，结合供应链数字化成熟度模型进行相应评估和设计，并投资先进的供应链管理软件和系统（比如 RPA），以支持流程的自动化。

自动化设备与机器人技术：在仓库管理和物流运输中应用自动化设备和机器人，可以减少人工错误，提高作业效率、降低成本，减轻对劳动密集型流程的依赖。

实时数据监控与分析：通过物联网（IoT）、传感器和供应链系统，企业可以实时收集供应链各环节的数据，及时发现问题，并进行快速分析和解决，以便及时响应市场变化和需求波动，为企业及有关部门实时提供决策依据。

供应链透明化：通过区块链等技术实现供应链的透明化，可以增强产品追溯能力，提高供应链的信任度和可靠性。引入物联网技术，通过需求感知、货物跟踪等手段，提高供应链弹性和响应速度。

供应链协同与一体化：使用数字化平台和云服务，企业可以与供应商以及客户更紧密地协同工作，共享信息和资源，提高供应链的一体化集成、整体响应速度和灵活性。打通供应链上下游供需信息透明度，加强可视化和协同。

倒逼办公模式转变：如在线办公、视频会议、网络会议等，提升供应链整体协同能力与效率。

全球供应链布局：通过数字化平台化管理实现全球供应和资源优化配置，并提升本地化保障能力。

企业供应链数字化转型与创新在实施过程中，基于中心化的供应链管理信息系统架构往往会导致一系列挑战。首先，在供应链管理中，由于企业内部各部门及企业之间，各个环节的异构系统相互独立，导致信息流动不畅、流程不连续的问题，端到端供应链流程中存在流程断点和账户隔离。这会增加交易成本和时间，影响供应链的效率。流程断点问题导致了“信息孤岛”，造成供应链中的各环节之间信息无法全面、实时地互联互通、自由流通，使决策者无法及时获取全面的信息，影响决策的准确性和及时性。解决这些问题需要通过数字化转型，构建统一的数据平台，实现信息的无缝对接和流程的自动化，提高供应链的协同效率。同时，供应链数字化转型需要强化交易属性，摆脱传统的基于管控的封闭式系统架构，构建基于数据和技术的交易平台，促进供应链各环节的紧密合作，提高整体竞争力。

因此，企业供应链需要基于一套系统、一个平台打破企业间的交易壁垒，实现既独立又互联、采销一体、内外协同、实时互动的端到端、多层级一体化数字化平台。

2. 供应链智能运营能力推动新质生产力的发展

供应链数字化创新通过基于不同业务场景的人工智能与大数据应用，来提升智能运营能力。通过数字化创新实现供应链智能运营能力，涉及多个层面和技术的应用。

人工智能（AI）的应用：利用AI进行供应链中的预测分析，比如预测需求、库存优化和供应风险评估；使用机器学习算法来分析历史数据，预测未来趋势，并自动调整供应链策略；利用自然语言处理（NLP）技术来分析客户反馈和市场动态，以实时调整供应链运营。例如，根据麦肯锡最新预估，非生成式人工智能和分析可以释放的11万亿至17.7万亿美元的经济价值将增加15%至40%。生成式AI、基于AI的智能应用已开始成为企业数字化创新的价值驱动力和构建要素。

数据管理和分析：建立统一的数据管理平台，集中处理和分析来自不同源的数据，确保数据的质量和实时性；采用大数据技术来存储和分析大规模数据集，以获取深入的供应链洞察；通过数据可视化工具，使复杂数据易于理解，支持管理层作出明智决策。

数字化供应链控制塔（Digital Supply Chain Control Tower）的建立：数字化供应链控制塔是指基于大数据、云计算、物联网、人工智能、机器学习等数字化技术的供应链管理平台，将人员、流程、数据、组织和技术相结合，用于实时监控、协调和优化整个供应链的运作，从而帮助企业有效管理供应链风险、保障供应链安全、提高业务连续性。建立供应链控制塔，实现对供应链各环节的实时监控和预警机制；通过集中监控，快速响应供应链中的中断、延迟或其他问题，保持供应链的稳定性和透明度。利用大数据、人工智能等技术为企业提供决策支持。通过对海量数据的分析和挖掘，系统能够为企业提供有关供应链运营的深入洞察和场景模拟，通过模拟和优化，帮助企业预测不同的业务场景，并提供最佳的供应链策略；系统还可以根据过去的运营数据和经验，自动调整供应链策略，以应对各种不确定因素。

客户洞察和个性化服务：利用数据分析和市场研究，深入理解客户需求和市场变化；再根据客户洞察，提供个性化的产品和服务，提高客户满意度和忠诚度。

数字化供应链的协同作用：通过数字化工具和平台，促进供应链各环节的协同合作，提高整体效率；建立开放的 API 接口，实现供应链上下游系统的无缝对接和信息共享。

通过这些策略的实施，企业能够实现供应链的智能化运营，提高效率，降低成本，并更好地满足客户需求。同时，供应链数字化创新也能够提高企业的竞争力，使其在快速变化的市场环境中更具适应性和灵活性。

3. 供应链韧性安全能力推动新质生产力的发展

供应链数字化创新在提升供应链韧性和安全能力方面扮演着至关重要的角色。以下是实现这一目标的一些关键途径。

强化数据共享与透明度：通过数字化平台实现供应链各环节的数据共享，提高整个供应链的透明度；利用区块链技术确保数据的真实性和不可篡改性，增强供应链的可追溯性。

实时监控与风险管理：利用物联网（IoT）设备实时监控供应链状态，包括库存水平、物流运输和生产状况；应用人工智能（AI）和机器学习（ML）算法分析数据，预测潜在的风险和中断，并制定应对策略。

灵活的供应链设计：利用数字化工具模拟不同的供应链场景，优化供应链设计，提高其适应性和灵活性；实现多渠道运营，确保在某一渠道受到干扰时，其他渠道能够继续运作。

供应链多元化：通过数字化平台，寻找和培养多个供应商和分销商，降低对单一供应商的依赖；实现供应链地域多元化，减少地缘政治和经济波动对供应链的影响。

增强应急响应能力：通过建立基于数字化的应急响应机制，能够迅速识别和响应供应链中的中断和危机；通过制订应急预案、模拟训练提高应对实际危机的能力。

提升供应链网络的协同效应：通过数字化工具促进供应链各环节的协同工作，提高整体供应链的协同效应；实现供应链的实时协同和资源优化配置，提高供应链的韧性和抗风险能力。

持续创新与技术更新：保持对新技术的敏感性和持续创新的态势，不断更新数字化工具和平台；培养具有数字技能的员工，确保团队能够适应技术的发展和变化。

例如，针对供应链韧性与安全能力的提升，IBM 曾推出一项名为“透明供应链倡议”的战略计划，以测试融入这些技术的控制塔解决方案在解决其最相关用例方面的有效性。透明供应链倡议以及人工智能在系统和流程中的应用，使 IBM 能够实时、端到端地了解供应链，并大大提高了组织在预防和缓解中断方面的协调能力。

通过上述策略，企业能够通过数字化创新实现供应链的韧性和安全能力，确保在面临不确定性和挑战时，供应链能够持续稳定地运作。

4. 产业链生态整合能力推动新质生产力的发展

供应链数字化创新通过显著提升产业链的整合升级能力，为新质生产力发展提供了坚实的基础。以下几个方面具体阐述了其如何产生这样的效果。

提高透明度和数据共享：通过数字化工具和平台，各个供应链产业链环节的信息可以实现实时共享，提高了整个链条的透明度。这种透明度促进了产业链各环节之间的协同作用，使上下游企业的决策过程更加迅速和精准，从而提升了整个产业链的整合效率。

促进产业链上下游企业的紧密合作：供应链的数字化能够将产业链上下游的企业更紧密地连接在一起，形成利益共享、风险共担的合作模式。这种模式有助于推动产业链各环节的深度融合，实现产业链的整合升级，包括供应链产业链合作伙伴的合作与协同，例如供应链金融、物流等第三方服务公司。

提升产业链的柔性和适应性：在数字化供应链中，企业和产业链可以快速适应市场变化，因为数字化系统能够快速调整以适应新的需求和环境，这种灵活性和适应性是推动产业链升级的重要因素。

优化资源配置：数字化供应链能够收集和分析大量数据，这些数据有助于更好地理解市场需求和供应状况，进而帮助企业优化资源配置，减少库存积压，提高响应市场变化的能力，最终实现产业链的精准升级。

支持国内统一大市场的数字化基座建设：统一的商品数字化标准，统一的企业信用评估标准，统一的交付履约标准，统一的支付标准，统一的身份认证，授权、安全、数据交换标准等。

（1）制定统一标准和规范，例如中物联的《企业采购供应链数字化成熟度模型》团体标准。

（2）统一的数据标准、接口规范、安全协议等，确保不同地区、行业和企业之间的数据能够无缝对接和共享。

（3）推动技术创新和应用：鼓励人工智能、大数据、物联网等先进技术在供应链管理、物流配送、智能制造等领域的应用，提升产业链的智能化水平。

（4）构建数据治理体系：建立健全数据治理体系，明确数据的权属、使用规则和安全保障措施，保护个人隐私和企业商业秘密，同时促进数据的合理流动和有效利用。

建立国内统一大市场的数字基建，需要开放体系、统一交易和运作标准、关注数据隐私和安全、支持和推动所有产业链成员进行快速连接、快速创新、高效协同。供应链产业链数字化必将是创新驱动，支持国内统一大市场的数字基建和数字底座建设。

"优盟平台"是通过供应链数字化创新建立产业链生态整合能力、推动新质生产力发展、形成数字产业集群、支持国内统一大市场数字化基座建设的实践案例之一。"优盟平台"是佛山市优盟商务有限公司旗下的电子商务平台，成立于2022年11月1日。优盟平台由国有企业与民营企业共同出资建立，由国有企业主导经营，旨在为会员企业提供一个高效透明的采购交易场所，并为各会员企业提供采购业务数字化的管理工具。

"优盟平台"基于国产信创和华世界产业数字化操作系统EchOS，帮助国企构建数字化阳光采购平台，拉动企业数字化转型，形成企业间互相采买，实现产业链生态整合和数字经济占比大幅提升。"优盟平台"的整体规划，包括供应链产业链的"强链""补链""延链"三大规划阶段。

第一期：强链"头雁领航、雁阵齐飞"。政府做产业政策引导，构建一体化的数字底座，形成强有力的数字产业新基建。通过"头雁"国企的订单激活当地优势产业，拉动中小微企业集中化、规模化地进行数字化采购升级，复刻线下的采购交易场景，形成互通互联、供应商资源共享、分布式的数字产业集群，助推地方经济高质量发展。

第二期：补链"整合资源、全面赋能"。围绕企业发展需求，聚焦服务链，整合科研科技、供应链金融、仓储物流等供应链产业链服务资源，基于数字新基建实现智能化、数字化服务生态圈，精准赋能，实现数字化采购与供应链全场景、全链路运营。

第三期：延链"产业虹吸、畅通循环"。以产业数字化为契机，以"链长制"为抓手，借助平台成功经验，通过产业链招商，形成上下游供应链产业链、产业集群的互通互联和优化配置，强化数字化产业虹吸效应，联通各区域产业，助力产业内需大循环。

三、数字化重构释放全新供应链数据要素价值

“数据要素”一词是面向数字经济，在讨论生产力和生产关系的语境中对“数据”的指代，是对数据促进生产价值的强调，即数据要素指的是根据特定生产需求汇聚、整理、加工而成的计算机数据及其衍生形态，投入生产的原始数据集、标准化数据集、各类数据产品及以数据为基础产生的系统、信息和知识均可纳入数据要素讨论的范畴。

1. 供应链数据要素为产业升级注入新质生产力

数据要素作为现代生产力体系中的关键要素，正日益凸显其对于产业升级的重要推动作用。在当前新一轮科技革命和产业变革的大背景下，数据已成为驱动经济发展的新引擎，为产业升级注入了新质生产力。

首先，数据要素促进了生产方式的变革，成为新的第五大生产要素（见图3）。在传统工业时代，生产过程主要依赖物理资本和劳动力，而信息时代则更多地依赖于数据。数据在生产过程中的广泛应用，不仅提高了生产效率，而且通过数据分析优化了生产流程，实现了个性化生产和服务，满足了市场对多样化、定制化产品的需求。

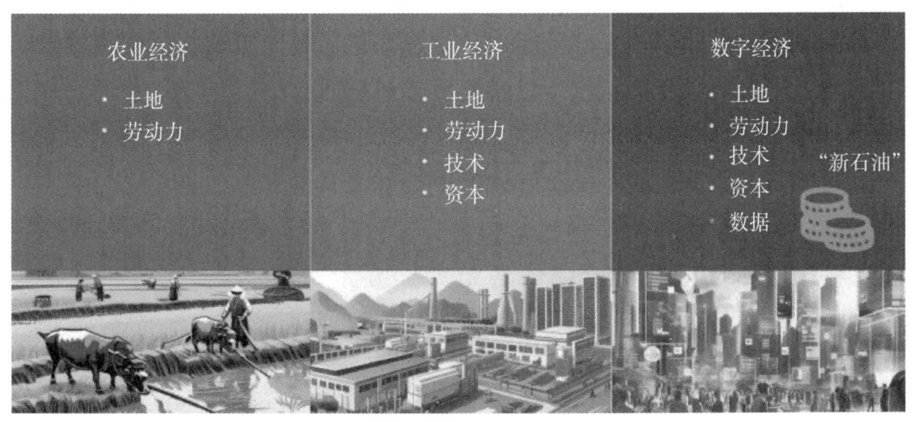

图3　数据要素成为新的第五大生产要素

其次，数据要素推动了产业结构的优化。随着大数据、云计算、人工智能等数字技术的快速发展，众多传统产业通过与数据的融合，正在向数字化、网络化、智能化方向转型。在这个过程中，数据成为产业链各环节协同创新的基础，促使产业链不断向高端迈进。

再次，数据要素加速了创新能力的外部效应。数据的开放和共享，极大地促进了

知识和技术的传播，使创新资源可以跨区域、跨行业流动，提高了创新的效率和质量。在此基础上，企业可以更便捷地获取外部资源，进行开放式创新，加快了创新成果的转化应用。

最后，数据要素增强了经济系统的自我修复能力。在数字经济时代，企业能够实时收集市场反馈，快速做出响应，通过持续的小范围调整来适应市场变化，从而提高了经济的动态调整能力和抗风险能力。

综上所述，数据要素通过驱动生产方式、产业结构、创新能力以及经济系统自我修复能力的变革，为产业升级注入了新质生产力，是推动经济高质量发展的重要力量。因此，我们必须高度重视数据要素的开发和利用，加强数据基础设施建设，完善数据治理体系，保障数据安全，创造良好的数据生态环境，以数据驱动的方式推动供应链和产业链持续升级（见图4）。

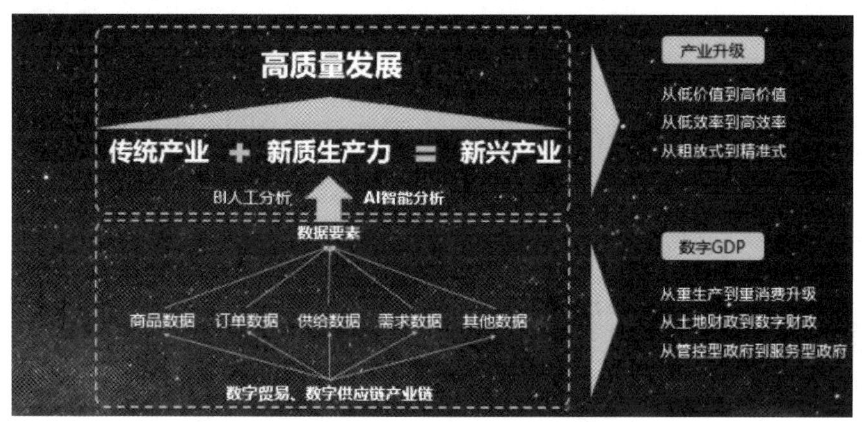

图4　供应链数据要素推动新质生产力发展

2. 数字化重构如何释放全新供应链数据要素价值

企业从传统供应链走向数字化供应链，数字化重构成为释放全新供应链数据要素价值的关键途径，涉及原料供应、产品开发与制造、市场营销、销售与分销、物流、仓储、库存等多个环节的深刻变革。在原料供应方面，企业通过供应链可视化和优化供应商关系提高透明度和效率；在产品开发与制造环节，敏捷开发和智能制造加速产品创新和生产；在市场营销方面，数据驱动的营销和社交媒体推广提升营销效果；销售与分销通过电子商务和多渠道整合扩大销售范围；物流和仓储的智能化管理降低成本和提高效率；库存管理采用零库存策略和智能化预测优化库存水平。在整体上，数字化供应链通过技术革新和流程优化，实现企业供应链的高效、敏捷和智能，提升市场竞争力。

通过数字化重构产生的供应链数据要素（见图5），包括基础数据和业务数据，基础数据指的是供应链中的核心信息，如供应商数据、客户数据、商品数据等，它们构成了供应链业务的前提；而业务数据则涉及供应链的具体操作和交易，如生产数据、库存数据、物流数据等，它们提供了供应链实时运作的详细信息。这两种数据要素共同构成了供应链的数字化基础，使企业能够通过数据分析和智能算法，优化供应链管理，提高效率，降低成本，并更好地适应市场变化。

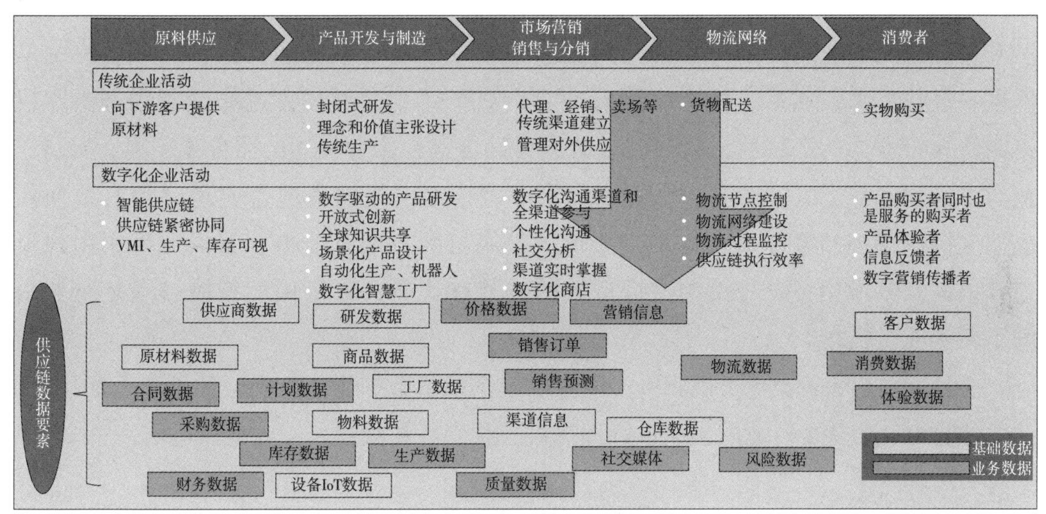

图5 供应链数据要素

要充分挖掘和释放供应链数据要素价值，就需要重点对业务数据进行基于场景的分类，将数据划分为企业数据和产业数据两个层面。

（1）企业数据。

企业数据主要关注内部供应链运营，例如库存数据，包括库存水平、出入库记录、产品位置等信息进行的流通共享，可以帮助供应链上下游企业实时了解库存状态，优化采购和生产计划，减少库存积压和缺货情况；物流数据包括货物在途信息、运输工具状况、预计到达时间等，数据的高效流通可以提高物流效率，减少运输成本，并提升客户满意度；需求和销售数据可以确权并共享给供应链上下游，以预测市场需求，调整生产计划，优化库存管理，并增强需求响应能力；质量控制和监控数据的流通可以确保整个供应链的产品质量，减少召回和索赔成本。这些数据有助于企业优化自身内部资源配置、提升运营效率和降低风险。

针对企业数据的要素价值释放，可以尝试进行以下行业化模型建立与流通输出。

首先，对内部供应链运营数据进行详细梳理和筛选，确定哪些数据元素对整个行业具有普遍意义，如物流成本、库存周转率等关键指标。接着，通过研究行业内其他企业的需求，了解他们在供应链管理中面临的挑战和问题，以此确定模型需要解决的具体问题。其次，对筛选出的数据进行标准化处理，统一度量标准和术语，以便模型在不同企业间具有可比性。再次，进行特征工程，从数据中提取关键特征，这些特征应能代表供应链运营的关键指标，且对行业内的不同企业都具有参考价值，基于这些特征，利用机器学习算法或统计方法开发模型，并使用企业数据进行训练；模型开发完成后，使用除训练数据外的数据集对模型进行验证和测试，确保模型的准确性和泛化能力；然后，根据模型验证和测试的结果，对模型进行优化和调整，以提高其在行业内的适用性；将模型封装成可以被其他企业使用的服务或工具，如 API 接口、云服务等形式，并在安全的环境中部署，为了帮助其他企业理解和有效使用模型，提供详细的模型文档和使用指南，以及必要的培训支持。最后，收集用户反馈，根据实际应用情况对模型进行持续的迭代和优化，以确保模型能够满足行业内的不断变化的需求。

通过这些步骤，企业可以将基于内部供应链运营数据的分析模型抽象化、通用化，并对外输出，为整个行业的供应链管理提供决策支持和服务。

（2）产业数据。

产业数据则涉及整个产业链的协同，例如供需对接/撮合数据：包括采购需求、供应能力、交货时间和价格等信息，确权和流通这些数据可以帮助买卖双方更快速地匹配需求和供应，提高交易效率；供应商绩效/风险数据：评估供应商的绩效、信誉和风险，并将这些数据流通，有助于整个供应链的合作方选择更可靠的合作伙伴；供应链财务数据：如信用状况、支付历史和成本数据，适当共享可以帮助中小企业获得更好的融资条件，降低融资成本；市场趋势和顾客反馈数据：这些数据可以确权并共享，帮助供应链产业链各环节实时了解市场动态和消费者偏好，从而快速作出响应。这些数据有助于企业更好地理解市场环境、把握产业动态和拓展业务机会。

为了释放产业数据要素的价值，首先企业需要确立数据的所有权和使用权，通过识别供应链各环节产生的数据要素，明确各方的数据权益，并制定数据政策来管理数据的使用和共享。其次，为了保护个人隐私和商业机密，对数据进行脱敏处理，使用技术手段如数据掩码、加密和伪匿名化，以确保数据在流通和交易过程中不泄露敏感信息。最后，建立供应链数据市场，提供交易平台和基础设施，制定数据交易的标准和流程，包括定价机制、交易方式、支付结算等，确保数据在交易过程中的安全性和合规性。通过这些步骤，可以构建一个安全、透明、公平的供应链数据生态系统，促进数据的有效流通和交易，从而最大限度地释放数据要素的价值，推动供应链产业链的协同优化和效率提升。

（蔡鸿亮博士，华世界（深圳）网络科技有限公司）

参考资料

1. 中国中央政府，2024 年国务院政府工作报告，2024 年。
2. 麦肯锡，2023 年 AI 现状：生成式 AI 的爆发之年，2023 年。
3. IBM 官网。

第12章　智能化外骨骼设备在我国供应链升级增效方面的应用探索和发展潜力

一、智能化外骨骼的技术性能和特点

智能化外骨骼是国内外正在发展中的尖端装备，其主要技术基础根植于人工智能和机器人，重点应用领域聚焦在仓储、厂区、港区和野外的搬运。该设备在伴随人员行走的情况下，可以赋予单人50~150公斤搬运能力，具备灵活、高效、低碳、低成本和安全（减少搬运工伤）的优点。该设备在20世纪初应用于军事物流，近年来国内企业（如京东）开始尝试引入商业应用。人工外骨骼展现了有别于纯粹的人工操作和全自动化设备（如全自动仓储、关灯工厂）的另一条智能化和数字化供应链建设的思路，即在“纯手工”和“全自动”之间，尝试“人机结合”的“半自动”理念。本文将结合智能化外骨骼的技术现状、企业应用、未来发展，展现我国科技界和企业界在供应链领域的数字化建设成果和理念探索。本文除中物联供应链专家夏烨之外，还邀请了清华大学的外骨骼研究团队、国内智能制造的技术专家共同撰写，其撰写意向已经获得相关专业人员的首肯。

智能化外骨骼是一种可以提供额外力量和耐力的可穿戴式设备，它通过穿戴在人体上各部位的机械装置、动力装置、控制装置和检测人体运动信息的多种传感器，共同组成一个可提高人体运动功能与负荷能力的辅助机器人，是典型的人机一体化系统。智能化外骨骼属于特种机器人的技术范畴，其最初被应用于军事用途，世界各国已经对此项技术开展了将近40年的研发工作，但是在民用领域，尤其是在运输、仓储、制造等供应链活动中的应用，外骨骼技术依然是比较崭新的一个研究课题。本文尝试描述该项技术在我国的应用现状并展望未来的发展前景。

作为一种可穿戴式的智能结构，外骨骼系统将人与外部机械动力装置结合在一起。它通过传感器读取人体的运动意图，利用人工智能的技术，准确地分析人类想要实现的运动效果，然后再驱动系统向机械构件发布指令，从而实现与人体运动轨迹的准确吻合和对运动力量的增强。举例来说，如果一个穿戴了智能化外骨骼的物流业者在搬运一箱重货时，他首先会做出搬运的动作，诸如肌肉紧绷、关节转动等，形成自己发力和控制方向的搬运意图，这和常规的搬运动作并无不同。几乎在同一时间，外骨骼上接触人体的传感器探测到了肌肉和关节的运动意图，并迅速通过人体的生理反馈，感知和判断货物的重量，从而决定输出的力量。接下来，传感器需要根据人类搬运者进一步的操作动作，如举高、转向、行走等，决定以何种力量和矢量对人体进行伴随和增强。在搬运场景下，不同的人在肌肉和关节受力与转向时，产生的生物信号并不完全一致，并且货物的重量、体积和重心的分布也各不相同。因此，需要采用机器学习等智能化技术，帮助外骨骼准确地“理解”人类的搬运需求。除了人工智能技术以外，外骨骼设备还需要结合生物、机械和电子等领域的科技成果。

那么，外骨骼能够带来的力量增强能达到什么程度呢？目前已知的公开资料，大体给出了近似的性能参数。例如，美国加州大学伯克利分校研制的液压抓举手臂外骨骼装置，能够使搬运者轻松搬运起重达数吨的物品；美国 Applied Motion 公司开发出了第一个行走的外骨骼装置“Spring Walker”能够使使用者健步如飞，行走速度可以达到每小时 30 英里；日本神奈川理工学院研制的“动力辅助服”使用肌肉压力传感器分析佩戴者的运动状况，通过复杂的气压传动装置增加人的力量，可使人的力量增加 0.5~1 倍。在加州大学伯克利分校进行的试验中，试验者背上携带一个重达 30 千克的背包之后，却依然能够行走自如。而对于试验者来说，体感“负担”似乎只有 2 千克重。我国科技工作者的论文资料中，也提及了某型号的外骨骼设备，其每只手臂可以承受 23 千克的质量，而另一款搬运辅助外骨骼可以在双臂搬运中支撑 70 千克的重物。除国内外科研机构的探索外，中国的企业也不甘落后，京东物流在 2018 年“618”期间，投入其第 2 代外骨骼机器人，帮助仓储和物流人员极大提高了劳动效率。根据报道，外骨骼设备助力京东员工提升了 60%的力量，即使是女性员工，也可以轻松搬运一箱 25 千克以上的饮用水。按照外骨骼机器人的设计能力，其最高可帮助员工从容搬运 50 千克的重物。此外，在杭州亚运会期间，傲鲨智能提供了 30 套腰部外骨骼用于支持亚运会的物流活动。据报道，该设备可以提供 35 千克的力量辅助，综合减负效果超过 60%，最高步行速度达到了 7.5 公里/小时。

智能化外骨骼技术起源于军事用途，因此早期的研究不可避免地具有军方赞助的背景，其应用场景也大多是弹药搬运、野外行军等军事物流环境。还有部分企业出于伤残军人的需要，研究出具有助力装置的假肢，并进而发展为用于康复医疗的外骨骼设备，如德国的奥托博克公司。随着用途的拓展和性能的提升，我国政府和科研单位在军民两个方面均表现出充分的重视。例如，2019 年中央军委科学技术委员会组建国防科技创新快速响应小组，为推进科技领域军民融合发展，通过多种形式快速响应国防科技创新需求，首批项目就包括外骨骼关键技术研发；2021 年工信部等三部委举办揭榜挂帅工业机器人“特色产业链揭榜推进活动”，其中13号榜单即为“外骨骼助力机器人”等。国家政策的支持和企业积极的探索，将使我国的智能化外骨骼技术在未来数年或更长时间内实现长足的进步。在供应链领域，外骨骼技术和产品的发展有可能带来如下的影响和帮助。

二、智能化外骨骼在供应链领域的应用和发展前景

在仓储和物流领域，各种外骨骼设备已经充分证明了其应用前景。现有设备表现出的增强力量的能力毋庸置疑。除此以外，外骨骼设备另一个经常被提及的性能是在狭窄空间里的适用性。相比于叉车等重型搬运机械，穿戴式的外骨骼可以贴身伴随操作人员在有限的空间环境内完成重货的搬运工作。事实上，这一优越的性能正是外骨骼设备最初引发军事单位浓厚兴趣的原因之一，如在狭窄的装甲车、运输机内实施搬运等。工厂和仓库通常会摆放数量大且品种众多的货物，较易形成复杂甚至混乱的摆放空间。同时，出于单位面积利用率等成本因素的考虑，企业通常希望最大限度地控制车辆和机械的行走通道，往往只将通道面积的比例维持在最低限度之上，而这势必加剧了空间的逼仄，降本和增效在这里形成了一对矛盾。如能使用智能化外骨骼，实现人机合一的搬运，就可以在一定程度上取代重型搬运机械，不仅可以提升狭窄环境下的搬运效率，还能创造缩小通道面积的机会，从而同时实现降本和增效。

行走速度的提升也是外骨骼不可忽视的功能。我国拥有在世界范围内首屈一指的大规模制造业、贸易业和航运业，因而仓储和物流设施的体量也巨大。例如，南京空港保税区的仓储建筑面积超过了10万平方米；杭州亚运会物流中心，其仓储面积也达到了25000平方米；其他贸易和制造企业的仓库面积也动辄以万平方米计。在如此巨大的库区行走会占用工作人员大量的步行时间，大量消耗了员工的体力。外骨骼设备可以极大地提升行走速度和降低疲劳，如前述傲鲨智能提供给亚运会的外骨骼可以达到7.5公里/小时的行走速度，这远远超过了常人非负重条件下的行走速度，有利于提高搬运、装卸、盘点等需要大量往返步行活动作业的效率。前述京东投入的第2代外骨骼机器人，因其操作简单，适应场景丰富，可以广泛应用于拣货、存储、分拣、装卸等8个仓储物流的核心环节，其人机结合体系在短时间内可以提升30%的运营效率，而长期有望实现200%的效率提升。

在制造业升级方面，智能化外骨骼可以发挥的空间绝不亚于仓储和物流领域。工厂和车间环境也存在大量的搬运和步行活动，外骨骼设备可以和仓储物流场景中一样，起到降本增效的作用。智能化设备可以提高人类操作的精度。例如，在螺丝对孔、重型构件安放等活动中，外骨骼可以通过自带的定位设备，利用声音、激光和机械力的

引导与反馈，帮助徒手作业的工人提高一次作业成功的概率。由于具备极强的负重能力，外骨骼允许操作人员携带远超常规数量的工具和物料，这使生产的持续性大大增强，减少了反复搬运的次数，根据丰田公司“七种生产浪费”的理论，减少搬运显然有利于节约生产成本。此外，在野外露天、气象恶劣、地形欠佳等非典型性作业条件下，智能化外骨骼可以帮助人员对抗自然条件的困难，克服标准化设备无法适应的问题，提升作业效率。在建筑、基建、装修以及抢险救灾的行动中都有其用武之地。据报道，一项调查显示，在工业制造场景中，可穿戴设备的应用能够提高 8.5%的生产效率和 7.5%的综合运营效率。

在社会责任领域，智能化外骨骼也有不俗的应用潜力。在劳动防护方面，人工外骨骼可以帮助工人完成重负荷的工作，减轻工人的体力负担，降低工伤风险。根据美国职业安全健康管理局（OSHA）的数据，2019 年共有 4150 名工人死于职业伤害，其中约 15%是由于搬运伤害造成的。此外，据估计，美国每年有大约 300000 名工人因为搬运伤害而受伤，其中大部分是因为不正确的搬运方法或者缺乏适当的安全措施。在欧洲，根据欧盟统计局（Eurostat）的数据，2018 年有约 3000 名工人死于职业伤害，其中一部分是由于搬运伤害造成的。我国也不时有搬运不当造成严重伤亡的事件被报道，例如 2020 年 4 月 3 日，常州武进区一家企业在搬运设备时操作不当，造成 1 人死亡的事故等。据报道，穿戴外骨骼设备可以减少 3.5%的工伤事故。除了防止突发的工伤事件，对于一些需要长时间站立、频繁弯腰的工种，操作人员通过穿戴外骨骼设备可以显著改善身体部位的受力，避免或减轻长期受力带来的健康影响。奥迪公司已经开始在其因戈尔施塔特（Ingolstadt）的工厂中使用由瑞士初创公司 Noonee 制造的“无椅座位”（Chairless Chair）外骨骼，使工人在工作中也可以坐下。这显然有助于缓解因为长期站立带来的疲劳和伤害。

在低碳和节能方面，外骨骼也有值得期待的价值贡献。外骨骼设备的能量来源主要有电驱动和压缩空气驱动两种。外骨骼机器人的功耗主要取决于其使用的电机类型、大小、数量以及操作方式等因素。一般来说，外骨骼机器人相比日常穿戴式设备，明显功耗较高，这是因为它们需要足够的能量来驱动多个关节的运动，并且需要处理各种复杂的传感器数据。但是相比传统的柴油和电动叉车等重型机械，外骨骼的功耗优势就变得有吸引力了。与此同时，一些研究指出，外骨骼机器人的功耗还可以通过优化设计和算法进一步的降低。此外，还有一些研究指出，可以使用回收金属、麦秸秆等环保材料制造外骨骼的机械构件，从而为节能减排作出更多的贡献。

国外企业在外骨骼方面的探索和进展。大众汽车也表示正在和外骨骼机器人的制造公司进行最终协商，以便在生产过程中使用外骨骼。来自技术市场情报公司 ABI Research 的分析师莉婉惠顿（Rian Whitton）表示，随着工人年龄的增长，全球工业用外骨骼的销售额预计将从 2018 年的 6729 万美元升至 2028 年的 17.6 亿美元。这相当于 2028 年工业用途的外骨骼销售量将超过 12.6 万个，而 2018 年的销量只有约 3900 个。这是因为企业在有意提高工人生产率的同时，也希望保护他们免受伤害。奥迪公司除了在制造过程中引进了“无椅座位”的外骨骼，还测试了用于生产的上半身外骨骼，并计划对另外 3 家公司的产品进行比较研究。德国机械设备制造业联合会（VDMA）常务董事帕特里克·施瓦茨科夫表示，外骨骼领域的激烈竞争意味着工厂中人类和机器之间的互动会呈现越来越密切的趋势。他认为外骨骼将与廉价的协作机器人（Cobots）竞争，后者可以与人类一起工作，例如安放轮胎，让工人把轮胎拧紧。购买一个协作机器人一般来说需要花费 20000～30000 美元，而目前已知的外骨骼机器人售价仅为 5000 欧元（约合 5791 美元）（作者注：上述数据发布于 2018 年，所以相应的费用指的是 2018 年或之前的价格）。

三、智能化外骨骼的改善空间与拓展潜力

尽管外骨骼设备已经受到众多企业和科研机构的关注，但是在实际应用场景中，依然暴露出一些问题。首先，对于物流和制造业公司来说，广泛使用外骨骼需要克服的首要困难是价格。日本机器外骨骼制作公司 Skeletonics 推出的外骨骼机器人的市场标价 1000 万日元起（约 59 万元人民币起，未含税）。媒体对傲鲨智能的相关采访中，也提及目前市场上医疗外骨骼机器人价格在几十万元到上百万元不等，而工业领域的外骨骼机器人价格约为几万元。如果想要在物流和制造的场景下大规模应用，尤其对于中小企业来说，这一价格还是显得高昂了。当然，随着产品的逐步推广，越来越多的企业参与竞争，将会推动外骨骼设备制造商持续改进产品，不断推动成本节约。同时，越来越多的采购订单，也会提升量产设备的产量，进一步摊薄外骨骼的生产成本。这些都有助于实现成本的持续优化，所以部分外骨骼从业者发出了“未来可以降至万元甚至数千元一部工业外骨骼”的乐观预期。

其次，穿戴的舒适性也有可改善的空间。穿戴式设备需要贴合人的体型和适应人的动作习惯。有一些制造和使用外骨骼的企业已经意识到了这个问题，如京东物流使用的外骨骼，针对“左撇子”员工，将部分外骨骼机器人的助力开启按钮设置于右手，以方便员工通过左手发力。有的企业采用自适应技术通过调整外骨骼关节的位置和连杆的伸缩等方式达到适应人体的目的。然而，这些成就还不足够，作为市场上新出现的技术工具，外骨骼的测试和改进之路还相当长。德国金属工会（IG Metall）未来工作领域的专家于尔根·克利珀特表达了这种担忧，他说“从表面上看，外骨骼确实起到

了减轻工作劳动强度的作用，但目前还不清楚工人的关节是否会因为长时间穿戴外骨骼而承受压力”。

外骨骼的体积和重量也是问题之一。作为携行装具，外骨骼不仅要伴随穿戴者行动，还可能被装载在运输车辆上，体积过大和质量过重都会造成携行的不便。现有的人形外骨骼，尤其是带有行走功能的产品，都近似人体四肢骨架的大小，虽然部分产品可能具备折叠功能，但电池、电机的部件的体积依然很可观，在小型车辆上携行时颇有不便。例如我国城市配送中经常用到的4.2米厢式货车，如果装载下肢外骨骼时会占用较大的车内空间，而快递员们经常使用的两轮电动车，即使携带体形较小的腰部外骨骼设备，还是有所不便。至于重量方面，早期的研究者就已经予以关注。1960年通用电气公司最早研制出了一款名叫“哈迪曼”的外骨骼装置，旨在缓解士兵长距离负重行军所引起的疲劳。该装置体积巨大、重量达到了680千克。2000年后，由美国国防高级研究计划局赞助美国加州大学伯克利分校研制成一种能使人长距离轻松搬运重物或背重物上楼梯的机械服装，名为“BLEEX”，整体重量降低到了45千克。京东物流使用的第2代外骨骼也将第1代使用的铝合金材料换成了钛合金和航空铝，将重量由7.4千克降低为5.5千克，员工背负时更加轻便舒适。未来，有可能通过使用碳纤维等复合材料，以及优化结构设计来持续降低外骨骼的重量。

除了持续改善不足之处，外骨骼设备还可能存在一些拓展的潜力。例如，外骨骼可以和仓储管理系统（WMS）结合起来，携带基于移动互联的设备，接收并完成WMS指示的上架、分拣、盘点等工作任务。在结合了WMS的位置提示、订单处理、跑动路线的优化等功能之后，外骨骼的智能化水平将会如虎添翼。在生产线上，制造执行系统（MES）可以和外骨骼通过物联网实现通信，一方面可以精准地监控操作工的体力状况，合理分配生产任务；另一方面可以记录工人的操作动作，从中分析出最优的手势、角度、次序等动作参数，进一步提升生产效率。对于培训部门和第三方培训机构来说，外骨骼在人员实操中记录和总结的经验可以用来训练新入职的员工，尽快形成熟练而规范的劳动力团队。此外，外骨骼甚至可以和航空技术结合起来，构成可供单人载货飞行的低空外骨骼飞行器，使快递员不仅避开了交通拥堵还实现了配送速度的跨越式提升。在抢险救灾的活动中，这一装置可以作为卫星、无人机航拍、运输机空投等手段的补充，完成更灵活和更具主观能动性的侦查、辅助决策和运输任务。

智能化外骨骼另一个广受关注的应用是医疗康复。早期外骨骼研究的目的之一，是希望为伤残军人设计带有辅助动力装置的假肢。随着技术进步和医疗需求的增长，研究者们对将外骨骼应用于康复器械的热情日益增高。我国第七次人口普查显示，中国大陆地区60岁及以上的老年人口总量为2.64亿人，已占总人口的18.7%。自2000年步入老龄化社会以来的20年间，老年人口比例增长了8.4个百分点，意味着中国即将步入人口老龄化的“快车道”。据国际卫生组织（WHO）报道，60 岁以上老年人约 33.3%，70 岁以上约 50.0%有高血压病、冠心病。外骨骼机器人可以帮助脊髓损伤、脑病变、神经系统疾病、重大术后等无法正常站立、行走的人群，帮助使用者解决生活问题，提供站立训练以减轻患者心血管系统的反应。在 ICU 重症监护室等实际应用场景中，外骨骼设备还可放置氧气瓶、输液瓶等辅助医疗器具伴随病人行动，已证实发挥了巨大的作用。回到供应链的工作领域，外骨骼这种可以协助病患恢复行动能力，能够帮助老弱人群增强体力的功能，暗示了一种可能性：可以帮助经验丰富但体力欠佳的人群延长职业寿命，使体力不再成为老弱者的劳动障碍，这在很大程度上能够缓解劳动力老龄化的问题。

四、结论

智能化外骨骼设备已经成为备受瞩目的新一代高科技工具，其对于生产、仓储、运输等领域的工作有着显著的效率提升作用，同时还兼具节约成本、低碳环保、保护员工等多方面的功能，因此引起了一些企业和科研机构的关注。作为“人机结合”理念的代表产品，外骨骼在纯人工操作和全自动化机器人作业之外，为供应链管理开辟了一条极富补充价值的“半自动”运营思路。

（贾文灿，河北清华发展研究院智能机器人产业发展中心；
王振超，上海冬忍机器人技术有限公司；
夏烨，中国物流与采购联合会供应链专家委员会）
（以上按姓名首字母排序）

参考资料

1. 陈锋，可穿戴型助力机器人技术研究，中国科学技术大学，2007 年。
2. 蔡兆云，肖湘红，外骨骼机器人技术研究综述，《国防科技》2007 年第 12 期。
3. 宋纪元，朱爱斌，屠尧，等，单兵救援助力外骨骼机器人的设计与特性分析，《兵工学报》2022 年第 9 期。
4. 京东物流投用第 2 代外骨骼机器人，《中国物流与采购》杂志 2018 年。
5. 傲鲨智能外骨骼机器人亮相杭州亚运会，助力亚运物流保障任务，搜狐网，2023 年。
6. 南京空港保税物流中心通过国家验收，中国青年报，2018 年。

7. 外骨骼机器人，一拳打开百亿市场，新浪财经，2023 年。
8. 装卸搬运和其他运输服务业：十大法律风险与应对，搜狐网，2024 年。
9. 武进区湟里臻琪搬运服务部“4·3”起重伤害亡人事故调查报告，安全管理网，2023 年。
10. 这家假肢制造商和三大汽车厂都已进军工业外骨骼领域，中国机器人网，2018 年。
11. 程天科技，用外骨骼科技惠人，BDD Watch，2024 年。
12. SKELETONICS ARRIVE 日本外骨骼机器人：售价将近 60 万元，搜狐网，2018 年。
13. 中国工业外骨骼机器人技术水平世界一流，未来价格将降至万元以内，贤集网机械行业资讯，2023 年。

第 13 章　采购数字化及智能技术应用

采购是供应链管理中的核心业务之一，企业的采购职能扮演着上接客户及市场需求，下接供应商市场的枢纽角色，从市场需求的分析、产品的研发到量产，到最终的产品制造和交付，采购人员参与其中的每一个环节，在某些行业，采购甚至需要参与后市场服务管理。因此一个企业的采购管理对于该企业整个供应链管理和业务发展都起着至关重要的作用。在世界范围内，许多管理先进的企业都把采购作为独立的战略部门来看待。

随着企业的发展、内外部环境的变化，企业面临的采购管理环境也日趋复杂，仅靠人与流程结合的传统采购管理方式越来越难应对这些环境变化带来的挑战，采购数字化成为许多企业的一个必选项，随着数字技术的不断迭代发展，采购数字化应用也随之向广度和深度发展。

一、采购数字化发展现状

1. 采购数字化发展概述

事实上，采购数字化时代已经到来。线下纸质表格和 Excel 表格的使用正在被逐步淘汰，专用采购软件的使用正在成为行业标准。普华永道 2022 年的报告显示，86%的组织报告使用采购到付款软件（采购订单执行 P2P），其中 70%的公司使用市场解决方案，只有 14%的公司在内部构建自己的解决方案。最重要的是，82%的高度数字化公司表示通过这些系统访问的采购数据创造了价值，随着时间的推移，这些数据可能还在增长。

如今，世界各地的业务都在全球各种不同在线平台上进行。有效采购的未来不仅取决于采购部门研究、购买和管理什么，还取决于如何研究、购买和管理。采购领域的数字化转型正在区分寻求真正竞争优势的公司和发现自己落后于数字化时代的公司。

2. 大型企业采购数字化需求及发展现状

大型企业采购数字化是一个与时俱进的话题，特别是在信息技术飞速发展的当今时代，大型企业对数字化采购的需求日益增长，大型企业在如今市场竞争更加激烈、环境不确定性及管理复杂度更高的境况下，企业对于降本增效的需求更加强烈，包括提高采购效率、降低采购成本、优化供应链管理以及增强数据驱动决策能力等。

（1）提高采购效率。数字化采购能够实现采购流程的自动化和标准化，从而大幅提高采购效率。通过采用电子化采购系统实现在线采购和集中采购，企业可以实现采购流程的在线化、自动化和智能化，包括需求申请、供应商选择、合同管理、订单生成、发票处理等环节，从而节省大量人力资源和时间成本。

（2）降低采购成本。数字化采购可以帮助企业更好地管理供应链，降低采购成本。通过数字化采购平台，企业可以实现对供应商的全面管理和评估，优化采购流程，获取更优惠的采购条件和价格，降低采购成本。

（3）优化供应链管理。数字化采购使企业能够更好地管理供应链，提高供应链的可见性和透明度。通过数字化平台，企业可以实时监控供应链中的各个环节，及时发现问题并采取措施，降低供应链风险，提高供应链的稳定性和灵活性。

（4）增强数据驱动决策能力。数字化采购可以帮助企业收集和分析海量的采购数据，从而为决策提供更有力的支持。通过数据分析技术，企业可以深入了解采购行为和趋势，发现潜在的优化空间，制定更科学的采购策略，提高采购决策的准确性和效果。

目前，中国大型企业在数字化采购方面已经取得了一定的进展，但仍然存在一些挑战和问题。例如，一些企业在数字化采购过程中面临着技术和人员培训的问题，缺乏合适的数字化采购平台以及存在数据安全和隐私保护等方面的担忧。因此，未来中国大型企业在数字化采购方面仍需要不断加强技术创新和人才培养，加强与供应商的合作，共同推动数字化采购的发展。

3. 国企（包括央企和地方国企）采购数字化需求及发展现状

国企作为国家在经济活动中的重要参与者，其采购数字化需求具有一定的特殊性，除了通过数字化技术实现采购降本增效的普遍需求外，对于合规监管有更高的要求。

（1）提高效率和降低成本。国企通常涉及大量的采购活动，数字化采购可以帮助提高采购效率和降低采购成本，以适应经济发展的需要。

（2）加强监管和风险控制。作为国家资产的管理者，国企需要加强对采购活动的监管和风险控制。一方面要增加采购过程的透明和可控性，减少潜在的违规和风险；另一方面还要提升数据安全及防护，避免交易和管理数据外泄。

（3）优化供应资源。国企通常与大量的供应商进行合作，如何整合企业大量的供应资源成为日益迫切的问题。数字化采购可以帮助国企优化供应资源，提高供应链的效率和稳定性，确保物资和服务的及时供应。

（4）提升决策支持能力。国企需要在国家政策环境及复杂多变的市场环境中作出准确的决策，数字化采购可以提供大量的采购数据和分析工具，为决策提供更加科学和精准的支持。

在提出国企对标“世界一流企业”的要求后，许多国企也加速了数字化转型的步伐，其中在一些集团性国企，采购数字化也成为热门的话题，许多企业也逐步建立了一定基础，但还需要持续地提升整体能力。

（1）基础建设逐步完善。国企在数字化采购方面已经进行了一定程度的基础建设，建立了一些数字化采购平台和系统，包括电子招投标平台、采购管理系统等，但仍然存在一些局限性和不足之处，如异构系统之间的集成问题、数据的质量问题等。

（2）技术水平参差不齐。由于国企规模庞大、业务复杂、技术水平参差不齐，一些国企在数字化采购方面的技术应用和创新能力相对较弱，存在一定的滞后性，这也是国企相对一些民营企业而言市场化程度低和决策机制更为复杂所产生的负面影响。

（3）数字化水平不断提升。随着信息技术的不断发展和应用，国企的信息化水平不断提升，数字化采购已成为国企信息化建设的重要组成部分，国企在数字化投入方面较民营企业更稳定，更不易受市场影响。

（4）政策法规逐步完善。政府和行业协会出台了一系列政策法规和标准，推动国企加强数字化采购建设，包括《中华人民共和国政府采购法》《国有企业采购管理规范》等，为国企数字化采购提供了政策和制度保障。

总体来说，国企在数字化采购方面已经取得了一定的进展，但仍然需要加强技术创新和应用，加强人才培养和管理，加强合作与共享，加强监管和风险控制，推动数字化采购向更高水平迈进。

二、采购数字化整体框架

1. 采购数字化整体业务架构

采购数字化需要从业务流程承载、采购数据采集开始，以内外部数据的分析为输入，制定更为客观合理的采购战略，战略规划以数字化平台落地执行和监控，从采购模式到品类策略，再到具体的采购活动，这个过程中积累了大量的管理和交易数据，如此周而复始（见图1），使采购管理和决策精准度更高，效能更大。

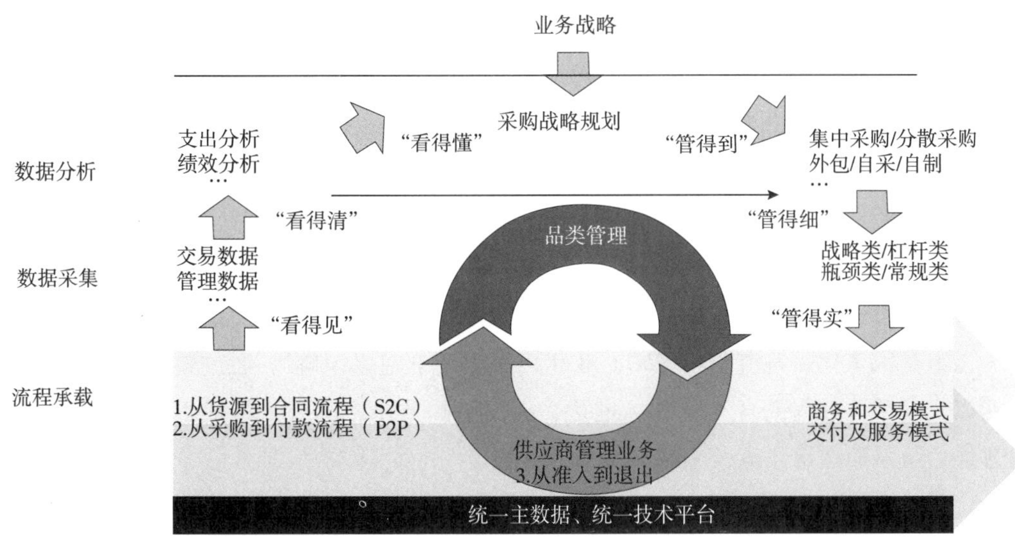

图1　采购数字化整体业务架构

2. 采购流程数字化

采购流程数字化是将传统的采购过程转变为在线化、自动化和智能化的过程，主要包括寻源（Source-to-Contract，S2C）、供应商全生命周期管理（Supplier Lifecycle Management，SLM）以及采购订单执行（Procure-to-Pay，P2P）等环节。

寻源包含需求识别与规划、供应商筛选与评估、招标或谈判及合同管理。采购部门确定需求，并制订采购计划和目标，再进行供应商筛选与评估，这个过程中，采购部门通过数字化平台搜索、筛选和评估潜在的供应商，根据各项供应商分析指标及价格、质量、供应能力等进行综合评估，以确保选择到最适合的供应商。通过在线招标或谈判，包括发布招标公告、接收供应商报价、评审报价、进行线上谈判等，以获取最优的采购条件。在达成协议后，通过数字化平台还可以帮助管理合同的签订、执行和变更，确保供应商和采购方的权益。

供应商全生命周期管理包含供应商信息管理、绩效评估分级管理及合规管理。供应商信息管理通过数字化平台，采购部门维护供应商的基本信息、资质证书、评价结果等，并及时更新。在与供应商进行日常交易的过程中，相应管理系统产生大量的供应商日常表现的数据，数字化平台通过这些数据的采集和分析对供应商进行评价和绩效管理，包括定期评估供应商的服务质量、交货准时率、售后服务等，以便及时调整合作关系或采取改进措施。整个过程也都贯穿着对供应商的合规管理，数字化平台可以通过系统设定或流程可视化帮助采购部门监督和管理供应商的合规性，包括监督其遵守相关法律法规和行业标准等。

采购订单执行包含需求生成和采购审批、订单的生产和执行管理以及最终的财务结算付款。首先，内部部门提交采购需求，并通过数字化平台进行审批流程，包括采购审批人员的审核和批准。其次，审批通过后，数字化平台会自动生成采购订单，并将订单信息发送给供应商。供应商根据采购订单进行商品或服务的交付，采购方在接收后进行验收，确认商品或服务符合要求。最后，通过数字化平台实现采购付款的全流程管理包括对供应商发起付款申请、财务审批、付款执行等环节，以确保付款流程的合规和及时性。这一过程往往更多涉及采购管理平台与企业 ERP 系统的集成。

以上是数字化采购流程中 S2C、SLM 以及 P2P 的主要内容。通过数字化平台，企业可以实现采购过程的自动化和标准化，提高采购效率，降低采购成本，增强供应链管理能力，从而在市场竞争中获得更大的优势。

3. 采购数据管理及应用

在采购数字化中，采购数据管理及应用是至关重要的，流程数字化是产生数据的过程，而最终数据发挥价值，实现数字化的最终效果，关键就在数据的管理和运用。它主要涉及采购主数据管理、采购数据分析、风险识别与防控、采购决策支持等多个方面。

采购主数据（Master Data）管理。采购业务相关的主数据定义了采购运营中的关键业务对象，并在多个异构的应用系统中被重复使用。为了确保数据的准确性和一致性，通常需要经常进行维护和更新。高质量的采购主数据是采购数字化平台建设、业务流程协同以及数据分析的重要基础，是企业采购数字化转型的基石。

供应商主数据包括供应商的基本信息，如公司名称、地址、联系方式等；物料或服务主数据描述了企业所需采购的物料或服务的详细信息，如物料编码、名称、规格、单位等，这些数据是采购订单创建、库存管理、收货和发票校验等采购流程的基础；采购价格主数据包括与供应商协商确定的物料或服务的价格信息，如价格有效期、价格条件、折扣等，这些数据对于控制采购成本、进行价格谈判以及确保采购活动的经济性具有重要意义；采购合同主数据涵盖了合同的基本信息、有效期、交货条款、付款方式等关键内容，这些数据会在与采购相关的不同业务系统中应用，有助于确保采购活动的合法性和合规性，同时维护企业的权益。

采购数据分析。采购数据分析是为了更好从数据中发现问题和机会，为管理提供决策，这也是采购管理活动中高价值的部分，其中包含：①采购成本分析，通过对采购数据的分析，了解采购成本的构成和变化趋势，为降低成本提供决策支持；②供应商绩效分析，通过对供应商绩效数据的分析，评估供应商的服务质量、交货准时率等指标，及时调整合作关系；③需求预测分析，通过对历史采购数据的分析，预测未来的采购需求，合理安排采购计划；④采购市场分析，通过对采购市场的数据进行分析，了解市场价格、竞争对手情况等，为采购决策提供参考依据。

风险识别与防控。采购环节是对整个供应链的风险进行管理的最佳观测点，未来保证对内外部客户的按质按量交付，风险管理在更庞杂的数据环境下只有通过数字化技术才能使效率更高、精准度更高。其中包括通过对供应商数据的分析，识别供应商的潜在风险，如财务风险、信用风险等；通过对采购订单、物流数据等的分析，识别供应链中的潜在风险，如交付延迟、质量问题等；通过对采购过程中的合规性数据的分析，识别合规风险，如违反法律法规、违约风险等。

采购决策支持。采购决策支持的核心在于利用数据和分析来优化采购过程，其中决策支持的智能化、实时性和多维度最值得关注。通过数据分析技术，为采购决策提供智能化的支持，如智能化供应商推荐、智能化需求预测等；通过实时监控和分析采购数据，为决策者提供实时的决策支持，使其能够及时调整采购策略和方案；通过多维度的数据分析，为决策者提供全面的决策支持，考虑各种因素对采购决策的影响。

除了上述提到的方面，采购数据管理及应用还可以涉及质量管理数据、合规性数据、成本效益分析等方面。通过有效管理和应用采购数据，企业可以实现采购过程的优化，提高采购效率和质量，降低采购成本，增强供应链管理能力，从而在市场竞争中获得更大的优势。

4. 采购战略规划与数字化

采购战略规划的数字化是指将传统的采购战略规划过程转变为在线化、自动化和智能化的过程，利用数字化技术手段来支持和优化采购战略规划的各个环节。

（1）需求分析与目标确定。进行组织内部的需求调研，了解各部门对采购战略规划的需求和期望。确定数字化采购战略规划的目标和范围，明确要实现的目标和期望效果。

（2）选择合适的数字化工具和平台。根据组织的需求和目标，选择适合的数字化工具和平台，如采购管理软件、数据分析工具等。评估不同数字化工具和平台的功能和性能，选择最适合组织需求的方案。

（3）数据整合与管理。对已有的采购数据进行整合和清洗，确保数据的质量和准确性。

（4）设计数据模型和架构，建立数据仓库或数据湖，统一管理和存储采购相关的数据。

（5）制定数字化采购战略规划。利用数字化工具和平台制订数字化采购战略规划，包括目标设定、战略选择、行动计划等。利用数据分析工具对市场情况、供应链状况等进行分析，制订符合实际情况的采购战略。

（6）实施和执行。根据数字化采购战略规划，制订详细的实施计划和执行方案，明确责任人和时间节点。利用数字化工具和平台对采购战略的实施和执行进行跟踪和监控，及时发现问题并采取措施。

（7）评估和调整。定期评估数字化采购战略规划的实施效果，收集用户反馈和意见，及时调整和优化战略。根据评估结果和市场变化情况，调整数字化采购战略规划，保持其与时俱进。

（8）持续改进和优化。不断跟踪行业的发展和技术的变化，及时更新数字化工具和平台，保持其与时俱进。不断改进和优化数字化采购战略规划的流程和方法，提高其科学性和有效性。

通过以上步骤和方法，可以实现采购战略规划的数字化，提高采购战略规划的科学性、精准性和效率，为企业的采购活动提供有力的支持。

三、采购管理的智能技术应用

1. 核心智能技术及发展

在众多数字化技术中，与人工智能有关的技术在采购管理中被提上日程，采购从业人员需要从大量烦琐和精细化的战术工作中解脱出来，把更多的时间和精力转移到关键的采购决策和管理过程中，而智能技术的发展为这种需求的实现提供了可能。

自2023年开始，人工智能成为数字化乃至整个数字技术领域最火热的话题，其本质是通过大量的数据进行建模、深度学习以及自主学习实现高度的智能化，其中最重要的三大技术是大数据技术、机器学习及自然语言处理。

大数据技术是指从海量的各种类型的数据中，快速获取有价值信息的技术。其本质是对庞大的数据进行专业化处理，通过“加工”以实现数据的“增值”。大数据技术包括数据采集、数据储存、数据分析、数据传输、数据挖掘、数据安全等方面的技术。它涉及大规模并行处理（MPP）数据库、分布式文件系统、分布式数据库、云计算平台、物联网和可扩展的存储系统等技术。这些技术协同工作，使得从海量数据中提取有价值的信息成为可能。

机器学习（Machine Learning）技术是人工智能领域的一个重要分支，它使用算法和统计学方法让计算机从数据中“学习”并自动进行预测和决策。机器学习的核心思想是通过算法和数学模型对数据进行分析和学习，从而识别出数据中的模式，并使用这些模式来作出预测或决策。这种技术可以帮助人们解决复杂的问题，加快工作流程并提高工作效率。

自然语言处理（Natural Language Processing，NLP）技术是人工智能领域的另一重要分支，涉及使计算机能够理解、解释和生成人类语言的技术。NLP 旨在使计算机能够像人类一样处理和理解自然语言，从而实现更智能的人机交互。自然语言处理技术在文本分析、信息检索、智能客服、机器翻译等领域有着广泛的应用，为人们提供了更智能、更高效的语言处理能力。

这些技术都是数字技术不断发展的成果，在未来，跨技术领域的应用在企业管理的实践中越来越多，在采购管理中也是如此。

2. 智能技术赋能采购管理

当采购平台能完整承载核心的采购流程，在各项数据的准确性、真实性和充分性的基础上，基于数据的智能技术可以使采购管理的效率更高、决策更为精准。

智能采购管理。嵌入智能技术的采购管理平台，可以为采购团队提供更智能的采购流程和工具。这些平台可以使采购流程自动化，优化供应商选择、预测需求、管理合同等，从而提高采购效率和准确性。

智能供应商管理。指利用大数据和人工智能技术对供应商进行综合评估和管理。智能系统可以自动分析供应商的绩效数据、财务状况、风险因素等，这不仅是应用在企业管理范围内的采购技术，对于外部市场的数据，无论是结构化还是非结构化的数据，都可以通过大数据技术进行采集、清洗和提炼，帮助采购团队更好地选择和管理供应商。

智能合同管理。指使用自然语言处理（NLP）和机器学习技术对采购合同进行智能化管理。这种技术可以自动提取合同条款、识别风险和机会、监控合同履行情况，并提供预警和提醒功能。

智能需求预测。基于历史数据、市场趋势和机器学习算法进行需求预测，帮助企业更准确地预测未来的需求量，从而优化采购计划和库存管理。

智能物流管理。利用物联网（IoT）、人工智能和大数据技术对物流过程进行智能化管理。智能物流系统可以实时监控货物的运输状态、交通情况和库存水平，优化物流路线和配送计划，降低运输成本和提高交付效率。

智能价格优化。使用大数据分析和机器学习技术对市场价格、竞争对手价格和供应商报价进行分析，帮助企业制定最优的采购策略和价格谈判策略，以降低采购成本。

智能风险管理。基于大数据和人工智能技术对采购过程中可能面临的风险进行识别、评估和管理。智能风险管理系统可以实时监控市场、供应链和政治等因素，及时发现和应对潜在风险。

从技术的角度出发，智能技术可以通过大数据技术实现数据的采集和分析，通过机器学习技术实现数据的预测和优化，通过自然语言处理技术实现信息的搜索和理解，通过图像识别和处理技术实现产品的识别和质量检测，通过区块链技术实现供应链的透明度和可追溯，从而为采购管理提供智能化的支持和服务。

四、采购数字化未来发展趋势

1. 采购数字化发展阶段

从采购管理及数字化发展阶段来看，可以把采购数字化分为三个阶段（见图2）。

采购数字化1.0：采购管理业务目标是采购部门流程完善，管理效率持续提升，这个阶段采购管理更多的是从自身出发，其数字化目标是建立采购业务的管理系统，使采购业务管理可以在系统中进行。

采购数字化2.0：采购管理业务目标是实现采购作为企业在上下游的功能，连接供需，并通过实现与内部职能的充分协作实现采购管理的价值，此时的采购已经成为一个业务枢纽，其数字化目标是建立一个采购服务的共享中心。

采购数字化3.0：此阶段的采购业务目标不再限于企业自身，而是从整个行业生态出发，引领价值创造，实现价值链整体优化，其数字化目标是建设生态圈协作的平台。

也有学者和专家会把采购数字化发展阶段分为四个阶段或五个阶段，区别在于对采购3.0做了更细的划分，也是许多企业正在从采购数字化2.0阶段向更高阶段发展的不同状态。

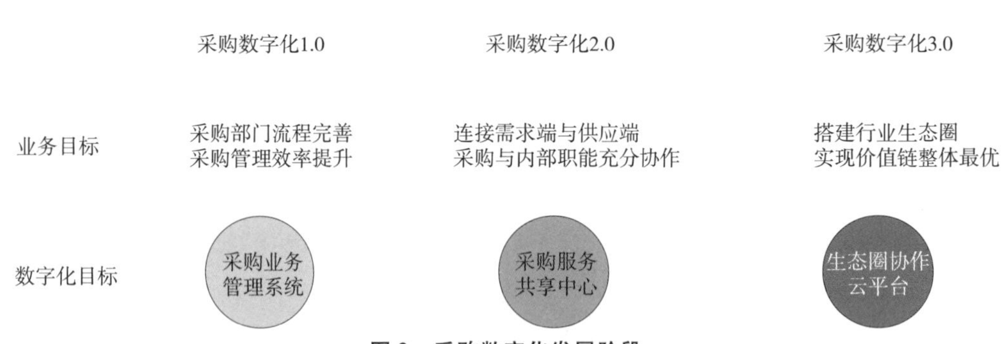

图2　采购数字化发展阶段

2. 采购数字化与智慧供应链

未来，随着科技的不断发展和智能化技术的广泛应用，采购数字化将与智慧供应链密切相关，并呈现以下几个主要发展趋势。

数据驱动的供应链智能决策。未来的采购数字化将更加注重数据的价值和利用。

通过大数据技术、机器学习和人工智能等技术，企业可以实现对海量采购数据的深度分析和挖掘，从中提取有用信息，为采购决策在整个供应链网络提供智能化的支持。这种数据驱动的智能决策将使采购活动更加精准、高效和灵活，并为采购管理从供应链的局部最优到全局最优提供可能。

智能供应商管理和合作模式创新。未来的智慧供应链将更加注重供应商管理和合作模式创新，这种创新是一种基于生态关系的管理创新。通过智能技术，采购部门可以实现对供应商的智能化评价和选择，建立起更加稳定、高效的供应链合作关系。同时，智能技术还可以推动供应链合作模式的创新，如共享采购平台、联合采购等，实现资源共享、风险共担，促进供应链的优化和协同发展。

智能化的供应链协同与透明度提升。未来的智慧供应链将更加注重供应链协同和透明度提升。通过智能技术，不同环节的供应链参与者可以实现信息的实时共享和沟通，建立起更加紧密、高效的供应链协同关系。同时，智能技术还可以实现供应链的透明度提升，使供应链的各个环节更加清晰可见，降低信息不对称和风险，提高供应链的稳定性和可靠性。

未来的采购数字化将与智慧供应链密切相关，呈现数据驱动的智能决策、智能供应商管理和合作模式创新、智能化的供应链协同与透明度提升、数字化采购平台和智能化采购流程等主要发展趋势，推动供应链管理向更加智能化、高效化和协同化方向发展。

3. 采购数字化与产业互联网

如果说智慧供应链仍然与行业上下游的管理有关，那么产业互联网是从更为宏观的角度去看待采购管理的未来发展趋势，采购数字化作为坚实基础，可以促进产业互联网建设，推动供应链各个环节的数字化、智能化和协同化，实现产业链的优化和升级。

供应链数据共享与协同。采购数字化可以实现供应链各个环节的数据共享和协同，通过数字化采购平台实现供应商、采购部门、物流公司等不同参与者之间的实时信息共享和沟通。这种供应链数据的共享和协同可以加速供应链流程，提高供应链效率，降低成本，并为产业互联网的建设提供了基础数据和技术支持。

智能供应链管理与优化。采购数字化可以实现智能供应链管理和优化，通过大数据分析、机器学习等技术对供应链数据进行分析和挖掘，发现供应链中的瓶颈和优化点，并通过智能化的决策支持系统实现供应链的智能化调度和优化。这种智能供应链管理和优化可以提高供应链的反应速度和灵活性，增强供应链的竞争力，推动产业互联网的建设和发展。

供应链金融服务的普惠化。采购数字化可以促进供应链金融服务的普惠化，通过数字化采购平台对供应链上下游企业的信用评级、交易数据等进行分析和评估，为供应链参与者提供智能化的金融服务和支持。这种智能化的供应链金融服务可以降低中小企业的融资成本和风险，促进供应链上下游企业的合作和共赢，推动产业互联网的建设和发展。

智能供应链协同创新。采购数字化可以促进智能供应链的协同创新，通过数字化采购平台和供应链协同平台实现供应链各个参与者之间的智能化合作和创新。这种智能供应链的协同创新可以促进产业链上下游企业的技术交流和合作，推动产业互联网的建设和发展。

采购数字化可以促进产业互联网建设，推动供应链各个环节的数字化、智能化和协同化，实现供应链的优化和升级，为产业互联网的建设和发展提供技术支持和推动力量。

（李伟，京东工业）

参考资料

1. 数字化采购调查报告 2022（第四版），普华永道，2022 年。
2. 娜达·R. 桑德斯，《大数据供应链》，中国人民大学出版社，2015 年。
3. 布莱恩·阿瑟，《技术的本质》，浙江科学技术出版社，2023 年。

趋势四：供应链ESG发展

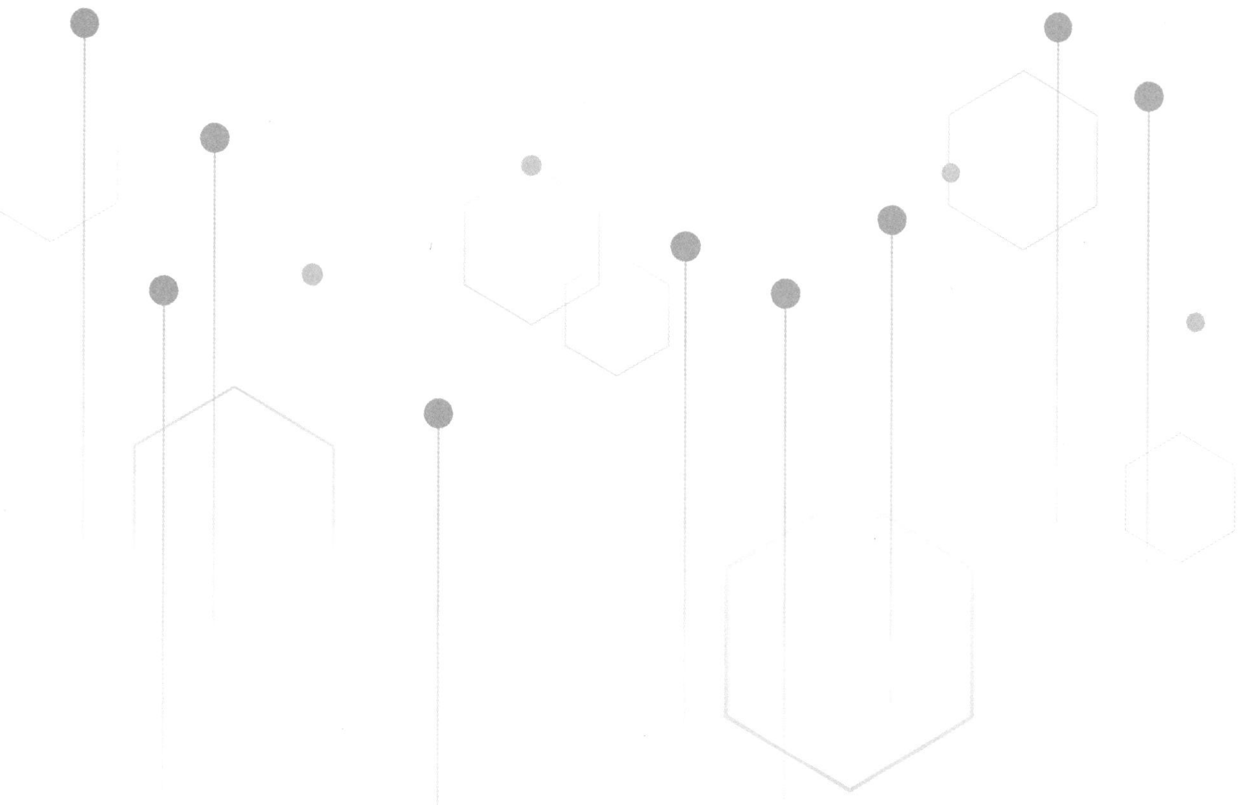

第 14 章　对标世界一流，构建供应链 ESG 治理新能力

一、供应链 ESG 引领价值创造

在经济全球化和全球联合推进可持续发展，实现“碳中和”的背景下，供应链 ESG 管理得到越来越多的重视，监管部门、投资者和消费者对企业供应链 ESG 提出更高考核要求，企业为谋求进一步发展，将供应链 ESG 管理视为促进企业高质量、可持续增长的关键，从端到端链条数据追踪、风险管理等方面助力全球可持续发展与“碳中和”目标的实现。

“新质生产力”自 2023 年 9 月提出以来，它所代表的是由技术革命性突破、生产要素创新性配置和产业深度转型升级所催生的当代先进生产力。相较于传统生产力，它主要着重于发展新技术、创造新价值、适应新产业、重塑新动能，是中国高质量发展的内在动力和重要着力点。发展新质生产力不是忽视、放弃传统产业，而是用新技术改造提升传统产业，积极促进产业高端化、智能化、绿色化。高质量发展需要新的生产力理论来指导，在新的发展实践中企业应当将科技创新成果应用到具体产业与产业链，努力提升产业链、供应链的韧性与稳定性，促进供应链的 ESG 发展。

首先，在新时代背景下，大力提升供应链 ESG 管理能力，可以帮助企业更好地进行合规管理，满足外部政策法规和企业内部自身制度要求，规避风险的同时提升产业链、供应链的韧性与稳定性。中国证监会在《推动提高上市公司质量三年行动方案（2022—2025）》中，要求建立健全可持续发展信息披露制度。随着 ESG 相关法规的不断推陈出新，企业面临着日益严格的监管与供应链风险管理的挑战。供应链管理中的合规风险通常涉及劳工权益、环境保护、社会福利等多个方面。企业能够有效识别潜在的环境和社会风险，并积极实施应对措施，将有效保障供应链的稳定。

其次，供应链 ESG 建设帮助企业实现社会和治理责任的承诺，助力提升企业形象并增强企业竞争力。企业主动进行供应链 ESG 建设，积极承担企业的社会责任，实现对环境、社会和治理的承诺，有助于企业自身品牌形象的建立。同时，在 ESG 话题日

益受到消费者追逐和关注的当下，企业通过有效的 ESG 传播，搭建与消费者沟通的“共鸣点”和“参与点”，不仅能够传播企业所需传达的社会价值，也能够与消费者建立更深层的价值观认同，从而增加市场份额和顾客忠诚度。例如获得诸如“绿色工厂”或“社会责任领先企业”等认证或称号，除了能够进一步巩固和提升企业的声誉，还能帮助企业获得更高的 ESG 评级，在竞争激烈的市场中赢得更多的订单。

最后，供应链 ESG 的发展可以促进企业持续创新与改进，获得更多的市场机会和投资者支持。投资者在对企业进行投资前，会对企业供应链 ESG 风险进行分析，投资过程中，也会对企业潜在的 ESG 管理问题进行有效识别与监控，因此，企业通过深化对供应链 ESG 管理，将 ESG 管理模式融入战略发展顶层设计，能够帮助企业吸引更多的资本投入；同时，企业借助数字化技术，采用集成的数据采集和数据分析手段，对供应链上下游供应链 ESG 相关数据进行自动采集、分析并形成报告，大大减少了沟通成本，促进组织高效运转，形成良性循环助推企业的市场竞争力的可持续发展。

二、供应链 ESG 发展现状与解读

综观全球，供应链 ESG 历程经历了从初步形成到快速发展的过程，自 ESG 可持续发展理念提出后，早在 2014 年国际上对供应链 ESG 便给予关注，从绿色低碳供应链开始逐渐深化。

2015 年联合国在《2030 年可持续发展议程》中将确保可持续消费和生产模式作为 17 个可持续发展目标之一，并提出减少生产和供应链的资源损失，从供应链角度强化有限资源的高效利用。

继《企业可持续发展报告指令》（CSRD）于 2023 年年初正式生效后，2023 年 7 月，欧盟委员会正式通过 CSRD 的配套准则《欧洲可持续发展报告准则》（ESRS），进一步要求企业披露价值链活动可持续发展相关信息。

与此同时，中国也出台了不少供应链 ESG 发展方面的法律法规和标准。除要求上市公司披露 ESG 报告、重点环境企业披露环境信息外，还制定了供应链各环节，如原材料采购、运输、供应商管理等相关规定，进一步明确了绿色供应链的顶层设计以及标准制度体系。如《企业绿色采购指南》《供应链风险管理指南》《绿色制造—制造企业绿色供应链管理—导则》、“机械/汽车/电子电器行业的绿色供应链管理企业评价指标体系”、《中共中央国务院关于完整准确全面贯彻新发展理念做好碳达峰碳中和工作的意见》等，为中国供应链 ESG 发展指明了方向。

伴随国内外供应链 ESG 的发展，企业致力于加强供应链 ESG 管理，提高供应链的效率和可持续性，以应对日益严峻的环境和社会挑战。供应链 ESG 管理不仅对治理架

构、员工福利、利益相关者管理、碳排放情况、环境效益和危机管理等提出更多核证要求，越来越多企业开始向端到端供应链 ESG 管理全面转型，从企业战略的高度来对供应链进行全局性规划，以更好地降低潜在的贸易、政策、气候、产业转型等风险，提升企业市场竞争力。

具体来看，供应链 ESG 管理即是将 ESG 要素融入传统供应链管理，关于环境要素（E）重点在于供应链中物与物的流通对环境产生的影响，具体可体现为原材料来源及安全性、废旧材料循环利用、碳排放、碳足迹等；关于社会要素（S）重点在于供应链条上各方的生存环境、工作权益和工作条件，具体可体现为安全的工作环境、人员多样性、数据隐私、反对用工歧视、反强迫劳动、禁止使用童工等；关于公司治理要素（G）重点在于供应链中的供应商行为是否遵守商业道德与规范，是否有重大违规行为，具体可体现为反商业贿赂、不正当竞争、重大负面事件的处置及信息披露、公司治理改善等。

三、对标世界一流，助力企业高质量可持续发展

新冠疫情后期，全球经济迎来发展新时代。可以看到，全球经济已从疫情三年政治到经济层面的多重冲击中逐渐缓解，在“稳中求进”政策下的我国经济也在经历复苏与转型。中国企业想要在全球经济重要的窗口期下跻身世界一流水平，获得更高质量发展，对其战略部署、管理体系、能力建设等都提出了新要求。

2023 年 4 月，国务院国资委召开会议，以《关于开展对标世界一流企业价值创造行动的通知》为纲要，对国有企业对标开展世界一流企业价值创造行动进行动员部署。会议强调，国企要进一步提高政治站位，抓紧抓细企业价值创造行动，在效益效率、创新驱动、产业升级、服务大局等方面提出了标准和要求。通过以上发展历程，最终推动实现国有企业到 2025 年价值创造体系基本完善、能力达到世界一流水平。

其中，供应链管理是建设世界一流企业的重要基础与保障。国资委 2023 年印发的《关于中央企业在建设世界一流企业中加强供应链管理的指导意见》更是明确在企业管理运营建设中对于供应链管理的重要性。习近平总书记在《国家中长期经济社会发展战略若干重大问题》中指出：“要优化和稳定产业链、供应链。产业链、供应链在关键时刻不能掉链子，这是大国经济必须具备的重要特征。”随着供应链的战略地位持续提升，世界各国将其作为激烈竞争的新赛道。围绕供应链管理，打造韧性、敏捷供应链，促进产业链供应链的融合等供应链体系建设与重构成为重中之重。供应链 ESG 管理作为传统供应链管理结合日益受到全球各经济体重视的 ESG 理念，同样将成为全球各一流企业打造优势地位的重要一环。

综观供应链的发展情况，供应链 ESG 管理呈现以下趋势和特点。

1. 可持续供应链的崛起与战略管理

随着消费者对环境和社会问题关注度的提高，企业正努力确保其供应链的可持续性。这包括减少碳排放、提高能源效率、采用可再生能源以及确保公平的劳工待遇等。可持续供应链是通过管理供应链的社会、环境和经济因素带来的风险和机遇，为企业和利益相关方创造长期价值。因此，为有效应对各种挑战，供应链的可持续性成为各行业创造长期价值的差异化因素。可持续供应链创造的价值，除财务目标及股东回报外，更多注意力转移到对环境、社会和治理（ESG）的影响上。从不同成熟度市场实行差异化可持续供应链发展的实践中可以发现，在成熟市场，企业将发展可持续供应链作为业务长期发展战略的重要组成部分；在新兴市场，企业更加关注品牌声誉和市场监管风险以实现企业价值最大化。

以特定行业为例，在金融行业中，随着 ESG 纳入金融机构风险管理体系、绿色金融行业布局逐步深化等，金融企业更加关注绿色供应链，包括对外构建以 ESG 为基础的授信机制，通过将 ESG 纳入供应链中的授信环节对企业进行 ESG 评估，通过绿色供应链金融促使供应链上游企业改善环境管理；对内构建绿色供应链管理评级评价体系，顺应行业发展走向、明确可量化的绿色采购标准，对符合 ESG 要求的供应商予以优先准入。同时，金融企业还同步探索数字化经营模式、技术创新等，将可持续发展的理念融入供应链管理之中，形成企业强劲的核心竞争力。

在能源行业中，随着能源技术革命的推进，能源资源产业链供应链的安全性越发重要。同时，“科技创新”引领和支撑作用不断加强，能源行业更加关注与数字化深度融合的绿色低碳转型与运营保障体系的搭建，以实现“双碳”目标并维护能源供应链安全。能源相关企业更加关注通过降低碳足迹，打造绿色供应链；完善供应链保障体系，确保能源安全；推动数字化融合，构建智慧绿色生态体系等。

2. 供应链透明度的提高

在公众和监管机构对企业的期望增加的背景下，企业需要对其供应链进行更全面的披露。这包括公开供应商的运营情况、产品质量、劳工待遇等。国务院国资委制定印发《提高央企控股上市公司质量工作方案》中，要求中央企业要统筹推动其所属上市公司建立健全 ESG 管理体系，推动更多央企控股上市公司披露 ESG 专项报告。欧盟发布的《企业可持续发展报告指令》（CSRD）通过立法程序后，于 2023 年正式生效，开启了 ESG 信披监管的新时代。在监管范围内的欧盟企业未来需要尽职调查其价值链上下游业务活动对可持续发展的不利影响并进行信息披露，例如劳工权益、供应链的温室气体排放情况等。

以某领先的信息与通信企业为例，在构建集成供应链的从供应商到企业、从企业到客户的端到端的业务连续性管理体系基础上，在供应商全生命周期中建立完善的负责任供应链管理流程和机制，坚持多元化的采购与供应举措，加强供应链网络安全管理。如制定供应商社会责任行为准则，对供应商企业社会责任工作提出了明确的要求，包含劳工权益、健康和安全、环境保护、商业道德以及管理体系五个部分。坚持全球化和多元化的采购与供应策略，在新产品设计阶段，从原材料级、单板级、产品级支持多元化供应方案，积极发展供应资源，保障原材料供应多元化，避免独家供应或单一地区供应风险，确保产品的持续可供应性。此外，该企业稳健推进采购数字化建设，构建敏捷自动化的采购作业平台、供应商采购统一协同平台，基本达成供应商100%全连接协同；通过IT系统实现需求预测、采购订单、供应商库存的可视，确保需求的快速传递和供应能力的快速反应。

3. ESG 投资的增长

越来越多的投资者将ESG因素纳入投资决策过程，这促使企业更加重视供应链的ESG表现。这不仅有助于提高企业的财务表现，还有助于建立良好的企业声誉。对于供应链ESG投资没有捷径可走，为了达到监管和投资人的可持续金融相关要求，必须扎实做好供应链ESG投资研究和决策。基于ESG数据，解读ESG状况对公司未来风险和业务发展的影响，如监管条例的变化将会给公司供应链运营带来哪些挑战和成本，供应商管理是否做好风险管控，公司文化和劳工政策是否能够真正鼓励员工成长和创新等。

企业管理者可以从降低成本、促进营收、管理风险以及管理无形资产等方面定义供应链可持续性的投资回报。以某全球领先的化学公司为例，企业通过打造区域集中的共享服务中心，形成跨部门、跨业务、跨区域的供应链管理模式，通过简化的流程、先进的技术和熟练的劳动力，提升供应链流程效率并降低运营成本；将标准化职能重新归口到全球共享中心组织，从而提高各业务线的运营效率，使供应链管理模式更加专业化，更具有竞争力，为客户提供优质的服务。

某全球领先的消费品企业，肩负起企业责任、行业责任和社会责任，在供应链的生产、使用、回收等环节融入绿色管理理念，从材料、包装、制造等方面优化运营，获得更多投资者、市场消费者的关注与青睐。其利用回收塑料、生产过程中废料和回收穿旧的自身产品，提取聚酯纤维并再利用于后续的服装产品生产制造中。在降低企业成本的同时，进一步加强企业品牌文化宣传，在丰富产品组合的同时也创造了企业新的增长点。

四、勇于迎接挑战，构建供应链 ESG 治理新能力

在设定供应链 ESG 战略目标并推动其发展的过程中，企业往往会面临来自成本与收益、数据收集复杂、利益相关者期望差异等方面的挑战。针对以上挑战，未来几年，企业可以从以下几个思路和方向入手，化挑战为机遇，在变革中实现新的增长。

首先，由于法规和标准的多样性，不可避免导致成本增加的风险。全球各地的 ESG 法规和标准各不相同，这给企业在全球范围内实施一致的供应链 ESG 政策带来了挑战。实施可持续的供应链管理和提高供应链透明度可能会增加企业的成本。企业需要在确保 ESG 合规性和成本控制之间找到平衡。企业在充分合理解读供应链 ESG 法规标准的基础上，将可持续发展原则与理念融入采购、生产制造、物流等各环节：如采购端着重与各级供应商建立长期关系，解决风险，并在供应商运营中建立综合社会、道德和环境绩效因素的能力，同时将 ESG 绩效因素纳入供应商选择过程，遵循绿色采购指南，购买可持续的优选产品和服务等；制造端通过改良工艺或使用无污染工艺，最大限度地减少对环境的负面影响，同时节约能源和其他自然资源，满足员工、社区和消费者的经济和安全需求；物流端企业可通过引入创新技术辅助 ESG 能力建设。基于物联网的数字孪生技术帮助供应链实现更高水准的协同运作、更有效的信息共享以及更强的敏捷性；有效提升供应链的连接性，有助于向各利益相关者提供物流信息，提升供应链的可持续性。

其次，由于供应链的复杂性，ESG 数据整合成为难点。在构建可持续供应链的过程中，企业需要整合来自各方不同生命周期的环节的数据，通过科技赋能供应链 ESG 管理，将低碳环保等可持续指标纳入考量范围，设计价值链同步的供应网络，通过物联网数据嵌入，区块链链上数据同步和叠加等赋能供应链 ESG 未来的信息管理、风险分析和评估，从各环节降低浪费和碳排放，实现采购、库存及物流等供应链 ESG 发展目标。

最后，不同利益相关者对 ESG 问题的关注点可能存在差异。企业需要与利益相关者沟通，了解他们的期望并努力满足其需求。一般来看，企业股东或投资者更关注企业的盈利状况与财务风险，希望提高企业竞争力和经济效益助力，实现降本增效，随着 ESG 愈发受到各界重视，企业道德、环境等非财务领域的风险已经成为投资中不可忽视的重要风险；对于企业员工而言，更加关注对改善工作环境、劳工福利、晋升通道公平透明等；对于消费者而言，由于环保意识的日益深入人心，主打低碳、绿色、可持续的产品和商业模式深受消费者青睐；对于企业的整个供应链管理，各方需求的动态预测、跨领域的数据分析与整合、人才培养成为企业更好提供服务和产品的前提

条件，为企业培育兼顾社会效益、环境效益和经济效益的人才，在各利益相关者间协调达到动态平衡成为企业成功的关键。

五、结语

可持续发展是未来发展的大趋势，我们正处于数字化和气候变化的大变局之中，对于企业而言，如何因势而动，明确供应链 ESG 目标，定位供应链 ESG 发展战略，制定最适合自身的供应链 ESG 发展路线与创新性举措，考验着每一个企业管理者的管理能力与战略眼光。

在此过程中，供应链作为涵盖从产品研发、计划、采购再到生产与物流五大部门的产品增值网络，必然成为企业实现快速发展的重要组成部分。未来企业在进行 ESG 管理时，也将积极对外赋能，通过数字化与新技术的结合应用，以“数智可见”的方式，把握供应链 ESG 发展机会，推动供应链整体提质增效、节能减排、可持续发展。

（陈啸风、张森林、王金多、丛威龙、陆嘉俊，
安永（中国）企业咨询有限公司）

第 15 章　供应链 ESG 国际发展

2023 年，ESG 热潮席卷全球，将深度、持续、实质性影响中国供应链企业的产供销全流程，在带来红利的同时，也提高了企业合规门槛。尽管全球区域间贸易增长相较各区域内贸易增长慢约 4 至 6 个百分点，供应链呈现区域化格局，然而绿色能源产品贸易呈现快速增长，电动汽车、风力涡轮机贸易全年增幅分别高达 25%和 10%。国际货币基金组织更是乐观预测，2023 年中国对全球经济增长的贡献率将超过 30%。

从出口情况看，国内产品竞争加剧、市场逐趋饱和，越来越多的企业将目光投向海外市场，寻求第二增长曲线。中国进出口贸易增长迅速，民营企业表现亮眼。根据 2024 年 1 月国务院新闻办公室发布的数据，2023 年我国进出口总值 41.76 万亿元人民币，同比增长 0.2%。其中，出口 23.77 万亿元，增长 0.6%；进口 17.99 万亿元，下降 0.3%。有进出口记录的外贸经营主体首次突破 60 万家。其中民营企业高达 55.6 万家，合计进出口 22.36 万亿元，增长 6.3%，占进出口总值的 53.5%，整体提升 3.1 个百分点。

与此同时，中国作为世界经济稳定增长的重要引擎，绿色低碳转型正呈现发展活力。绿色产业赛道成为新兴增长点，“外贸新三样”表现强劲。根据中国海关总署统计数字，2023 年，电动载人汽车、锂离子蓄电池和太阳能电池这“新三样”产品合计出口 1.06 万亿元，同比增长 29.9%。这是“新三样”产品出口首次突破万亿元大关。众多行业头部企业，如宁德时代等前瞻性布局“CREDIT”（Carbon，Recycle，Energy，Due Diligence，Innovation，Transparency）价值链可持续透明度审核计划，抢占国际化 ESG 赛道。

一、供应链 ESG 发展情况

1. 绿色新兴消费市场崛起，消费者愿意为绿色溢价买单

根据普华永道《2023 年全球消费者洞察调研》，ESG 溢价正在推动可持续性成为企业业务差异化因素。调研显示，全球有超 40%的受访者愿意为符合 ESG 理念的产品和服务支付高于平均水平 10%的价格，中国消费者愿意为符合环保理念且具有可信度

的产品支付20%的溢价，而这一转变正推动许多大型消费品企业将ESG优先纳入日常业务运营，使其真正成为一个能够实现产品和服务增值的差异化因素。而年轻一代、游戏化和真诚这三大新型主题，也成为企业进行ESG推广和消费者教育的关键要素。此外，企业ESG通用服务，即ESG报告、ESG咨询、ESG培训及企业碳管理、环境合规、供应链管理等ESG相关的技术、服务与解决方案需求日益增长，综合化、专业化、一体化的ESG服务逐步成熟。

2. 借供应链传导降碳，环境（E）要求成企业出海最低“门槛”

2023年4月，全球首个碳关税政策，即欧盟碳边境调节机制（Carbon Border Adjustment Mechanism，CBAM）正式落地。根据这一法令，欧盟碳关税将于2023年10月1日起正式进入过渡期，直至2025年年底。过渡期内，钢铁、铝、电力、水泥、化肥和氢六大类产品的非欧盟供应商，需履行碳排放数据申报义务，即按季度向欧盟申报产品及其原材料等的碳排放量，并逐步过渡至按照欧盟标准申报。2026—2034年，CBAM将正式生效并全面实施。届时，如果非欧盟供应商能够证明自己已在第三方国家为生产进口产品的碳排放量支付了碳价，则相应费用可以全部减免；否则，一旦其产品碳排放不符合欧盟要求，则必须购买与在欧盟碳价规则下生产商品应付碳价等值的碳证书。作为欧盟最大的贸易出口国，中国供应商将成为CBAM的主要目标，不仅倒逼中国供应商必须参与产品及原材料的碳排放核查及申报，也意味着如果不尽快建立并落实中国本土的碳关税政策，将给出口产品增加额外的碳税成本，并影响中国“双碳”目标的实现。

碳税是一种控制碳减排的有效经济手段，我国在2006年就启动了碳税研究工作，2021年建立了全球规模最大的自愿碳交易市场（电力）。欧盟碳边境调节机制落地，打响国际碳关税征收第一枪，意味着未做好过渡期申报的企业，将丧失产品出口欧洲的通行证。在2026年之后，未做好碳减排措施的企业和未建立成熟碳税交易市场的国家，将不可避免地为出口贸易支付高额的碳关税成本。随着欧盟碳关税的落地和深化，碳关税在全球的普及和运行已经是必然趋势。

3. 企业ESG治理不当的成本代价高昂

ESG作为海外舶来品，在我国落地时间较短，中国企业往往将ESG治理等同于发布ESG报告，甚至将其视为一种顺应政策要求的无奈之举，或者是一种企业宣传手段，鲜有将其实质性地纳入企业合规战略和融入企业日常运营，由此带来的弊端也逐步显现。2023年，中国知名企业屡次在国外因原材料环保不合格、数据隐私泄露、劳工安全等ESG问题处理不当而遭遇滑铁卢，甚至影响到了企业海外发展总体战略。以

TikTok 为例，data. ai（移动市场情报公司）的数据显示，2023 年 TikTok 年度应用内购收入达到了惊人的 40 亿美元，力压一众大热产品，成为非游戏应用内购收入排行榜上的第二名，仅次于谷歌旗下的 YouTube，其生命周期内的累计营收已经突破了 100 亿美元大关。但在高速发展的同时，TikTok 的数据隐私保护等 ESG 问题遭受到了全球范围的质疑，并付出了高昂代价，让人不得不对其可持续发展性产生担忧。2023 年 3 月，美国华盛顿国会大厦听证会上，国会 52 位议员向 TikTok 的 CEO 周受资进行了超 200 次提问，用时长达 5 个小时。听证会的主题为“国会如何保护美国数据隐私和保护儿童免受网络伤害?”2023 年 9 月，爱尔兰数据保护委员会（DPC）宣布，TikTok 在儿童数据安全保护方面违反了《欧盟通用数据保护条例》（GDPR），对其罚款 3. 45 亿欧元。DPC 指出，TikTok 违反的规则包括：3 岁以下儿童用户的个人资料默认为公开；“家庭配对”设置允许非儿童账户与儿童账户配对，但 TikTok 不能验证配对方是儿童的父母或监护人等。与美国国会听证会强调的“数据隐私”议题相同，这笔罚款聚焦于 ESG 的 S（社会）领域。并且，这是 TikTok 收到的有关数据隐私方面的最高罚款。2023 年 11 月，欧盟委员会向 TikTok 发出通知，要求其提供按照欧盟《数字服务法案》（Digital Service Act，DSA）采取了保护未成年用户措施的相关资料。2024 年 2 月，欧盟委员会宣布，将对 TikTok 保护未成年用户的措施展开调查，以确认该平台是否充分遵守 DSA，原因是担心该公司为遵守 DSA 所做的改变不足以保护未成年用户。根据 DSA 的规定，如果 Tiktok 在内容审核、用户隐私和透明度等方面存在违反该法令的行为，将面临高达其全球营业额 6%的罚款。2024 年 4 月，蒙大拿州众议院通过了全面禁止 TikTok 的法案，其理由是，TikTok 对用户数据的过度收集和潜在的滥用。

同样的情况也发生在中国知名快时尚品牌 SHINE 的赴美 IPO 之路上。2023 年，SHINE 的母公司 Zoetop 因“未能保护好用户数据，导致数据泄露，并试图淡化其影响”被美国纽约州罚款 190 万美元。因“其两家供应链工厂条件恶劣且薪酬较低”“47 种服装中 15%的危险化学品含量超过欧盟监管”，生产中管理碳排放和污水处理、库存积压的废弃物处理不当等综合原因遭遇环保组织、当地政府和民众抵制和抨击，甚至在欧洲权威媒体上被嘲讽其 ESG 问题已经到了火烧眉毛的地步。最终 SHINE 宣布要投入 1500 万美元，帮助供应链上的数百家工厂升级，其责任采购（SRS）计划支出也将增加 1 倍，以加强对工厂的审核和培训。

综合来看，中国出海企业规模越大、涉及用户数据隐私的范围越宽、员工人数越多、供应链越长，为 ESG 管理不当所付出的成本将越高昂。以 TikTok 为例，从 ESG 合规角度而言，这样一个发展迅猛、涉及大量用户隐私数据的互联网庞然大物，美欧用户对其本就脆弱的数据安全和保护措施心存疑虑十分正常，只有严格按照出海国本地监管政策，切实做好数据存储本地化，以及建立严格的数据采集、传输、存储、使用审查机制，积极践行 ESG，才能真正在国际市场站稳脚跟，实现可持续发展。

二、供应链 ESG 国内政策法规发展

1. 供应链绿色低碳政策发展

随着“3060”目标的临近，2023 年，我国“双碳”政策法规正在密集实质化落地。政策发力点在于，通过制定碳排放核算及碳信息披露政策标准，强化企业对碳排放核算与碳信息披露的重视程度，督促其不仅要重视本身碳核算，更要重视供应链上下游碳排放数据管理，进而开展行之有效的碳减排行动。

2023 年 3 月，国家发展改革委在《绿色产业指导目录（2019 年版）》的基础上，形成《绿色产业指导目录（2023 年版）》及解释说明文件，并向社会公开征求意见。2023 年 4 月，国家标准委等 11 部门印发了《碳达峰碳中和标准体系建设指南》，提出包含基础通用标准、碳减排标准、碳清除标准和市场化机制标准的完善的体系化建设标准，指导企业建立碳核算核查、碳信息披露、化石能源清洁低碳利用、生产和服务过程减排、碳捕集利用与封存、碳排放交易体系。2023 年 11 月，《国家发展改革委等部门关于加快建立产品碳足迹管理体系的意见》提出健全重点产品碳足迹核算方法规则和标准体系，建立产品碳足迹背景数据库，推进产品碳标识认证制度建设，力争到 2025 年和 2030 年在国家层面分别出台 50 个和 200 个左右重点产品碳足迹核算规则和标准并实现国际接轨与互认。

2023 年 10 月，生态环境部办公厅发布《关于做好 2023—2025 年部分重点行业企业温室气体排放报告与核查工作的通知》，将石化、化工、建材、钢铁、有色、造纸、民航等重点行业，年度温室气体排放量达 2.6 万吨二氧化碳当量（综合能源消费量约 1 万吨标准煤）及以上的重点企业纳入该通知的年度温室气体排放报告与核查工作范围。

在金融政策方面，绿色信贷、绿色债券仍然是 2023 年金融工作总基调，并将发力点放在对重点行业转型金融的重视上。例如，G20 可持续金融工作组将转型金融作为重点工作之一，央行也已组织开展钢铁、煤电、建筑建材、农业等四个领域转型金融标准研究，待条件成熟时公开发布。

在碳市场运行方面，国家核证自愿减排量（CCER）在 2023 年下半年加快了重启进程。2023 年 10 月，生态环境部、市场监管总局联合发布了《温室气体自愿减排交易管理办法（试行）》，当日，生产环境部发布了关于“造林碳汇”“并网光热发电”“并网海上风力发电”“红树林营造”四项温室气体自愿减排项目方法学，全国 23 个气候投融资试点正在生态环境部的指导下有序展开工作。

2. ESG 合规法律体系发展

2023 年，中国的 ESG 合规法律体系化建设迎来新的阶段。《中华人民共和国民法典》第 86 条规定，商事主体从事经营活动，应当遵守商业道德，维护交易安全，接受政府和社会的监督，承担社会责任。《中华人民共和国公司法》第十九条（原第五条）规定，公司从事经营活动，应当遵守法律法规，遵守社会公德、商业道德，诚实守信，接受政府和社会公众的监督。这是我国民法典，以及商事基本法律中最早对公司社会责任的规定。2023 年年底，万众瞩目的新修版《中华人民共和国公司法》出台，新增的第二十条规定，“公司从事经营活动，应当充分考虑公司职工、消费者等利益相关者的利益以及生态环境保护等社会公共利益，承担社会责任。国家鼓励公司参与社会公益活动，公布社会责任报告。”这是我国首次正式将 ESG 企业治理理念纳入商事基本法律规则，对于指导新时代背景下的企业经营行为和司法实践具有重大意义。

在刑事法规的衔接方面，继 2022 年刑法修正案（十一）发布之后，我国刑事法律着力加大了对漂绿行为和环境违规行为的处罚力度。2023 年 8 月 15 日（首个全国生态日），《最高人民法院 最高人民检察院关于办理环境污染刑事案件适用法律若干问题的解释》正式施行，贯彻并细化了刑法修正案（十一）的精神，对承担环境影响评价、环境监测、温室气体排放检验检测、排放报告编制或者核查等职责的中介组织人员，实施提供虚假证明文件犯罪的定罪量刑标准作出明确规定，并进一步完善了对破坏环境质量监测系统行为的处理规则。这是 1997 年《刑法》施行以来最高司法机关就环境污染犯罪第四次出台专门司法解释，也意味着企业及其负责人、第三方中介服务机构及从业人员等虚假披露碳排放数据等行为将直接面临刑事处罚，第三方中介服务机构提供 ESG 信息披露将不再仅仅是一种形式上的要求。

3. ESG 信息披露标准的发展

2023 年是中国企业 ESG 信息披露进一步强化的一年。2024 年 2 月 8 日，沪深北交易所发布《上市公司持续监管指引——可持续发展报告（征求意见稿）》（以下简称《指引》），三份指引性文件由证监会统一部署，总体结构、内容基本一致。根据《指引》，报告期内持续被纳入上证 180、科创 50、深证 100、创业板指数的样本公司以及境内外同时上市的公司应当最晚在 2026 年 4 月 30 日前，首次披露 2025 年度《可持续发展报告》。此外，北交所上市公司可按照相关规定自愿披露。据《21 世纪经济报道》统计，目前共 450 余家 A 股上市公司被纳入强制披露范围，合计占 A 股市值的 51%。加上自愿性披露的上市企业，我国的上市公司 ESG 报告将不再仅仅是少数大公司或国有企业的“阳春白雪”，而将成为获得资本市场青睐的“硬性标配”。

三大交易所《指引》的发布成为A股上市公司发布ESG报告的强劲新动能。根据“青悦”的ESG数据，截至2024年5月1日，A股3个交易所上市公司共计披露2342份ESG报告（含中英文），仅仅4个月已超2023全年的2234份。其中，上交所上市公司已发布1212份ESG报告，超上年全年的1074份；深交所上市公司已发布1033份，超上年全年的855份；北交所上市公司已发布10份，超上年的4份。

综合看来，中国特色的ESG信息披露标准正初现雏形。研究显示，中国ESG信息披露逐步呈现“1+1”ESG框架模式，即以国际ESG指标中的共性指标作为普适性基础框架，并基于中国国情与战略布局形成特色ESG指标。比如，在环境维度议题方面，欧美国家的环境议题主要关注气候变化，指标设置上更关注企业的气候责任行为；中国的ESG指标设置上多从“生态文明建设”出发，衡量企业的绿色转型、污染防治和节能减排表现。在社会维度议题方面，中国的社会维度指标更多地体现在国家宏观战略的执行，包括乡村振兴、共同富裕、农业发展、灾害救助、公共卫生等特色内容，并将人权和平等这一常见社会议题放宽到企业对员工、消费者、供应商等利益相关方诉求的回应，弥补了国际ESG指标体系中的国别映射缺失。在治理维度议题方面，考虑到中国ESG市场的成熟度、市场特点以及上市公司的组织形式差异，中国的治理维度指标参照国企等企业主体现状，将国际通用议题与既有国情制度进行了融合。

三、供应链ESG国际政策法规发展

1. 国际碳关税政策法规发展

2023年5月，欧盟碳边境调节机制（CBAM）正式生效，旨在对出口到欧盟产品中的隐含碳排放量征收碳关税。尽管CBAM允许进口商品在缴税时扣除其在原产国已支付的碳价，基于我国碳价格与欧盟碳价格巨大的剪刀差，中国高碳排企业的产品出口成本将显著增加。2023年8月17日，欧盟正式公布了碳边境调节机制过渡期实施细则（Commission Implementing Regulation）。2023年10月1日至2025年年底为过渡期，在此期间，进口商需就钢铁、铝、电力、水泥、化肥和氢六大类产品的隐含碳排放按季度进行报告；2026年1月1日欧盟碳关税正式起征，价格将与欧盟排放交易体系配额的每周平均拍卖价格保持一致。在过渡期内，钢铁、铝、电力、水泥、化肥和氢6大类产品均需报告直接排放信息和间接排放信息。在正式实施阶段，水泥、化肥、电力将核查直接排放和间接排放，而钢铁、铝、氢只核查直接排放。

2023年8月17日，欧盟《电池与废电池法规》正式生效，根据该法规规定，自2025年2月18日起，在欧盟市场上投入使用的动力电池需提供碳足迹认证，2026年8月18日起需提供电池碳足迹性能等级，2027年2月18日起需提供涵盖电池制造历史、化学成分、技术规格、碳足迹等信息的数字电池护照，2028 年 2 月 18 日起需提供电池低于欧盟碳足迹最大限制的证明。在中国电池行业尚未建立统一的碳足迹核算标准与相关数据库的情况下，中国电池厂家要满足欧盟前述要求，显然存在巨大的困难和挑战。

2. ESG 信息披露政策法规的发展

2023 年 6 月，国际财务报告准则（IFRS）基金会在北京正式设立办公室，其发起组建的国际可持续发展准则理事会（ISSB）在 6 月 26 日正式发布《国际财务报告可持续披露准则——可持续相关财务信息一般披露要求》（IFRS S1）和《国际财务报告可持续披露准则——气候相关披露》（IFRS S2）。全球 64 个司法管辖区的近 400 个组织已承诺推动这些气候相关准则的采纳和应用。其中包括 140 多家公司、70 多家机构投资者和 40 多家专业会计及审计机构。此外，监管机构、企业团体和资产管理规模超过 120 万亿美元的投资机构团体也表示支持。新加坡、澳大利亚、中国香港、日本以及南美洲和非洲的部分国家已经或正在考虑采纳 ISSB 准则。中国财政部则明确表态，中国将全力支持 IFRS 的工作和 ISSB 国际可持续披露标准的制定和落实。综合来看，随着第 28 届联合国气候变化大会（COP28）的召开以及 ISSB 两项可持续准则的推出，ESG 正向全球一体化、标准化的大合规格局迈进。

2023 年 1 月 5 日，由欧盟委员会牵头起草的《企业可持续发展报告指令》（CSRD）正式生效。为了使 CSRD 更具有可操作性，欧洲财务报告资讯组开发了《欧洲可持续发展报告准则》（European Sustainability Reporting Standards，ESRS），作为 CSRD 的实施细则，ESRS 涵盖了包括气候变化、生物多样性和人权在内的环境、社会和治理问题，旨在为投资者展示可持续发展事项所带来的企业投资风险和机遇，让利益相关方充分了解企业生产经营对环境及社区所带来的影响。由于 CSRD 和 ESRS 在起草之初就充分考虑并借鉴了全球标准，并尽可能保持了欧盟标准与全球标准之间的互通性，因此并不会给企业带来双重报告的压力。ESRS 于 2024 年 1 月 1 日生效并开始执行，供首批披露义务企业在 2024 年、2025 年使用。

2023 年 12 月 14 日，欧盟理事会和欧洲议会就《企业可持续发展尽职调查指令》（CSDDD）达成临时协议，要求员工超过 500 人、全球净营业额超过 1.5 亿欧元的大公司（与 CSRD 调整对象一致），就其自身业务、其子公司业务以及其商业伙伴业务全面承担人权和环境影响义务。对于违反指令的大公司，可以施加最高为公司净营业额 5% 的罚款。当大公司发现某些商业伙伴对环境或人权造成不利影响且这些影响无法预防或终止时，公司可以终止这些商业关系。在欧盟理事会和欧洲议会批准并公布正式协议后 20 日起，该指令将生效，欧盟各成员国有 2 年的过渡期将其转化为国内法规。

3. 国际反漂绿政策法规的发展

尽管 ESG 旨在推动全球净零经济转型，推动企业产品绿色化改造及全社会可持续消费理念的培养，但由于其本质上可以直接影响投资决策，企业往往利用“绿色”标签去推广产品、获取投资，从而导致漂绿（Greenwashing）行为发生。因此，在全球范围内，围绕漂绿的政策法规监管工具包不断扩大。

2023 年 9 月 19 日，欧盟理事会和欧盟议会达成临时政治协议，将通过修订《不公平商业行为指令》（UCPD，Directive 2005/29/EC）和《消费者权利指令》（CRD，Directive 2011/83/EU）两项绿色转型消费者权益指令，来加强消费者权利，抑制企业漂绿行为，促进实现绿色转型。在此基础上，2024 年 1 月 17 日，欧洲议会表决通过了“为绿色转型而赋能消费者”（Empowering Consumers for the Green Transition）协议计划，从 2026 年 9 月 27 日起执行，届时将全面禁止产品或服务提供者做出基于温室气体排放抵消（offsets）的环境影响声明。计划原文写道：“特别重要的是，应禁止基于温室气体排放的抵消来声称某产品（无论是商品还是服务）在温室气体排放方面对环境具有中性、减少或积极的影响。在任何情况下都应禁止此类声明，因为它会误导消费者，使其相信此类声明与产品本身相关或与产品的供应和生产相关，甚至会给消费者留下错误印象，认为消费该产品不会对环境产生影响。只有基于产品实际生命周期影响的环境声明才应被允许，而非基于产品价值链外的温室气体排放抵消，因为两者并不一样。”根据欧盟的此项法令，两年后在欧盟市场虚假宣传“零碳产品”或“碳中和”将被直接认定为误导消费者的违法行为。这是欧盟首次通过修改和制定法令的方式将“漂绿”行为与消费者权益相挂钩，将会对世界范围内的消费者权益保护法令的发展产生巨大影响。

2023 年 9 月 20 日，美国证券交易委员会（SEC）通过了《投资公司法案》（Investment Company Act）的《名称规则》的修正案，要求在名称中包含 ESG 或可持续性相关因素的基金将其资产价值的至少 80%投资于相关领域，并要求相关基金至少每季度评估其在 80%投资政策内的投资组合资产的处理情况。该法案意味着 SEC 修改了美国延续了 20 年的基金名称规则，将漂绿监管直指投资资产的 ESG 实质化落地，法案在公布 60 天后生效。

四、中企供应链 ESG 合规管理要点

在 ESG 管理与披露要求向供应链延伸且日益趋严的情景下，中国企业供应链合规管理的目标可以为：确定本企业 ESG 关键议题，通过对供应链的有序管理及有

效实践，充分响应政府、国际组织、链主企业的 ESG 合规要求，以 ESG 表现满足投资人、客户、消费者的要求及期望，从而改善企业核心竞争力，实现企业长期财务指标改善和可持续性发展。

1. 确定企业是否属于 ESG 管辖范围

根据本企业所处行业和发展阶段，结合监管政策、链主企业等的合规要求，选择与本企业密切相关的 ESG 议题，是开展供应链 ESG 合规管理的前提。ESG 供应链议题根据不同行业类型侧重点有所不同，在选择时除了需考虑当地 ESG 合规政策、链主企业关注重点外，还需结合本行业重大 ESG 风险事件中投资人、消费者等的关注热点并将其纳入关键议题选择考量中。例如，纺织品服装行业的 ESG 供应链议题重点围绕“碳中和”目标、循环经济以及劳工合规三大议题展开；新能源行业不仅要满足出口所在地的“碳中和”目标和碳边境调节机制（CBAM），还需确认其技术研发和技术创新是否符合出口地的技术认证标准，是否存在技术贸易壁垒；电子产品企业的 ESG 议题则包括供应链的透明度和全链条可追溯性，对于电子产品中有害物质、电子垃圾的回收处置的披露，劳动用工合规、电子数据安全合规保护等；电子商务平台企业的议题则更多围绕反不正当竞争及商业贿赂等展开；在海天味业添加剂事件发生后，食品行业应侧重于关注食品原材料溯源及信息披露、保障消费者知情权和反地域歧视、供应链碳排放信息披露等关键性议题。

2. 参与或配合供应链 ESG 尽责调查

在确定企业关键议题后，企业应当采取科学有效的尽责调查手段开展 ESG 尽责调查，以高效地响应利益相关方的信息透明化要求。就供应商而言，经常面临以下两种类型的尽责调查。第一类，配合链主企业或跨国公司的供应商要求而展开尽责调查及风险补救。以经济合作与发展组织（OECD）《负责任商业行为尽责管理指南》（Due Diligence Guidance for Responsible Business Conduct）为例，OECD 认为跨国企业有义务开展基于风险的尽责管理工作，将负责任商业行为融入跨国企业的政策与管理体系，通过识别与评估供应链和业务关系中的不利影响，沟通如何消除影响，采取措施终止或减轻不利影响；跟踪供应商或业务合作方的实施情况及结果等措施来进行供应商尽责调查和管理。在这一过程中，供应商可能被要求配合提供自身的尽责调查报告，并对跨国企业或者链主企业所关注的关键议题，如商业贿赂、碳排放、冲突矿产等开展第三方审计。第二类，完成链主企业或客户发起的评估问卷或专项议题问卷调查。越来越多的中国企业收到链主企业或者潜在客户的对某个 ESG 专项议题的评估问卷或问卷调查填写邀请，这是链主企业或者潜在客户挑选合格供应商的重要途径，一旦入围则将可能被视为对关键议题的承诺，因此应积极开展相关合规管理并认真回复。以欧洲多家车企联合发起的汽车行业可持续供应链项目——驱动可持续（Drive Sustainability，DS）为例，DS 在形成了有关 ESG 议题的一致的标准、共同的管理及评估方法之后，通过可持续发展评估 SAQ 问卷的形式，成为供应商筛选的管理工具，鼓励并支持一级供应商贯彻至其次级供应链中。

3. 链主企业 ESG 合规管理重点

链主企业供应链 ESG 合规管理的关键词是“协同”。对于处于供应链下游的链主企业而言，其自身表现是 ESG 合规治理中的最易控制和实现的一环，最大的难点和重点在于供应链 ESG 风险管理。供应链风险的强传导性决定了一个链条上的风险事件足以导致整个供应链产业链的减产甚至断链。因此，要制定统一的 ESG 合规战略规划和管理标准，为各级供应商提供统一、实时和规范的持续指导，驱动与引领更多中上游链条中的企业的深度参与和贡献。

4. 供应商企业 ESG 合规管理重点

供应商 ESG 合规管理的关键词是“融入和提升”。对中小型供应商企业而言，ESG 合规治理是全新实务，合规难度较一般合规更高，缺乏专业的 ESG 指导是阻碍其 ESG 合规表现的主要原因。根据 DS 在 2021 年对中国汽车供应商的调研报告，中国供应商协同降碳已进入初始阶段，其驱动力主要来源于客户的碳减排要求。尽管有超过 80%的供应商开始管理其碳排放水平，但其中仅 2%的供应商宣称已建立成熟的碳管理体系及标准。供应商面临的最大困难除缺乏相关专业指导（29%）及工具（22%）外，还包括其自身供应链的协同管理。该组织 2022 年在中国发起的一次人权尽责管理调研报告则显示，已有超过 50%的供应商制定了与工作条件和人权相关的正式政策，且超过 40%的供应商已建立了包含人权尽责管理的相关管理体系，但缺乏专业指导及工具仍是目前供应链劳工人权议题协同管理的关键。总之，供应商企业应积极看待 ESG 合规所带来的新的市场机会和可持续发展的机遇，主动参与客户或链主企业、行业服务机构等进行的 ESG 培训和专业服务，建立与供应商、行业组织、当地社区等的定期沟通机制，征集相关方在企业供应链管理方面的意见与建议，不断改进企业的政策和管理措施；有效地将社会与环境影响纳入全产业链范围内，更好地承担起对产品与服务全生命周期的责任，构建和谐可持续的社会关系，获得良好的市场口碑与优质客户。

（王丽波，北京道可特（上海）律师事务所）

参考资料

1. 《世界贸易报告（2023）》。
2. 国务院新闻办公室官网，http：//www. scio. gov. cn。
3. 参考消息转载海关总署数据。
4. 普华永道，普华永道发布《2023年全球消费者洞察调研》中国报告，普华永道官方微信公众号，2023年。
5. 杜知航，未做好未成年人保护TikTok被欧盟罚款3.45亿欧元，财新网，2023年。
6. Commission sends requests for information to TikTok and YouTube under the Digital Services Act，欧盟官网。
7. 上海青悦，截至5月1日，A股上市公司发布ESG报告数量2342份，已超去年全年，澎湃新闻，2024年。
8. 中央财经大学绿色金融国际研究院，中国上市公司ESG行动报告（2022—2023），2023年。
9. 彭博社，TCFD发布最终报告指出需继续努力，2023年。
10. 责扬天下，供应链中的ESG传导，ESG竞争力进展观察报告。

第 16 章　通信运营企业绿色供应链体系构建及实施路径

一、引言

党的二十大提出，推动绿色发展，促进人与自然和谐共生。要加快发展方式绿色转型，推动经济社会发展绿色化、低碳化。推动战略性新兴产业融合集群发展，将绿色环保作为新的增长引擎，有序推进绿色低碳，确保完成“碳达峰”“碳中和”目标。国资委在《关于推进中央企业高质量发展做好碳达峰碳中和工作的指导意见》中提出，支持中央企业通过项目合作、产业共建、搭建联盟等市场化方式引领各类市场主体绿色低碳发展，构建绿色低碳供应链体系。工信部等七部委在《信息通信行业绿色低碳发展行动计划（2022—2025 年）》中要求，完善绿色产业链供应链，增强产业链供应链协同联动，提升绿色低碳发展整体合力。

为贯彻落实党和国家“双碳”战略，中国移动制订了“碳达峰”“碳中和”行动计划，设定“双碳”行动计划目标，提出“三能、六绿”的实施路径，全力推动企业绿色低碳发展。“三能”：洁能，在企业发展中使用清洁能源；节能，在企业运营中采取各种手段节约能源；赋能，以新技术赋能推动绿色和低碳发展。“六绿”包括绿色网络、绿色用能、绿色供应链、绿色办公、绿色赋能、绿色文化，其中绿色供应链是推动企业绿色发展的重要一环。中国移动实现绿色供应链运营应根据通信运营企业供应链特点，做好绿色供应链顶层设计，构建具有中国移动特色绿色供应链体系。

二、通信运营企业供应链特点

供应链（Supply Chain）是指生产及流通过程中，涉及将产品或服务提供给最终用户活动的上游与下游企业所形成的网链结构。具体包括供应商、生产商、分销商、运输商、仓储商、零售商和顾客（客户）等主体。传统模式下的企业供应链管理（Supply Chain Management，SCM）主要通过协调整合供应商、生产部门、仓储配送部门、销售部门等供应链上的各个环节，减少供应链整体运营成本，促进商流、物流和数据流的实时共享交换，以求在正确的时间和地点，生产和配送适当数量的正确产品，提高企业的总体效益。

绿色供应链的概念最早由美国密歇根州立大学的制造研究协会在 1996 年提出，是一种在整个供应链中综合考虑环境影响和资源效率的现代管理模式。它以绿色制造理论和供应链管理技术为基础，涉及供应商、生产商、销售商和客户用户，其目的是使企业产品从物料获取、加工、包装、仓储、运输、使用到报废处理的产品全生命周期内，对环境的影响最小，资源效率最高。企业对供应链发展的内外部驱动因素进行识别和分析，使绿色供应链运营具有了鲜明的数字化、智能化特征。

设计和搭建通信运营企业绿色供应链体系时，应充分考虑通信企业的行业特点。通信运营企业的供应链与传统制造业、零售业以及新型互联网科技服务业供应链均有所不同，具有以下几个特点。

（1）运营企业生产资料不仅包括有形物料，如 5G 通信基站设备、核心网设备、电源、IT 设备等，还包括无形的资产，如成品软件、管理平台软件等。

（2）与传统制造业不同，通信运营企业不设生产线，对生产资料加工后并不形成面向客户直接销售的有形产品。但通信企业将各类通信设备、软件进行安装和集成的过程，具备标准 SCOR（Supply Chain Operations Reference）模型中生产的大部分特性，可以将通信设备的安装建设视为企业生产过程。所不同的是生产的成果不是标准化、可以直接销售的产品，而是形成提供通信服务能力的基础网络。

（3）通信运营企业面向客户销售的主要产品是通信服务，服务对象主要是个人客户、家庭客户。近年来，通信运营企业进入了 ICT（Information Communication Technology）领域，政企客户新增成为通信运营企业客户之一。企业交付的产品增加了面向政企客户的信息网络平台、信息通信集成服务能力等，增加了有形、无形资产的交付，但仍然具有鲜明的非标准化特征，客户一般即为最终客户，供应链层级相对简单。通信运营企业 SCOR 模型如图 1 所示。

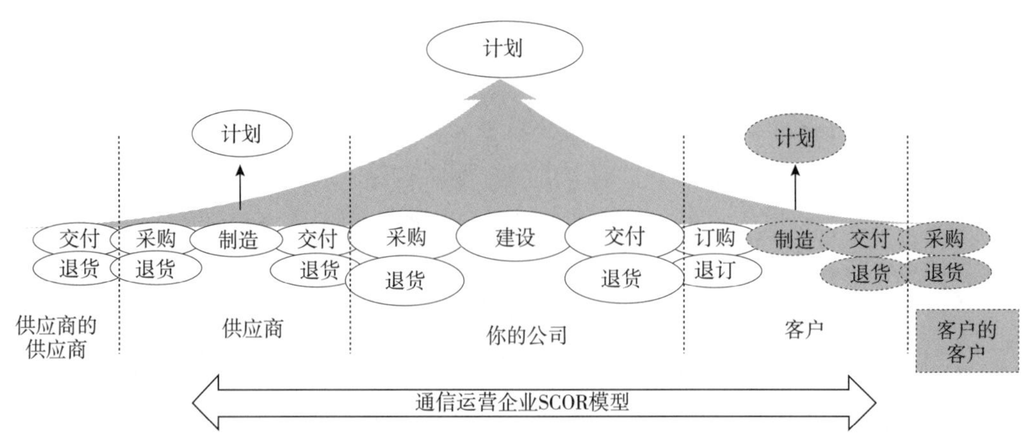

图1　通信运营企业 SCOR 模型

三、构建通信运营企业绿色供应链体系

贯彻和落实国家“双碳”战略和企业的“双碳行动计划”相关要求，首先要结合通信运营企业供应链管理重心前移、管理环节简化及建设过程非标准化等特点，同时利用通信运营企业数字化基础好、集中采购规模大、创新能力强等优势，聚焦绿色供应商、绿色采购、绿色物流和绿色运营等关键环节，搭建符合企业实际情况的绿色供应链体系，支撑全面实现供应链绿色转型。绿色供应链体系主要从以下三个方面着手（见图2）。

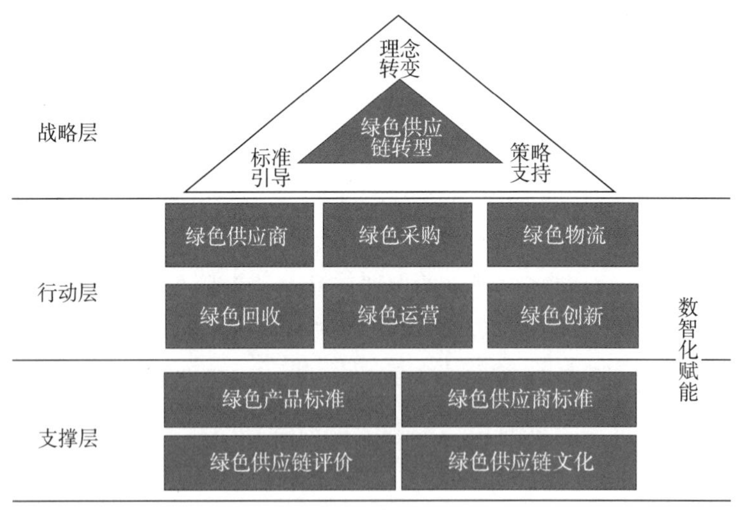

图2　绿色供应链体系架构

1. 战略层

通信运营企业应转变理念、统一思想，树立起绿色低碳的发展理念，深刻理解绿

色发展对于企业的价值和意义，将绿色价值链、绿色供应链和供应链的绿色运营作为企业发展的战略，开展形式多样的绿色发展企业文化活动，将绿色发展理念入心、入脑，形成绿色发展的共识。推动企业需求、技术、采购、仓储、物流、安装、运维等供应链涉及的相关部门围绕绿色、环保、节能通力协同，积极推动尽快完成企业供应链的绿色转型，在承担国有企业社会责任的同时，支撑企业可持续高质量发展。

2. 行动层

在企业绿色供应链发展战略的指引下，通信运营企业应结合行业供应链特点，寻找可行的切入点和抓手，在供应链管理的各个环节将绿色供应链落到实处。在当前条件下，建议企业重点从绿色供应商、绿色寻源采购、绿色物流、绿色回收等方面着手，制订可行的策略和措施，在供应链相关工作中进行落实。充分利用新兴信息技术手段，积极开展供应链创新，推动企业供应链的绿色运营。同时，不断总结实施过程中的经验和教训，优化和完善绿色供应链体系，通过绿色供应链转型带动企业走向绿色发展、高质量发展的快车道。

3. 支撑层

供应链管理中绿色标准体系建设是绿色供应链的基石。在开展绿色供应链实践过程中，及时总结，不断完善供应链绿色转型机制，积极探索和形成绿色供应链管理体系。一般来讲，供应链绿色标准体系主要包括绿色产品标准、绿色供应商标准等，这些都是企业绿色供应链的基础条件和重要组成部分，完善的绿色供应链标准体系可有力地支撑和推动企业供应链绿色转型。企业应在管理和工作实践中，寻找什么样标准的产品才是绿色产品、产品中的哪些技术指标才是绿色技术指标以及这些指标的标准和要求等问题的答案，形成自身特有的绿色供应链标准体系。

四、绿色供应链实施路径

1. 做好绿色供应链顶层规划设计

贯彻国家“双碳”战略，承接企业“双碳”行动计划，开展绿色供应链规划设计，根据通信运营企业的特点，明确绿色供应链运营目标，构建企业绿色供应链体系架构，做好绿色供应链顶层设计。在此基础上，依据企业绿色供应链近期、远期规划，围绕绿色供应链运营目标，确定绿色供应链行动实施路径和重点环节，如绿色采购、绿色物流、绿色回收等方面的具体推进措施。

2. 搭建绿色供应链标准规范体系

（1）绿色产品技术标准体系。

建立绿色产品技术标准体系。运用品类管理理论，分析企业采购物料特征，针对能源敏感型设备，如通信基站空调、5G 基站设备等常用通用物料，结合产品全生命周期成本（TCO）分析结论，制定符合企业实际要求的通用产品绿色技术标准，建立企业绿色产品技术标准库，确保采购的产品既能节能减排，又能实现总成本最优，调动供应商增加绿色技术使用和绿色产品研发的积极性，努力推动实现合作共赢。

（2）绿色供应商评价标准体系。

建立供应商绿色评价标准。在供应商评价重点关注质量、价格、交货期指标的基础上，加入对供应商清洁能源使用、绿色材料使用、绿色产品认证、供应商环境和健康管理认证等绿色评价指标的引入，逐步形成企业绿色供应商评价标准体系，对供应商开展绿色认证。同时，发挥通信运营企业供应链“链长”作用，在部分采购寻源中要求供应商具备绿色认证，积极推广应用绿色供应认证成果，引导供应商增强开展绿色减碳活动的主动性，共同打造良好的绿色供应链生态，增强绿色供应链的社会效益。

（3）绿色供应链成熟度评价体系。

搭建绿色供应链成熟度评价体系。绿色供应链评价体系是推进绿色供应链工作的重要基础，企业可依据评价结果，寻找工作短板，制定对应措施，提高供应链绿色效率和效益。构建绿色供应链评价体系可从供应商管理、采购寻源采购、物流配送、退货回收、供应链运营绩效等全流程、全方位进行衡量和评价，科学设置评价指标，如绿色产品采购占比、绿色供应商占比、到货及时率、库存周转率、绿色包装使用占比、配送车辆空载率、产品退货率等。学习和借鉴行业成功经验，形成具有通信企业特点的供应链运营活动碳足迹和碳排放量计算标准和方法，监控“减碳”行动的实际效果。

3. 绿色供应链制度和文化体系

构建绿色供应链制度和文化体系。贯彻落实和承接国家和通信企业集团“双碳”行动计划，建立健全企业绿色供应链制度体系，在供应商管理、采购寻源管理、物流仓储管理、闲废物资管理以及供应链绩效管理等方面，梳理现有规章制度，增加绿色运营的相关管理要求，从制度流程和考核机制等方面有力引领供应链绿色转型，支撑供应链绿色低碳运营。同时，组织形式多样的活动，宣传党和国家“双碳”战略、企业集团“双碳”行动计划以及公司绿色低碳运营的相关要求，树立绿色运营理念，营造良好的绿色供应链文化氛围。

4. 锚定关键环节推动绿色供应链稳步发展

锚定供应链关键环节，以点带面推动绿色供应链稳步发展。供应链管理是通信运营企业管理的重要组成部分，目前行业绿色供应链运营最佳实践较少，应积极引入和借鉴国内外和行业内外成熟的最佳实践案例，在绿色采购、绿色供应商、绿色物流、绿色回收等重要环节，结合通信运营企业特点及本企业实际状况，制订可操作的绿色行动实施方案，并积极组织实施落地。对于对供应链运营影响较大的管理举措，可按照先试点、再总结、后推广的思路，有序推进，确保企业“双碳”行动计划落地，逐步实现绿色供应链目标。同时，应以供应链创新为抓手，积极开展绿色供应链创新实践，使用新技术、新方法、新思路，引入清洁能源和节能技术的绿色产品，探索建设绿色低碳通信基础设施，逐步建成具有企业自身特色的绿色供应链运营体系。

5. 以数字化、智能化赋能绿色供应链发展

供应链全流程在线化、数字化，可大幅降低传统运营模式下各种资源的消耗，契合绿色供应链发展方向。供应链智能化是数字化的进一步演进和发展，作为供应链管理能力的倍增器，将进一步推动绿色供应链敏捷、高效，成为绿色供应链体系，实施绿色运营的重要抓手。

通信企业数字化基础良好，端到端的供应链管理平台已普遍应用，内部协同全部实现在线化，与重点供应商也开展了信息化平台协同。绿色供应链推进和实施中，从采购需求、采购方案、采购寻源、合同签订、仓储物流、建设安装和供应商评价等阶段，充分利用数智化手段为绿色供应链赋能。在采购需求阶段，与需求部门协同设定通用产品绿色技术标准，重点产品增加节能技术和节能工艺要求。在采购方案阶段，全面应用自动化和智能化的采购方案编制工具，将健康认证、环境认证作为采购项目的资格条件或评审指标，将节能技术方案和节能效能指标纳入评审办法，提出绿色包装要求等。在采购寻源阶段，持续开展招标采购全流程在线化和全流程智能化。在合同签订阶段，深入推进合同文本无纸化、合同签章电子化、订单下达系统协同化，推动降本、高效。在仓储物流阶段，搭建全流程可视化调度平台，开展智能化仓储、智能化物流，实现按需求精确到货、最佳配货和最佳路径。在建设安装阶段，打通供应链管理、建设管理、运维管理等系统接口，通过数字化协同，开展逆向物流和闲废物资回收等工作。在供应商评价阶段，将供应商绿色认证、绿色工艺、绿色技术以及库存、退网产品置换等纳入供应商评估体系，携手供应商构建绿色供应链体系。

后期，通信运营企业应重点加强供应链系统智慧化建设，融合应用云计算、大数

据、物联网、人工智能、区块链、数字孪生等新技术，构建绿色供应链技术图谱，广泛开展新技术场景化应用，不断增强供应链系统支撑能力，增强供应链的敏捷性和韧性，提高供应链整体效能，以数智化赋能绿色供应链高速发展。

通信运营企业绿色供应链实施线路如图 3 所示。

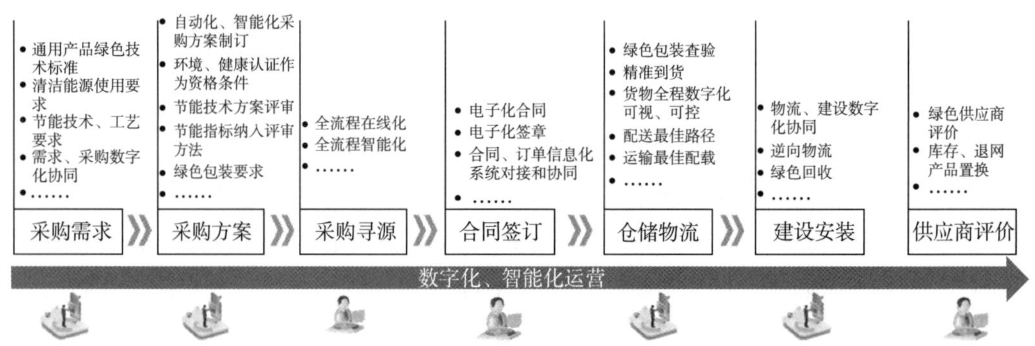

图 3　通信运营企业绿色供应链实施线路

五、总结

在绿色供应链实践中，通信运营企业要根据行业特点，学习和借鉴国内外绿色供应链最佳实践经验，构建具有自身特色的企业绿色供应链体系。实施过程中做好供应链顶层规划设计，搭建完善的绿色供应链标准规范和制度、文化体系，锚定供应链关键环节，以数字化、智能化运营为抓手，合理运用全生命周期成本分析等方法论，围绕绿色供应商、绿色采购、绿色物流、绿色回收四大重点工作，积极实践、开拓创新，不断完善绿色供应链体系，增强供应链敏捷性，保障供应链安全，提升供应链效率和效益，推动供应链实现降本增效和节能减排，确保企业“双碳”行动计划目标顺利达成，有力支撑企业高质量发展。

（程建宁，中国移动通信集团陕西有限公司；
月球、柳晓莹，中国移动通信集团供应链管理中心）

参考资料

1. 周京，电力企业绿色供应链管理标准体系研究，《华北电业》2022 年第 10 期。
2. 杨真真，卢晶，王广江，等，“碳达峰、碳中和”目标背景下电网企业绿色采购策略研究，《现代管理》2022 年第 2 期。

3. 瞿恒亮，胡永焕，陈之浩，等，电网企业绿色供应链发展评价体系及应用场景研究，《现代管理》2022 年第 12 期。
4. 李天民，绿色供应链标准化发展对策研究，《中国质量与标准导报》2022 年第 6 期。
5. 许笑平，我国绿色供应链创新发展中的障碍与改进策略，《中国市场》2023 年第 11 期。
6. 于梅，高职“供应链管理”课程教学改革探究，《淮北职业技术学院学报》2022 年第 6 期。
7. 杨歌，2025 年中央企业万元产值综合能耗比 2020 年下降 15%，《机电商报》2022 年。
8. 张曙红，中国制造企业绿色供应链就绪评价指标体系研究，《中国物流与采购》2009 年第 7 期。

趋势五：供应链标准建设

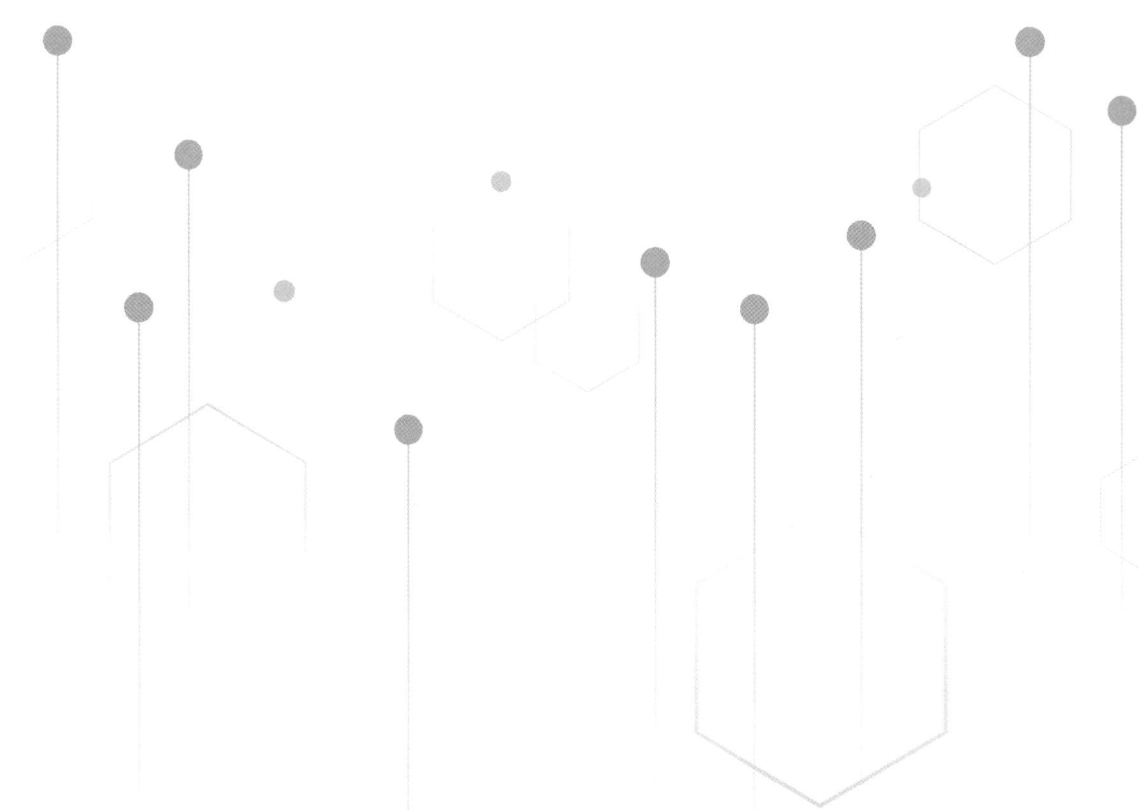

第 17 章　供应链安全标准建设

供应链是一个复杂的有机整体，上下游间环环相扣，任何一环的变动都会引发其他环节波动，影响逐级放大。当前，国际形势严峻，俄乌冲突、台海局势紧张，严重影响全球供应链的稳定运转，国内很多企业供应链也由于“卡脖子”问题出现核心部件、高端材料断供。在企业内部，由于缺乏信息安全共享渠道和完善的监管机制，信息流在供应链参与主体之间传递时亦存在被窃取、篡改风险，导致供应链体系的波动与不稳定。

2024 年政府工作报告提出“实施制造业重点产业链高质量发展行动，着力补齐短板、拉长长板、锻造新板，增强产业链供应链韧性和竞争力”。为应对日益严峻的国内外形势和供应链信息协同、可信监测等方面的风险，加强供应链安全标准建设迫在眉睫。通过供应链安全标准体系的研究和建设，帮助企业拓宽研发和运营的视角，快速响应环境变动，调整生产、库存和物流策略，提高供应链安全和韧性水平，引领供应链良性健康发展。

在供应链安全方面，国家从 2009 年至今，在供应链风险管理、供应商行为管理、供应链信息安全技术要求等领域发布了一系列国家标准。

GB/T 24420—2009《供应链风险管理指南》，标准提出了供应链安全风险的通用分析框架，包括供应链风险管理的步骤，以及识别、分析、评价和应对供应链风险的方法和工具，该标准为供应链风险管理提供了普适性的指导。

GB/T 31168—2014《信息安全技术 云计算服务安全能力要求》针对云计算服务在供应商管理、采购外包等环节可能存在的隐患提出安全能力基准。

GB/T 32921—2016《信息安全技术 信息技术产品供应方行为安全准则》针对供应链在运行维护环节存在的信息泄露风险，面向供应方提出安全行为规范。

GB/T 32926—2016《信息安全技术 政府部门信息技术服务外包信息安全管理规范》面向政府部门信息技术服务外包中存在的信息泄露、安全漏洞等安全风险，提出采购外包和管理制度等环节的安全要求。

GB/T 36637—2018《信息安全技术 ICT 供应链安全风险管理指南》覆盖了供应方和需求方在 ICT 供应链生命周期各环节的安全风险，分别提出安全要求和相应安全控制措施。

GB/T 22239—2019《信息安全技术 网络安全等级保护基本要求》中针对网络安全保护的目标，给出了信息系统相关产品在采购、使用、外包软件开发、服务供应商选择等方面的要求。

在审查的标准 20192184—T—469《网络安全技术 关键信息基础设施信息技术产品供应链安全要求》主要针对关键信息基础设施和政务信息系统供应链的安全提出技术要求。

国际上针对供应链安全管理、风险管理、供应商管理等制定了一系列标准。

ISO 28000：2007 *Specification for security management systems for the supply chain* 建立了供应链安全的管理体系，用于提高供应链在生产交付方面的安全性。

ISO/IEC 20243—1：2023 *Information technology-Open Trusted Technology ProviderTM Standard（O-TTPS）-Part 1：Requirements and recommendations for Mitigating maliciously tainted and counterfeit products* 系列标准主要针对 ICT 产品和服务在研发设计、生产交付、运行维护等环节面临的恶意篡改、仿冒伪造安全风险提出应对措施。

ISO/IEC 27036—4：2016 *Information technology—Security techniques—Information security for supplier relationships Part 4：Guidelines for Security of cloud services* 系列标准基于过程模型给出了采购过程（主要是供应商选择和采购外包）和供应过程（主要是生产交付）信息安全管理要求，并在信息安全管理体系基础上增加供应链的信息安全管理制度和措施。

NIST SP800—161 *Supply Chain Risk Management Practices for Federal Information Systems and Organizations* 建立了联邦政府部门和机构的供应链风险管理模型，提出了覆盖 ICT 供应链风险识别、评估、安全控制的风险管理过程。

以上标准聚焦于传统供应链安全管理和供应链信息技术的安全应用。随着物联网、人工智能、区块链等信息技术的发展和应用平台的建设，在国家提倡“双碳”的背景下，近两年涉及绿色供应链安全管理和供应链信息技术安全赋能的标准建设相继酝酿建立。

一、2023 年供应链安全标准建设情况总结

国内外供应链安全标准体系在逐步建立过程中。2023 年是承上启下的一年，传统供应链安全管理的标准在推行实施，供应链数字化、智慧化转型过程中面临的信息安全、业务协同安全方面的标准也在不断更迭，覆盖各行各业的供应链风险管理、数字化供应链信息安全、业务协同安全、安全技术检测等各方面，不仅包括国家标准，还涉及众多的团体标准。国家标准为供应链整体的质量安全管理、业务协同安全等指明

了方向，团体标准则更注重不同行业供应链的特异性，为企业供应链融入区块链、物联网、云计算、大数据等新一代信息技术，加固链条安全提供了标准支撑。供应链安全相关团体标准的推陈出新，体现了各行各业在当前复杂多变的国际形势中对供应链韧性和安全性提升的重视。

1. 国内供应链安全标准

（1）供应链质量安全管理。

ISO 28000 提出了供应链质量安全管理体系，GB/T 24420—2009《供应链风险管理指南》规定了供应链安全风险管理通用指南。在此基础上，面向具体行业的供应链风险管理，相关标准也在推出。

2023 年 5 月，全国电子商务质量管理标准化技术委员会发布了 GB/T 42774—2023《跨境电子商务供应链质量安全管理指南》。跨境电子商务货品小、多且杂，出口金额总量大，产品质量参差不齐，涉及主体成分复杂，如果质量管理不善，会衍生严重的安全风险。因此，该标准通过对供应、物流、关务、仓储、卖方、商务平台等多方提出了质量安全管理的建议，风险检查和处置的流程，促进协调安全的供应链体系的建立。

在建筑行业，团体标准 T/CASC 0001—2023《建筑供应链金融业务应用指南》提出了供应链金融应用于建筑行业的业务模式，针对建筑供应链金融产品的服务与应用进行规范，并针对建筑供应链金融业务风险提出了控制措施，推动金融业务在建筑行业安全有序地推进。

（2）供应链业务协同安全。

供应链涉及多主体多业务协作，商流、物流、信息流、资金流与供应链紧密相连，生产、库存、运输、销售、服务等各类业务紧密联系，需要进行统一的计划、组织、协调与控制。任一环节失调，安全失控，直接破坏整个供应链条的良性运转。

GB/T 43060—2023《供应链电子商务业务协同技术要求》确定了供应链电子商务业务协同技术要求，包括需求协同、订单协同、生产协同、运输协同、结算协同及平台实现，并依据 GB/T 22239—2019《信息安全技术 网络安全等级保护基本要求》提出了相关平台实现的要求，以保证供应链电子商务协同平台的合规建设和安全运营。该标准发布于 2023 年 9 月，将于 2024 年 4 月正式实施。

（3）绿色供应链安全。

国家大力推动“双碳”战略，推动绿色发展。绿色“双碳”标准体系也在不断建设，其中涉及供应链安全管理的标准也应势而出。

GB/T 43145—2023《绿色制造 制造企业绿色供应链管理 逆向物流》属于绿色供应链管理标准，规定了企业逆向物流管理要求，包括制造、流通和消费、回收利用及末端处置环节管理要求和信息管理要求，通过产品全生命周期流动的管理及相应信息的规范要求，促进绿色供应链安全可持续发展。

团体标准 T/CACE 077—2023《发电企业绿色供应链管理规范》是面向火电、水电、新能源发电企业的供应链管理规范，规范中规定了发电企业绿色供应链管理的术语和定义、总体要求、策划、实施与控制、绩效评价及管理评审和持续改进等，相关要求中提到了“风险识别及管理”。任何行业供应链管理都很重视针对供应链风险的管理，合理科学的风险识别与防范措施可以保证供应链健康运转，为企业节省大量人力物力消耗。

（4）供应链数据安全。

供应链数据安全的重要性不言而喻，真实可溯的数据将成为产品防伪、供应链协同、供应链金融等业务展开的重要基础。

T/CAB 0256—2023《基于区块链的供应链数据存证规范》提出了利用区块链技术进行供应链数据存证的技术要求和业务流程。很多供应链管理解决方案的技术陈旧，容易引发人为错误和其他重大问题，数据的完整性和可靠性有待提升。区块链具备链式存储结构，可保证信息来源单一且不被篡改，确保初始、中间和结束阶段的各方保持数据同步并始终使用最新信息。由于区块链采用分布式网络结构，各节点共同维护账本的永久性和不可更改性，用户可轻松追溯供应链中的任何问题直到相应的某个点，区块链特性完美贴近供应链数据存证应用，T/CAB 0256—2023 规范了区块链用于供应链数据存证的技术要求。

T/CAB 0255—2023《供应链系统数据接口规范》提出了供应链系统数据接口的技术要求和安全要求，为保证供应链信息管理系统数据的保密性、完整性和可用性提供了标准基础。

T/KCH 001—2023《智能医用耗材供应链管理系统技术要求》规定了智能医用耗材供应链管理系统的系统概述、数据管理、运价管理和后台管理中涉及的技术要求。该标准为供应链智慧化转型中利用区块链、人工智能等技术建设供应链全生命周期智慧管理平台提供了规范性指导。新一代信息技术的引入保证医疗物资从供应链上游至下游全程状态信息真实可溯，打通了监管机构、相关企业、医院等多重主体之间的信息壁垒，满足了医疗物资的全流程追踪和透明可视。

（5）**供应商管理**。

供应商作为供应链的重要参与方，供应商的管理是供应链安全管理的重要部分。T/CBMCA 048—2023《建设工程供应链电线电缆供应商全过程管理规范》规范了建设工程行业电线电缆供应商准入、管理、退出全过程管理体系，为建筑工程供应链电线电缆供应商的全过程管理提供了标准依据。通过合理规范供应商的身份管理、准入和退出管理、行为管理，提升供应商的可靠性，促进供应链参与方之间的信任关系，加强供应链的安全。

（6）**安全技术检测**。

信息时代，软件工程和相关产业迅猛发展，供应链中各种信息技术融入，供应链管理系统和平台涉及的软件程序、动态库繁多，相互之间依赖关系多变。软件供应链安全是促进产业良性、快速发展的必要条件。T/CQCIO 001—2023《软件供应链安全技术检测规范》是“软件供应链安全”检测标准，定义了具体、实用、可行的软件供应链安全技术检测流程、风险框架、检测模块，并描述了检测流程中可能涉及的风险及防范措施，为软件供应链安全技术检测提供参考。

（7）**供应链平台安全**。

供应链平台是支撑供应链管理的基座，平台的安全是保证供应链安全的前提。T/ZADT 0009—2023《数字贸易 基于区块链的供应链金融平台安全通用技术要求》提出了基于区块链的供应链金融平台的通用安全技术要求，涉及整体平台安全框架、基础设施层安全要求、区块链层安全要求、平台层安全要求、第三方系统安全要求，较为全面地阐述了使用区块链的供应链金融服务平台通用安全技术要求。

T/CASME 289—2023《钢铁工业供应链集成管理平台功能要求》适用于钢铁工业供应链集成管理平台功能的设计与开发，规定了钢铁工业供应链集成管理平台功能的总体要求、基础功能要求、扩展功能要求、接口要求、平台安全要求，在平台安全要求中对用户安全认证、网络数据加密传输、网络抗攻击能力、系统备份、数据存储和备份安全、部署环境安全等提出了技术要求，规范了平台建设的安全条件。

2. 国外供应链安全标准

国际标准化组织（IX-ISO）在2023年新发布了供应链信息安全和应用安全相关的标准，包括 ISO/IEC 27036—3：2023 *Cybersecurity—Supplier relationships—Part 3：Guidelines for hardware，software，and services supply chain security*（即《网络安全—供

应商关系—第 3 部分：硬件、软件和服务供应链安全指南》），以及 ISO/IEC 17360：2023 *Automatic identification and data capture techniques—Supply chain applications of RFID—Product tagging, product packaging, transport units, returnable transport units and returnable packaging items*（即《自动识别和数据捕获技术—RFID 的供应链应用—产品标签、产品包装、运输单元、可回收运输单元和可回收包装物品》）。

其中，ISO/IEC 27036—3：2023 关注供应链信息安全风险管理，该标准中提到的风险包括供应链系统涉及的物理分散的多层硬件、软件和提供的供应链服务引起的信息安全风险，并分析了这些风险产生的信息安全影响，同时提出了覆盖供应链系统和软件全生命周期的信息安全管理流程。该标准为供应链系统、软硬件和服务提供商提供了信息安全风险管理方面的指导。

ISO/IEC 17360：2023 侧重供应链中 RFID 标识的应用，提出了供应链中应用 RFID 作为供应链中产品标签使用时应满足的相关功能和性能要求，包括 RFID 标识规范、语义和数据语法要求，并定义了 RFID 系统与供应链业务应用程序的数据接口、RFID 读写设备与 RFID 标签通信的空口标准，通过标准定义规范了 RFID 安全使用要求，保障了 RFID 信号与应用系统对接的协议和接口安全。

2023 年，韩国发布了供应链安全管理标准 KS V ISO 28002—2013（2023）《供应链安全管理系统-供应链恢复力的开发-使用指南和要求事项》。该标准明确了供应链资产和流程的安全要求，强调了在复杂多变环境中供应链韧性的提升，即预防、应对断链的适应能力和恢复能力。标准给出了重要风险和威胁的信息、制定风险管控目标和过程、人员教育培训、必要的风险改进措施、断链的应对及管理等，覆盖供应链断链预防、保护、防范、应对、恢复、持续改进的全流程。该标准为企业进行供应链风险管理和断链恢复提供了基础性方案和流程规范。

二、2024 年供应链安全标准展望

2024 年，供应链安全标准化体系建设将为人工智能、区块链、大数据等技术在供应链领域应用的难度和安全挑战提供标准化的解决思路，引领供应链安全高效发展。

1. 数字化供应链国标计划尘埃落定

2023 年制订了数字化供应链建设的一系列国家标准计划，标准的编制工作预计将在 2024 年展开。其中数字化供应链安全方面的国标计划包括 20230391—T—339《数字化供应链 追溯体系通用要求》、20232026—T—339《数字化供应链 供应链网络设计要

求》等，20221955—T—339《数字化供应链 通用安全要求》，以上国标计划正在起草中。

2. 智慧供应链国标蓄势待发

随着人工智能、区块链等技术的发展，供应链智慧转型势不可挡，智慧供应链相关标准体系也在如火如荼地建设中。2022 年 1 月，工业和信息化部、国家标准管理委员会联合印发了《国家智能制造标准体系建设指南（2021 版）》，指南提出的智能制造标准体系涵盖了安全、可靠性等基础共性标准，行业应用标准，以及智能装备、智能工厂、智慧供应链、智能服务、智能赋能技术、工业网络等关键技术要求。智慧供应链标准体系涉及安全的标准包括风险识别与评估、风险预警与防范控制等标准，在智慧供应链数据共享、系统建设等建设标准和供应商管理、业务协同等管理标准中也包含数据安全、系统安全、供应商安全等范畴。

2023 年 12 月全国信息技术标准化技术委员会智慧供应链标准工作组（TC28/WG32）正式发布了《智慧供应链研究报告》，明确了智慧供应链的内涵和参考模型，并阐述了供应链由追求经济性加速向安全韧性转型的趋势。展望 2024 年，与智慧供应链建设技术和安全相关的标准，亦将如雨后春笋般蓬勃而发。

三、未来供应链安全标准建设的思考

物联网、人工智能、区块链等信息技术和平台将进一步优化供应链运作并提高安全性。但技术的落地和应用存在难度和成本障碍。为应对供应链智慧化转型中面临的这些安全问题，面向供应链全生命周期的安全和韧性标准体系的建立，供应链应增强新兴信息技术融合的成熟度和安全性，提升供应链智慧化转型过程中面临信息协同、信息协同、智能控制、可视监测等领域的风险管理能力，促进供应链协同安全发展。供应链安全和韧性体现在对安全风险的预测、反应、恢复和安全管控等方面，供应链安全标准体系的建立也可从该角度展开。

供应链预测能力标准建设可涉及智能预测模型要求、云计算可视化平台要求、环境感知技术要求等方面，为供应链风险预警和防范提供技术前提。智慧供应链反应能力标准可聚焦于对支撑供应链灵活应变、高效运作涉及的敏捷策略调整和协同合作能力的管理和技术要求，以灵活地适应国际环境和市场需求的波动。供应链恢复能力标准则侧重在断链后供应链的自学习机制，创新的技术、模式管理和有效的反馈机制等方面提出要求，比如引入区块链等技术开展新的绿色低碳业务协同模式，实现创新转型和升级。供应链安全管控标准则可从新的信息技术引入的特性风险管理、数据协同、分布式网络架构设计等方面展开研究，通过对风险的预警与防范、去中心化的网络设计和节点业务的分散化处理策略，提升智慧供应链抵抗风险的能力，为产业链供应链智慧转型“保驾护航”。

（张珠君、范伟，中国科学院信息工程研究所）

参考资料

1. 李孟林，俄乌冲突重创供应链 全球粮食安全预警，每日经济新闻，2022 年。
2. 李倩，智慧供应链导向的企业风险管理协同研究——以 K 公司为例，暨南大学，2020 年。
3. 刘志学，覃雪莲，陈秋遐，等，关于智慧供应链管理体系的思考，《供应链管理》2021 年第 9 期。
4. 汪玉卉，区块链技术在物流供应链管理中的应用与优化研究，《企业科技与发展》2023 年第 12 期。
5. 单志广，张延强，谭敏，等，区块链服务网络的构建机理与技术实现，《软件学报》2023 年第 5 期。
6. 高恺，何昊，谢冰，等，开源软件供应链研究综述，《软件学报》2024 年第 2 期。
7. 葛丽丽，帅东昕，谢金言，等，面向软件供应链的异常分析方法综述，《软件学报》2024 年第 2 期。
8. 潘俞洪，供应链安全：现状、挑战和解决方案，《中国储运》2024 年第 1 期。
9. 史丁莎，云计算下供应链安全问题研究，《对外经贸》2023 年第 12 期。
10. 孙嘉轶，路阳阳，滕春贤，区块链技术对低碳供应链合作策略影响研究，《中国管理科学》2023 年 10 月网络首发。

第 18 章　政府采购标准化助力供应链标准化

一、当下企业采购标准化不足问题直接影响供应链标准化

一是企业采购计划性不足。部分企业尤其是中小企业，受制于物料仓储管理水平，采购的突发性较强，对于常规采购项目的计划性不强。这也导致企业在采购时，由于受采购时效限制，选择供应商的余地相对有限。

二是企业难以形成统一大市场。按照《中共中央 国务院关于加快建设全国统一大市场的意见》，建设统一大市场的目的就是要打破市场分割，促进商品要素资源在更大范围内畅通流动，使制约经济循环的关键堵点得以打通，而这一目标依靠企业自发行为显然难以得到高效实现。企业供应链标准化问题从统一大市场构建的角度看，更是一个亟待解决的重要问题。

三是企业采购标准文件建设滞后。这导致供应商参与企业竞争性采购要准备的文件资料每次均有不同，难以形成可复制的复用成果，降低了供应链采购的效率。

四是中小企业数字化转型不够。少数大型企业有自己专用的内部电子化采购平台，但绝大部分的中小微企业，还停留在使用纸质文档和人工操作进行采购的阶段。采购的标准化水平不高，造成供应链采购端运转不够高效顺畅。

数字化转型不力还导致了企业数据驱动供应链决策能力的不足。在理想情况下，企业应该通过对既往供应链采购过程中累积的数据进行理性分析，结合市场趋势等，作出最终采购决策。但由于目前国内企业信息化采购水平不高，数据积累与数据分析都处于一个有待提升的阶段。供应链标准化能够为企业从数据驱动中获得效益提供帮助。

五是稳固的合作伙伴关系不易达成。表现在大部分企业过度依赖单一供应商，一旦供应商出现问题时，企业采购容易无所适从，没有既定标准措施对此问题予以解决。由于企业在选择供应商上标准化程度不够，也容易导致供应商分布不尽合理，例如有的采购项目供应商畸多，个别采购项目供应商寥寥无几。

对于中小企业，造成这个问题的原因在于企业实力问题，与供应链标准化因素影响不大。但是对于国有企业，造成这个问题的很大一部分原因在于，企业认为合规的

采购一定是依照每个采购项目产生一个供应商，而想要长期合作的供应商，不一定在每次采购中都能胜出，因此长期合作关系不可持续。如何平衡依法采购与灵活采购的关系，是国企供应链的难题。在此方面，对供应链采购端进行标准化能解决不少现实问题。

六是企业采购内控流程标准化的科学性不足。集中体现在企业采购人员不够专业，或内部监督机制不够完善，导致在采购过程中出现违法违规情况，如采购文件与采购程序违反国家强制性规定，或出现廉洁风险点等。

七是绿色供应链标准化对企业转型的压力。2030 年前实现“碳达峰”是我国向国际社会作出的庄严承诺，因此国内目前对绿色供应链的呼声不断增高，政府对绿色生产的要求也在提高。而由于缺乏相关绿色标准，企业在绿色转型中尚处于摸索阶段，合规压力也在提升。

以上这些问题，既有企业自身发展过程中存在的阶段性问题，又有政府在制度供给上需要解决的问题。而这两类影响企业供应链标准化进程的问题，都可以在不同程度上通过政府采购标准化予以解决。

二、政府采购标准化现有成果可为供应链标准化建设提供借鉴

供应链是以客户需求为导向，以提高质量和效率为目标，以整合资源为手段，实现产品设计、采购、生产、销售和服务等全过程的高效协同的组织形态。政府采购作为企业供应链销售和服务的重要一环，要优先在标准化上发力，才能对企业供应链标准化形成示范与反哺。当前政府采购在标准化上已经有了一些有益举措，值得企业在对供应链进行标准化建设时予以关注。

一是政府采购意向公开标准化举措可供企业借鉴，破解企业采购计划性不足难题。目前政府采购领域已经形成相对规范的意向公开实践，采购人可以通过意向公开，以公告的方式提前将大致的采购需求与采购时间告知潜在供应商，这个时间提前量一般为 3 个月至半年不等。这种采购实施制度上的标准化，使潜在供应商有时间对拟竞争的标的进行准备，同时也使采购人在需求调查、价格发现上可以更早更全面地获取有关信息。企业如果在保持商业秘密的基础上，适时参照政府采购公开意向，对采购流程进一步标准化，不仅可以提升企业采购的计划性，倒逼企业将每年必须进行的常规采购规范化，提高企业内部在供应链采购上的协同度，也能让供应链上游企业进行更准确的市场预测，对应调整生产计划。这样供应链上下游企业都能够减少运营成本，提升供应链上的协同水平。企业采购意向公开，也为中小企业更好寻找合作伙伴提供新的途径。

二是政府采购需求标准建设提速给供应链标准化以重要影响，推动企业形成统一

大市场。迄今为止，财政部等部门已经公布了《绿色数据中心政府采购需求标准（试行）》《商品包装政府采购需求标准（试行）》《快递包装政府采购需求标准（试行）》《绿色建筑和绿色建材政府采购需求标准》等多个政府采购需求标准，还有多个政府采购需求标准已经向公众征求意见，即将适时发布。这些需求标准提高了政府采购的标准化程度，为供应商生产、建设与提供服务给出了明确指引，降低了供应链上下游企业为参与政府采购可能导致的生产无序性风险。

目前政府采购这些已经发布或者即将发布的需求标准，对货物、工程、服务领域均有涉及。例如在货物领域，《绿色数据中心政府采购需求标准（试行）》对数据中心的设备供电效率、计算机能效、交换机体积以及运维的能效管理等均提出标准化要求。这个标准不仅涉及最终给采购人提供数据中心服务的集成供应商，也涉及上游交换机、电脑等生产商，数据中心冷却系统、布线、显示器等终端供应商，以及后期提供数据中心维保服务的供应商等。这个需求标准其实是给数据中心产品整条供应链上的厂商树立了风向标，给他们以明确的信号，明确产品服务应该保持怎样的标准才能参与政府采购。符合这个标准的供应链上下游企业才能在供应链不同阶段做好相互配合。《绿色数据中心政府采购需求标准（试行）》不仅对数据中心供应链标准化施加了较强影响，也为符合相关标准的供应链上下游厂商彼此寻源采购合作提供了方向。供应链上企业的生产盲目性减少，理论上彼此合作将有效增强。

在工程领域，财政部等部门发布的《绿色建筑和绿色建材政府采购需求标准》为各地的绿色建筑工程试点提供了很强指引。按照2023年3月27日财政部、住房和城乡建设部、工业和信息化部“政府采购支持绿色建材促进建筑品质提升政策工作推进会”的介绍，从各地试点情况看，湖州市在试点期间全市建成10个装配式建筑生产基地，培育绿色建材生产企业5家，2020—2022年连续三年绿色建材销售量增长5%以上；绍兴市要求试点项目强制采购符合标准的绿色建材，带动地方50%以上的建材企业开始生产绿色建材。随着政策实施范围进一步扩大，政府采购将会对建材产业绿色转型升级产生更大的推动作用。《绿色建筑和绿色建材政府采购需求标准》不仅为供应链上各企业标准化生产指明了方向，还不同程度地培育了新兴企业与新产品，对供应链进行了一定程度上的重塑。

在服务领域，财政部《物业管理服务政府采购需求标准（办公楼类）（征求意见稿）》已经向社会公布。该需求标准从项目基本情况、商务要求、采购项目需要落实的政府采购政策、服务内容、服务质量标准、物业管理服务人员岗位编制需求、合同授予等七部分予以标准化。此外，该需求标准还明确了物业管理服务人员行为参考规范、履约考核参考标准、资格条件等供编写采购需求时可关注的要点内容。这对物业行业产业链的标准化是一个重要参考与示范。该需求标准正式实施时，也会为物业行业目前尚未统一的标准化方向提供一个推进视角。

北京市财政局也已就《法律咨询服务政府采购需求标准（征求意见稿）》《法律诉讼服务政府采购需求标准（征求意见稿）》向社会公开征求意见。这对相关服务的产业链标准化发展也必将产生影响。

三是政府采购标准化文本可为供应链采购标准文件建设提供样本。财政部《政府采购公告和公示信息格式规范（2020 年版）》中包含了多个标准化文本，包含政府采购意向公告、资格预审公告、招标公告、竞争性谈判（竞争性磋商、询价）公告、中标（成交）结果公告、更正公告、终止公告、合同公告、公共服务项目验收结果公告、单一来源采购公示、投诉处理结果公告、监督检查处理结果公告、集中采购机构考核结果公告等。财政部还发布过政府采购供应商质疑函和投诉书范本。这些标准化文本，可以为企业在采购时，供应链上下游企业遵循同样的采购标准化文件提供样本。

四是电子化公共资源平台标准化建设为供应链标准化形成指引，可示范引领企业供应链采购数字化转型。国家发展改革委力推公共资源交易平台电子化，目前已经实现了全国公共资源交易平台与各地方交易平台的信息互通，且对彼此间通信的信息接口进行了标准化，发布了《公共资源交易平台系统数据规范（V2.0）》。该数据规范统一了交易标识码编码规则、公共资源交易分类，以及交易项目公告、资格预审、开标、评标、中标、签订合同、结果公示等公共资源交易全流程电子化的字段标准。

此外，国家发展改革委还印发了《公共资源交易平台服务标准（试行）》，对公共资源交易平台服务的术语和定义、基本原则与要求、服务内容、服务流程要求、场所与设施要求、信息化建设要求、安全要求、服务质量与监督评价进行了标准化。

各地公共资源交易平台也纷纷在此基础上进行标准化，例如《成都市公共资源交易服务标准体系（1.0 版）》发布后，实现了公共资源交易“信息发布统一、项目受理统一、用户登录统一、规则流程统一、服务标准统一、全网通办统一”的效果。

各地公共资源交易平台还在推动交易秘钥 CA 可以一地注册，全区域通用。中国招标投标协会已推动建立不同交易平台的 CA 互联联盟，目前已经有 17 家交易平台、14 家 CA 机构实现 CA 互联。

公共资源交易平台电子化建设与标准化建设，本身就是供应链标准化中的关键一环，更为企业在以供应链视角进行电子化采购平台建设提供了样本与规范。

五是框架协议采购可以为国企合规选择稳固的供应链战略合作伙伴提供帮助。政府采购的框架协议采购方式已经正式开始实施，这种采购方式的核心思想，就是遵循供应商先入围再竞争性选择的原则。这就可以免除国有企业想维系供应链长期合作伙伴关系却又怕采购违规的后顾之忧。部分原已经采用过自有框架协议采购的国企，比如通信运营商，也可以借此比较与政府采购的框架协议采购方式的差别，取长补短。

企业采用框架协议采购方式，“圈定”了多个供应商，也可以有效避免单一供应商突然“断供”等造成的供应链危机。

六是政府采购合法性审查与标准化人才培养足以为企业供应链标准化提供思路。在政府采购项目的招标文件等材料预先进行内部的公平竞争审查与合法性审查，防止招标文件等出现违法违规与限制竞争等问题方面，各地目前已有实践。这种内部审核的标准机制，企业完全可以在供应链标准化建设尤其是供应链采购过程中予以复制，提高企业供应链采购的合规性，降低廉洁风险。

2023 年 11 月，国家标准委等五部门联合印发了《标准化人才培养专项行动计划（2023—2025 年）》，指出要在一批大中型企业建立标准化总监制度，纳入国家企业标准化总监人才库重点培养人才达 300 名以上，全国专业标准化技术委员会委员中，国际标准化组织注册专家占比达到 25%以上。这其实也是给企业培养供应链标准化人才提供了“东风”。

七是政府采购绿色标准对供应链标准化形成一定示范。2022 年中共中央、国务院印发的《国家标准化发展纲要》提出，要建立健全清洁生产标准，不断完善资源循环利用、产品绿色设计、绿色包装和绿色供应链、产业废弃物综合利用等标准。在政府采购领域，财政部已印发的《商品包装政府采购需求标准（试行）》《快递包装政府采购需求标准（试行）》这两个需求标准，是对前述要求的具体落实。

商品包装与快递包装需求标准对政府采购商品的包装层数、所含有害物质最高限值、可再生材料使用等诸多指标作出规定，强调绿色无污染，还规定了对包装是否达标的检测方法。这对供应链企业正在蓬勃进行的 ESG（环境、社会和公司治理）建设可起到一定的示范作用。

三、政府采购标准化下一步的努力方向

鉴于政府采购标准化本身就属于供应链标准化的重要组成部分，且政府采购标准化对企业的供应链标准化有着很强的影响力，在继续推进政府采购标准化进程时，有必要将其对供应链的影响一并考虑，具体可以从以下几个方面发力。

一是在机制上完善，进一步提高政府采购标准化对供应链标准化的影响。政府采购目前在引入其他领域标准化成果方面，仍有提升的余地。财政部门可以进一步发挥行业协会、智库等作用，为在政府采购领域及时合理利用其他领域的标准化成果提供智力支持。

例如，在建筑工程领域，2023 年住房和城乡建设部、人力资源和社会保障部联合印发了《建筑工人简易劳动合同》示范文本，智能化建筑的浪潮下，建筑行业的智能

建筑标准也不断产生。政府采购工程中完全可以使用标准化采购文件，将相关的最新标准成果纳入进来。

在服务领域，政府采购物业服务标准化一直是个不太好解决的问题。虽然财政部已经对《物业管理服务政府采购需求标准（办公楼类）（征求意见稿）》公开征求意见，但目前仍未正式发布。不过从实践角度看，早在2022年10月，国家标准化管理委员会已经发布了《关于拟下达2022年度国家级服务业标准化试点项目的公示》，其中就包含了多个物业服务标准化试点项目。这些试点项目鼓励围绕标准化支撑服务业品质化、绿色化、数字化、国际化发展先行先试，总结提炼可复制可推广经验，完全可以为政府采购的需求标准所用。由此产生的政府采购物业服务标准，由于可以与实际试点情况紧密关联，也必将对行业的产业链产生较强影响。

二是继续在需求上发力，以政府采购需求标准化带动企业供应链标准化。当前的政府采购需求标准化仍处于起步阶段，主要是依靠已有的国家标准综合进行对应采购标的的具体化“适配”。未来，我们完全可以审视政府采购市场，对于一些尚未出台国家标准，但政府采购已经予以规范的有优势的标的进行标准化，以达到带动供应链标准化的政策目的。

例如，关于电子设备充电接口的标准化，欧盟议会2022年宣布，到2024年秋天，欧盟区域内所有便携式电子设备的充电接口统一为USB Type-C充电接口。这样充电器可以通用，社会避免形成新的电子垃圾。据欧盟估计，每年扔掉和未使用的充电器形成了1.1万吨电子垃圾，而统一接口将使消费者每年节约2.5亿欧元。

由于国内主流手机机型均已切换为Type-C接口，如果政府采购领域选择在部分电子产品采购需求中适时规范为统一使用Type-C接口，必将对国内供应链产生重要影响，并带来较高的社会效益。

三是创新采购形式，多层次对供应链标准化施加影响。政府采购领域正在积极构建统一的政府采购大市场，联合采购或区域联盟采购，就是构建政府采购统一大市场过程中的重要创新举措。

中央国家机关政府采购中心已准备在互联互通和签署联合采购协议的基础上，进一步扩大互联互通的覆盖面，做实联合采购的内容。具体将以软件、汽车等品目为突破口，试行中央和地方共同征集、结果共享。针对集采目录外常用品目，则要探索建设消防、医疗、移民、储备物资等特色场景集中采购需求，提高议价能力。

简言之，施行联合采购，并使需求标准化，可以凭借采购量大的特点，对供应链相关产品的标准化形成重要影响。联合采购主打“走量”的需求，其价格发现能力也会对供应链价格标准的形成施加影响。药品集中带量采购与医用耗材集中采购带来的价格大幅度下降与药品品类聚集，就是联合采购对供应链最显著影响的体现。

这样的联合采购创新，其成效已经在部分国企采购中初见端倪。比如2022年，广东、广西、云南、贵州、海南五个南方省区率先实现了统一电力市场体系，南方区域电力市场交易平台使粤港澳大湾区与云南、贵州以及东南亚国家间的电力交易更加便捷，云南、贵州、广东更首次实现了跨省电力现货交易，电价能升能降，由市场供需决定。

政府采购完全可以在吸纳相关领域经验的基础上，在联合采购上做更科学有效的探索。

四是通过政府采购绩效评价，助力供应链ESG标准化。ESG建设正在国内企业尤其是国有企业中渐次开展，但供应链上下游企业普遍面临着国内ESG标准缺失的问题。有媒体观察发现，目前资本市场、上市公司都在积极推动ESG建设，但发布的ESG报告形式、结构都不太一样，不像财务报告有统一的标准和格式。

而绿色政府采购的绩效评价，正好可以给类似ESG报告标准化程度不高的问题提供一种解决思路。绩效评价的指标可以深入绿色政府采购的全过程，不仅包含对采购的效率评价，也包含对采购的政府目标是否达成的评价。这些评价指标恰好可以和供应链企业的ESG报告形成对同一问题不同视角的互动，为最终形成更加完备的供应链ESG标准化成果提供支持。

五是在电子化采购平台引入人工智能、大数据等技术，提升标准化水平。通过人工智能、大数据等技术手段对电子化采购平台的历史数据进行有效分析，并对未来采购机会与计划进行预测，对采购效率不高的环节进行改善。这样也可以为具备电子化采购平台的供应链企业解决类似难题提供示范。

在当前的技术条件下，已经出现了人工智能的采购工具，比如国内某企业已经推出了采购领域的人工智能采购助理机器人。利用这个采购工具，如果采购人的采购需求精准，对产品的品牌、规格、型号都有具体要求，人工智能机器人会直接根据供应商的需求对平台众多供应商进行比价匹配，全流程无须人工参与，为采购人在短时间内找到性价比最好的产品。

当采购人的采购需求比较模糊时，系统会按照品类自动派单给人工寻源经理，寻源经理和采购人沟通确认，完成需求的翻译和选型后，再交给人工智能进行匹配。寻源经理和采购人沟通的内容，最终还会形成语料“投喂”给人工智能模型，当未来出现相同或相似问题时，能直接调用人工智能机器人解决。

有了类似工具，就相当于给采购人配备了一个能24小时提供专业服务的人工智能助理，让采购人的寻源采购更加高效。这也是人工智能电子化采购平台的一个雏形，值得业内关注。

（张泽明）

下篇

企业案例

（按企业名称首字母排序）

第 19 章　菜鸟：智能化全球供应链极致运营网络

一、行业背景

1. 中国制造企业产品出海面临跨境供应链低效的痛点、难点和堵点

时效曾经是困扰全世界供应链的难题。一件中国商品的跨境电商，需要从工厂大门到海外消费者的家门，在两道门之间，隔着境内揽收、分拣运输、海关清关、海陆空运输、海外清关、海外仓储、末端配送七个环节。当前消费者需求侧正在向小批量、高频次、碎片化的订单转变，从“统进分销”到“小单快反”，对供应链提出了新要求。中国制造业全面出海阶段的主要矛盾，正是低效的跨境供应链能力，无法匹配先进的制造业产能。

（1）跨境供应链成本高。

由于跨境供应链通道受制于国外，中国的企业产品面向美国、欧洲及全球其他地区的“出海”成本一直居高不下，国际三大巨头联邦快递 FedEx、敦豪 DHL、美国联合包裹 UPS 跨境每单供应链成本为 25~50 美元。

中国企业产品的出海长期面临供应链成本的制约，过去主要依靠万国邮联和国际快递公司，传统邮政因为时效性较慢，不是很多企业的常规选择。国际快递公司虽然时效上相对具有优势，但成本高，特别是从中国向欧美的出口供应链，长期被国外的大物流公司把持，成本居高不下。这导致一个显著的问题是一家中国的制造企业为了降低其物流成本，可能将工厂迁出中国到更加临近海外市场的国家或者其他类型成本（如关税）相对较低的国家，长此以往会造成中国制造业的空心化。因物流成本对企业发展有极为重要的制约性，有效降低物流成本能够使企业降低综合成本，使企业无须外迁就能够在中国可持续发展。浙江菜鸟供应链管理有限公司（以下简称“菜鸟”）对痛点解决的重要价值在于，通过全球极致组网的运营能力，将中国企业的产品从企业制造工厂到送达外国消费者手中的每一个供应链段，都做到极致低廉的运营成本，通过整合社会化运力把菜鸟自身的优势和全球 90 多个合作方（新加坡邮政、英国邮政

等）优势整合到一起，形成优势互补，每一段供应链路都实现极致的性价比。菜鸟最终实现跨境供应链成本只有国际三大巨头的五分之一到三分之一。

（2）跨境供应链时效低。

由于缺乏智能技术支撑，无法实现最优路径规划和出口的智能合单，导致只具备选择海运的条件，中国—美国耗费 30~40 天，中国—欧洲耗费 3~4 周。跨境供应链过去以海运为主要方式，中国企业为了保持持续发展，必须在物流成本上精打细算，这样无法支付高昂的空运成本。但海运的时效非常低，产品需要很长时间送达消费者手中，使消费者的体验感很差。这极大地影响了中国企业品牌的建设，阻碍了中国优质产品在国际市场上打开竞争力。那么如何解决这一痛点，为中国产品加上高效的翅膀？菜鸟通过智能合单技术把目的地在境外同一区域的包裹通过智能算法集合到一起，以原本走海运的成本规模化走空运，使时效大为提升，实现 5 美元 10 日达。这种模式可以成为专线运营模式，依托的是智能化技术和专业化的极致运营，实现了时效的大幅优化。

2. 全球供应链向数字化、绿色化、低碳化发展是必然趋势

党的二十大报告强调“着力提升产业链供应链韧性和安全水平”。2023 年 3 月国务院新闻发布会强调要面向重点行业，打造一批世界级智能工厂和智慧供应链。工业和信息化部、国家发展改革委、商务部三部委发布的《轻工业稳增长工作方案（2023—2024 年）》指出，要积极开拓新兴市场，加快推动通过中欧班列运输轻工产品，支持跨境电商、海外仓等外贸新业态发展。作为全球化的智慧供应链服务企业，菜鸟积极贯彻落实提升中国品牌国际竞争力、跨境供应链创新相关政策要求，聚焦数字化建设，以科技创新不断提升自主可控的国际供应链服务能力，支撑国货以高性价比、更高的效率、更可靠的服务流向全球。

菜鸟高效地解决了中国产业链供应链在国际竞争中的两大痛点，助力中国企业提升核心竞争力，掌控产业升级主导权。菜鸟聚焦产业化，自建自营国际物流能力，以全托管等能力作为支撑让企业获得高性价比服务；推动全球化的仓配网布局，以基础设施建设实现供应链服务高性价比；引领数智化，将互联网技术和产业高度融合，持续为全球产业创造价值。

二、企业介绍

菜鸟成立于 2013 年 5 月，由阿里巴巴集团联合多家企业共同组建，专注于智慧物

流领域新服务、新模式、新技术和新产品的探索，是一家以客户价值为导向、全球化的数字物流产业互联网公司。目前，菜鸟已形成消费者物流、国内供应链、国际物流及供应链、智慧物流园区、物流科技等业务板块，为企业客户以及数以亿计的消费者提供优质的供应链解决方案。未来，菜鸟将继续深耕以“数字化+智能化”为标志的数智化物流，推进发展数智供应链。国际供应链的复杂性涉及由多个环节组成的一条长价值链。菜鸟依托运输速度、服务质量、成本效益的独特优势组合，助力各类企业高时效、低成本触达全球新市场和消费者。

菜鸟集聚了全球顶尖的供应链技术人才，截至 2023 年 6 月 30 日，技术与产品开发员工 2762 名，占比约 20%。

菜鸟服务 200 多个国家及地区，在 100 多个口岸实现数字化清关，是全球较大的物流网络之一，中国出口及进口电商物流均排名第一。全球仓库总数 1100 多个，国际物流专用仓 360 多个，约 350 万平方米；跨境电商仓库建筑面积约 300 万平方米，居全球第一；国际物流专用分拣中心 27 个；在欧洲、北美、拉美、亚洲拥有 40 多个海外仓；建设 2 个 e-Hub，面积约 15 万平方米；每周包机、包板 170 班。

三、企业主要做法及成效

1. 菜鸟智能化全球供应链的模式创新

菜鸟创新模式（见图 1）实现单量、运力、时效、成本 4 要素组合与优化，从产业价值增量的创造看，助力企业实现全球供应从高成本低时效到低成本高时效的转变。

5美元10日达
部分国家的包裹从下单到送达，仅需5个工作日

成本下降70%~80%

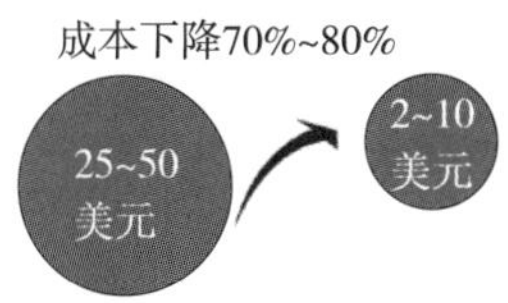

全球前三物流巨头跨境小包成本：25~50美元；50美元5~7日达
联邦快递（Fedex）、敦豪（DHL）、美国联合包裹（UPS）
菜鸟跨境小包平均成本：10美元5日达，5美元10日达，2美元20日达
不提价前提下海运变空运

速度提升300%~400%

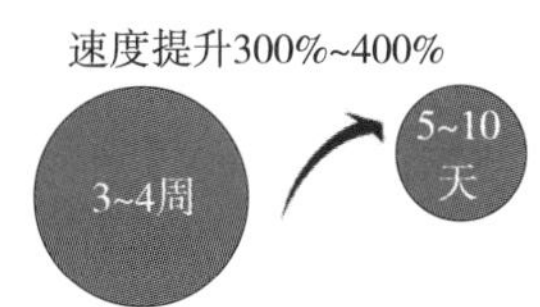

海运→空运+海外仓
中国—美国：30~40天缩短至平均5~7天
中国—欧洲：从3~4周压缩到了10个工作日内

图 1 菜鸟助力全球供应链实现低成本高时效

该模式基于智能技术，通过智能算法规划最优供应链路径，助力中国的企业以极致的低成本和高时效将产品送达全球。该模式使企业无须外迁到越南、印度及其他东南亚国家就可以在中国境内实现可持续健康发展，有效地延缓、对抗了产业链供应链的外迁，对于降低企业的综合成本、提升企业的国际竞争力，助力中国产业升级和掌控主导权有显著的促进作用和较高的战略价值。

菜鸟新模式具有引领性、主导力和普惠性。菜鸟位于2022年全球物流类独角兽企业榜首。罗兰贝格《中国跨境航空货运白皮书（2022）》指出，菜鸟有望成为全球范围内数智航运时代的领军者。

菜鸟新模式的引领性表现为以下三个方面。

一是物流覆盖率领先。覆盖面广、市场份额高：2017年全国物流覆盖率菜鸟领先；2021年中国快递业务量约为1083亿件，菜鸟驿站日均处理快递量为4239万件，全年154.7亿件，相当于全国七分之一；“双11”菜鸟驿站收件量单日破1亿件。

二是300万平方米+跨境仓，1000万平方米+全球地网设施：菜鸟覆盖全球224个国家，跨境物流合作伙伴数量约90家（新加坡邮政、英国邮政等），海外仓含全球16个仓群、全球27个分拨中心。

三是全球前四，中国第一。480万件日跨境出口包裹量：跨境出口包裹量大（全球前四，中国领先），2020年菜鸟首次与联邦快递（FedEx）、敦豪（DHL）、美国联合包裹（UPS）共同位列全球四强物流公司，日均包裹量与三大巨头比肩。

面对全球物流市场变化动荡的复杂局面，菜鸟持续致力于通过物流技术和模式创新，推动物流行业的数智化转型升级，提升跨境物流效率与韧性。2023年以来开展了一系列创新工作。

（1）响应需求，优化创新物流产品。2022年菜鸟面对全球市场变化，积极推出新的跨境物流产品和服务，例如欧美线路方面，菜鸟持续优化“10美元5日达”快线产品，对西班牙、法国等无忧优先线路进行全面升级，从揽收到妥投仅需7个自然日即可将包裹送达海外消费者；面对俄乌冲突及西方制裁，中企对俄出口需求上升但普遍面临物流瓶颈，如航空运力尤其不足等局面，菜鸟与西安自贸港等合作，推出“菜鸟无忧俄易达”等俄向班列物流产品。

（2）优化链路，升级业务模式。2022年菜鸟积极开拓创新业务模式，亮点包括推出“国内优选仓”模式。优选仓临近产业带或出口港，能提供上门揽收、集货直发、履约托管等服务，一定程度上兼具国内出口仓与海外备货仓的优势。以面向韩国的跨境电商出口为例，包裹通过海运12小时内可抵达韩国口岸，实现“夕发朝至”，同时在成本方面，仓发专线相比直发专线降低约30%。

（3）开拓深耕，做强海外网络。在以色列、墨西哥和韩国分别完成中东、拉美和东亚地区首个分拨中心的建设，日均电商包裹分拣能力普遍在10万件以上。此外，菜鸟在韩国推出卡班包裹运输线路；在巴西完成首批末端自提柜建设；在巴基斯坦为当地电商企业Daraz建设首个数字化分拨中心；在俄罗斯、西班牙、法国、波兰等海外重点市场完成超过1万组海外自提柜部署，显著降低了海外末端配送成本。

2. 菜鸟智能化全球供应链创新的亮点

菜鸟通过全球供应链的极致性价比服务创新实现一杯咖啡的价格运全球。菜鸟强于端到端"化零为整"跨境数字化供应链服务，助力企业一站式出海，将成本降低到一杯咖啡价格。

引领性1：菜鸟率先社会化协同整合合作伙伴运力，使电子面单（三段码，非标地址—标准化代码）统一快递数据标准，将社会化运力整合为一体，极大降低成本、提高时效；智能合单通过智能算法规划包裹最优线路，将多单包裹合并为一单包裹，在不提高成本的前提下将海运变为空运。

引领性2：商流与物流紧密结合形成规模化流通效益。商流（速卖通、国际站）与供应链运营能力的结合，打通生产端与消费端，形成大物流的规模，边际成本持续降低。

菜鸟创新模式：极致组网、化整为零如图2所示。

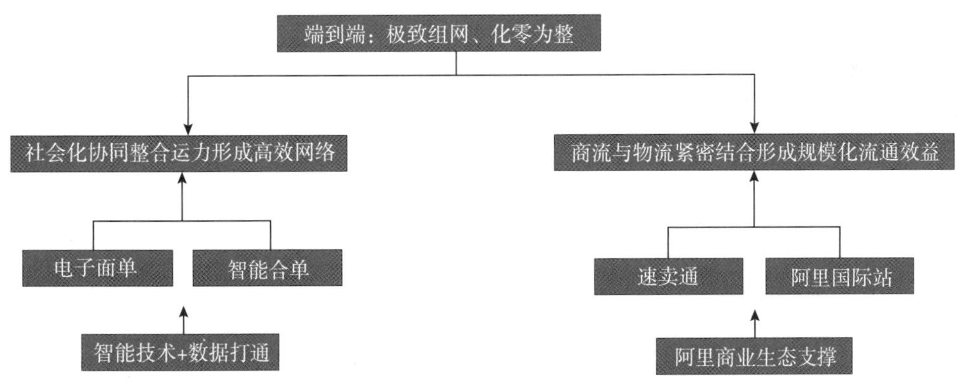

图2 菜鸟创新模式：极致组网、化整为零

3. 菜鸟智能化全球供应链技术创新

（1）时空预测与决策平台。

基于时空大数据的预测与决策平台（以下简称"平台"），整体框架如图3所示。

系统主要处理流程，从下到上可分为5个层次。最底层是基于时空的多源异构数据融合技术，包含网点端的数据，快递员/车辆的轨迹点与路径地图，再结合底层沉淀

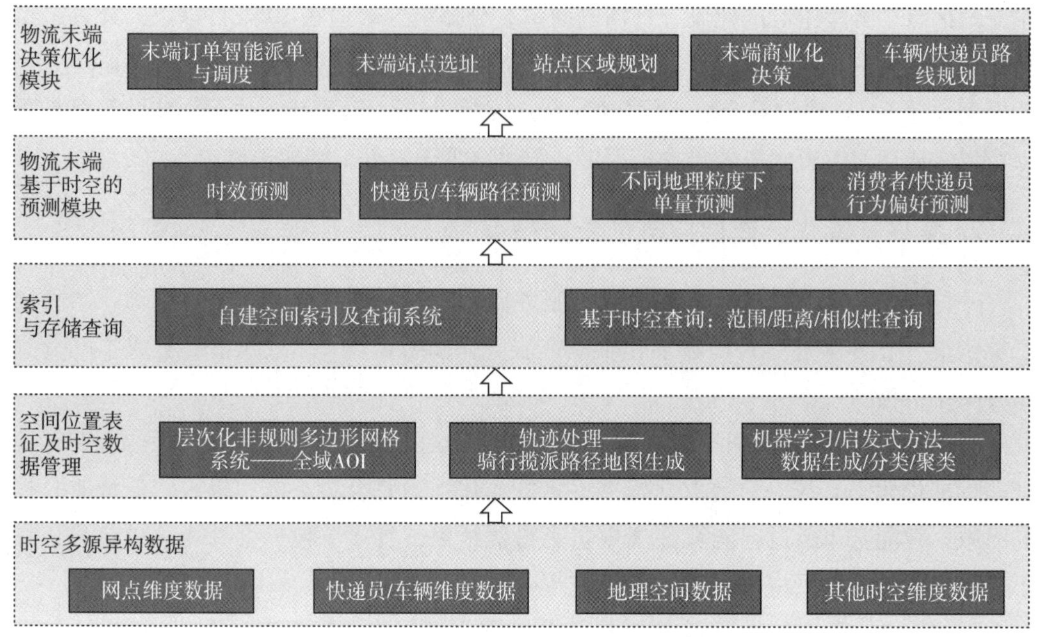

图 3　基于时空大数据的预测与决策平台

积累的地理空间数据（POI/AOI 等）及其他维度的时空维度数据，形成全面多源异构数据底盘。然后是空间位置表征及数据管理层，提出了基于地理拓扑空间计算的地理位置表征技术，沉淀了由层次化非规则多边形网格系统——全域 AOI 系统；同时，提出了时空轨迹表征方法，完成对快递员/车辆轨迹的管理处理工作。再往上，是索引与存储查询层和物流末端基于时空的预测模块，完成包括时效预测、快递员/车辆路径预测、单量预测、消费者/快递员行为偏好等时空信息预测问题，通过有效利用时空信息，给上层决策环节提供精准的预测结果。最顶层，是物流末端决策优化模块，涉及末端诸多基本核心的决策问题，包括订单（包裹）智能派单给快递员决策以提升揽配效率及完成有效激励引导；而时空数据驱动的站点选址与区域规划解决了传统区域规划的几个核心问题——大小不合理、形状不规则、订单地址不聚合而导致的收入不均、部分订单配送成本高、无效配送行驶多的问题。末端商业化决策也可以基于沉淀的数据之上主动发现，释放新的数据价值。

（2）关键技术。

地理空间位置表示方案。物流行业最为重要的基础工作就是如何将一个位置点用合理的空间粒度来表示。业界主流是正方形及六边形方法，在物流里无法落地，因无法解决沿路贴边及网格实体的物理意义问题。而我们提出的层次化非规则多边形网格系统——全域 AOI，从根本上解决了这一问题。

在物流系统中，一个包裹会经过出仓/末端揽收、干线运输、末端配送等诸多环节。而在每一个环节，都存在“时间预估”的问题。对此，我们利用时空预测算法，通过揽派路径预测和包裹送达时间预测，增强末端物流确定性。我们提出一系列深度时空模型，从建模快递员时空频繁模式的 DeepEta，到学习快递员决策经验和偏好的 DeepRoute，混合时空网络模型 CP－Route，以及能够更好建模时空转移特性的 Graph2Route。在时序预测精度上取得了 18.7%的提升，在业务中的应用能够减少催派与客诉，提升消费者体验。

动态在线决策优化技术研究

揽派路径规划通常使用两类技术：一个是顺序解决静态揽派路线，另一个是结合预测模块的动态规划。

4. 菜鸟智能化全球供应链创新的意义

（1）菜鸟智能化全球供应链极致运营网络是贯彻落实党中央重要指示的具体实践。

在风高浪急的国际形势中，中共中央对保障中国的全球产业链供应链稳定安全，稳链强链、增强韧性，应对美国制裁作出了重要部署。中国社会科学院学部委员、原副院长李扬研究发现，以菜鸟为代表的数字化供应链以技术创新替代传统要素投入，精准匹配降低信息不对称，对抗延缓产业链供应链外迁、吸附集聚产业链供应链环节、推动中国企业借网出海（无须外迁就高效触达全球市场）并吸引国际品牌来华投资设厂。菜鸟在助力中国掌控全球产业升级主导权方面作出了突出贡献，稳定有序释放发展空间，增强发展韧性，更好地支撑中国产业升级。

（2）产业链供应链高质量发展的坚实需要。

2022 年 9 月，工信部联合多部委在杭州举办“产业链供应链韧性与稳定国际论坛”，习近平总书记发来贺信。工信部党组书记、部长金壮龙指出，中方将坚定不移以实际行动深化产业链供应链国际合作，共同构筑安全稳定、畅通高效、开放包容、互利共赢的全球产业链供应链体系。菜鸟的创新模式具有引领性、主导力、普惠性，客观上在助力国家产业链供应链高质量发展中扮演了重要角色。特别是在跨境出口方向，菜鸟助力一大批中国制造企业的产品高时效、低成本触达国际市场，支撑了中国制造品牌的全球化发展。菜鸟正从容地向产业链上下游延伸服务，助力中国制造企业的产业链供应链更加完善，实现稳链、固链、强链。

（3）助力产业链供应链稳定安全的客观要求。

产业链供应链稳定安全离不开数字化供应链基础设施的有力支撑。菜鸟在全球建

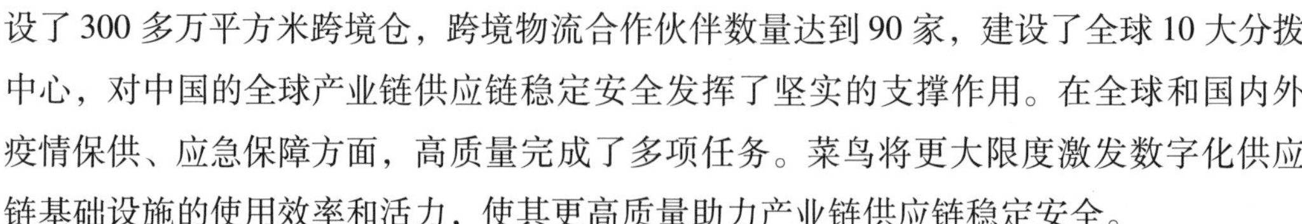
设了300多万平方米跨境仓，跨境物流合作伙伴数量达到90家，建设了全球10大分拨中心，对中国的全球产业链供应链稳定安全发挥了坚实的支撑作用。在全球和国内外疫情保供、应急保障方面，高质量完成了多项任务。菜鸟将更大限度激发数字化供应链基础设施的使用效率和活力，使其更高质量助力产业链供应链稳定安全。

5. 菜鸟智能化全球供应链助力企业出海案例

（1）食品：元气森林——跨境专线数字化“一盘货”。

食品饮料行业出海面临着损耗高、供应链长等诸多问题，菜鸟针对痛点研发了定制化的服务方案。一是开通中美特惠海运专线。每月三班货船，从上海、宁波等港口出发，平均每艘船可承载2000~4000TEU（标准集装箱），15天左右抵达美国洛杉矶和长滩港，并与码头合作开通绿色提货通道及菜鸟自有车架、码头港口拖车等优先服务，把等泊时间缩短至2天内，提升全链路物流时效30%以上，平均为企业节省物流成本20%。二是服务多平台、多模式、多场景销售模式。联合递四方为元气森林定制包括效期管理、拆箱重组及包材采购设计等解决方案。三是“一盘货”库存共享服务。助力企业进行多平台、多渠道的库存管理及调拨，仓内的OMS（智能订单管理系统）及WMS（仓储物流管理系统）能将商品的口味、日期、数量及所处位置等数字化，从而实现抽盘、冻结等库内的便捷操作，并能实现根据生产日期和所在位置安排出货顺序，做好效期管理。四是消费者个性化服务。针对消费者对不同口味气泡水的碎片化需求，仓内依据订单进行库存拆箱及再组包，满足消费者的不同需求；针对线下商超或线上批量购买，仓内可提供整车和拼车运输服务。五是提供定制化海外运输包材方案。把破损情况降到最低。

通过海外物流基础设施，菜鸟助力国货品牌更好触达海外消费者，如自提柜，不仅开通自提功能，更通过显示屏、柜身图贴等助力品牌直接触达海外消费者。目前，元气森林已出口海外40多个国家和地区，并根据海外市场消费需求推出了针对不同市场的国际化改版产品，曾荣登美国亚马逊气泡水畅销榜Top10，包揽赛道新品榜Top3。

（2）美妆：助力花西子打造品牌出海全链路供应链。

菜鸟为花西子建立品牌出海全链路货运体系，提供仓到港、国际空运干线、海外清关与配送全链路供应链服务，且每个供应链节点衔接紧凑，将花西子的同心锁、白瓷口红等产品在一周内就顺利运抵花西子美国仓库，整体时效比传统方式提升20%~30%。

(3) 光伏：陪伴企业从中国走向全球。

中长期看，随着国际贸易形势变化，光伏出口业务量占比大，增长迅速，光伏产业供应链的全球化将成为必然趋势。菜鸟依托覆盖全球的海运网络和海外本地化的物流网络，能够为光伏企业提供从国内工厂到干线运输、海运、清关、海外本地仓配等全链路门到门跨境物流供应链服务。菜鸟已与通威集团、晶澳光伏多家头部光伏企业开展合作，为其打造高效流通、有竞争力的供应链闭环，并从国内供应链向国际供应链延伸。

(4) 产业带：助力打造特色的区域跨境产业集群。

①睫毛产业带。

青岛平度睫毛产业带的睫毛产量占到全国的80%、全球市场份额的70%。依托菜鸟提供的“5美元10日达”服务，企业实现“一杯咖啡钱送全球”。以品牌企业LUCKY LASH为例，供应链服务带动其核心产品近50%的复购率。

同时，菜鸟智能合单服务实现跨境供应链时效缩短20天以上，海外消费者到手价也只有当地一半。以品牌企业Nicole为例，其15%~20%的商品会自动合单“升舱”为“5美元10日达”。智能合单不仅覆盖50国，还提供“晚必赔”服务。

义乌国货也在南美迎来高增长，巴西订单一度增长超过150%，智利增长超过70%。2022年9月，菜鸟联手Lazada推出服饰产业带出海专线，首站落地广东潮汕，专线的全链路时效优化约20%，最快节省大约2天；同时，供应链成本下降，以越南为例，200克左右发到越南的货物，企业供应链成本降低约10%。

②假发产业带。

客单价低但对时效要求较高的产品如假发需要高效低成本跨境出口至美国。这个行业拼的是精细化的整合运营能力，国际邮政低价长时间、国际快递高价高时效，均无法全面满足客户的需求。菜鸟选择独特的中间路线——做专线，对于小商品，配饰等品类客单价低，但对时效要求较高的产品走跨境小包，菜鸟供应链具有很强的可复制性。

澳源发业：传统的假发B2B贸易需要3~6个月才能对消费者需求作出反馈，现在一周时间就能对消费者偏好作出产品更新调整决策，供应链反应速度提升了30倍。

瑞贝卡：假发制造大王瑞贝卡国际电商部总经理张会婷表示，阿里在许昌建立了比较完善的“企业仓”，跨境电商平台完成交易后，由菜鸟根据交易信息完成后续的空运流程（端到端的“一站式”服务）。经过6年多的发展，瑞贝卡旗下使用的跨境电商通道已形成平台矩阵，“阿里”“亚马逊”和“自建平台”为矩阵核心平台，包括“虾皮”

（专注东南亚市场）等在内的区域性跨境电商平台提供有效补充。

“相比于传统经销商通道，通过跨境电商平台，企业可以直接面对消费者，更真实地了解消费者的反馈和想法，也能更清楚地感知市场动向。”张会婷表示，通过菜鸟等“空中丝绸之路”，企业可以随时调整产品结构，以满足消费者最新的消费需求，更利于提升企业市场竞争力。从开始跨境电商业务至今，瑞贝卡跨境电商通道销售收入一直保持快速增长，连续多年业务增幅超过50%，并日渐成为企业品牌塑造的主要通道之一。

国务院发展研究中心发展战略和区域经济研究部副部长卓贤指出，菜鸟和阿里其他的产业互联网平台构建的是一种全球化的生产网络平台，这种平台聚合生产性服务业产业生态，极大降低了平台上企业的综合成本。

四、推广价值

1. 打造具有韧性的干线：海陆空整合缩短收货时效

在铁路货运方面，在“北斗星行踪系统”的支持下，车辆以硬件设备与云平台之间实现数据互通，车辆实时位置、承运单号、停留时间、线路规划均可实现可视化及可追踪。在航空货运方面，充分发挥宽体机优势，提供超大、超长、超重及异形货物的履约服务，并提供定制化组板方案及配舱整体建议。建设了中国—南美超大超重货运输服务，潮汕服饰产业带出海专线。在海运方面，菜鸟在多国开通专属海运航线，航线覆盖欧洲地中海、中东印巴、东南亚、日韩、澳洲、非洲、美加、中南美等地区。

2. 建设智能化全球供应链基础设施

在菜鸟列日 eHub，航空货站负责机场空陆之间进出口货物的快速转运；分拨中心负责将卸货、清关、分拣等工序进行集中处理。Lemo、PDA、RFID 等硬件技术既可提升作业效率，又能实现智能追踪，数字通关系统将原始数据纳入线上，将清关速度提升至秒级。截至目前，菜鸟服务在100多个口岸实现数字化清关，是全球较大的物流网络之一，中国出口及进口电商物流均排名第一。

3. 端到端的高性价比运营能力

菜鸟创建了专线运营模式，以端到端的创新模式实现一杯咖啡的价格运全球。“端到端”的一体化服务覆盖上门揽收、口岸调拨、货站操作、目的国卡转等多个环节。菜鸟全新推出的“Must-Go”产品，通过数智物流技术解决货物排序及优先处理等问题，实现指定货物的速运速达。在整个链条中，菜鸟的“智能合单”成为增进效率的关键。它是通过大数据算法，精准识别同一海外收件地址的货物，在集运仓将客户在国内不同企业购买的多份订单，集中打包成一个包裹，再完成后续干线及末端配送。通过合单的规模效应，跨境包裹的物流时效得以提升，单个包裹的物流成本被大幅摊薄降低。基于人工智能技术的菜鸟智能销量预测（如菜鸟自研的天机系统），实现在一定程度上研判产品的市场接受度。

4. 开创优选仓模式创新

优选仓在一定程度上兼具了国内出口仓与海外备货仓的优势。商家在菜鸟烟台仓备货后，省去了国内揽收和调拨的时间，包裹通过海运 12 小时内可抵达韩国口岸，实现“夕发朝至”。在成本方面，仓发专线相比于直发专线降低约 30%，进一步提升了中国跨境商品的竞争力。例如，“双 11”期间，韩国京畿道平泽市的消费者郭先生仅等待了 37 小时就收到了来自菜鸟烟台优选仓的 T 恤，从该优选仓发往韩国市场的订单已逐步实现“隔日达”，部分订单可以做到“次日达”。

5. 物流科技出海全球赋能

菜鸟通过开发智能供应链、建造智能物流骨干网等措施打造了安全、高效的智慧物流基础设施，让行业效率大幅提升。目前菜鸟已在海外 16 个国家和地区运行自动化的物流设施。菜鸟物流科技出海，为泰国快递公司闪电达打造东南亚最大自动化仓。尤其是菜鸟在仓库规划和设计中，应用了柔性自动化技术，让仓库的产能可以根据实际单量进行调整，以应对未来业务发展和扩张的需要。菜鸟仓库的工人少了，管理成本也相应减少，自动化让该仓库的产能翻了三倍，大幅提高了效率。在巴基斯坦，菜鸟物流科技为 Daraz 打造出智能分拨中心。相比之前的手动分拣模式，自动化分拣效率提升了 4 倍，包裹错分率从之前的 1%下降到万分之三以内。该项目也作为物流行业的唯一案例，入选中国—上合组织国家数字领域合作案例。

（浙江菜鸟供应链管理有限公司）

第 20 章　多点 DMALL：智能补货提升零售供应链韧性

一、行业背景

随着电商的崛起和消费者需求的日益多样化，传统零售行业面临着巨大的挑战。其中，供应链的优化和管理成为提升竞争力的关键。而卖场的商品流转及库存管理一直是一项重要的挑战。首先，传统补货方式高度依赖人工经验和定期盘点，不仅效率低下，而且极易出错。员工需要花费大量时间进行商品盘点，再根据库存情况手动调整补货计划。这种流程不仅耗时耗力，而且容易受到人为因素的影响，导致补货不准确或滞后。其次，随着商品种类的增多和销售数据的复杂化，人工补货的难度进一步加大。员工需要处理大量的数据和信息，以作出准确的补货决策。然而，受限于个人能力和经验，很难保证每次补货都能达到最佳效果。此外，传统补货方式缺乏实时性和灵活性。由于补货决策往往基于历史销售数据，无法实时反映市场变化和消费者需求。这可能导致某些热销商品缺货，而一些滞销商品积压在仓库中，造成资源浪费。最后，人工补货还面临着沟通和协同的问题。补货决策往往需要多个部门或团队的参与，但由于缺乏统一的信息平台和沟通机制，容易出现信息不一致、决策冲突等问题。这不仅影响了补货的效率，也可能导致企业内部的矛盾和纷争。

随着零售行业对商品流转效率、库存管理的要求越来越高，需要更加精准、高效和灵活的补货方式。这时，智能补货应运而生，它指的是利用先进的技术手段，如大数据分析、人工智能等，对商品库存进行实时监控和预测，从而自动或半自动地触发补货行为，以满足消费者的需求。这种补货方式的出现，是基于零售行业背景的深刻变革和技术进步的推动。

智能补货的出现，极大地提升了人效。一方面，通过实时数据分析，智能补货能够精准预测商品需求，避免了因人为经验判断导致的库存积压或缺货现象。这不仅降低了库存成本，也提升了库存周转率，使资金能够更快地流转。另一方面，智能补货实现了自动化和智能化的补货流程，减少了人工参与和干预。传统的补货方式需要大量的人力投入，而智能补货能够自动完成补货决策和执行，大大减轻了员工的工作负担。同时，由于减少了人为因素的干扰，补货决策的准确性和效率也得到了显著提升。

然而，智能补货的实施也面临着诸多难点。其一，它需要大量的数据支持，包括销售数据、库存数据、市场需求数据等。如果数据不准确或不完整，预测结果就会受到影响。其二，智能补货需要依赖先进的技术手段，如大数据分析、人工智能等，这些技术的投入和维护成本较高。其三，智能补货还需要与零售商的供应链管理系统和其他信息化系统进行集成，这也需要一定的时间和资源投入，对于一些小型或资金紧张的零售商来说，可能难以承受。

在大数据时代及人工智能的驱动下，智能补货的未来发展趋势将更加注重技术的智能化与自动化，提升预测准确性，实现库存管理的精细化。与此同时，智能补货致力于与供应链其他环节的协同整合，优化整体运营效率。随着物联网技术的融入，智能补货有望实现实时监控与动态调整，进一步减少缺货和积压现象。此外，绿色环保和可持续发展将成为智能补货的重要考量，推动零售商实现更环保、高效的供应链管理。最终，智能补货将助力零售商在竞争激烈的市场环境中提升供应链韧性，优化消费者体验，实现业务增长。因此，不断深挖及探索基于数字化和智能化的智能补货解决方案，对于零售行业来说具有重要意义。

二、企业介绍

多点 DMALL 公司（以下简称“多点”）是专为本地零售业打造的一站式数字零售 SaaS 平台，通过云端技术提供端到端解决方案。核心服务云以 DmallOS 系统软件和智能物联（AIoT）解决方案为基础，致力于通过技术创新优化供应链。作为数字化转型的引领者，多点凭借雄厚的技术实力和丰富的行业经验，致力于为零售商提供全面数智化解决方案。在供应链生态系统中，多点也扮演着重要的角色，借助数字化和智能化手段，助力零售商实现高效供应链运营。多点持续致力于推动本地零售业的数字化转型，为客户提供全面的云端服务支持，提升其在市场竞争中的地位；通过自主研发和持续创新，公司不断完善解决方案，助力客户应对日益复杂的市场环境，实现业务持续增长。

三、企业主要做法及成效

多点智联—智能补货：通过采用仓店一体化的定位管理，结合数字化补货任务触发机制，提供一种能够迅速提升卖场货品流转效率的供应链解决方案。通过集成 AI 摄

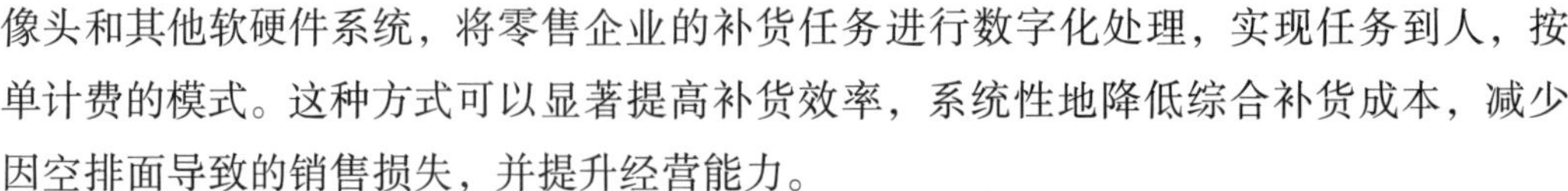

像头和其他软硬件系统，将零售企业的补货任务进行数字化处理，实现任务到人，按单计费的模式。这种方式可以显著提高补货效率，系统性地降低综合补货成本，减少因空排面导致的销售损失，并提升经营能力。

1. 深耕本土零售商家，挖掘补货业务痛点

多点自2015年成立以来，已服务包括物美集团、麦德龙中国、广东7-Eleven、重百集团、中百集团、麦德龙欧洲、DFI零售集团等数百家客户，覆盖超市、百货、便利店、会员店、折扣店、DTC等主要零售业态，业务落地中国内地、中国香港、新加坡、柬埔寨及波兰。多点依托9年的零售商服务经验，深入洞察零售商大卖场流转业务痛点，总结如下。

（1）“位”，商品找不到，补货时间长。

商品进入门店后，没有数字化监控方法，商品究竟在哪儿，店内无从知晓。

（2）“货”，补货不及时，导致销售损失。

卖场TOP销售商品已经空了，排面迟迟无人补货，直接影响线下销售供应。

（3）“人”，无系统管控，任务来了找人难。

员工表面忙忙碌碌，店长/课长辛苦四处找人、监督理货员，费时费力。

（4）“财”，成本和工作量，无法精准匹配。

门店抱怨人手不足，但真正需要多少人员和成本，量化难、无测算。

2. 提供卖场流转补货提效整体解决方案

多点智联—智能补货整体解决方案是一种利用先进的信息技术和人工智能技术，实现零售卖场补货任务的高效、数字化、可量化和可控化的方案。该方案基于物美OS和多点来客App，利用AI摄像头和补货人员按件计费的方式，对高频次补货区域进行智能补货。通过该方案，结合不断优化的智能算法，补货任务触发系统可以自动下达补货任务，补货人员可以按课组抢单补货，实现对货架的及时监察和补货。同时，系统还可以通过AI摄像头对区域陈列进行监控，提供补货稽核能力，保证补货任务的高效完成。该方案可以深化卖场运营，提高补货效率，降低人工成本，从而提升卖场的运营效率和顾客购物体验。卖场流转补货提效整体解决方案如图1所示。

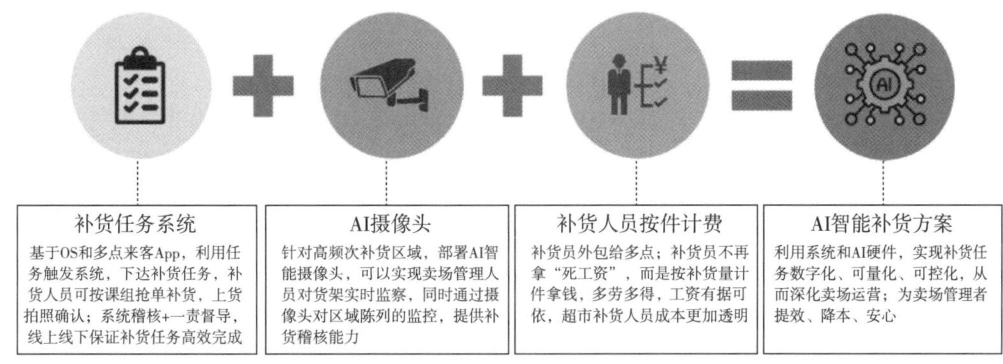

图1　卖场流转补货提效整体解决方案

3. 数字化仓储管理：智能补货的高效引擎

在数字化仓储管理中，补货流程得到了革命性的优化。通过采用“仓—品—位”数字定位的方式，系统能够准确追踪每个商品的库存位置和数量。这种数字化定位不仅简化了补货任务，还大幅提高了补货效率，实现了到货定位、后仓定位和前场定位的整合。通过扫描商品码或容器码，系统能够迅速调出前场上架任务或后仓绑品任务。这种整合的定位方式，使补货任务更加清晰和高效。员工可以根据系统的指引，快速完成补货任务，并确保商品陈列的正确性（见图2）。

图2　数字化仓储管理的智能补货流程

4. 智能补货革命：从经验到系统的业务流升级

在智能补货产品的助力下，传统的业务流得到了显著的升级。传统的补货流程依赖员工的经验和感觉，效率低下且难以保证结果的准确性。然而，通过引入智能补货系统，业务流得到了全面的优化和升级。

原操作流程中，员工需要进行巡场、手抄笔录、凭感觉找货等操作，效率低下且容易出现错误。此外，员工薪资固定，缺乏激励机制，难以提高工作积极性。相比之下，新的操作流程在智能补货系统的引导下，变得更加清晰和高效。系统能够自动发现任务并指派给相应的人员，员工只需按照系统的指令进行操作即可完成补货任务。同时，系统还能够根据摄像头的识别结果按件计费，为员工激励政策的实施提供依据。

此外，新流程还引入了货品定位和多重稽核等机制，确保了补货的准确性和效率。员工可以通过系统快速找到需要补充的商品，避免了传统方式的烦琐和耗时。同时，多重稽核机制也能够有效避免错误和漏洞的发生，提高了补货的质量。

智能补货产品对操作流程的升级带来了显著的变化和优势（见图 3）。通过引入系统引导、指令清晰、结果有保障的新操作流程，不仅提高了补货的效率和质量，还激发了员工的工作积极性，为企业的持续发展注入新的动力。

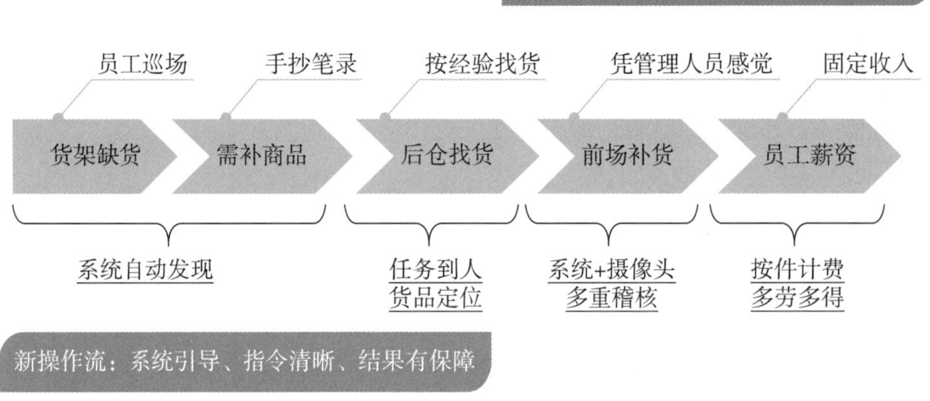

图 3　智能补货产品的操作流程升级

5. 大数据与 AI 赋能，助力零售补货管理提效新突破

智能补货系统基于大数据分析和机器学习算法，系统根据门店历史销售数据、库存数据以及市场趋势等因素，生成智能补货建议。门店可以根据建议进行补货操作，提高补货准确性和及时性。

AI 摄像头及 AI 数据分析能力沉淀：空货位识别及补货动作稽核；销售阈值测算以同期、环比销售为预测依据，设置单品触发阈值。

智慧用工模块：补货业务及人员在线化；补货可以设置合理可监控的运营标准，并深化门店多业务产品；配合智慧用工项目底层产品功能包括人员用工预测、员工排班、任务调度、用工标签等，实现相互削峰、人员计件。

成效：通过智能补货建议的实施，门店补货及时率达到99%以上；单品补货时长从无法监控到精准量化，并随着操作熟练度上升持续缩短22%，有效避免了库存积压和缺货现象；单均拣货时长下降，从12分钟出仓下降至8分钟，合格率提升；单课组总人数可减少12%；70%的计件补货员实现收入增长，预计补货人力总成本可下降10%。

6. 物美案例

物美超市作为多点的重要合作伙伴之一，在实施智能补货方案后取得了显著成效。通过智能补货建议和后仓管理优化，物美超市实现了库存周转率的提升和补货效率的提高。同时，门店销售也得到了明显增长，客户满意度得到了进一步提升。

在2023年6月，在“618”和端午节双高峰的情况下，物美集团门店顺利承接大促峰值单量，且计件补货员在单科组出勤人数占比呈下降趋势并趋于稳定；A店的同比参与补货人数下降11.1%；B店的同比参与补货人数下降14.3%；C店的同比参与补货人数下降20%；其余人员，可以承担更多前场面销工作内容，或做人员汰换从而节约人员成本。

四、推广价值

随着科技的不断进步和零售行业的飞速发展，智能化已经成为供应链管理的新趋势。在这个背景下，多点智联—智能补货整体解决方案应运而生，以其独特的智能化特性和对供应链的赋能作用，为零售企业带来了前所未有的价值。

首先，多点智联—智能补货整体解决方案（以下简称“智能补货解决方案”）通过引入先进的大数据分析和人工智能技术，实现了对销售数据的实时收集、处理和分析。系统能够自动预测商品需求，并根据库存情况、销售趋势和节假日等因素，智能生成补货计划。这种智能化的补货方式不仅大幅提高了补货效率，还降低了人工成本和出错率，使零售企业能够更加精准地控制库存，减少了库存积压和缺货现象的发生。

其次，智能补货解决方案通过优化供应链管理，实现了对供应链的赋能。系统可以与供应商实现紧密的信息共享和协同合作，实时获取供应商的库存、生产、物流等信息，确保补货计划的准确性和及时性。同时，系统还可以根据销售预测和库存情况，智能调整供应链的采购、生产、配送等环节，降低供应链成本，提高供应链的响应速度和灵活性。这种智能化的供应链管理不仅有助于提升零售企业的运营效率，还能够增强供应链的稳定性和可靠性，为企业的发展提供有力保障。

再次，方案还具备强大的数据分析和可视化功能。系统可以对销售数据、库存数据、补货数据等进行深度挖掘和分析，为企业提供丰富的决策支持。企业可以根据这些数据分析结果，调整商品结构、优化销售策略、提升客户体验等，实现更精准的市场定位和更高效的运营管理。同时，通过可视化展示，企业可以直观地了解门店的运营情况、库存状态、补货进度等，便于及时发现问题并进行优化。

最后，智能补货解决方案还具有高度的可扩展性和灵活性。它不仅可以支持单一门店的管理，还可以支持连锁企业、跨地区门店的集中管理。无论企业的规模大小，都可以根据实际需求进行定制化部署，实现智能化补货和供应链管理的全面升级。

综上所述，多点智联—智能补货整体解决方案以其独特的智能化特性和对供应链的赋能作用，为零售企业带来了显著的价值。它不仅能够提升补货效率、优化库存管理、降低运营成本，还能够提升客户满意度、促进企业发展。同时，从智能化和赋能供应链的角度来看，该解决方案还能够帮助企业实现更高效、更稳定、更可持续的运营管理。因此，零售企业应积极关注并加快引入智能补货解决方案，以应对市场变化，提升竞争力，实现可持续发展。

（多点智联（北京）科技有限公司）

第 21 章　工业富联：AI 智赋供应链端到端协同

一、行业背景

1. 敏捷供应链发展挑战

供应链敏捷性，是指供应链在面对市场变化、客户需求波动以及突发事件时，能够迅速作出响应并调整策略，以确保供应链的高效、稳定与灵活运行的能力，涵盖响应速度、灵活性、适应性及创新能力等，是企业保持竞争优势和应对市场挑战的重要手段，已成为企业生存与发展的关键要素。企业必须深入了解其关键作用并做好准备，通过数据协同、主动型供应链构建和韧性供应链网络建设等措施，不断提升供应链敏捷性水平以应对诸多挑战。

市场波动及需求变化：市场波动是敏捷供应链面临的首要挑战；由于消费者需求快速变化、市场竞争加剧、市场数据的复杂性和不确定性，企业准确预测需求变得异常困难。供应链各个环节需要紧密配合，但实践中由于信息传递的延迟和沟通不畅，导致响应速度无法满足市场需求的变化，需借助智能化手段，收集需求—建立预测模型—调整模型—优化预测性能，帮助企业更好地应对市场波动和需求变化。

地缘政治紧张局势和自然灾害威胁：地缘政治紧张局势可能导致贸易壁垒的增加和物流通道的受限，严重影响供应链的运输和配送；自然灾害可能导致生产设施的中断和供应链的断裂，使企业面临巨大的经济损失。企业需具备强大的风险应对能力和供应链韧性，确保在复杂多变的全球环境中保持供应链稳定运行。

供应链复杂性：供应链的复杂性主要体现在供应商数量众多、供应关系错综复杂以及信息流通不畅等方面。随着物联网、大数据等技术的广泛应用，供应链中的数据量呈爆炸式增长，企业需要有效处理和分析这些数据，以支持决策和优化供应链运营。企业需要考虑多部门之间的产销协同和智能排产，通过整合各部门的计划和资源，实现供应链的协同运作。

2. 数字化转型：增强供应链弹性的催化剂

数字化供应链的内涵丰富而深刻，它是基于物联网、人工智能、数字孪生等前沿技术，构建的一个大范围协同、智能决策的网状供应链网络。通过拉动消费者、制造企业、供应商等多元产业主体，使各类要素资源在更大范围内畅通流动，释放出前所未有的产业价值。

不同系统间集成障碍：技术集成在提升供应链敏捷性方面具有重要意义。由于不同数字化制造系统之间存在数据格式、通信协议等方面的差异，造成数据交换和信息共享障碍。供应链系统的复杂性使技术集成变得异常烦琐和复杂，需要投入大量时间和资源，企业还需要不断更新和升级供应链系统，这就增加了技术集成的难度和成本。企业需要采用模块化和标准化的解决方案，构建灵活的技术架构和可扩展的系统，实现供应链系统的顺畅集成，提升供应链的敏捷性。

人才短缺与成本压力：实现供应链的敏捷性需要一支具备专业知识和技能的团队支持。然而，当前市场上具备供应链管理经验和技能的人才相对短缺。企业需要寻找信息化、智能化手段，巩固技能型业务的经验，提高计划制订的效率和质量，降低对人员数量的依赖，优化企业运营成本。

3. 绿色供应链：可持续型低碳供应链成为未来发展趋势

在气候变暖、环境污染、资源枯竭等全球化问题面前，可持续发展已成为一种共识。当前，低碳总体技术水平落后，绿色低碳技术工业化应用不足，绿色循环生产方式尚未完全建立。企业需创新低碳技术并推广应用，采取使用环保材料、降低能源消耗、减少废弃物和实施可再生能源等举措，推动绿色供应链转型。

二、企业介绍

1. 全球高端智能制造领导者

富士康工业互联网股份有限公司（以下简称“工业富联”）坚持“数据驱动、绿色发展”的战略方向，业务覆盖数字经济产业五大类——云及边缘计算、工业互联网、智能家居、5G 及网络通信设备、智能手机及智能穿戴设备，2023 年度营收 4763.4 亿元，赋能世界级“灯塔工厂”9 座，建设全自动智慧工厂 30 余座，成为全球数字经济领军企业。

2. 完善稳定的供应链网络

工业富联深知供应链的稳定性和效率对于制造业的重要性，不断投入资源，优化流程，建立完善的供应链网络，涵盖原材料采购、生产制造、物流配送等环节，具备高度集成、智能化、响应迅速等优势，确保供应链顺畅运行。

持续关注主要原材料价格波动，建立供应商战略合作机制：不断推动“碳中和”及责任供应链体系，建立数字化的采购系统及监管机制，优化升级供应链管理体系，确保原材料的质量和供应的稳定性。

技术推动数字化转型，建立更高效的制造系统和供应链：应用人工智能等技术提升供应链的智能化水平，基于产品在设计、验证、制造和测试环节的海量数据，利用AI进行分析决策，推出更符合客户需求、更快落地、更创新化的产品。

全球布局和供应链整合能力，为客户提供高水平供应链服务：构建全球数字化管理系统，实现柔性调配生产与供应链资源，在半导体、工业软件、机器人等领域投资布局，高效、迅速地满足客户全球交付需求。利用现代化物流设施和先进的技术手段，实现货物的快速、准确配送。

三、企业主要做法及成效

1. 端到端的一体化计划协同平台：利用AI赋能供应链实现敏捷交付

基于AI算法模型，集成CRM（客户关系管理）、APS（高级计划排程）等系统，以构建敏捷计划体系为目标，通过一站式计划协同平台实现供应链信息流、价值流、业务流端到端打通。

首先，在供应链的源头订单侧，为帮助用户实现更精准的需求预测，通过AI进行数据整合与处理（包括历史销售数据、市场趋势、季节性变化、竞争对手信息等），以算法模型生成需求计划。

其次，通过AI优化供应链中长短周期的资源配置。AI可以对供应链各环节的数据进行实时分析，帮助企业识别瓶颈和风险点，并提供相应的优化建议。例如，AI通过对各项KPI指标的统计与考核分析，为产销协同计划提供数据支持，为运营部门中长期战略决策提供有力支撑，实现产供销平衡。也可以根据订单量和交货期限等，对生产过程中的各种资源进行高效利用，如设备、人力、物料等，通过合理分配，智能调整人力、设备、物料资源，进行智能排产，提高资源利用效率，降低生产成本。

再次，在物料采购方面，AI可以进行长周期物料需求在线计算、Buy-Sell物料需求计算，以及根据供应商缺料情况参与物料短缺计算，实现物料需求端到端追溯、采购配额自动分配等。

最后，AI还可以实现日生产状态的实时监控和预警。通过物联网技术，平台可以实时收集供应链中的数据，如库存量、生产状态等，并将这些信息与AI模型进行对接。当出现异常或潜在风险时，AI可以及时发现并发出预警，以便企业能够迅速采取应对措施，避免供应链中断或延误。一体化计划协同平台示例如图 1 所示。

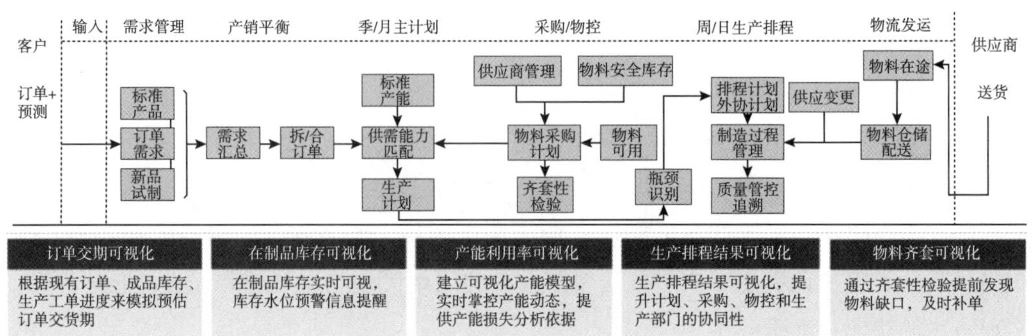

图 1　一体化计划协同平台示例

2. DP 需求预测模型：利用机器学习进行准确预测

通过建立机器学习的 AI 算法预测模型，驱动以历史出货为基础，对多因子影响的需求进行预测，构建符合业务特点的需求预测体系，提升预测准确率，减少需求波动。

通过预测模型进行需求预测需经过以下三步。

首先，进行预测准备，采用系统对接或人工上传方式，收集所有需用于预测模型输入的数据因子，包括历史出货数据、行业研究报告、促销政策、人工销售预测提报、新品上市及老品退市计划、管理层销售规模目标等。同时需定义需求预测的颗粒度，包括产品+渠道+时间的多维度，以及预测展望期。收集原始数据后，通过离群值识别如标准差法、STL 分解法等对原始数据进行清洗，转化为可作为预测模型输入的标准数据。

其次，在完成预测准备后，输入清洗过的影响因素数据，通过算法平台预测销售规模，此外高阶领导结合业务目标与历史经验干预调整销售规模预测；通过算法预测 SKU 结构，给出预测需求计划。由于每个客户的业务需求、产品特性和市场环境都有所不同，根据客户实际场景和输入数据选择定制合适的机器学习预测模型进行训练，将预测需求和实际销量数据带入算法，通过在线学习或增量学习等技术，在新的数据上不断训练模型，提高预测精度。同时，模型还可以根据反馈和评估结果进行自动调整，进一步优化预测性能。

最后，根据算法输出的需求计划，由需求计划部门进行审核修正后正式发布。

DP 需求预测模型构建步骤如图 2 所示。

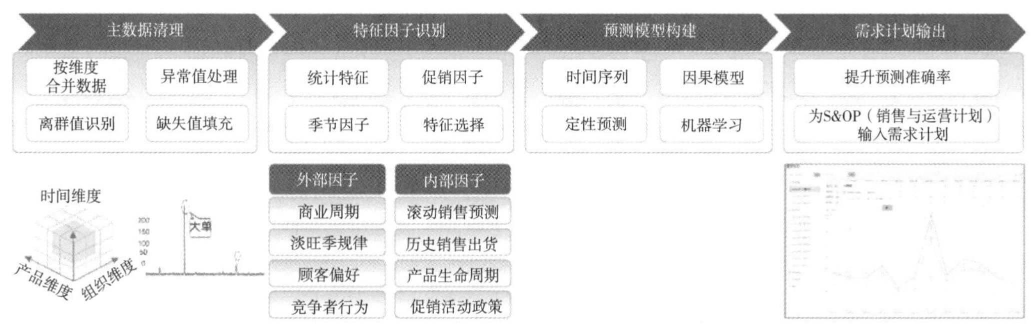

图 2 DP 需求预测模型构建步骤

3. S&OP（销售与运营计划）系统：促进数据驱动的决策

S&OP（销售与运营计划）系统（以下简称“S&OP 系统”）旨在通过对各环节的关键绩效指标进行全面统计分析，为产销协同计划的制订提供数据决策支持，指导运营部门科学制定中长期战略，最终实现产供销动态平衡。

S&OP 系统助力客户搭建和完善 KPI 体系，覆盖采购、生产、物流、销售等全流程环节，持续收集运营数据进行多维度分析，对企业运营表现实施全面评估并发现问题瓶颈，同时基于大数据分析对未来市场需求、生产能力等进行预测，为计划编制提供依据。

S&OP 系统构建“一站式”会议机制完善决策闭环管理，集成各部门 KPI 数据为计划提供可视化支持，并基于整体目标对各种模拟场景进行对比，推荐最优方案，通过需求计划与能力计划模拟实现需求与供应协同一致。

S&OP 系统作为企业运营管理的核心系统，与周边诸多系统紧密集成，实现数据共享和协同决策；系统将从物料类数据、需求类数据、物料供给、SRM（供应商关系管理）、资金类数据、产线类数据等系统获取原始数据输入，如采购订单、库存、现金流等，为制订中长期计划提供基础依据。对于产品和客户信息，系统从 PLM（产品生命周期管理）、ERP（企业资源计划）等系统获取产品 BOM（物料清单）、订单交付等数据，为后续计划制订及营销等环节提供支持。最后，系统还与数据中台、OA（办公自动化）、HRM（人力资源管理）等系统集成，统筹规划资源数据。

S&OP 系统获取企业全方位运营数据，对关键过程实施统筹分析与优化，制订科学合理的中长期运营计划，推动产供销高效协同，最终实现企业资源的高效配置。

S&OP 系统构建步骤如图 3 所示。

4. PMC 计划物控系统：多约束条件下无忧计划物控

PMC 计划物控系统可同时通过拉式生产、推式生产、瓶颈驱动推拉结合等方式进

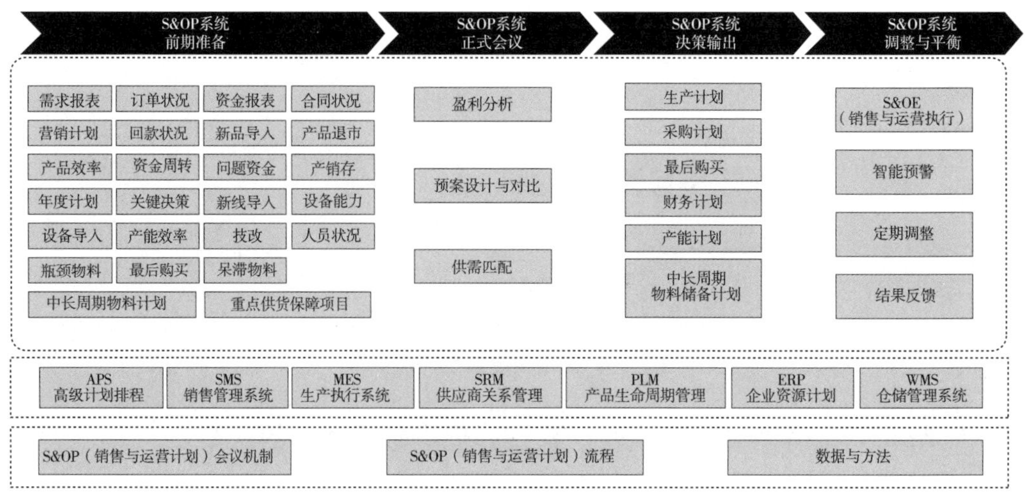

图 3 S&OP 系统构建步骤

行排产。基于管理颗粒度可以拆分成主计划、生产排程、物料计划、缺料分析等功能模块。预设调度方案可优化生产现场的物料和资源利用，减少等待时间、减轻拥堵、提高生产效率。支持多目标多约束条件下的智能 AI 排程，灵活处理插单改单，支持甘特图可视化、排程状态可视化、设备负荷状态可视化、生产进度与计划数据实时同步。

PMC 计划物控系统支持动态物料需求运算，进行工单物料预齐套管理，研发设计完成前使用计划 BOM 对主计划进行 BOM 中物料采购周期预估，此时不触发采购；研发设计完成后，物料预齐套自动根据生产 BOM 等信息更新计划。物料预齐套状态随采购、入库动态更新，系统对抵料延误、齐套延迟等进行可视化提醒，自动统计物料齐套率。

PMC 计划物控系统业务架构如图 4 所示。

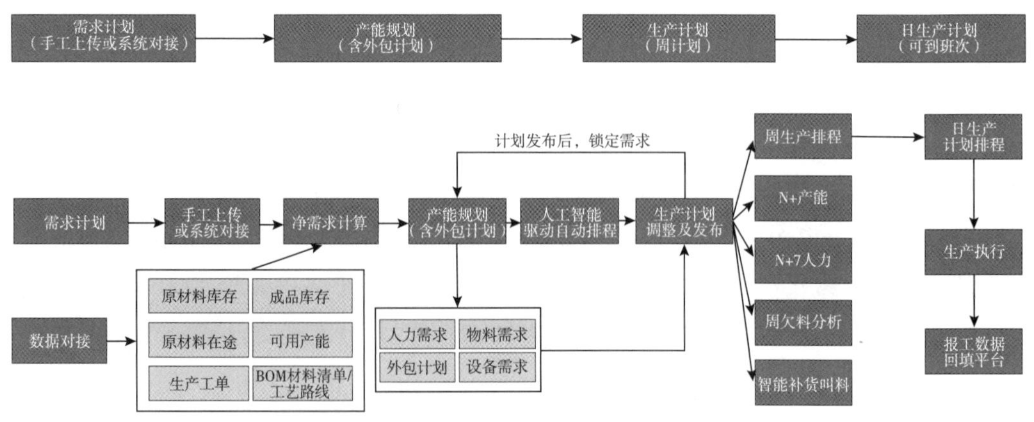

图 4 PMC 计划物控系统业务架构

PMC 计划物控系统欠料分析逻辑如图 5 所示。

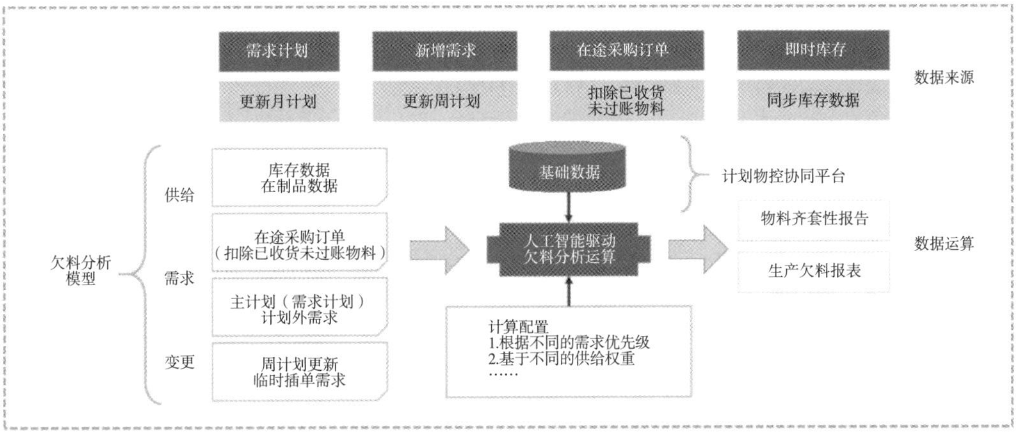

需求计划
新增需求
在途采购订单
即时库存
更新月计划
更新周计划
扣除已收货未过账物料
同步库存数据
数据来源
欠料分析模型
供给
库存数据
在制品数据
需求
在途采购订单（扣除已收货未过账物料）
主计划（需求计划）
计划外需求
变更
周计划更新
临时插单需求
基础数据
计划物控协同平台
人工智能驱动欠料分析运算
计算配置
1.根据不同的需求优先级
2.基于不同的供给权重
……
物料齐套性报告
生产欠料报表
数据运算

图 5　PMC 计划物控系统欠料分析逻辑

5. 日生产交付风险管理系统：实施闭环风险缓解

在实施这些解决方案之前，工业富联的业务面临着生产前准备工作缺乏透明度、异常处理延迟、异常处理措施关闭不力等挑战。针对这些问题，工业富联重点采取措施，建立了工单生产的产前准备、事中控制、事后总结的管控机制。

通过数字化精益协作平台、安灯系统和现场生产看板的集成，工业富联可以在生产中的出货和生产工单之间建立清晰的联系来简化操作。通过智能风险预警通知和敏捷异常处理，使工业富联实现了全面流程管理。

具体而言，产前准备是指梳理产前准备和风险预警管理机制，事中控制是指监控每日计划完成率，实时可视化工单进度。此外，事后总结是指定期生成自动报告，以促进从根本原因分析到问题解决的闭环流程。

6. 在线采购和供应商管理系统：采购流程数字化

采购流程数字化主要有两个突出举措：企业提供端到端的外包处理解决方案，以及数字化供应商绩效管理。

为企业提供端到端的外包处理（外协加工业务）解决方案，其主要业务模块包括长周期物料需求在线计算、下层 Buy-Sell 物料需求计算、供应商缺料情况与物料短缺计算、物料需求端到端追溯、采购配额自动分配等。其先进性在于 SRM 平台提供了全面的外包管理，集成供应商数据并实现外包加工的下级材料的自动计算。

数字化供应商绩效管理，提供了侧重各个关键方面的全面概述，如引入了采购数字化 KPI（包括交付、成本和历史贡献指标），以及质量数字化 KPI（质量指标）和技术数字化 KPI（如工艺和开发指标）。它的先进性在于通过系统集成自动捕获数据，从而建立由可量化数据驱动的供应商绩效指标评估模型。

采购和供应商管理系统业务架构如图 6 所示。

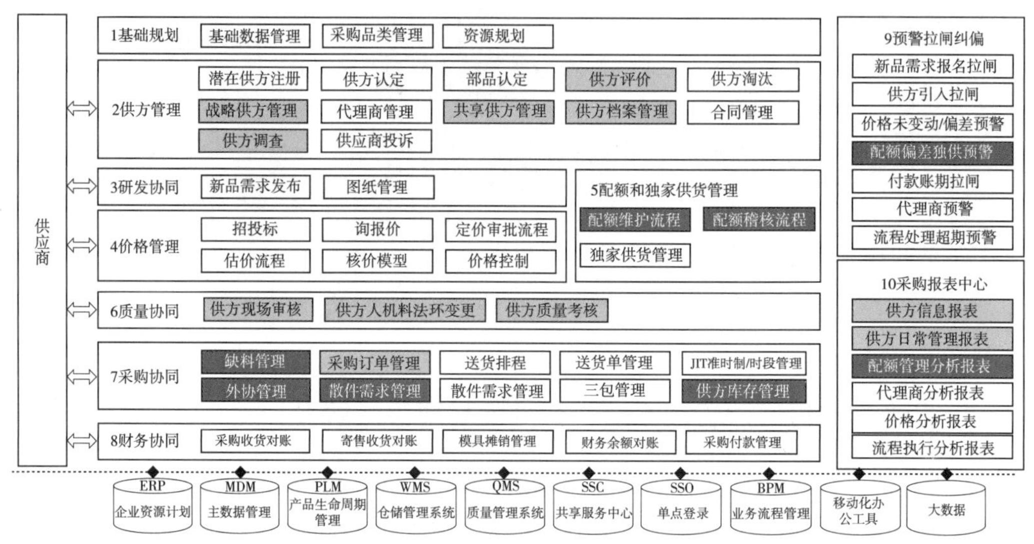

图 6　采购和供应商管理系统业务架构

7. 后拉式供料管理系统集成：提升物料流和物流效率

后拉式供料管理系统集成，是以物料管理为核心，协调各个仓储单元之间的物料交互，以促进从工作站到仓库再到供应商的无缝、快速的信息流。这种集成实现了内部运营和外部物流之间的顺利连接，最终提高了整个工厂的物料效率。实施前，工业富联的业务面临着配送计划不明确、供应商交货与物料需求难以匹配、日常供应库存区域利用效率低、现场物料消耗缺乏透明度等挑战。针对这些问题，工业富联采取了核发物料单、工作站表、物料站表等关键措施，使工业富联能够根据工作站需求准确分配物料。此外，工业富联还根据工作站消耗和基于库存水平的制造商分配指令建立了物料调用触发器，从而可以主动管理物料短缺。

8. 敏捷转型实践经验

(1) 离散制造行业实践探索经验。

工业富联致力于通过需求、供应、交付的端到端计划和执行数据拉通，通过一站式计划协同平台实现供应链信息流、价值流、业务流端到端打通，协助客户对不断变化的市场和用户需求做出快速响应的能力。

案例1：某消费电子工厂计划排程与供需排配（见图7）

大型电子装配工厂的物料种类繁杂，不同类型物料对应不同管理逻辑且具有复杂得多供应商物料替代关系，计划拆解管控困难；客户预测变更频繁，需要及时根据需求变化进行计划调整，同时产能和物料供给波动很大，协调难度大；产能计算的约束条件复杂，难以达成产能利用的最优解。通过建立供应链实时协同平衡，实现多系统、多工厂信息自动交互，预警时效性显著提升。工业富联在需求侧方面，基于销售预测及约束配置自动拆解主生产计划（MPS），再基于主计划、资源供给约束进行产能规划及资源供给的自动化分配及资源调度，最终实现生产欠料分析及智能补货，进行生产准备的齐套检测，结合供应商交期进行拉料补货计划运算。

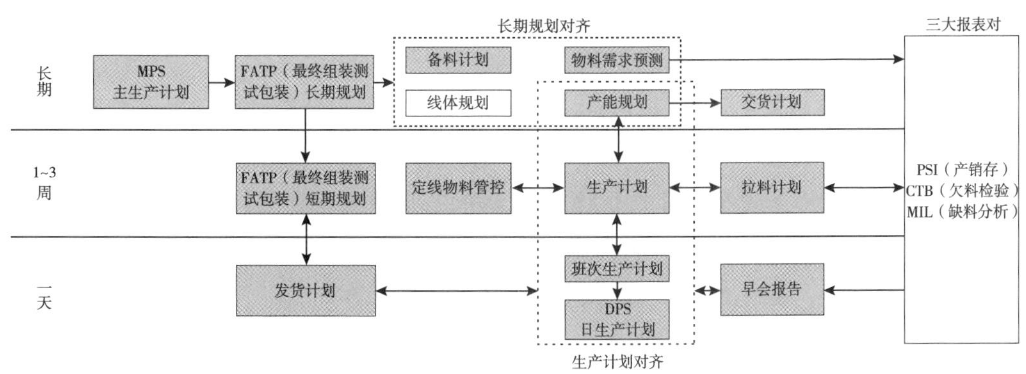

图7　某消费电子工厂案例

给客户带来的效益：订单准时交付率从91.2%上升至98.5%，库存周转天数从14天下降至8.5天，PMC直接人员从135人下降至107人。

案例2：某金属机构件工厂生产计划及智能调度

企业面向订单生产，SKU数量多且杂，订单和客户数量多，线下计划难以排配，获取需求后只进行一次生产准备计划，欠缺预期和跟踪，导致计划被动，经常被催单；生产现场沟通依靠人工，耗时长且信息滞后，只能提供工序的每日任务列表和优先级，实际现场调度是个黑盒。建立主生产计划到生产排程的多层级计划体系，监控现场生产执行状态，保证生产进度可控。工业富联在尽可能满足订单交付的基础上进行了生产资源的排配，评估订单按时交付的可能性及交付延期风险，明确了订单资源需求，用以指导生产资源准备。工业富联基于产销平衡、生产资源供应能力、生产工艺要求等约束，进行每日生产计划的排配，并根据批次、模具号等需求进行排程行的拆分及下发，用以指导生产执行。工业富联联合MES系统实时排程监控异常，可针对异常变更排程，使生产现场透明化。

给客户带来的效益：工业富联针对客户原有ERP系统仅能管理财务模块的痛点，增补了轻量化生产主数据管理、仓库管理、订单管理、采购管理等缺失功能。产销协同计算考虑模具约束、线体约束和物料约束，便于客户灵活插单。订单准时交付率从70%提升到95%，平均交付周期从98天减少至68天，库存周转天数从97天减少至68天。

案例3：某海外3C电子装组厂一体化计划协同方案

工业富联为客户建立了完整的计划体系结构，形成了业务闭环；打通瓶颈工序，平衡前后端产能，连接计划业务断点，避免不同线体间抢占瓶颈（如精加工）资源，提高整线产能利用；智能生成备料计划（中长期）、物料需求计划、拉料计划三层级计划，减少人工统计物料需求工作量。工业富联实现了多线体协同生产排程：利用瓶颈约束优化算法模型、线性规划算法、What If模型等构建多层级生产计划排程体系。工业富联进行了内外工序联排：联动外协MES系统及各工序外协业务逻辑，基于算法模型输出生产工厂内外协同生产的工序协同计划。工业富联制订了智能排配物料计划：通过平台预设备件、耗材安全库存水位及各物料补货要求，结合供应商推荐约束，实现智能自动补货提醒。工业富联对在制品进行智能预警调控：进行在制品数据分类，针对各分类在制品进行工序级数据采集，基于分类及数据进行不同场景的库存水位预设、生产进度预测及智能报警。

给客户带来的效益：需求预测准确率从70%提升至75%，订单及时交付率从95%

提升至98.5%，库存周转天数从17天降至14天。

（2）效率、成本和客户满意度影响分析。

如表1所示。

表1 解决方案影响分析

用例概述	目的	对效率的影响	对成本的影响	对客户满意度的影响
端到端的一体化计划平台	搭建一体化智能信息协同平台	供应链各职能部门管理效率提升 供应链敏捷性提升	制造成本下降 库存周转率提升	订单准时交付率提升
DP需求预测模型	提升需求预测准确度	预测准确率提升	库存周转率提升	—
S&OP多部门产销协同	1. 与供应商加强信息联通：时间范围增长，有效减少“牛鞭效应”的负面影响； 2. 加强内部管理	跨部门沟通时间减少 供应链敏捷性提升 供应链各职能部门管理效率提升	制造成本下降 库存周转率提升	订单准时交付率提升
APS智能排产	智能排产	设备换型时间减少 产线有效产出增加	制造成本下降 库存周转率提升	订单准时交付率提升
日生产交付风险管理	建立异常流程处理机制	现场异常处置时间减少	制造成本下降 库存周转率提升	订单准时交付率提升
在线采购和供应商管理	与供应商加强信息联通：业务范围扩展，有效减少“牛鞭效应”的负面影响	料况查询时间减少 缺料等待时间减少	物流成本下降 库存周转率提升	订单准时交付率提升
后拉式供料规划	与供应商加强信息联通：实时性增强，有效减少“牛鞭效应”的负面影响	料况查询时间减少 缺料等待时间减少	物流成本下降 库存周转率提升	订单准时交付率提升

四、推广价值

工业富联通过 AI 创新赋能供应链端到端规划协作，形成敏捷供应链实践，可借鉴经验如下。

1. 鼓励通过数字创新持续改进

随着数字化技术的迅猛发展，数字创新已成为供应链改进的关键驱动力。数字创新不仅能够帮助企业提升供应链的效率和灵活性，还能够推动企业不断创新商业模式和服务方式。工业富联基于人工智能推动的数字创新，实现了端到端的一体化计划、精准需求预测、多部门产销协同、智能排产、风险管理、在线采购和供应商管理以及后拉式供料规划等多项优势；通过引入先进的数字化技术和管理理念，提升供应链的智能化水平和协同效率；利用数字技术推动供应链的绿色化和可持续发展，实现经济效益和社会效益的双赢；通过数字创新不仅提升了供应链的协同效率和响应速度，还为企业创造了更大的价值。

2. 紧抓机遇制定有效应对策略

面对全球市场的不断变化和竞争压力，企业需要制定有效的策略来应对挑战并抓住机遇。工业富联关注全球市场的动态变化，及时调整供应链策略，以应对可能出现的风险；凭借其强大的品牌影响力和市场地位，吸引众多优质供应商与其建立长期稳定的合作关系。同时工业富联抓住了数字化转型的机遇，推动了供应链的转型升级。此外，工业富联还注重培养创新能力和进行人才队伍建设。以完善的人力资源管理制度和激励机制，通过培训和职业规划等方式，不断提升员工的技能，为工业富联的长远发展提供有力支撑。

3. 注重协作努力和全行业标准

敏捷供应链的实现需要各方协作努力，共同推动供应链的标准化和协同化发展。工业富联不仅加强与供应商、客户、物流服务商等合作伙伴的沟通协作，建立紧密的合作关系，还积极参与供应链相关标准的制定，开展多项行业交流活动，分享成功案例和经验教训，推动供应链的标准化发展，与社会各界共同关注供应链的发展动态，共同推动供应链的持续改进和升级；通过产业链协同和敏捷供应链实践共享资源、优化生产流程、降低运营成本，共同应对市场挑战和风险。

工业富联从企业自身做起，加强技术研发和应用，推动供应链的数字化转型和智能化升级；积极采取行动，培育未来兼具敏捷性和可持续性的供应链；加强与供应链上下游企业的合作，加强供应链协同，积极拥抱创新，应对未来市场的挑战和机遇，实现可持续发展。

（周晓、朱闪闪、蒋抱阳，富士康工业互联网股份有限公司）

第 22 章　国联视讯：PTDCloud 工业互联网平台+数字工厂

一、行业背景

1. 工业企业供应链发展现状

（1）工业企业供应链侧重生产制造，着重价值增值。

工业企业供应链侧重生产制造，偏重于分析以提高工厂生产效率、产品价值为目标的，包括对企业研发、设计、加工组装、制造等环节产生价值增值的过程。目前，中国仍处于工业化进程中，制造业与先进国家相比还有较大差距，随着新一代信息技术与制造业的深入融合，制造业生产方式、企业组织、产品模式等都将发生巨大变化。

（2）工业企业多数为离散型制造企业，重点面向提高库存周转率。

传统的工业企业就生产系统来说，涵盖了原料采购、铸造，配套外购件采购、锻造、加工，直至装配的过程。冗长的生产线带来的是复杂的计划管理、冗余的人力资源、不是紧缺就是多余的设备能力，以及不必要的库存占用导致的资金积压等。在激烈的市场竞争中，这样的管理体系将导致低下的生产率、不稳定的质量和漫长的流动资金周期。

2. 难点、痛点、堵点问题

当前，广大工业企业迫切希望通过数字化转型提升生产效率和提高产品质量，但普遍面临“不会转”“不能转”“不敢转”的难题。

（1）数据采集基础薄弱、技术应用水平较低等现实基础，让企业面临较大的转型难度。

国联股份智慧供应链协同平台提供一套平台体系，将流程可视化，打通业务流程、管理系统和供应链数据，稳定产业链的供需平衡；促进企业研发设计、生产加工、经营管理、物流售后等业务数字化转型。

（2）高昂的转型成本和有限的资源投入，造成企业数字化转型难以为继。

国联股份提供按需付费等形式，为中小企业减少了软硬件投入的资金成本，降低了安排部署、业务协同和组建转型团队的时间成本。

3. 未来发展趋势

（1）聚焦钛产业生产、研发、运营数据流通质量，打造高效边云协同体系。

建设数据集中管理平台整合数据资源，建设智慧化应用平台实现运营全价值链一体化管控。围绕工业产业链企业上下游产业链生态圈数字化、网络化、智能化发展需求，开放企业资源和能力，破解产业上下游企业信息系统割裂、数据共享难、协同效应差等问题，推动产业链资源精准对接、要素优化配置。

（2）打造优势产业集群，强化创新产业链供应链上下游协同。

围绕供应链整合、创新能力共享、数据应用等当前产业发展关键环节，推广资源开放、能力共享等协同机制，为建设融通发展生态提供有益指引和参考。深化基于供应链协同的融通模式，构建产业链深度协同、融通发展的新型产业组织模式，提高供应链运行效率。发挥对供应链的引领带动作用，在化工产业领域打造带动能力突出、资源整合水平高、特色鲜明的企业。打造多方共赢、可持续发展的供应体系，带动产业链上下游企业协同发展。

二、企业介绍

国联股份主营工业电子商务和产业数字经济平台。公司作为工业领域的平台型链主企业，拥有306万注册会员企业、1000万黄页数据库、1.5亿条招投标信息资源。旗下十大行业的垂直工业互联网平台（多多系）更是拥有上下游90余万注册交易用户，提供工业电子商务、数字云工厂、数字供应链、工业互联网、工业元宇宙等产业数字化服务。公司以工业电商补链、以工业互联网固链、以工业大数据强链，致力于促进广大中小企业的降本增效和数字化转型。

国联股份入选工信部“优秀工业电子商务平台案例企业”“工业电子商务运行形势监测指数企业”“制造业与互联网融合发展试点示范项目”“工业互联网试点示范项目”“大数据产业发展试点示范项目”“工业互联网平台创新领航应用案例”；入选商务部、工信部、生态环境部等8部门联合审定的“第一批全国供应链创新与应用示范企业”。

三、企业主要做法及成效

1. 创新做法和亮点

（1）构建“数字工厂+PTDCloud 工业互联网”。

数字工厂的实施全部基于多多云工厂和 PTDCloud 工业互联网平台进行，基于多多平台的核心供应商或核心客户工厂进行“原材料‘一站式’采购”+“产成品‘一站式’销售”+“数字工厂”，依托多多平台的订单优势、供应链优势和技术优势，为相关云工厂提供原材料采购、产成品销售和数字工厂解决方案等“一站式”服务；目的是进一步实施上游云工厂和深度供应链策略，加强上游壁垒和生态圈建设。通过采集、分析上下游工厂的研发、生产、采购、销售、服务等环节的数据，助力企业形成高效、专业、根植于垂直供应链的工业互联网解决方案应用体系，帮助产业链企业优化产能，实现柔性生产、个性化定制和精准营销，实现生产数字化、管理数字化、质检数字化、能耗数字化、物流数字化、订单排产数字化、人员定位数字化、安全监控数字化、设备管理数字化。数字工厂解决方案如图 1 所示。

①生产数字化。

在生产区和中控区进行升级，通过实施 IoT 物联网平台、大数据平台和 AI 智能生产平台，以此来建立一个基于海量工业数据采集、汇聚、分析的数据管理与分析的服务体系。在工厂生产侧，通过部署采集器、边缘网关、边缘服务器、安全网闸，进行大范围、深层次的数据采集；通过构建精准、实时、高效的管理与分析体系，实现工业技术、经验、知识的模型化、标准化、软件化、复用化，配合工厂技术人员，不断优化研发设计、生产制造、运营管理。

②管理数字化。

在办公区进行升级，通过实施 OA（办公自动化）、ERP（企业资源计划）系统，提升工厂运营管理效率，包含人力资源、行政、财务、采购、销售、生产、物流、仓储管理等全功能模块。云 ERP 系统服务如图 2 所示。

③质检数字化。

在质检区进行升级，通过对质检设备的升级，提高产成品检测的速度和准度，通过提供实时的产成品数字化检测报告，为生产工艺优化提供了数据支撑。

核心工艺段参数预警，是为了改善原有工艺流程，持续提升生产过程风险控制能力和关键参数指标控制水平，重点关注核心工艺段流程，结合工艺段控制特点，对数据进行实时采集、分析、对比，经过数据算法模型训练得出最优工艺参数，

图1　数字工厂解决方案

将关键工艺控制参数纳入核心工艺流程，并设定预警阈值，提高现场工艺生产过程的控制能力。

工艺分析智能辅助系统基于数据采集和智能计算，使数据之间互联互通并提升数据的价值。系统旨在针对工艺生产核心段痛点进行分析改进，依据分析结果，构建工艺分析算法模型，借助信息化手段改变以往传统生产管理模式下的过程分析方式，从而提高生产过程效率。

④能耗数字化。

在配电室进行升级，企业可以通过对产线和重要设备的配电间加装智能电表

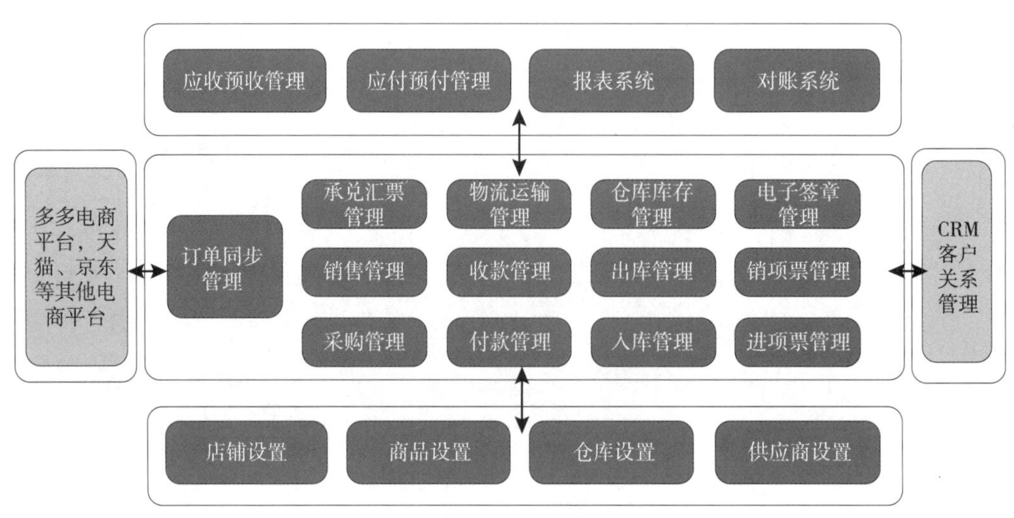

图 2　云 ERP 系统服务

和传感器，在线实时查询和分析各个位置的耗能耗电情况，和昨日、上周进行数据对比分析；有效控制各区域耗电情况，为厂区节能减排提供有效决策依据；同时根据用电异常分析某条产线或者某设备是否正常运行，为生产和巡检人员提供决策依据。

⑤物流数字化。

在车辆入厂 5 公里范围内进行升级，企业通过实施排号通系统，对车辆的进厂、过磅、装卸、出厂等环节进行数字化管控和流程优化，并且在每个环节都加装或者升级了相关的设备，实现无人过磅场站，在减少人工开支的同时，减少了司机等待时间，提高了工厂各环节的 KPI 考核成绩。排号通流程如图 3 所示。

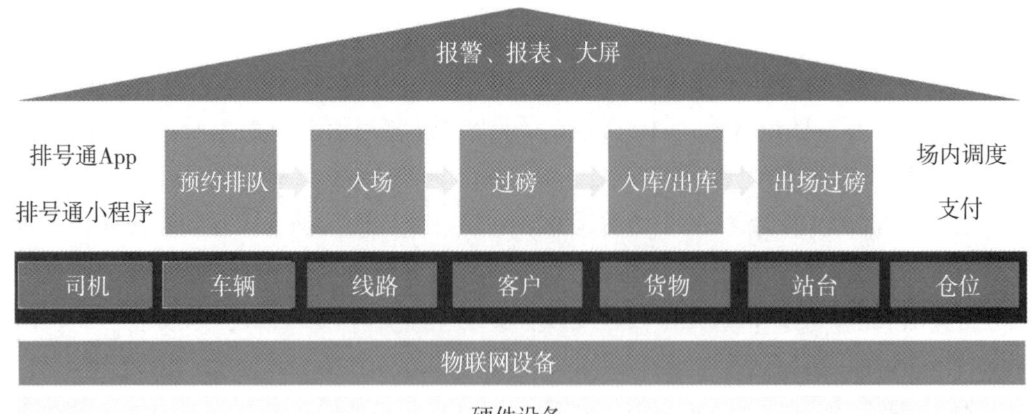

图 3　排号通流程

⑥订单排产数字化。

国联股份通过国联云仓系统并搭配智能终端设备，规范仓储工作人员进行收货、库存、出货的工作，保证作业的准确完成；同时，可生成实时的进出库统计和其他报表数据等。排产数字化流程如图 4 所示。

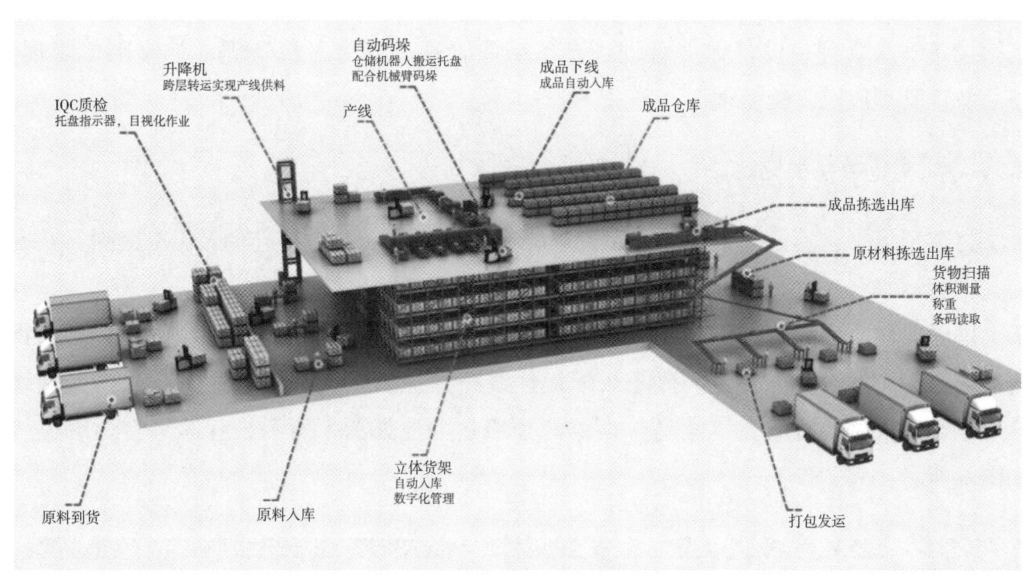

图 4　排产数字化流程

⑦人员定位数字化。

安全风险管控。安全生产实时监控大屏，纵览整个厂区安全情况，对人员、车辆、危险作业进行管理。

隐患排查治理。系统智能分析巡更路线的达标/异常情况，提供全方位多维度的报表和数据分析工具以及 KPI，实现巡更工作的智能考核。

应急处置。利用真实的全厂电子地图、即时人员定位信息、实时的视频监控画面，演练指挥人员通过大屏全面掌握演练的整体情况。

⑧安全监控数字化。

安全事件分析预警应用于安全风险分析预判、安全事件评估、跟踪、分析和决策、安全隐患排查预警、快速应急响应等。

危险区域监测应用于明火、烟雾、可燃有毒气体监测、远程操作、无人巡检、无人值守等。

生产设备故障识别应用于设备上云、设备仿真、设备信息状态数据采集分析、设备故障隐患排查、故障预警、预测性维护、人机协同等。

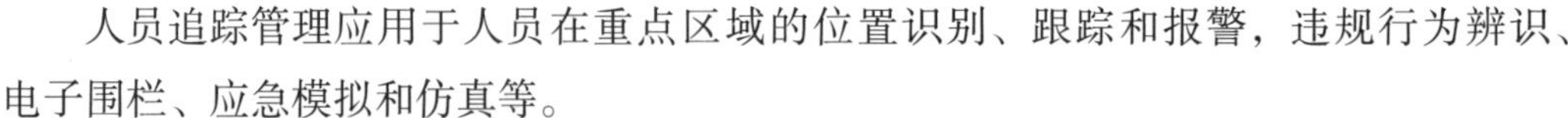

人员追踪管理应用于人员在重点区域的位置识别、跟踪和报警，违规行为辨识、电子围栏、应急模拟和仿真等。

⑨设备管理数字化。

国联股份设备管理系统是为企业管理者提供设备管理的一种高效的管理工具。用户可根据自身的权限查看相应的功能模块或者进行数据维护。该系统的功能模块主要包括设备信息管理、设备保养管理、设备润滑管理、设备巡检管理、维修工单管理、备品备件管理以及系统管理。

（2）构建数字供应链。

打造智运平台、云仓平台和数字港区，实现智慧物流、数字仓储及 CA 交割。

①智运平台。

国联股份利用北斗定位、LBS 定位、物联网、AI、大数据等科技手段，协同大宗物流运输方为企业及上下游客户智能匹配最佳线路并提供多式联运运输方案。打造网络货运平台和大宗物流的类“菜鸟”网络。顶级运力池如图 5 所示，智运平台多端连接如图 6 所示。

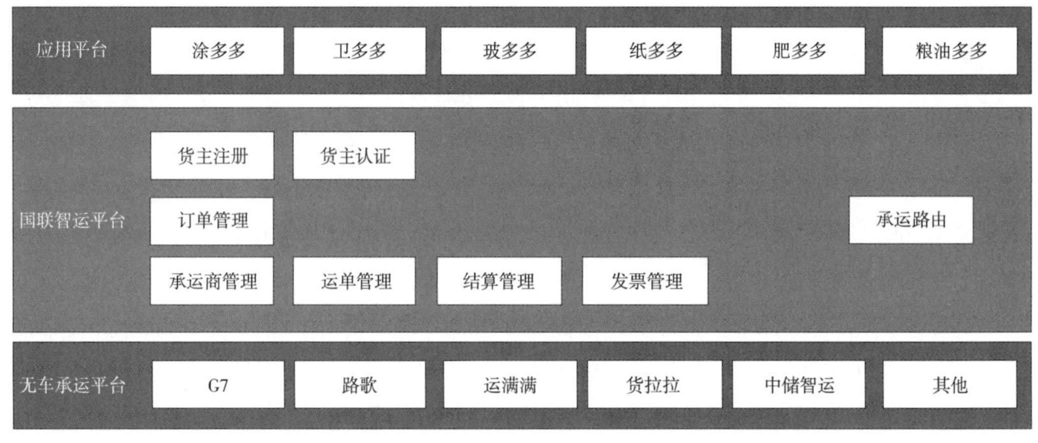

图 5　顶级运力池

②云仓平台。

国联股份协同多多中心仓、交割仓等数字仓库，为产业链企业提供仓储转运、仓单交割、仓单质押等一站式数字化仓储解决方案。排号通主要解决工厂及仓库的车辆排队混乱、装卸无序、人工参与过多等问题，通过在场站内部署智能硬件和排号系统来做出入库计划，从而优化车辆的进出、过磅、装卸车等操作，致力于打造无人值守场站及无人数字仓库。

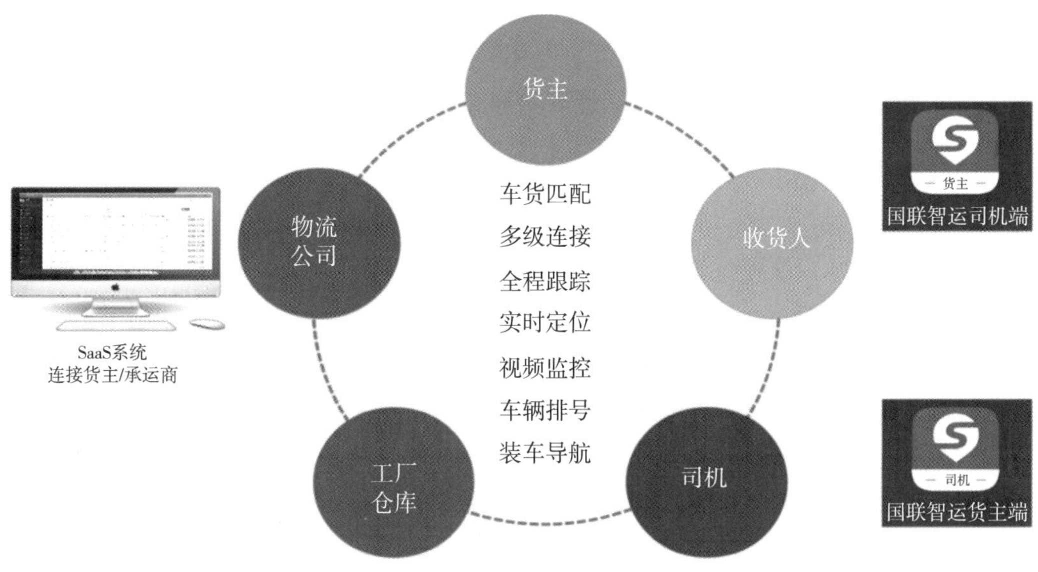

图6　智运平台多端连接

③数字港区。

国联股份借助多多平台的供应链优势及跨境电商规划，与辽宁中丝锦港、天津港、黄骅港等联合上线了乙醇、PVC和钛矿的CA交割系统，加强数字化运营体系构建，为港口的高效储运提供强力支撑，并在港储管理的数字化、交割数字化等方向共同发力。同时平台基于整体物流数据的持续沉淀做深度分析，为平台用户规划建立干线物流，合理化（水、铁、汽）混运规划，进而帮助用户实现降本增效。

（3）构建远程办公和云销体系。

①直播平台。

国联股份提供强大的云端直播能力及全平台打通的直播服务，将直播能力注入各业务场景，依托国联云的音视频技术架构，以及全球海量加速节点和领先的音视频AI技术，为企业提供专业、稳定的直播推流、转码、分发及播放服务，全面满足低延迟、超高画质、大并发访问量的要求，助力企业快捷实现视频直播。

②远程办公平台。

提供包括国联云OA、国联云ERP、国联云存证和国联云视频会议等办公类SaaS服务。

③ VR平台。

通过VR平台可将线下的展会、企业、工厂、商品等实景“搬到”线上，实现“可操作，可交互”，实现在线全方位互动式观看真实场景。主要应用于VR云工厂、

VR 线上会展、VR 数字展馆等场景。

（4）开发多多指数、产业地图、平台实时交易数据等大数据服务。

国联股份依托 PTDCloud 平台的关键信息动态采集技术，实现了全球钛产业链供应链短板预警及绘制产业链产能地图，利用大数据技术对产业链上下游企业的交易价格、产能、产量、物流、库存、进出口等数据的采集、分析与应用，发布“多多指数”，包括多多价格·供需博弈、多多快讯、多多评论、产业周刊、产业地图和产业报告，随时把握商业机遇，用数据助力行业流通等板块。国联股份通过分析发布国内外产业链上下游产品的实时价格、利润趋势、区域产量、月度产量、库存、进出口数据，以及行业政策等进行价格走势、市场供需情况预测，对产业链企业的原材料采购以及产品销售行为形成影响，提升企业供应链风险识别能力，促进市场产供销平衡，提升精细化管控和市场响应能力。深度供应链示意如图 7 所示。

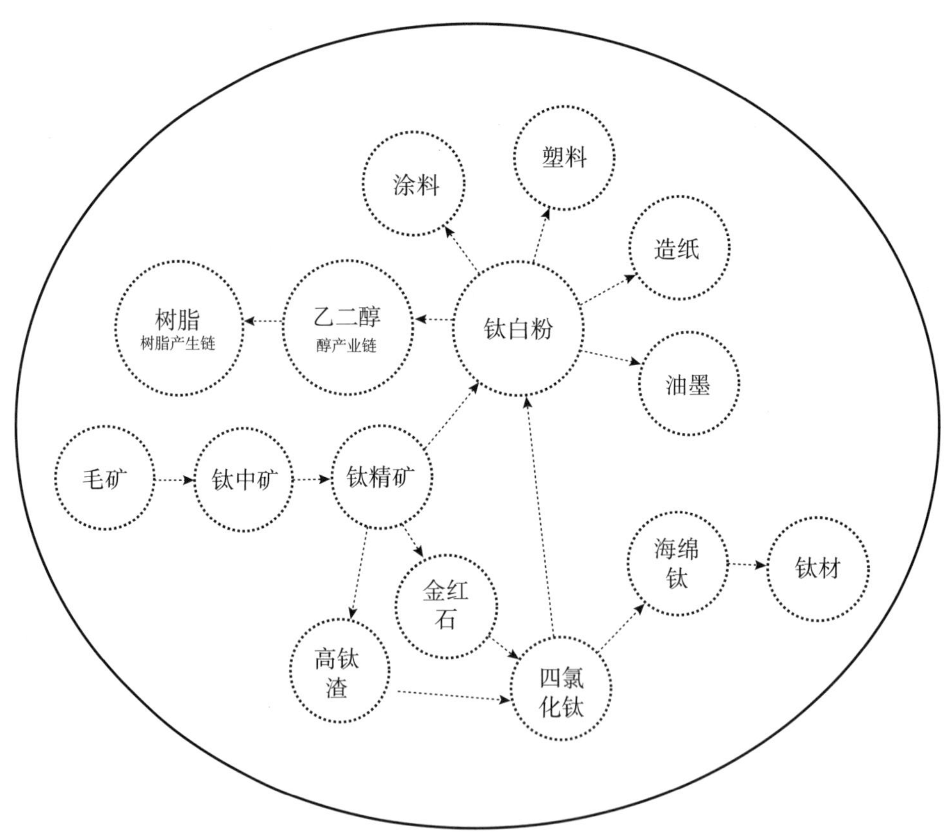

图 7　深度供应链示意

2. 取得的成效

国联股份以多多电商交易平台、供应链 SaaS 服务平台、工业互联网平台为工具，协同平台集聚的物流等供应链专业服务资源，提供“系统部署+资源导入”的整体解决方案，着力于以“数字技术+数字工厂”的方式实现钛产业企业降本增效的高质量转型，赋能钛产业企业数字化转型，提升效率、降低成本、缓解资金压力。

钛矿—高钛渣—四氯化钛—海绵钛—钛材，是国联股份基于深度供应链策略打造的钛产业链生态闭环，同时通过技术赋能，为上下游企业提供数字供应链和数字工厂解决方案，打造覆盖产品全生命周期的云化服务与协同服务，助力企业实现降本增效。

（1）“四氯化钛”核心环节。应用企业之一为湖北仙桃市中星电子材料有限公司（钛产业链闭环中的核心企业）（以下简称“仙桃中星”），助力高速发展数字化，赋能应用企业提高运营管控效率。

仙桃中星是国内较大的商用四氯化钛生产公司，在进行了生产、管理、质检、能耗、物流等一系列数字化改造后，产能从之前的 7000 吨/月提升至 11000 吨/月，提升 57. 14%；运营成本从之前的 7500 元/吨降低为 6800 元/吨，降低 9. 33%；通过计量优化升级、能源数据采集、能源统计平衡、能源优化利用等功能，能耗从之前的 300 度电/吨降低为 250 度电/吨，降低 16. 67%。关联设备数量提升 33. 33%，产品不良品率降低 100%，人工成本降低 9. 38%，物流成本年节约 20 万元（见图 8）。

国联股份以仙桃中星为开端，为钛产业链上下游做出数字化转型示范，展现了高效全流程的数字化信息流，推动了关键数据共享、业务互联和制造资源优化配置，号召钛产业链乃至工业行业数字化转型，加快工业领域上云步伐。

（2）“钛矿、高钛渣”上游环节。应用企业之一为内蒙古蒙达钛业有限责任公司，通过实施数字化改造，实现在全生命周期内降本增效。

内蒙古蒙达钛业有限责任公司（以下简称“蒙达钛业”）是仙桃市中星电子材料有限公司的上游供应商之一，产品主要有钛矿、高钛渣等，在进行了生产、管理、质检、能耗、物流等一系列数字化改造后，公司在生产、运营、物流等全生命周期内都实现了降本增效，产能从之前的 4000 吨/月提升至 4500 吨/月，运营成本从之前的 3800 元/吨降低为 3400 元/吨，能耗从之前的 3000 度电/吨降低为 2700 度电/吨（见图 9）。

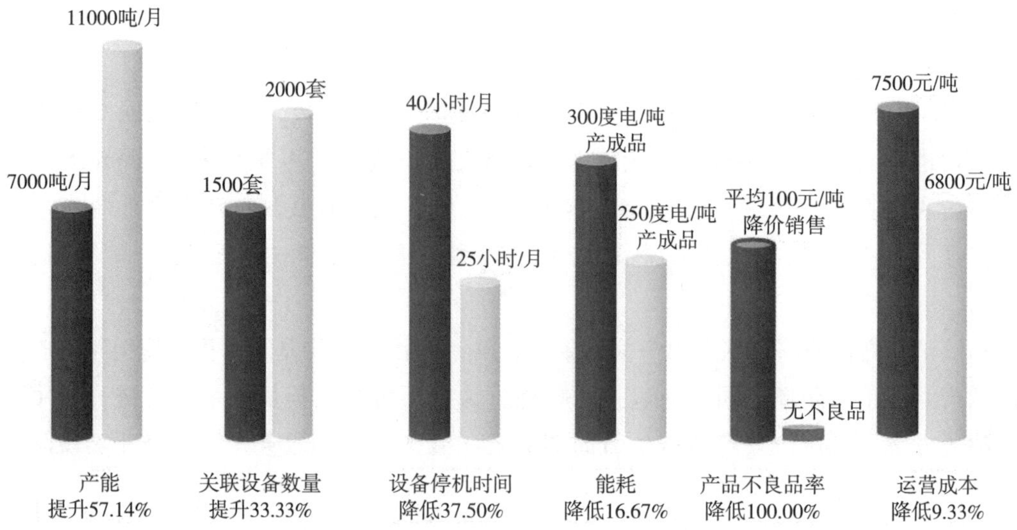

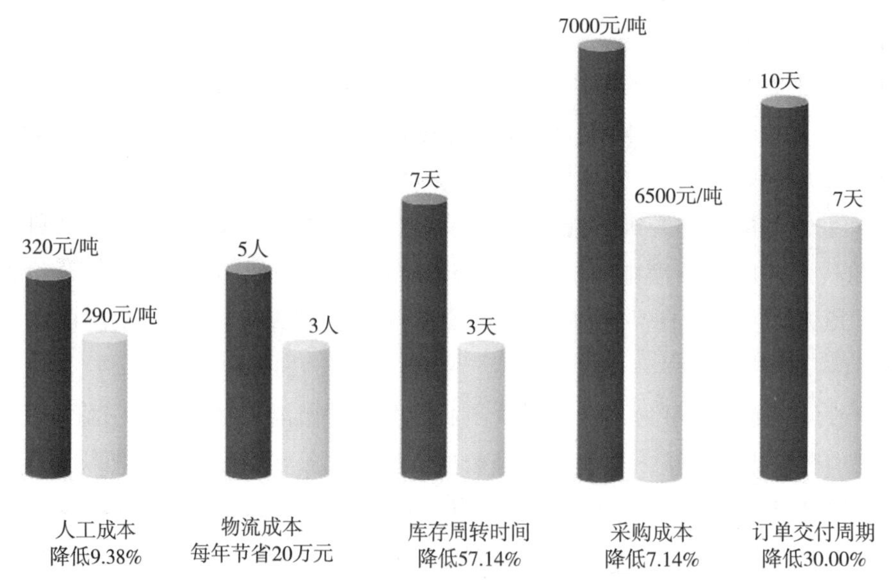

图8　仙桃中星优化前后数据对比

（3）“海绵钛—钛材”下游环节。应用企业之一为四川盛丰钛业有限公司，通过赋能上云，数字化成果显著。

四川盛丰钛业有限公司（以下简称“盛丰钛业”）主要生产销售海绵钛及二氧化钛等钛系列产品，其上游供应商之一为仙桃市中星电子材料有限公司，在进行了生产、管理、质检、能耗、物流等一系列数字化改造后，公司在生产、运营、物流等全生命周期内都实现了降本增效，产能从之前的260吨/月提升至300吨/月，运营成本

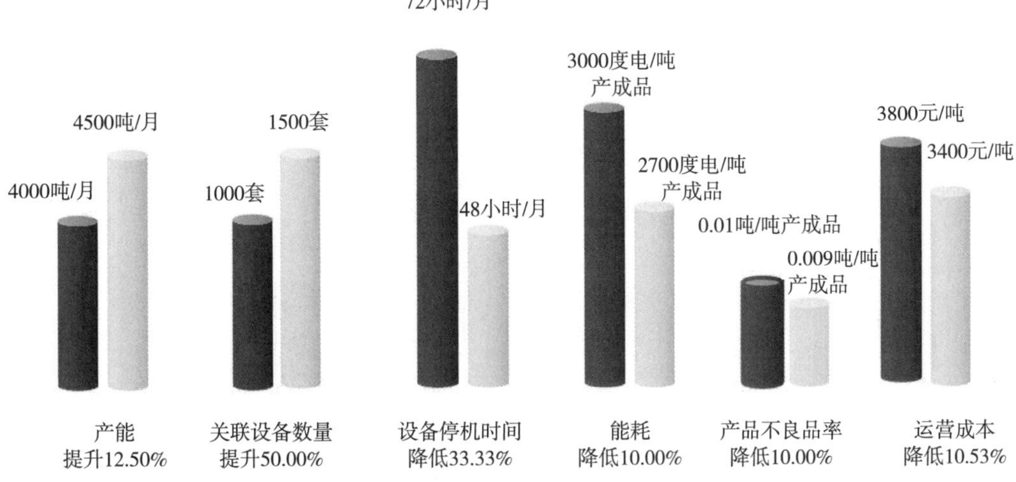

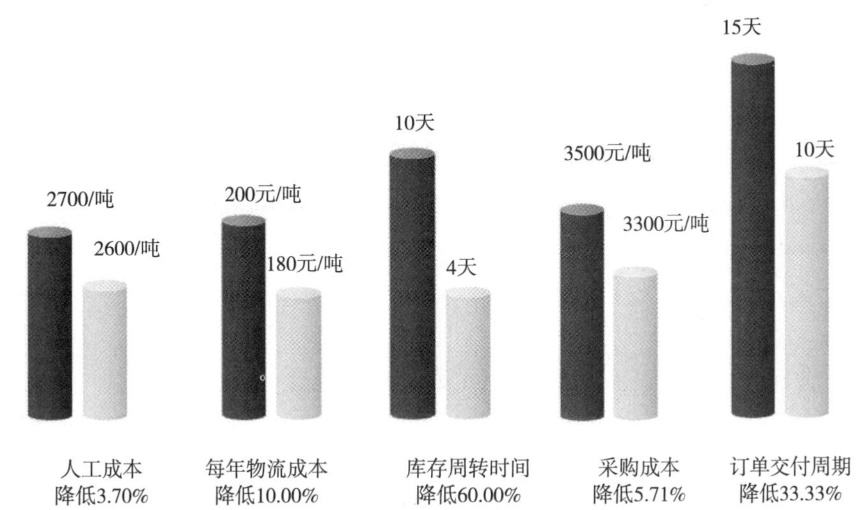

图9　蒙达钛业优化前后数据对比

从之前的10000元/吨降低为9000元/吨，能耗从之前的9000度电/吨降低为7500度电/吨（见图10）。

国联股份通过“数字技术+数字工厂”模式，仅钛产业链，就已帮助了十余家工业企业改变了传统依靠人工劳动的低效率工作模式，实现了远程实时监控生产过程设备运行情况、在制品质量情况、工艺变化曲线和生产计划进程等，并通过生产信息的实时变化提供生产决策和调度支持。据统计，利用计量优化升级、能源数据采集、能源统计平衡、能源优化利用等功能可达到的显著优化效果包括：生产效率提高15%~30%，关键设备联网率提升50%~70%，设备停机时间下降30%~50%，能耗减少5%~10%，

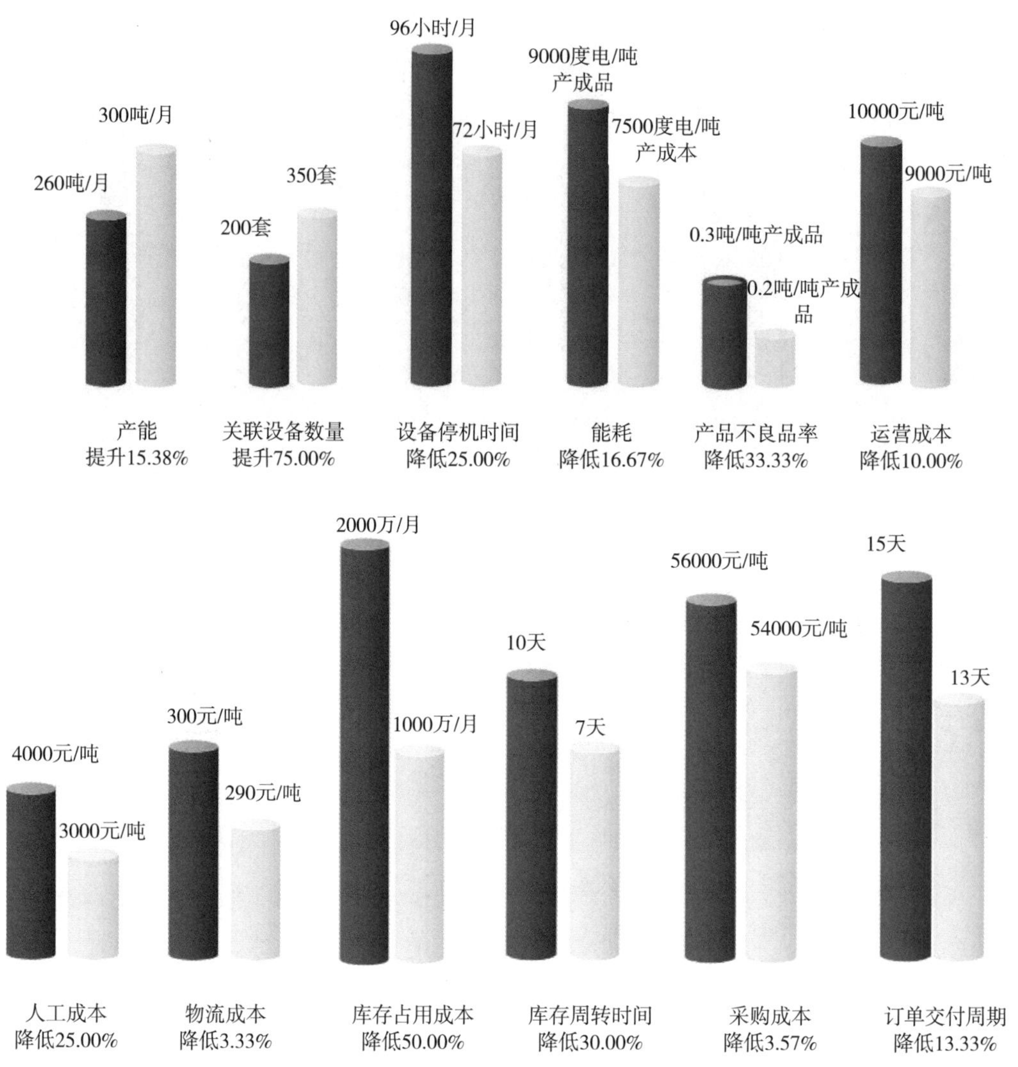

图 10 盛丰钛业优化前后数据对比

运营成本下降 20%~30%，人工成本下降 20%~40%，库存周转率提升 50%~60%，订单交付周期提升 40%~60%等。

四、推广价值

1. 以深度供应链策略补链，拓宽化工行业融合应用

国联股份发挥技术优势、市场优势、平台优势，以单品突破、集合采购迅速获取

市场优势，继而向沿单品产业链向其上游供应链和相关供应链不断延伸，逐步发挥对供应链的把控力和对下游日益增强的影响力。

以钛产业为例，国联股份基于深度供应链策略，打造“钛矿—高钛渣—四氯化钛—海绵钛—钛材”钛产业链生态闭环，通过技术赋能实现对供应链各环节作业的整体优化，破除各业务环节、各相关方之间的信息不透明、协同不顺畅等问题，打通钛产业链上下游订单、生产、库存、物流等关键环节的数据通道，高效利用供应链中的物流、商流、信息流等资源，深度融合云、大、物、智、移等先进技术及新型集成技术，对钛产业链上下游企业进行数字化改造，助力钛产业供应链管理优化升级，实现横向赋能降本增效、纵向钛产业链协同发展。

2. 以工业互联网固链，推动产业链供应链协同

国联股份基于 PTDCloud 工业互联网平台推动设计、采购、制造、运营、物流、销售、消费信息交互等流程再造，提升企业内部信息、物料、资金、产品等流转配置效率，推动经营成本降低；建立企业间供应链战略合作伙伴关系，加强信息共享、服务支持、并行工程、群体决策等方面协同管理，打造企业协同发展的供应链协作体系。

PTDCloud 工业互联网平台服务于“交易、物流、仓储、金融、生产”五个需求和“客户、供应商、资金、设备、员工、产品”六个连接，旨在实现设备全量数据采集与生产全域数据整合，实现了万物互联、产业间信息数据共享，解决了产业间供需不对称、上下游发展不均衡、总体运营成本高、资金占用率大且周转难等行业痛点，促进了传统产业重构及转型升级，助力化工产业企业向数字化、智能化、网络化方向发展，促进产业链高效协同，有力支撑了产业基础高级化和产业链现代化。

3. 以数字云工厂强链，加快供应链数字化进程

国联股份数字工厂的实施全部是基于多多云工厂和 PTDCloud 工业互联网平台进行，基于多多平台的核心供应商或核心客户工厂进行“原材料‘一站式’采购”+“产成品‘一站式’销售”+“数字工厂”，依托多多平台的订单优势、供应链优势和技术优势，为相关云工厂提供原材料采购、产成品销售和数字工厂解决方案等“一站式”服务；目的是进一步实施上游云工厂和深度供应链策略，加强上游壁垒和生态圈建设。国联股份通过采集、分析上下游工厂的研发、生产、采购、销售、服务等环节的数据，助力企业形成高效、专业、根植于垂直供应链的工业互联网解决方案应用体系，帮助产业链企业优化产能，实现柔性生产、个性化定制和精准营销，实现生产数字化、管理数字化、质检数字化、能耗数字化、物流数字化、订单排产数字化、人员定位数字化、安全监控数字化和设备管理数字化。

国联股份以钛产业链为切入点，以“描点、拉网、铺面”的形式逐步布局，不断向各产业链供应商企业延伸，大力实施“千家数字云工厂”战略，应用场景涉及数字化管理的多个环节，包括数据驱动的生产监控、工艺优化、质量检测、远程巡检、故障预测等，服务范围包括化工行业。

国联股份将持续与重点智能制造企业合作，依托自身在工业互联网方面的经验和优势，共同打造国家级跨行业跨领域工业互联网平台，统筹全国各地的多多平台、云工厂、智运平台以及数字云仓资源和产业大数据，赋能化工企业数字化转型，提升效率、降低成本、缓解资金压力，形成“需求引领，数据支撑，场景辐射，协同联动”的工业未来“智”造方案。

第 23 章 海信集团：数据驱动的供应链智能决策转型

一、行业背景

1. 家电行业市场现状

家电行业作为国民经济增长的支柱性产业，是国民经济实现可持续、健康增长的中坚力量。近年来，家电市场呈现宏观中长期增长乏力，但也有如下几个结构性和行业性特点。

（1）中长期地产需求驱动乏力，商品房住宅销售面积持续下降，对家电销售产生较大影响。

（2）居民收入预期下滑，缺少对家电等耐用品的消费意愿，内需疲弱。

（3）智能家电品类或下沉市场（渠道）成为增长点，促成低端刚需和高端需求快速增长的 K 型趋势。

（4）海运价格回归，人民币贬值等促进海外需求复苏等。

2. 家电行业普遍面临的供应链挑战和难点

艰难的经营环境和快速变化的风险与机遇加剧了供应链面临的挑战和难题，具体有以下几点。

（1）渠道管理挑战：家电行业面临多渠道管理难题，包括传统与新兴电商平台如京东、天猫等，导致市场感知难度增加，不适应变化的企业将面临更大的经营压力。

（2）供应链协同问题：数据分散于不同渠道和区域，造成内部销售、库存、物流难以协同。与供应商的信息共享效率低，导致需求评审和供需匹配效率下降。

（3）物流成本问题：用户对快速配送的需求推动供应链缩短，前置仓和门店仓的增加提升了管理难度，仓库间的频繁调拨导致物流成本高企。

（4）库存结构优化需求：企业在需求预测、库存管理和商品布局上缺乏系统支持，导致库存管理不精准，同时缺乏科学的分类布局和库存优化方法，需要改进库存结构。

3. 家电行业先进企业的发展趋势

面对挑战，企业亟须提升供应链管理能力，与专业的合作伙伴共同展开供应链转型。其中热点主题包括以下几点。

（1）全球资源布局：企业把握出海机遇，整合全球资源，服务全球市场。

（2）流程优化：简化供应链流程，提高敏捷性，缩短订单周期。

（3）数字化建设：强化计划执行系统和数据中台，提升效率。

（4）科学决策：利用数智化工具优化仓网和库存策略，智能预测和制订计划，提高客户满意度，降低成本。

海信作为国内家电的头部企业，在供应链的数字化转型方面积累了成功经验。

二、企业介绍

1. 海信简介

（1）海信集团简介。

海信成立于1969年，总部位于中国青岛，分别在上海、深圳、香港、东京上市，拥有海信、东芝电视、容声、gorenje、ASKO等多个品牌。多年来，海信以显示和图像处理技术为核心，在视像产业生态链上布局，自主研发的ULED X和激光显示技术平台处于全球领先地位。目前，海信拥有34个工业园区和生产基地、25个研发机构、64个海外公司和办事处。2023年，海信保持稳健增长，全年营收2017亿元，利润总额137亿元，同比增长11%。海外收入858亿元，占整体营收的42.6%。海信系电视机2023年全球出货量位居第二。

（2）海信供应链相关职能模块。

海信供应链从职能上分为物流、计划、生产、采购等几个大的模块。其中物流模块为集团统一统筹，包含中国区、国际和东盟区物流。计划、生产和采购模块在各产品线之间存在一定差异，因此由产品公司负责配备各自的采购、供应链计划和生产运营等职能部门，其中，计划部门和生产运营部门重点负责协调统筹端到端供应链计划职能。

海信的供应链计划工作从需求端、供应端、供需策略和生产供应计划四个方面展开。其中需求主要包含需求预测和需求计划；供应仅包含补货计划、订单交付计划（不包含生产供应端）；供需策略主要包含仓网布局和库存策略；生产供应计划包含主生产计划、物料计划等。

2. 海信供应链数字化简介

（1）海信供应链数字化基础。

海信供应链的数字化建设以 APS（生产计划系统）、TMS（物流运输系统）、WMS（仓储管理系统）、BMS（物流计费系统）、CIS（渠道信息化系统）等多套业务执行系统为底座，积累了庞大的业务数据，并以此建设了集成各系统数据的数据中台，对数据资产进行标准化、统一化治理，以便数据在系统间的高效流转。海信供应链数字化能力结构示意如图 1 所示。

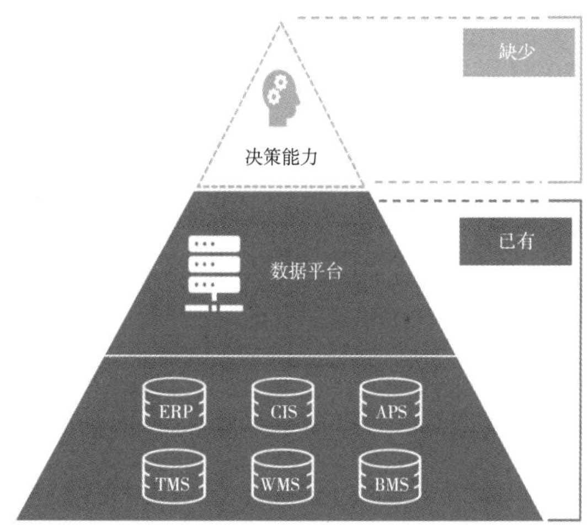

图 1　海信供应链数字化能力结构示意

（2）海信业务团队对数字化决策能力的需求和业务痛点。

经过十余年的数字化建设，海信计划和执行层的系统已基本建设完毕，能承接供应链日常计划和运营工作。随着新一代领导班子提出变革战略，海信供应链运营对系统的要求有了进一步提升。以往主要依靠业务人员经验完成业务决策的方式逐渐无法满足当前市场环境提出的挑战，海信供应链数字化系统在承接日常计划运营工作的同时，应更多地利用科学算法，为业务决策提供支持，实现从数字化向数智化的变革。

数智化要求落到具体的业务场景中，可以总结为以下几个方面。

①供应链配送网络复杂，物流节点多，渠道众多且特性不同。以往业务更多采用价格谈判的方式降低物流成本，这样的方式耗时费力，供应商降价也总有进入瓶颈的一天。海信亟须利用算法对物流仓网进行全局规划，调整仓库位置和覆盖关系，考虑端到端物流成本，在满足服务效率的情况下实现成本的全局优化。

②家电行业重视资金周转效率，因此对商品库存周转率有着极高的要求。海信曾经通过管理手段在库存周转方面实现了有效管控，但因为管理规则多来源于业务经验，难免有一刀切的情况，在面对渠道销售方式和运营模式日益复杂的挑战下，对运营要求极高。海信亟须利用科学的商品分类布局和多阶库存优化方法改善库存结构，库存调拨及补货计划的合理性和经济性也难以保障。

③现有的销售预测体系多依靠业务专家的人工经验，不但过程复杂，难以应对市场需求波动日益加剧的挑战，也不具有可复制性，难以保障团队知识传承和人才造血能力。

④随着集团全球化出海战略的逐步推进，海信工厂产能不再仅仅面对国内市场需求，更要面对广泛的全球市场需求。这就要求海信的生产运营团队不仅要考虑传统计划所需的产线产能、模具能力、物料齐套等因素，还要考虑海外工厂生产能力和产能、海运周期、整机/散件出口方式和关税等更加多样和复杂的因素。海信当前的生产运营和产销协同方式只能分步骤、分区域市场考虑产销平衡和物料配套，在面临部分产品产能短缺或关键物料不足的情况下，不仅难以通过协调各区域市场满足需求，形成缺口应对方案，而且难以在如此复杂的情况下优化端到端供应链路的成本。

3. 实施团队简介

面对海信集团的需求，京东物流和蓝幸科技强强联合，结合京东物流的数智一体化供应链能力、蓝幸软件的供应链数字化平台及算法，为客户交付可靠有效的数字化供应链一体化解决方案。

蓝幸软件是中国领先的供应链端到端数字化决策解决方案提供商，依托自主知识产权的 SCATLAS 供应链决策产品、丰富的供应链行业经验和领先的实现方法论，支持企业快速建立供应链规划和计划的数字化决策场景，快速精准地回答从采购、生产、仓储、运输到交付履约的端到端供应链决策问题。

京东蓝幸团队为中国较早的供应链优化及数字化建设团队，已帮助 100 余家 500 强企业优化供应链，为各行业头部企业量身定制供应链端到端解决方案，提供标准化计划和规划平台，具备供应链网络设计、端到端优化、选址分析、商品布局、产能规划和库存优化等全面优化能力。

三、企业主要做法及成效

1. 海信数字化决策能力建设三大要素（见图 2）

京东/蓝幸团队结合多年数字化决策能力建设经验和海信的业务现状，将海信集团

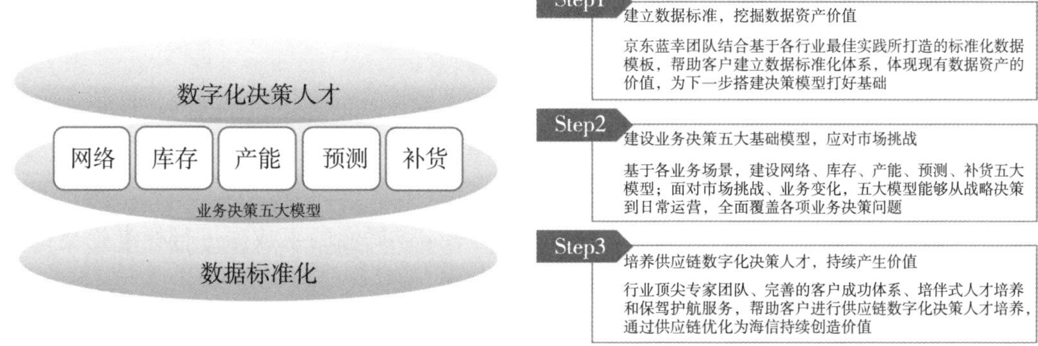

图2　海信数字化决策能力建设三大要素

进行数字化决策能力建设这一过程拆分为三个主要步骤。

Step1：建立数据标准，挖掘数据资产价值。

Step2：建设业务决策五大基础模型，应对市场挑战。

Step3：培养供应链数字化决策人才，持续创造价值。

2. 数据标准化建设

（1）为什么要做数据标准化建设。

供应链决策优化的基础是可靠的数据输入。高质量的数据通过科学算法模型运算后可产生可靠的供应链决策建议，劣质的数据只能导致不准确的结果。供应链决策数据来源于各种不同的业务执行和计划系统，这些系统建设时间不同，采用的系统供应商不相同，数据标准千差万别，数据质量参差不齐。因此，为了实现供应链智能决策，必须先建立标准化的数据体系，为数字化决策提供坚实的基础。

（2）实现数据标准化的途径：标准化产品+标准化模型。

输入模型的标准化数据是复杂多样的，不同应用场景下有些数据是共通的，另外一部分数据又是相异的。

海信以往的做法是由IT部门收集业务部门的需求，按照业务要求进行数据的开发工作，这种方式在系统集成时难以应对上述的数据复杂度。蓝幸软件的标准化供应链决策平台提供了一套标准化数据框架结构，将各产品公司、各业务场景的数据规范成一套统一的数据逻辑，再由海信的大数据平台进行数据转化和对接，接入标准化数据模型。解决了IT团队在梳理业务部门需求时会遇到的技术方面和业务方面的困难。同时，标准化数据框架也帮助海信发现IT数据治理的缺失环节，帮助海信提高数据质量。

（3）数据标准化建设的目标：主数据标准化库、成本要素标准化库、业务规则约束标准化库。

数据标准化建设模块可以分为三大类：主数据标准化库、成本要素标准化库、业务规则约束标准化库。

主数据标准化库：对来源于不同系统模块、不同数据源的主数据进行标准化整理，将海信各系统中的主数据形成一套统一的标准。

成本要素标准化库：对端到端供应链路径上发生的各项成本进行标准化梳理，对接各系统提取标准化运输费率、标准化生产变动成本、标准化库存持有成本等数据，为决策优化提供判断依据。

业务规则约束标准化库：规则和约束是业务特征的体现，也是决策优化结果有效落地的保障。业务规则约束有极大的复杂性，在供应链不同业务环节和不同产品公司之间也有极大的差异性。标准化业务规则约束库的梳理既可以提升搭建决策优化模型的效率，也可以提升分析业务规则约束对供应链影响的工作效率。

3. 建设业务决策五大基础模型，应对市场挑战

（1）业务决策模型总体架构。

海信业务决策模型与供应链计划职能模块间的关系如图 3 所示。

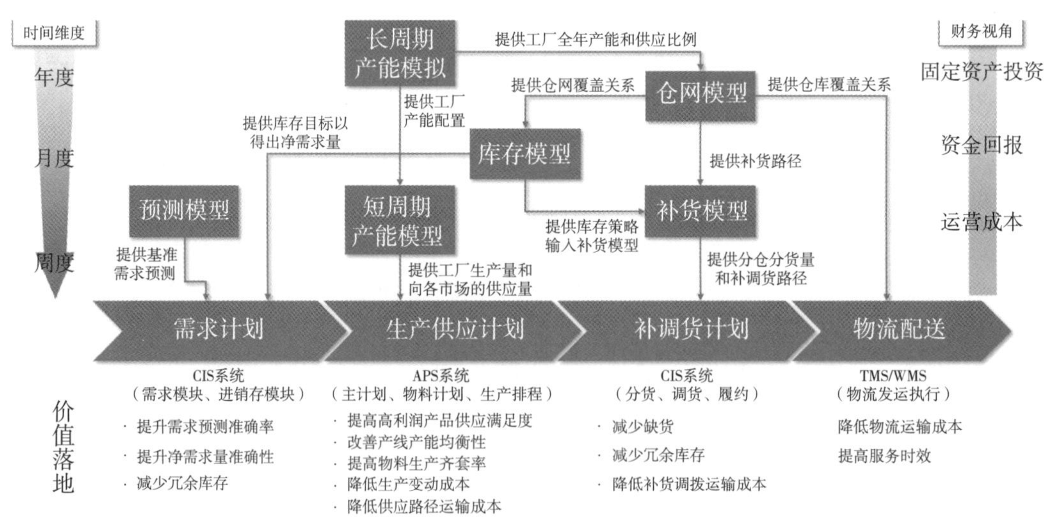

图 3　海信业务决策模型与供应链计划职能模块间的关系

得益于海信长久以来的数字化建设，业务部门均有基于现有业务流程的计划或执行系统。供应链决策能力建设核心部分包含五大业务决策模型，将现有系统中的数据

输入模型，通过模型和算法进行智能决策运算，再将运算结果输回海信原有计划和执行系统中，指导业务决策。

五大模型如下所示。

①指导仓网布局的仓网模型，由物流部承接使用。

②指导库存策略的库存模型，由产品公司计划团队承接使用。

③指导产能布局和供应计划的产能模型，由产品公司计划团队承接使用。

④指导需求预测的预测模型，由产品公司计划团队承接使用。

⑤指导补调货计划的补货模型，由产品公司计划团队承接使用。

（2）五大模型提供的决策支持和解决的业务问题。

仓网模型用于指导全国乃至全球的物流网络规划。通过分析历史运输记录，结合未来重点发展的区域和业务模式，得出适合的仓网结构、仓库数量、仓库位置等结果，同时结合运输、仓储、装卸等成本项，确定仓库和客户之间的覆盖关系，工厂和仓库之间以及仓库和仓库之间的补货和调拨关系，以实现在满足客户服务时效水平条件下的物流成本最优。

仓网模型为其他各模型提供规则支持。例如，为库存模型提供覆盖关系规则、为补货模型提供补货路径规则等，深刻影响着供应链计划和运营的方方面面。

库存模型用于指导各仓库的库存策略。通过分析产品需求和供应特征，结合产品市场策略，得出产品在各仓的库存广度（是否备货）和库存深度（目标库存天数），在满足合理的仓库有货率要求下实现库存水位和金额最优。

库存策略的输出结果直接指导着两个方面的业务活动。

①指导需求计划。目标库存天数结合需求预测和销售单位的需求提报，在需求计划中得出净需求量。

②指导补调货计划。将目标库存天数输入补调货模型，计算得出各分仓分货量、补调货路径及补调货货量。

库存策略作为供应链运营的“变速箱”，对其他业务模块有着间接影响。例如，库存模型帮助计划团队与生产运营团队共同制定供应和补货策略，如提高生产/补货频率以降低周转库存水位、缩短生产锁定期以降低安全库存水位等；库存模型帮助计划和物流团队决策物流网络和发运规则，如缩短供应链路长度以降低在途库存水位、允许采用更小车型发运以降低凑车天数，从而降低周转库存等。

产能模型可划分为长周期产能模型和短周期产能模型。

长周期产能模型主要用于指导一年或几年时间长度下全球产能配置。结合未来市场的发展趋势，综合考虑生产成本、物料采购成本、运输成本、关税、开启/关闭产线一次性投入、模具复制一次性投入等成本项的全局最优，确定未来各工厂应当具备哪些产品的生产能力、应当配备多少产能、应当供应多大的区域范围等决策项。

短周期产能模型是在长周期产能模型所确定的规则框架内，以月度和周度为时间长度，结合滚动需求刷新，考虑当前产能可利用情况、产线产能均衡性、有限物料供应量等限制因素，同时考虑生产成本、物料采购成本、运输成本、进出口关税等端到端供应链路成本最优，确定未来一段时间各工厂生产量、对各区域的供应量，帮助决策产能缺口的情况下优先满足哪些需求，以及原物料供应缺口的情况下怎样实现生产齐套最大化。

产能模型作为供应端计划决策的核心中枢，对整个供应链规划、计划层都有着不可忽视的影响。长周期模型承担着未来几年产能资源布局的决策辅助工作，其结果基本上可以影响整个供应链上至仓网、下至补货计划的方方面面。短周期模型上接需求计划作为输入，运算后的输出通过供应计划的制订和执行，间接成为补调货计划中未来可用货量的输入。

预测模型提供基线需求预测，用以支持需求计划工作。预测模型通过对历史销量的统计特征、时间特征、产品特征和历史销量表现的学习，结合节日促销活动、价格调整、销售任务等影响因子的历史情况和未来计划，应用机器学习算法自学习得出未来每个 SKU、每个分仓、每个时点的高准确率销量预测。

在得出基线需求预测结果之后，预测模型辅助需求计划团队分析预测结果，解读预测因子使用权重，深入理解影响销量的各项因子，辅助市场团队制定高效的市场促销策略。

预测是整个供应链链路的起点和开端，高质量、可解释的预测结果可以对整个供应链的绩效改善都带来影响。例如，更准确的预测结果有利于正确评估未来可售卖的库存天数，在正确的时间放置更正确的库存品类和库存数量，从而改善库存分布不均，减少站点间调拨和冗余库存，提高库存效率；准确的需求预测作为产能模型的输入也可以获得更准确的生产供应计划。

补货模型用于支持补货计划工作。补货模型通过分析各仓各分公司计划需求量、各仓现有及在途库存水位和各仓的目标库存水位，结合工厂生产计划，基地期初库存，RDC 期初库存，物流运费报价及单车、凑车规则，各仓装卸费，仓库—客户覆盖关系，工厂—仓库以及仓库—仓库的补货和调拨关系，得出周维度基地仓—海信 RDC、基地仓—商家仓、海信 RDC—商家仓的最优补货路径、发运产品、发运量以及车型方量建议，以实现在满足各仓需求均衡下的物流成本最优。

补货计划承担着保障将商品向客户做交付的工作，承接库存模型、产能模型、预测模型等的规则输入，对计划到运营的落地给出指导。

五大业务决策模型聚焦各自的业务模块，相互之间有密切的承接关系。从业务决策范围和时间来说存在战略层决策指导战术执行层、战术层落地战略层决策，自上而下逐层规范、逐层承接价值的关系。因此，业务决策模型中既需要战略层决策模型，也需要战术执行层模型。战术执行层模型需要战略层模型输入高阶业务规则，战略层模型输出的优化规则也需要战术执行层模型来落地。

例如，仓网模型通过优化测算得出的最优补货路径，需要补货模型考虑实时需求量和现货库存等实时因素，得出当前情况下最优的补货路径、发运量和车型方量建议；而补货模型则需要将仓网模型中得出的各方量下最优补货路径和车型作为规则输入和物流部门的运力资源储备，才有条件在补货测算中使用对应补货路径和车型。

因此，两部分模型是相辅相成、缺一不可的。缺少战术执行层模型，则战略层模型规划的宏大变革策略将无从落地，缺少战略层模型，则战术执行层模型只能小修小补，无法实现根本性变革。

4. 培养供应链数字化决策人才，持续产生价值

（1）数字化决策人才培养的重要性——让数字化变革成果在企业中延续下去的重要保障。

成功的数字化变革提供的不仅是一次性的业务价值，更是持续增值并扩展的过程。大多数企业的数字化变革起始于外部团队的一两个项目，这些项目的成功仅能算作数字化变革的开始。随着数字化变革的深化，会遇到诸多问题要求企业自身的数字化人才介入，举例如下。

①如何持续提升数字化变革所需数据的质量？

②如何有效落地智能决策模型给出的建议？

③如何保持决策模型始终与业务当前所面临的挑战匹配？

这些问题无法依靠外部团队解决，此时如果企业自身数字化人才建设跟不上，数字化变革往往会高开低走，逐渐艰难。数字化变革的瓶颈需要企业自身去突破，门槛需要企业自己的数字化人才带领大家迈过。因此，数字化决策人才的培养，是巩固数字化变革成果，为企业持续带来价值、持续扩大价值的重要保障。

（2）数字化决策人才培养的层级和目标。

数字化决策人才不应仅局限于IT部门，也不应仅局限于相关业务岗位。而是应该从多层次多职能，采用不同方式进行培养。

管理团队需要培养数字化决策思维，理解数字化决策模型的原理、各项输入条件对输出结果影响的机理逻辑、如何在构建决策模型时针对模型假设进行决策，以及如

何根据模型结果的建议指导业务活动。

业务团队的数字化决策人才一般是需要操作模型的，因此对模型各项输入输出、各项参数都需要有详细了解，对输入输出和参数与业务的结合点也需要有深刻的认识。

海信 IT 团队中的数字化决策人才培养应当与业务团队形成互补，且有别于业务团队需要更深刻地理解模型参数代表的业务意义和调整参数对业务的实际影响。IT 团队的数字化决策人才培养聚焦于模型所需输入输出与海信现有系统和大数据平台如何集成，减少模型在日常使用中的操作障碍，提高数据标准化水平和数据质量。

（3）数字化决策人才的有机复制和延续。

海信数字化决策人才培养和知识传承周期示意如图 4 所示。

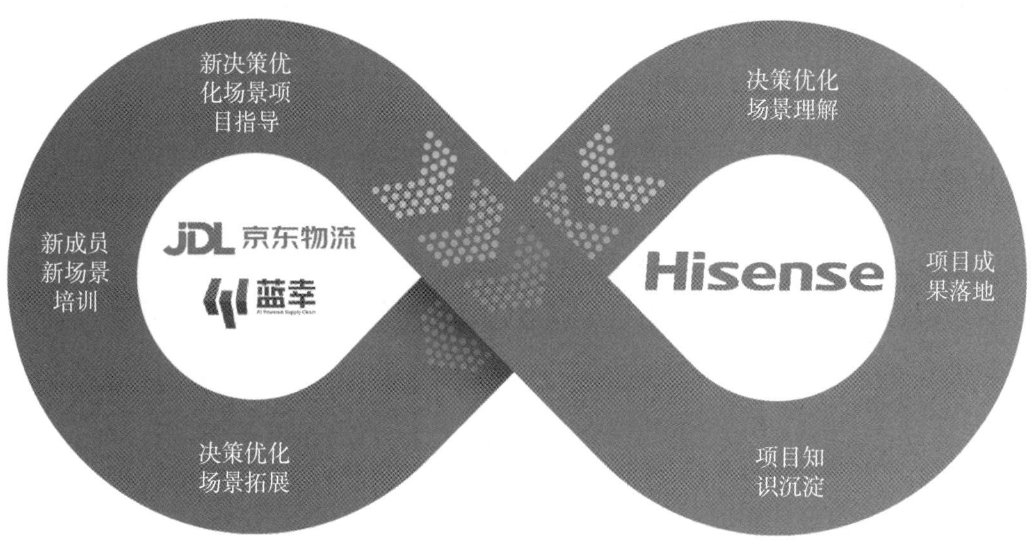

图 4　海信数字化决策人才培养和知识传承周期示意

如同数字化变革不是一日之功，数字化决策人才的培养也不是一朝即可成功。除了建立知识转移和传承文档，定期进行新成员的培养，海信也计划在后续项目中邀请京东蓝幸团队以项目辅导的形式为海信持续进行数字化决策人才培养。

5. 当前建设进度和成果

（1）数字化决策能力建设的整体思路。

京东蓝幸团队通过对百余家世界 500 强企业经验总结发现，数字化决策能力建设应当遵循自上而下的整体思路。因此，京东蓝幸团队为海信提出的建议也是遵循自上而下的建设路径，从仓网到库存策略再到需求预测、补货计划、供应计划，从规划到计划，从需求端延伸至供应端。海信业务决策模型建设路径如图5所示。

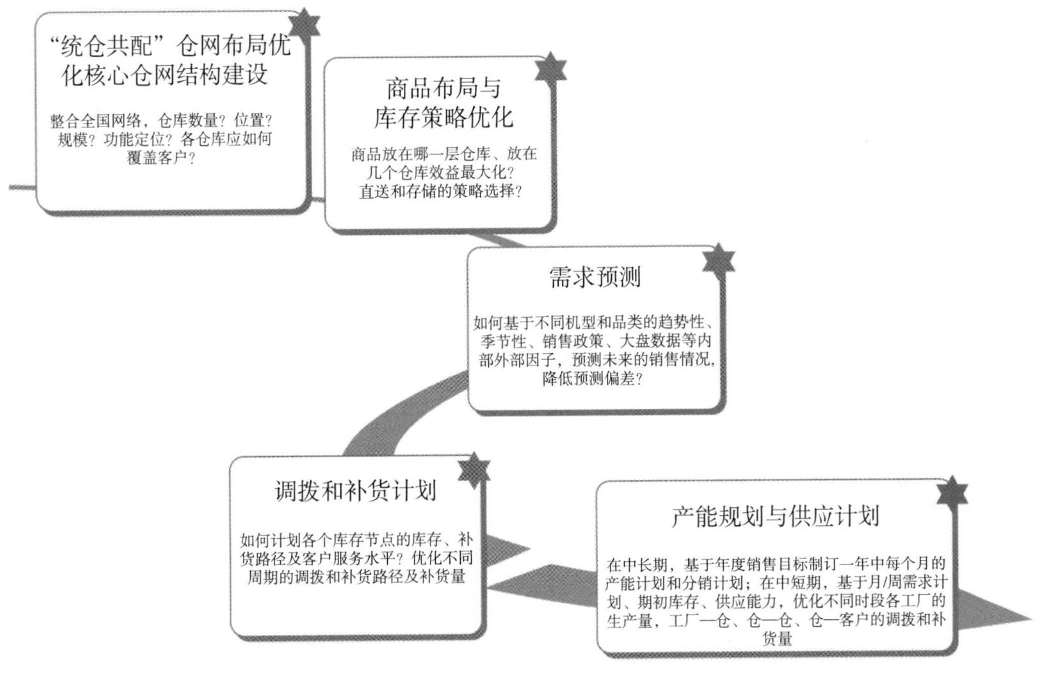

图5　海信业务决策模型建设路径

（2）数字化决策能力建设进度和成果。

当前，京东蓝幸团队完成了仓网模型和库存模型的建设。在海信视像公司试点的预测模型和补货模型已上线并持续优化，海信集团也计划后续向其他产品公司复制推广产能模型的建设计划提上日程，预期在接下来一年中开启。

在海信集团与京东蓝幸团队的共同努力下，经过一年建设，海信数字化决策能力建设如下成果。

①数据标准化。

完成四个模型的集成工作，实现自动化工作流建模。海信通过模型搭建和集成，提高了相关数据准确性，推进了数据标准化工作。梳理出基地仓、RDC、FDC、机型、客户等标准主数据，运输成本、仓储成本、装卸货成本、库存资金占用成本等成本要素标准库，以及与各模型相关的标准规则库。

②各模型实现的业务价值。

a）仓网模型搭建了线上/线下、2B/2C各种业务模式，基地仓、枢纽仓、RDC、FDC各层级，短期、中期、长期不同变革力度近10个场景，此外搭建了包括线上2B

补货路径优化、基地供应比例分配等专题场景。发掘了近 5000 万元成本优化机会，针对各项优化机会形成了落地实施策略和规则，并形成了每年持续刷新、优化场景调整和优化专题拓展等持续优化机制。

b）库存模型在保持库存有货率 97.5%的前提下为视像公司线下 RDC 库存在原本较低的周转天数的基础上下降了约 6%。线上部分设置“枢纽仓+全仓”的商品布局策略，以少量提高跨区运输成本为代价控制了慢流品的库存冗余风险。同时，对库存商品结构进行了合理化配置，控制跨区调拨履约比例，降低高端机型带来的问题资金风险。库存模型形成了月度刷新机制，月度回顾商品布局策略和库存策略，与生产供应和物流发运环节积极联动，平衡运输车型、跨区发运和生产补货策略，实现对库存问题资金风险的科学管理。

c）预测模型实现基线预测准确率与专家预测持平，大部分机型月度准确率维持在 70%以上。预测模型在时间颗粒度上从月度下钻到周度，在空间维度上从全国维度下钻到分仓维度，打破了专家预测提升的瓶颈。同时，预测模型和需求计划专家之间展开良性互动，通过影响因子权重分析和预测预警分析，帮助专家理解因子相关性，快速定位重点关注产品，实现“人机结合”的最优预测。

d）补货模型经过测算，每年可以节约近千万元的物流成本。补货模型可考虑的时间和空间维度远优于人工计算，再基于全局最优考量给出建议，因此在节约成本的同时还可以提高下级仓库的直补比例，进一步减少额外调拨的发生，对于成本的进一步节约、破损率的降低都会带来显著改善。

③数字化决策人才培养。

经过一年四个模型的搭建、分析与调优，京东蓝幸团队为海信集团物流团队、各产品公司供应链计划团队和 IT 团队累计培养了数十名关键用户。其中能够结合业务特性深度理解智能决策模型的专家用户近十人。

以数据驱动进行供应链端到端全局优化的思维和意识被管理层广泛理解和高度重视。继初期试点的产品公司和业务渠道后，其他产品公司和渠道积极参与推广复制，为海信集团利用数字化决策能力持续挖掘业务价值奠定了良好的基础。

四、推广价值

1. 明确数字化决策能力的地位：供应链数字化转型的驱动引擎，只有在运营中利用数据提供决策支持，才能最大化发挥数据资产的价值

中国企业经过二十余年的信息化和数字化建设，积累了一定的运营数据和数字化

能力，亟须持续深化数字化变革、深度挖掘数据价值，在竞争日益激烈的市场环境和更加追求利润的后疫情时代特征下，建立企业数字化竞争优势。

海信集团所进行的供应链数字化决策能力建设，为处于相同阶段的企业提供了一个极佳范例，明确了只有建立自身的数字化决策能力，才能最大化利用先前积累的数据资产，为业务提供持续变革的决策指引。这也侧面印证了 Gartner 发布的 *CDO Agenda 2022* 报告中提到的，提高业务决策能力是最受企业首席数据官（CDO）关注的议题。

2. 数字化决策能力建设三要素值得各行业数字化借鉴和学习

关于如何建设数字化决策能力，海信为行业提供了极好的成功经验。

标准化数据结构是数字化决策能力的骨架，采用标准化模型是构建标准化数据结构最有效的方式；决策应用场景和模型是附着于骨架之上的肌肉和器官，它们为数据提供了可应用的功能性，使数据能够为业务带来价值；数字化决策人才和思维是神经系统和大脑，具备数字化决策思维的数字化人才为业务决策模型提供了应用的方向和具体的业务行动。三者从框架到功能，再到思维和行动方向有机结合，为数字化决策能力构建出一套完整、高效、灵活敏捷的逻辑闭环，持续为业务变革提供创新动力。

3. 数字化决策需要自上而下的建设顺序和全局优化的宗旨（SCOR-DS 模型）

最后，海信在数字化决策能力建设和应用的过程中，始终坚持自上而下的建设路径和全局优化的建设思想宗旨，不单为海信集团数字化带来了成功，也为行业揭示了数字化决策能力建设成功的秘诀。

正如提出行业熟知 SCOR 模型的供应链管理协会（ASCM）在 2022 年提出的新一代 SCOR-DS 模型中所展示的，新一代的数字化供应链结构不再如传统供应链体系所遵循的链式结构，而是各要素之间互相紧密关联、互相影响，编织出一个网状结构；要想做到各要素之间的有机互动和高效联结，最终实现 Orchestrate 协同，供应链决策能力是核心。

相信随着海信集团数字化决策能力建设的完善深入和创新拓展，只要坚持自上而下全局优化的宗旨，海信集团在未来一定能为行业贡献更多供应链数字化决策应用的成功案例，在更大范围盘活数字资产，激活数字化大脑，源源不断地为业务带来更多价值。

（海信集团控股股份有限公司；
蓝幸软件（上海）有限公司；
北京京邦达贸易有限公司（京东物流））

第 24 章　华能智链：打造发电行业领先数智化供应链体系

一、行业背景

1. 宏观环境驱动

（1）国家政策鼓励数字经济发展，供应链数字化转型能够形成数字经济支撑体。

国资委印发了《关于加快推进国有企业数字化转型工作的通知》，要求国有企业尽快完成数字化发展；2021 年《政府工作报告》指出，要加快数字化发展，协同推进数字产业化和产业数字化转型；工信部发布的《工业互联网创新发展行动计划（2021—2023 年）》，进一步明确提出了数字化转型的具体目标和重点任务。

（2）数字经济日益增长，数智化供应链成为企业提升竞争力的关键因素。

当前，我国数字经济保持稳健增长，数字技术日益融入经济社会发展的各领域、全过程。截至 2023 年，我国数字经济核心产业增加值占 GDP 比重达到 10%，已经成为经济增长的重要引擎。随着数字经济的迅速发展，企业面临着越来越复杂的市场环境和日益增长的竞争压力，传统的供应链管理方法已经不能满足企业对于高效、灵活和可持续供应链的需求。在此背景下，数智化供应链成为企业实现供应链数字化转型和提升企业核心竞争力的关键。

（3）华能战略规划明确、信息化建设完整，亟须数字技术转型提升企业价值主张。

华能集团《数字化“十四五”规划》形成了数字化建设总体目标思路与指导体系，为信息化战略发展和数字化转型升级工作提供了有效支撑；从数字化基础设施建设来看，华能集团上线与在建信息系统完备、信息技术应用全面，已拥有较为完善的数字化基础，可以更佳的商业模式为目标做更高层次的转型。

(4) 数字化转型能全面提升企业竞争力，完成降本提质增效的目标。

数据显示，数字化转型能够有效提高企业的整体效率，帮助企业提高市场敏感度，有效应对市场波动。据估算，数字化转型能够使企业营收增加22.6%；同时，数字化转型能够降低企业的管理成本、人员成本以及时间成本，使企业成本降低17.6%。

2. 行业发展需求

(1) 电力物资供应来源多，供应集中度低。

电力物资供应包含内部库存、外部供应商、共享库存等多种供应类型，但同时物资数量多、供应商多，长尾效应明显，物资供应集中度低。为获得业务先机，确立在行业中的竞争优势，保障后续业务拓展能力，各大企业开始探索通过数据支撑运营的方式，更加主动地引入人工智能、云计算等前沿技术。

(2) 电力物资供应链服务需覆盖全链路。

在纵向覆盖方面，电力物资供应链需要覆盖从供应商发货到验收入库，以及售后物流全流程；在横向覆盖方面，电力物资需要覆盖供应商、承运商、采购、生产等内外部多主体。为此，各大集团物资电商供应链覆盖的业务场景逐步扩张，供应链向供应网转变，逐步呈现多节点、多维度的供应模式，对于质量和精细化运营提出更高要求。

(3) 电力物资供应链服务质量要求高。

为保供稳产，物资供应需及时满足领用需求，服务时效要求高。同时，需保证物资的可使用性、高质量性，对供应链的服务专业性要求高。为提供服务质量，各大集团在物资电商供应链规划方面顶层规划性增强，并逐步认识到服务水平以及综合服务能力的重要性。

(4) 电力物资供应链服务差异大。

各类电力物资的储运条件、安全库存、供应策略差异性大。生产维护、工程建造等各部门需求时效、供应方式等差异也很大。为提高物资供应效率，电力物资供应链系统正从缺乏信息共享、相互独立的低效业务系统转变为集成型数字化平台，使供应链具备高效协同能力，并从基于历史数据的静态供应链计划执行转变为挖掘数据价值形成动态适应变化的高响应型供应链。

二、企业介绍

上海华能电子商务有限公司（以下简称“公司”）既是中国华能“集团公司物资供应中心”核心载体和集团数字化转型试点企业，也是发电行业唯一的全国首批“供应链创新与应用示范企业”和“国家区块链创新应用试点企业”。公司以“四个革命、一个合作”的重大能源战略思想为指导，紧紧围绕集团公司“领跑中国电力、争创世界一流”战略愿景和“三六六”发展战略，以提升供应链现代化水平为目标，积极发挥行业龙头央企的带头示范作用，积极推进电力供应链资源共享整合，构建了国内发电行业中“业务场景最丰富、科技应用最广泛、服务体系最完整”的智慧能源供应链集成服务体系，成为产业链供应链的设计者、组织者、推动者、整合者及解决方案提供者，为保障国家能源安全、推动能源转型升级、促进国民经济发展作出了积极贡献。

目前，公司业务涵盖风电、光伏、水电、火电、核电等全能源场景，为全国30多个省区市、6000余家电力上下游企业提供“一站式”供应链集成服务，构建“十亿级利润、千亿级规模、万亿级生态”的能源供应链生态，助力能源电力行业物资采购成本下降超10%、物资供应周期缩短30%、库存压降超过30%，其中新能源物资服务实现品类覆盖达100%。

此外，公司构建了“前台—中台—后台”供应链团队及组织保障体系，“前台”聚焦能源电力主业一线，专注提供风电、光伏、水电、火电等物资供应链“一站式”服务。“中台”打造集供应链数据、风控、运营、财务为一体的“一站式”基础服务资源、共享赋能方案解决中心。“后台”以“专业化、服务化、协同化”为原则，负责供应链战略、内/外部资源整合、供应链营销管理、后台客户服务支撑等，提升供应链产业集成和协作水平超10%。

公司目前已成为能源电力行业规模靠前、模式创新、科技领先的清洁能源供应链科技公司，公司行业影响力长期稳居国内前十，入选全国首批“供应链创新与应用示范企业”“国家区块链创新应用试点”优秀企业、工信部“工业电子商务试点示范企业”，均为发电行业唯一。同时公司荣获“中国物流与采购联合会科学技术奖一等奖”“全国电力行业物资管理创新成果技术类一等奖”“中国电力企业联合会2022年度电力创新奖”等十多项荣誉。由于新冠疫情期间在物资供应链安全保障方面的突出贡献，公司入选国家66家“支撑疫情防控和复工复产工业互联网平台解决方案名单”，为电力行业唯一。

三、企业主要做法及成效

公司以为能源电力提供供应链全场景的数字化解决方案为使命，以“业务转型升级、运营优化完善、数据价值挖掘”为发展目标，基于新一代数智技术，构建电力行业领先的智慧供应链集成服务平台——“华能智链”，核心模块包括业务平台发展、管理中台复用、数字业务培育、模式创新融合四个方面。上海华能电商数智化供应链集成服务平台体系架构如图1所示。

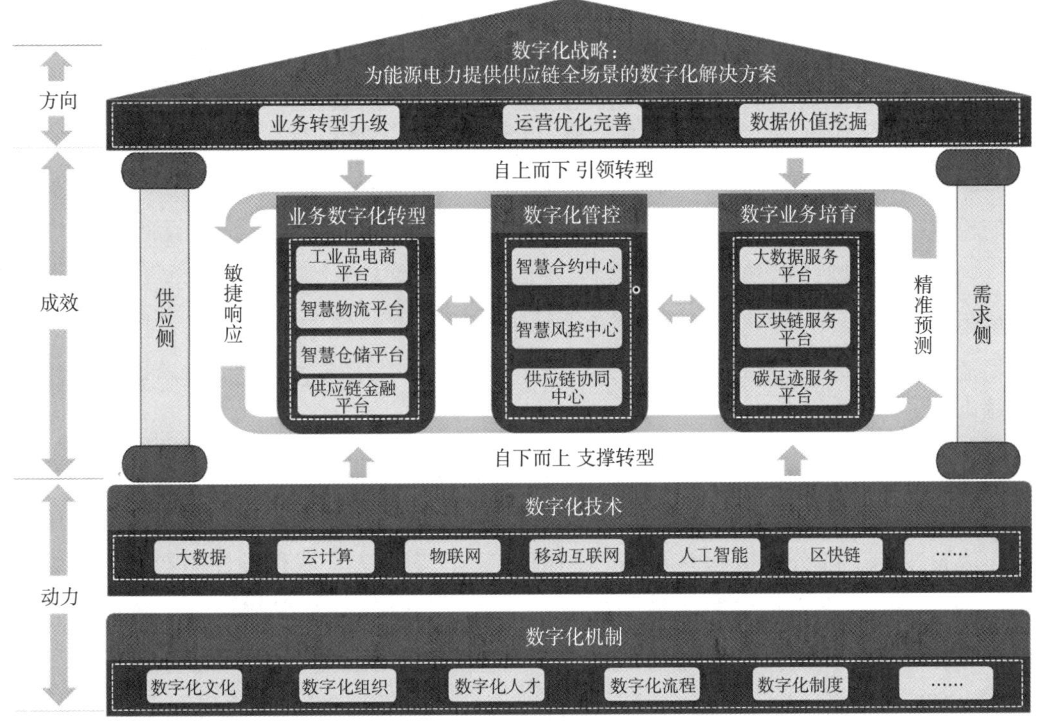

图1 上海华能电商数智化供应链集成服务平台体系架构

1. 创新平台模式运营，打造物资供应链数字化产品和服务矩阵

（1）能源电力工业品“能工品”平台。

公司积极响应工业品采购电商化的趋势，深刻把握行业爆发式增长机遇，构建了面向能源及相关行业生态圈的工业品电商交易平台。依托集团公司千亿级物资供应资源，结合上海华能电商公司供应链集成服务能力，开展工业品模式创新，形成了集撮合模式、平台模式、自营模式、严选模式于一体的工业品电商交易平台，打造能源行业工业品生态圈，随着自动对账、精准营销、智能风控、大数据分析等应用的逐步落地，平台运营模式将向数字化、自动化、智能化方向发展。

公司打造了电力物资专业采购平台，整合能源行业10万多家优质供应商资源，为上下游客户提供电力备品备件超市、电力物资在线集采、定制化采购、端到端采购供应链优化等综合采购服务解决方案，即时供应率达到98.5%，不仅实现了采购规模化，降低了综合采购成本，还使企业采购更加快速、高效，节省了大量的人力和采购所需的间接资金投入。

（2）智慧物流“能运”平台。

智慧物流平台（“能运”）针对能源行业供应链存在的运输服务成本高、资金成本高、服务效率低等痛点，以“无车承运+多式联运”模式为基础，利用云计算、物联网、大数据等创新技术，打造“一站式”智慧物流服务平台。平台致力于用轻资产的模式撬动物流重资产，打造全新的智慧物流生态圈，努力成为货运行业的“滴滴”。目前平台经过两年的业务实践，先后获得了“无车承运人”试点资质和“无船承运人”资质，在智慧物流和网络货运领域形成了成熟的业务模式，搭建了稳定的物流平台产品，旗下车联网平台入网车辆数达到50万辆左右，无车承运平台注册车辆数近13万辆。

从2020年9月开始，“能运”智慧物流平台服务于能源行业光伏基建项目的保供运输，服务品类范围涵盖光伏组件、光伏箱变、光伏主变、光伏逆变器四大类，在面临年底抢工期、部分地区极寒天气、局部地区疫情反复等不利条件的影响下，“能运”智慧物流平台发挥资源优势，充分利用北斗定位系统及智慧物流大数据智能调度系统，本着保供原则，在运输工作上100%完成任务，累计完成运输1167.32mW组件、489台箱变、5台主变、3车逆变器，充分保障了物资供应的安全性和及时性，累计降低了运输成本约5%。在风电大件运输板块，先后协助中国华能、中国大唐等对接运力资源，实际承运河南公司尖山、口门项目，镇平项目叶片运输；协助甘肃水电公司对陇南项目进行前期道路勘探，为三一重能、远景科技供应集团主机运输提供在途监管工作。

（3）智慧仓储“能仓”平台。

数字化仓储平台利用智能物联网、大数据、区块链等核心技术，立足于第三方仓储物流、生产制造等大宗商品行业客户，为企业提供货物出入库管理、货物存放、货物状态实时追踪、仓单管理等全周期的仓储管理服务功能，使企业能对仓储实行智能化、数字化、可视化管理。公司入选中国物流与采购联合会全国数字化仓库企业试点（第一批）企业名单。

公司打造的新能源无人化、智能化集中仓储配送项目，是以新能源为试点，实施可复制的标准化操作流程和工作机制，具有推广和示范作用，目标实现集团新能源（风电+光伏）企业全覆盖。在全国范围内设立多个物资供应分中心，建立物资联储联备机制，做到仓储集中优化，有效盘活库存物资，并拓展区域内其他大型电厂企业、终端企业，可实现综合采购周期缩短 5 天，物流配送周期缩短 3 天，降低客户采购成本约 10%。

新能源无人化、智能化集中仓储配送项目工作计划分为智慧物资服务站建设和区域仓建设，依次按方案规划、合同签订、基础改造、数字化建设和试运行 5 个方面全面推进。

2. 开创中台模式管理，打造物资供应链数字化管理治理体系

（1）供应链协同平台。

为了解决物资供应链协同过程中的诸多问题，公司建设了以区块链技术为基础的供应链协同系统，并利用供应链协同系统打通招标以及后续的订单下达、供应商生产制造、发货、入库、对账、结算等业务环节（见图 2）。公司利用该系统制定协作标准，形成标准接口，用于与外部重要合作伙伴进行系统集成，在线共享产品设计选型数据及要求、供应计划、产品制造进度、库存储备等信息，使局部性的协作扩展为全过程协作，提高物资供应链透明度和运转效率。

通过该系统，发电企业的技术设计单位、物资供应管理单位、需求单位可以将设备的技术参数与质量标准、采购计划、库存数据等信息进行上链共享；外部供应商可以将排产与发货计划、生产计划、生产进度等信息共享给发电企业。通过关键信息的共享，供需双方可以借助供应链协同系统及时了解对方的物资需求与生产能力，能够对生产过程进行更加严格把控，实现按需生产、即时供应，有效保障物资供应。进入订单执行环节后，供应商可以通过该系统同步订单状态，实现订单变更、异常情况的全过程跟踪。在结算环节，该系统支持对账申请、在线对账、对账审核、一键结算、开票查询等功能，保障财务结算的安全性、流动性的协调统一和财务资金结算全过程的可视、可控。

（2）风控管理中心。

以公司历史交易数据、电力数据及外部公开大数据（工商、税务、司法等）为基础，自主构建了符合供应链行业特征的大数据智能风控模型，实现了对业务和资金风

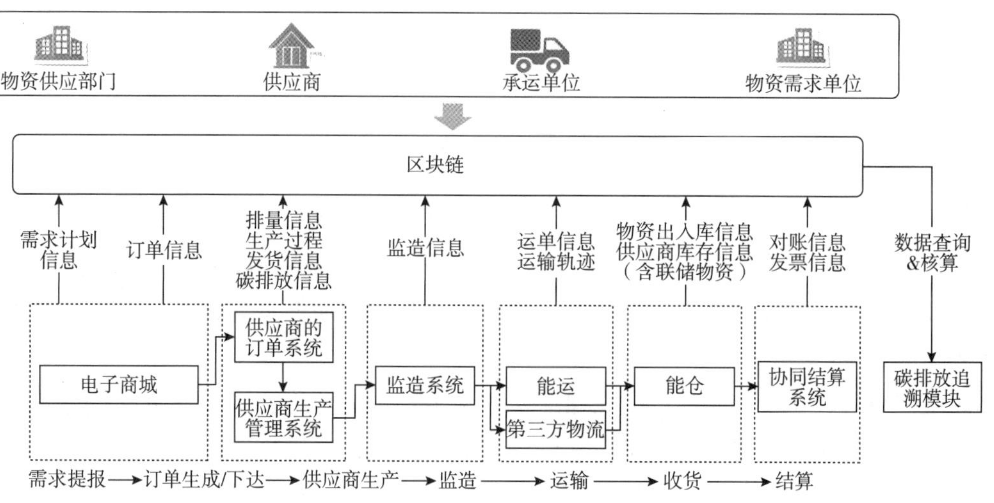

图 2 基于区块链的供应链协同

险的事前、事中、事后监管机制，有效防控了相关风险的发生，保障了供应链业务的安全稳定运行。

（3）合约管理中心。

公司通过建立合约中心，打通了物资供应前后端全流程，形成了连接物资供应前后端的枢纽；通过合约中心对条款、执行情况等进行跟踪，实现前台营销管理、中台合同管理及财务系统的对接，保障物资供应，有效提升合同履约质量。

3. 利用数据模式驱动，创新以数据为引擎的可持续增长模型

数据资源的价值已经得到广泛认可并引起各个行业的重视，伴随数据交易市场的建立，数据如同实体资产能够进行流通。公司利用区块链构建数据资产交易模块，数据生产者和使用者作为节点加入区块链网络当中，为节点中的每位成员赋予唯一标识。企业自身收集的数据经过清洗、分类后形成数据资产，将数据上链存证实现数据确权，以一种去中心化的方式在全网获得共识来确保数据资产的唯一性（见图 3）。

（1）大数据服务平台。

公司针对企业在数字化运营中产生的所有数据，提供了“一站式”智能数据管理平台，包含数据集成、规范设计、数据质量监控、数据资产管理、数据服务等功能。该平台支持多种计算和存储引擎服务，能够进行多维度数据分析与预测，可以帮助企业快速构建从数据接入到数据消费的端到端智能数据系统，消除“数据孤岛”，形成行

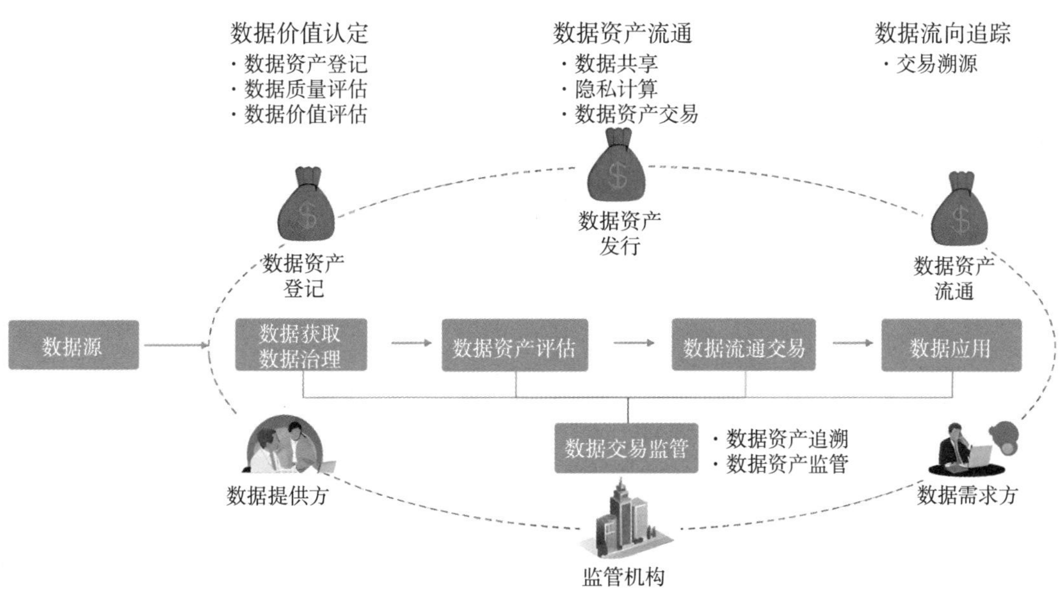

图3　基于区块链的数据资产共享

业数据标准，孕育更多的数据驱动型产品，加快数据变现。

（2）区块链服务平台。

平台以区块链底层技术为基础，依托供应链上真实的贸易背景，连接核心企业、供应商（核心企业直接及间接）、合作金融机构等多方；通过将核心企业资产数字凭证化，利用数字资产可拆分、可多级流转和融资贴现的优势，创新运用银行等资金方给国企等核心企业的授信，实现核心企业信用的跨级传递，并保证了构成数据的真实有效不可篡改，能够降低供应链整体资金成本，实现对电厂采购环节的降本增效，助力集团高质量发展。

（3）碳足迹管理平台。

公司利用区块链、物联网、隐私计算等多种数字化技术打造碳排放数据可信存证、碳排放监测与管理的综合型碳足迹追溯应用，利用碳排放监控设备及时将电厂侧收集到的数据通过物联网上网存储，同时通过集团公司的运输系统、电子商城等物资供应业务相关业务系统收集物资订单、运单、库存等相关数据，再利用区块链技术将信息公布，由各个主体接收存储，保证数据一经收集及时上链，不可逆转、不可修改，以此来确保真实性。平台通过碳排放采集设备与区块链平台对接，实现碳足迹采集设备与企业、碳排放足迹、监测时间等数据的可信采集存证。同时，为供应商上传碳排放监测报告、碳排放监测设备的数据上传、数据报送提供接入口，实现物资生产过程的碳排放数据采集（见图 4）。

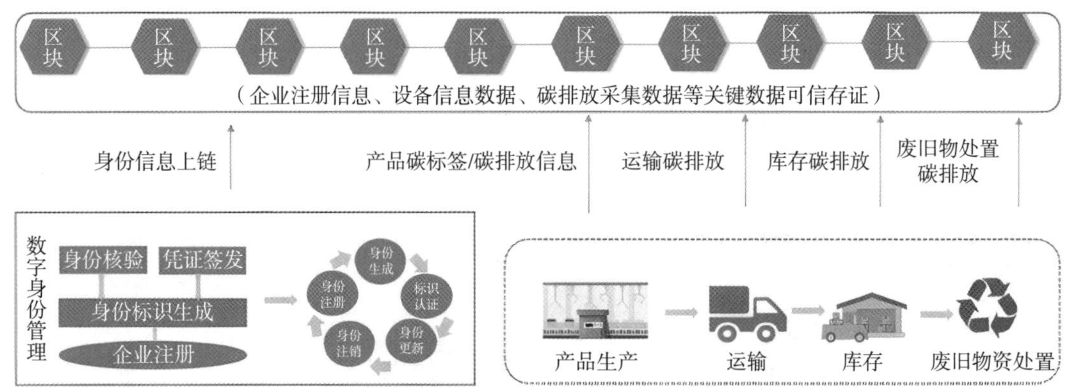

图 4　基于区块链的供应链碳追溯

四、推广价值

公司目前已在全国范围内开展了产业化应用和推广，相关场景和商业模式具有电力行业的普适特点，不仅能够为行业其他企业或供应链提供经验借鉴，还可以直接提供基础设施或应用服务支撑，为行业高效、可持续、绿色化、低碳化发展助力。可复制推广的价值总结如下。

1. 围绕“3060”“双碳”目标，积极构建新能源智慧供应链服务体系，助推能源结构转型

（1）依托新能源项目建设拉动效应，打通供应链数据链集成，促进新能源供应链可视化和响应敏捷化。

打通风电、光伏等新能源供应链上的业务流、物流、信息流连接，实现供应链数据的可视化，促进需求协同、计划协同、投产与交付协同，降低备料资金占用，缩短交付周期，保证项目进度可控，降低项目整体投资，为国家加快新能源结构转型的步伐提供有效助力。

（2）建立起新能源物资供应服务和物流仓配体系，保障新能源供应链的安全性和可靠性。

通过数字化供应链体系的延伸，向上游贯穿原料供应环节，向下游拓展生产终端企业，形成新能源全产业链协同服务模式。同时，基于覆盖物资供应链全生命周期的

新能源物资供应服务体系，公司建立了集集中采购、可视化催交、可视化运输、数字化中心仓配、绿色回收等功能为一体的新能源物资服务体系，并可为新能源行业提供公共服务。

（3）打造标准化和专业化结合的新能源供应链基础服务设施。

公司建立了服务于新能源物资供应链领域的涵盖大数据分析、智慧风险防控、智能数字合约管理、产品标准化认证、数据资产认定等全方位、一体化的基础服务能力和标准认证体系，为促进行业健康规范发展提供了重要保障。

2. 深化“三中心”数据中台建设，构建数字化供应链支撑体系

（1）建设集数据采集、分析、驱动业务于一体的数据中心。

面向电力供应链，公司建设了贯通上下、连通内外的数据共享与服务平台，实现绿色供应链可知、可视、可控。

（2）建设线上化、自动化、全周期合约管理中心。

公司基于区块链底层技术的智能合约，结合CA、电子签章等技术，为供应链各环节提供在线签约服务，实现单据流与信息流合一。

（3）建设全流程覆盖的智链平台风控中心。

公司自主构建大数据人工智能风控模型，实现事前、事中、事后的“动态+静态”全流程监管，保障供应链业务顺利进行。

3. 以数智化管理为纽带，打造能源供应链创新协同平台

（1）建立能源供应链协同网络，快速响应上下游需求。

公司将能源供应链上下游整合成协同发展的产业系统，建立能源供应链协同网络，提高对上下游需求的响应速度。

（2）以“区块链+金融科技”为主要驱动力，重构能源行业信用生态。

公司综合运用“区块链+金融科技”，为供应链融资客户提供核心企业数字增信，实现“资产端”和“资金端”的高效低成本匹配。

（3）运用可视化技术提高能源供应链透明度和可控性。

公司依托可视化技术实现对能源供应链全程实时跟踪，推动供应链管理全过程、

全链条透明高效协同。

4. 打造柔性化智慧能源供应链，保障能源供应安全稳定

（1）打造智能预警系统，实现能源供应链风险精准识别。

公司融合大数据、AI 等高新技术构建预警模型，横向对比同行业相关指标，自动进行风险识别、评估和跟踪，实时预警供应链风险发生。

（2）构建能源应急物流网络，为能源供应链安全稳定提供支撑。

公司依托国内外电厂项目等重要节点资源，布局电力物资应急储备库，与国内物流企业建立应急物流合作，共同打造安全可靠的全球能源应急物流网络。

（3）创新“智慧应急”模式，提升能源供应链弹性。

公司通过推进信息技术与供应链应急管理深度融合，再根据突发事件及时自动生成对应的处置方案，实现了各类资源的及时调配，加快应急反应及时度，提升供应链弹性。

（上海华能电子商务有限公司）

第 25 章　华为：打造 ERP+，迈向供应生态的数字化治理

华为作为全球领先的 ICT（信息与通信技术）基础设施和智能终端提供商，致力于把数字世界带入每个人、每个家庭、每个组织，构建万物互联的智能世界。面对环境不确定性和复杂性的挑战，为提升客户体验，华为供应链开启数字化转型，通过业务数字化、流程/IT 服务化和算法使能，构建数字化三大基础能力，并在此基础上构建“灵鲲”“灵蜂”两层智能业务体系，转变管理模式、运作模式和组织模式。同时，突破企业自身边界，将企业资源计划（ERP）延伸到供应生态资源计划（ERP+），广泛连接客户、供应商和合作伙伴，通过数据共享、流程对接和场景共建，打造“韧性+极简”的供应生态资源管理能力，从数字化、数智化走向数治化的供应生态治理。

一、行业背景

ICT 行业在不断地增加社会连接的深度和广度的同时，也在不断地改变自身的供应链，逐渐从传统的单维、单向、线性运作的供应链，演进成了多维、双向、相互作用的复杂的供应生态网络。这张供应网络横向扩展到多级供应商、客户的客户以及最终用户，纵向延伸到合作伙伴、学术机构、行业协会、政府组织等更多主体。这些主体之间连接的形势日趋丰富，传统意义上的供应商、客户边界已被模糊，而物料、产能、运能、资金等各种变量动态变化，相互纠缠，供应链管理的复杂度呈指数级上升，需要构建韧性和极简的供应生态资源管理能力。

1. 不确定性对供应链管理的挑战日益增强

不确定性是供应链管理的天敌。在当前阶段，复杂的国际环境、气候异常、群体冲突等不确定性事件更加频繁地出现，对企业的原材料采购、生产制造、物流运输、订单履行等方面均带来供应链中断的巨大风险。供应链需要比以往更紧密地与供应生态伙伴进行协同，打造“韧性+极简”的供应生态网络。

“韧性”是指一个组织能够吸收和适应环境的不断变化，生存下来，完成计划，并

持续繁荣的能力，以保障供应的安全和连续。同时，企业作为一个商业组织，不能投入无限的资源进行冗余和备份，在构建韧性的同时还需要注重“极简”，即客户体验、成本效率，以及可持续发展。

2. 供应生态资源管理的复杂性呼唤新的管理范式

数字时代，一个企业能够做到多大的规模，并不取决于企业自身所拥有的资源，而是取决于其所能接入的资源，企业资源管理已经突破了企业自身的边界。

传统的 ERP 作为企业资源管理系统，其管理逻辑主要基于企业自有资源进行供需管理。而在供应链管理成熟度逐渐提升，从线性供应链演进到供应生态系统的阶段之后，供应链管理的本质将发生巨大变化，即从单一企业走向了复杂供应网络的多个企业，从单要素/单变量（物料）走向了多要素/多变量（物料、产能、运能等）管理。数字时代下的供应生态资源管理方式需要与时俱进，从 ERP 走向“ERP+”，即供应生态资源计划。企业需要依托“ERP+”构建供应生态数字化治理能力，与供应伙伴共同打造“韧性+极简”的供应生态网络。

二、企业介绍

华为创立于 1987 年，是全球领先的 ICT 基础设施和智能终端提供商。目前华为约有 19.5 万员工，业务遍及 170 多个国家和地区，服务全球 30 多亿人口，在通信网络、IT、智能终端、云服务、智能汽车解决方案、数字能源等领域为客户提供有竞争力、安全可信赖的产品、解决方案与服务，与生态伙伴开放合作，持续为客户创造价值。华为致力于把数字世界带入每个人、每个家庭、每个组织，构建万物互联的智能世界。

华为供应链经过二十多年的一系列管理变革和转型，已经从传统供应链逐步发展成数智化主动型供应链。华为供应链目前已连接数千家物料供应商，数百家物流供应商及渠道伙伴，形成涵盖全球的韧性供应网络，保障公司端到端的实物流、信息流和资金流的安全高效运作。

华为供应链承接着华为公司构建万物互联的智能世界的使命，致力于以 ICT 行业为基础，牵引相关产业供应链健康发展，协同产业伙伴构建共生共赢的供应生态，实现客户体验、企业经营和可持续发展的价值创造。

三、企业主要做法及成效

华为供应链于 2015 年成立“ISC+”变革项目，开始数字化转型。经过“ISC+”3 年建设、2 年运营及场景化能力的夯实，目前基本完成了数字化阶段的建设，并基于算法和场景化业务模型进一步构建了供应链“灵鲲”“灵蜂”两层智能业务架构，初步完成了数智化建设。随着供应链管理从单一企业拓展到供应生态，华为供应链通过数据共享、流程对接和场景共建，并通过“大禹计划”持续推进 ERP 到 ERP+的升维，打造“韧性+极简”的供应生态网络。

1. 业务数字化、流程/IT 服务化、算法使能，构建数字化三大基础能力

华为供应链的数字化转型通过业务数字化、流程/IT 服务化和算法使能，来搭建数字化的整体框架，重构业务作业模式和运营模式。首先，通过业务数字化，构建供应链业务的数字镜像，实现全程全网的数字化连接。其次，通过流程/IT 服务化，具备面向各种业务场景灵活组装和编排的能力，敏捷应对业务变化。最后，通过算法使能，实现确定性业务自动化、不确定性业务智能辅助，大幅简化业务环节，提升业务运作效率和效果。

（1）构建实时、可信、一致、完整的数据底座。

数据是数字时代新的生产要素。只有获取和掌握更多的数据资源，才能在新一轮的全球话语权竞争中占据主导地位。华为供应链充分认识到数据在生产过程中的重要价值，并从三个方面推动业务数字化，构建供应链的数据底座。

第一是业务对象数字化，即建立对象本体在数字世界的映射，如合同、产品等；第二是业务过程数字化，即实现业务流程上线、作业过程的自记录，如对货物运输过程进行自记录；第三是业务规则数字化，即使用数字化的手段管理复杂场景下的规则，实现业务规则与应用解耦，使规则可配置，如存货成本核算规则、订单拆分规则等。通过以上三个方面的业务数字化，华为供应链已经初步完成了数据底座的建设，未来面向新的业务场景，还将不断丰富和完善数据服务（见图 1）。

（2）通过流程/IT 服务化，支撑业务能力的灵活编排。

传统的供应链 IT 系统是烟囱式的，随着业务增长、需求变化加快，会出现用户体验差、重复建设、响应周期长等问题，不能适应业务发展的需要。华为通过对复杂的单体大系统进行服务化改造，让服务化子系统融合业务要素、应用要素和数据要素，可以实现业务、数据与系统功能的衔接（见图 2）。

目前，华为供应链共完成了 80 多个服务化子系统的改造和建设，通过将业务能力封装为服务并按场景调用和编排，可以快速响应业务的需求。例如，华为进入智能汽车解决方案领域后，供应链快速匹配新商业模式，按照价值流重新编排和改造服务化业务能力，快速搭建流程和系统，大幅缩短了新业务的上线时间。

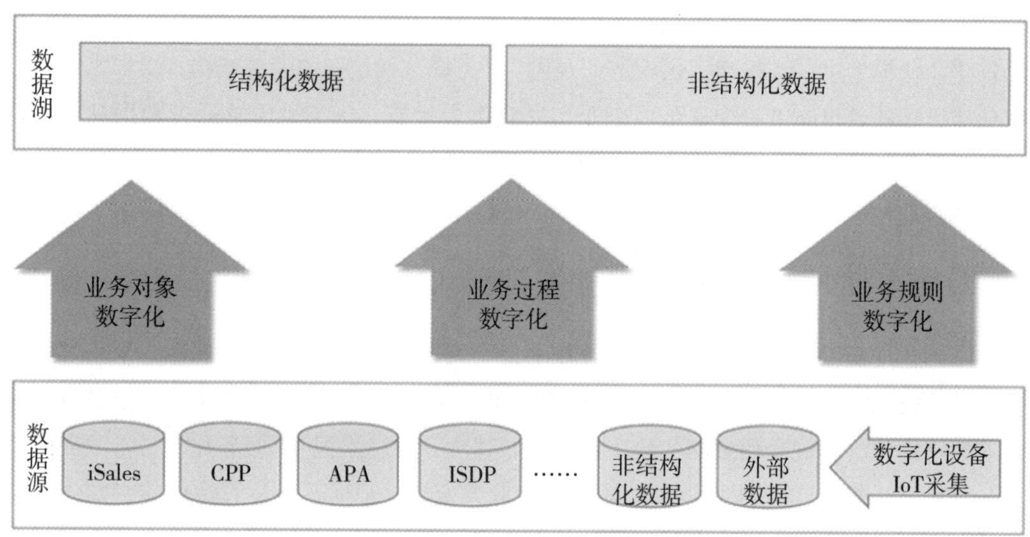

图 1　从三个方面推动业务数字化

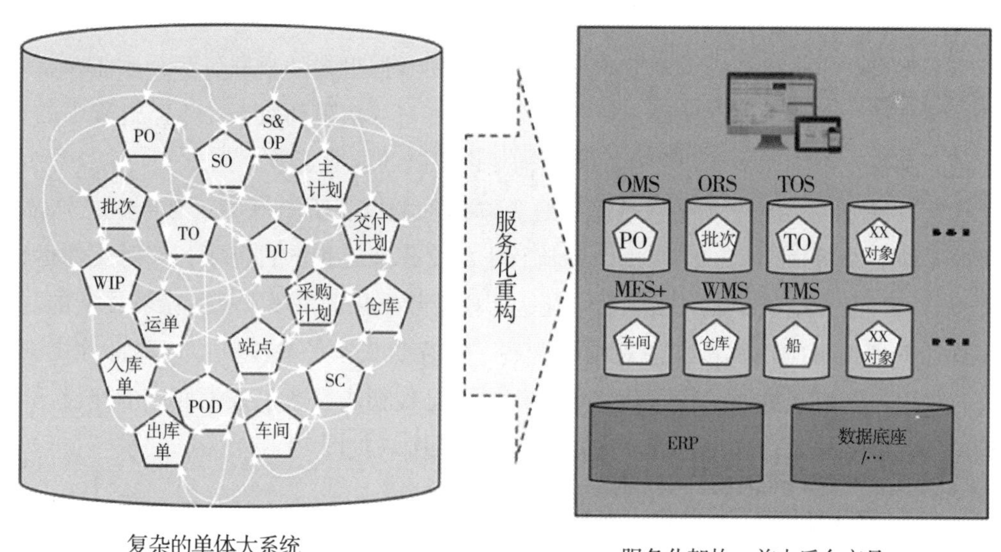

图 2　将复杂的单体大系统解耦为服务化子系统

（3）场景和算法赋能供应链智能化。

信息流、实物流和资金流是企业经营的核心，而供应链是信息流、实物流和资金流的集成。供应链管理通过聚合信息流，指挥实物流高效运作，驱动资金流高效流转，实现公司的价值创造。在数字时代，处理海量的信息依赖算法。Gartner 认为算法供应链是未来供应链的发展趋势之一，并将其定义为使用复杂的数学算法，推动供应链改进决策和流程自动化，以创造商业价值的方法。

华为供应链利用组合优化、统计预测、模拟仿真等技术，构建供应链核心算法模型，并应用到资源准备、供应履行、供应网络和智能运营四大核心场景中，大幅提升了供应链运作的智能化水平。

比如，在资源准备的场景中，华为供应链面临着千万级数据规模，亿级计算规模的复杂业务场景。但是华为基于线性规划、混合整数规划、启发式算法等求解方法的组合，构建了从器件、单板到产品、订单之间的双向模拟引擎（见图3）。在错综复杂的产品结构树和供应网络节点中，快速找到资源准备的最优解，在供应能力最大化的同时实现存货可控。

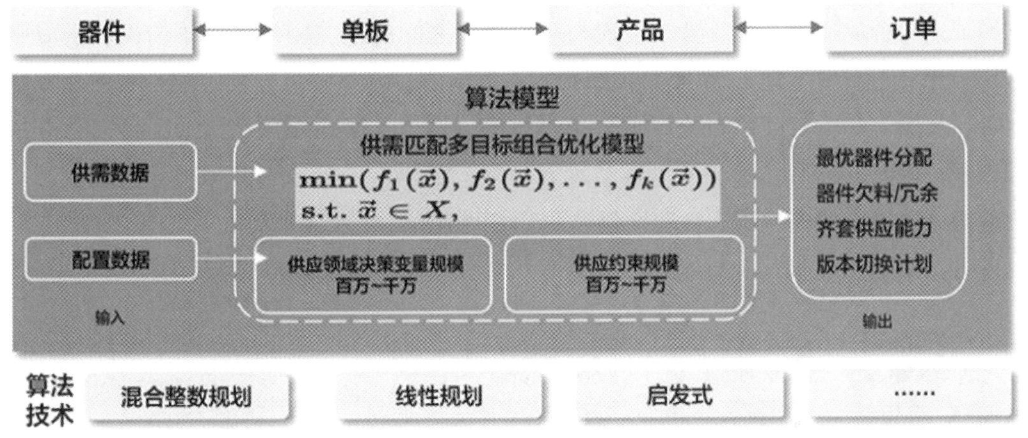

图3 基于算法的双向模拟引擎

2. 打造“灵鲲”和“灵蜂”两层智能业务体系，重构业务模式

在数据底座、流程/IT服务化改造和算法建设的基础上，华为供应链进行了业务重构，形成了两层智能业务体系，即基于“灵鲲”数智云脑的供应链智能决策和基于“灵蜂”智能引擎的敏捷作业。其中，“灵鲲”数智云脑是供应链的业务型大脑，在两层智能业务体系中负责全局性的数据分析、模拟仿真、预案生成和决策指挥。“灵蜂”智能引擎则是面向作业现场和业务履行的智能作业单元，可以实现敏捷高效、即插即用和蜂群式的现场作业。

（1）“灵鲲”数智云脑使能供应链运营智能化。

智能运营中心（IOC）是供应链“灵鲲”数智云脑的重要组成部分，其从三个维度推进供应链运营的智能化。

在业务运营层面，面向关键业务点，IOC设置了300多个探针，自动识别业务活动或指标异常，实现了从“人找异常”到“异常找人”，从“全量管理”到“变量管理”的转变。

在流程运营层面，首先通过流程内嵌算法，自动实现流程运作过程中的管理目标，减少管理动作。其次，在正向流程设计中考虑逆向业务产生的原因，减少逆向业务的发生。最后通过流程挖掘技术，识别流程的瓶颈和断点，再不断优化和合并同类项，实现流程简化。

在网络运营层面，通过接入供应网络数据，IOC 可以快速感知和分析风险事件的影响，并基于预案驱动供应网络的资源和能力，快速进行调配和部署，实现风险和需求实时感知、资源和能力实时可视、过程和结果实时可控，打造敏捷和韧性的供应网络。

IOC 打破了功能的“墙”和流程间的“堤”，实现关键业务场景下跨功能、跨流程和跨节点的合成运营，以及异常发现与问题解决之间的快速闭环。以华为深圳供应中心“订单履行异常管理”为例（见图 4）：在变革前，订单履行异常管理是一项高能耗业务，需要 100 多名订单履行经理分别与统筹、计划、采购等角色沟通，再进行分析和处理；构建 IOC 后，系统可以自动发现异常，定位、分析原因并提供方案建议，从之前的人工操作变成了系统自动处理加人工辅助确认，作业效率提升了 31%。

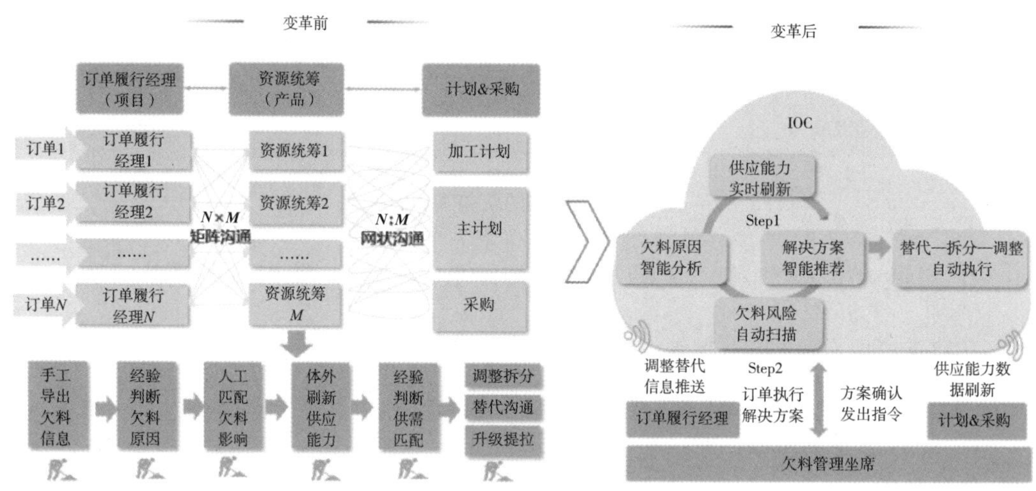

图 4　IOC 赋能订单履行异常管理

（2）“灵蜂”智能引擎使能供应节点内高效作业、节点间无缝衔接。

“灵蜂”智能物流中心是“灵蜂”智能引擎的典型应用场景。通过“灵蜂”智能物流中心的智能化运作，可以更好地理解“灵蜂”智能引擎是如何实现敏捷高效现场作业的。

“灵蜂”智能物流中心位于华为物流园区，占地 24000 平方米，是华为全球供应网络的订单履行节点之一。

在节点内，"灵蜂"智能物流中心构建了库存分布、波次组建、AGV（自动导向车）调度等12个算法模型，应用了AGV、密集存储、自动测量、RFID等9种自动化装备，实现了来料自动分流入库、存拣分离智能移库、智能调度、波次均衡排产、成品下线自动测量、自动扫描出库的高效作业，将现场作业模式从"人找料"转变为"料找人"。

在节点之间，当订单生成后，司机可以通过数字化平台预约提货时间，系统会自动完成提货路径规划和时间预估。同时，作业现场应用货量预估和装箱模拟等工具，自动确定拣料顺序和装车方案，根据司机到达的时间倒排理货时间，在车辆到达垛口的同时完成理货，实现下线即发。

应用数字化引擎建设的"灵蜂"智能物流中心，使人、车、货、场、单等资源达到最优配置，使收、存、拣、理、发的作业实现集成调度（见图5）。在业务量翻倍的情况下，保持人员和场地面积不变，持续提升客户体验和服务水平。

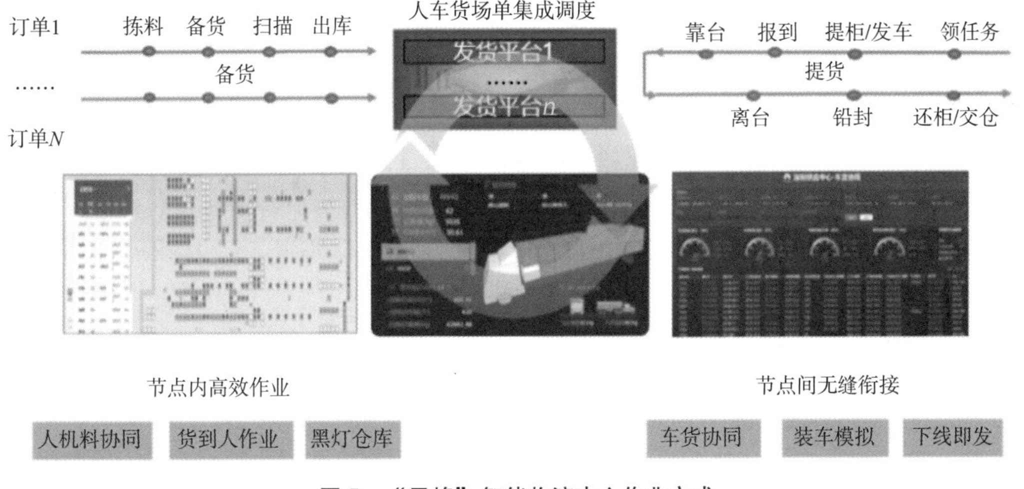

图5　"灵蜂"智能物流中心作业方式

3. 数据共享、流程对接、场景共建，建设供应生态资源计划（ERP+）能力

华为供应链通过数据共享、流程对接、场景共建三个关键举措，建设供应生态资源计划（ERP+）能力。

（1）数据共享，产业链打开，基于KSP多级供应商协同。

供应链管理所需的数据大部分都来自企业以外。企业通过与供应生态伙伴共享数据，整合生态内离散的生产要素，不断拓展自身认知边界，这是快速应对外部风险，实现良好客户体验和提升运营效率的关键。

以华为光产品所需的 A 模块供应为例，其供应周期通常在 16 周左右，而华为客户对光产品系统设备的供应周期要求通常在 4 周左右，这需要在客户订单下达之前准备好 A 模块的供给资源。对应不同波长，A 模块的种类超过 120 种，针对 120 多种 A 模块做预测，很容易出现某些 A 模块预测量过大导致库存太多，或者某些 A 模块预测偏小导致供给不足的情况，这就是基于预测驱动的传统线性供应链通常所面临的“双峰库存分布”问题。

华为与生态中的多级供应商协同，共享产品结构和制程数据，寻找关键供应点（KSP）。基于生态数据共享和分析发现，120 多种 A 模块实际上共用 4 种核心器件，其备货周期占整个 A 模块供应周期的 80% 以上。基于这一发现，华为与多级供应商建立起基于核心器件 KSP 的协同预测机制，将预测对象数量从 120 多种减少到 4 种，复杂程度实现指数级下降。同时基于核心器件协同供应商规划产能，提前准备产能资源及物料储备，按照客户需求灵活调整加工节奏，实现存货成本和供货周期的综合最优。

（2）流程对接，业务活动互联互通，实现双赢。

供应链的运作具有很强的流程属性，所有业务活动必须在流程的指导下才能顺畅运转。所以，供应生态伙伴协同应当通过双方流程打开，互动对接，实现业务活动的互联互通，以达成共同的价值目标。对客户而言，协同的价值诉求通常包含更短的产品/服务上市周期，内部运作效率提升和 TCO 降低；对供应商而言，协同的价值诉求通常包括扩大自身业务规模，利润增长和运作效率的提升。

华为搭建供应商协同平台，支撑华为与供应伙伴在需求管理、供应能力、履约模式和风险管理方面进行协同，实现伙伴供应能力的提升。同时，面向客户，制定包含产品配置、计划预测、订单履行、物流网络和合同条款供应五要素的结构化供应解决方案，将生态伙伴的资源和能力转换为对客户需求的满足，实现价值创造。

以 C 客户为例，从 2016 年签署《数字化服务领域战略合作框架协议》开始，双方协同推进“高效供应链”的建设。通过打开各自 P2P 和 LTC 流程，基于业务痛点分析，制定了包括计划协同、电子 PO、履约可视、包装协同、报账协同和配置协同六个流程的对接方案包。经过 3 年的建设和推广，供应周期缩短了 35%，双方运作成本降低达到千万级，间接支撑了数亿元的客户营收（见图 6）。

（3）场景共建，模式创新，实现供应生态的可持续发展。

进入数字时代后，技术日新月异，供应链与互联网、物联网深度融合，创新与应用不断加速，以前很多不可能实现的业务场景都逐渐成为现实。

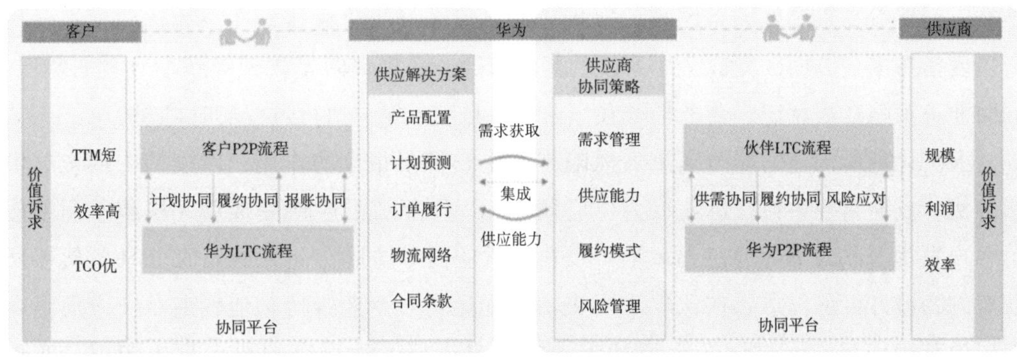

图6 基于流程对接的伙伴协同

以 To B 业务物流派送场景为例，传统的流程极其烦琐，从签收到开票用纸量大，尤其在收货地点和收货人频繁变更时，如何在系统中和签收单上体现已送达正确的派送地点和收货人，满足 IFRS15 规则和审计要求，就成了非常头痛的问题；另外，纸件签收单对于打印、存档、查阅和调用都不方便，纸件签收成了供应链物流交付的瓶颈环节。

面对这些挑战，华为协同客户 C 和物流承运商 D 进行共建共享的业务模式创新：首先，应用智能手机及其 GIS 功能进行身份及地址位置鉴权和签收；其次，利用区块链技术带时间戳且不可篡改的技术特征来实现实物流可验证、可追溯；最后，使用区块链技术和手机签收成功替代原纸件签收单，实现物流交付的电子化签收，并自动触发华为内部的收入确认和三方之间的开票和对账。

在新的 BPOD 模式下，曾经冗长的流程由 7 步减少到 3 步，POD 的处理周期从 1.4 天缩短到秒级。华为中国区运营商业务仅开始试点，每年就能节约 500 多万纸张。面向业务场景的创新不仅极大提升了各方运作效率，而且为可持续发展作出了贡献。

4. "大禹计划"提升复杂系统求解能力，走向供应生态治理

源于应对东莞封城后的连续供应问题，华为供应链启动了构建"ERP+"的"大禹计划"，旨在通过构建基于供应网络节点、物料、产能、运能约束下的管理机制和数字化能力，优化供应生态资源配置。

经过近一年的建设，构建了三方面的能力。在生态数据接入方面，完成了路径、包规、车辆、供应商在途、在制、在库、产能等 250 多项数据的连接，并基于 EDS/API 等构建生态数据采集和交换能力，支撑关键场景的数据需求满足率从 55%提升至 82%；在算法集成编排方面，完成了多域多变量的集成优化算法架构，并通过各领域的原子化算法模型在算法市场上架，用户可以在画布上拖拽出业务场景流程，并在节点

连线上配置参数来调度场景流程，实现算法模型的场景化编排；在一体化的模拟分析与调度指挥平台方面，完成 7 个系统的集成打通，实现风险量化天级到小时级的跃迁，同时业务策略在线制定，业务指令和作业任务自动下发，执行过程实时可视。

大禹计划所构建的能力在重大风险事件中发挥了很大的作用，以疫情中的包材供应为例，疫情封控后包材迅速成为供应瓶颈，以至于成品生产完成后无法包装而不能给客户发货。此时华为通过与政府、LSP 和供应商等协同，一方面及时分享各伙伴所获取的物流许可证信息，在伙伴之间灵活调配运力，有效维持物流畅通；一方面整合保民生车辆信息，通过运送抗疫和生活物资进入疫区后返空的机会带出包材，实现“包菜进，包材出”，解决供应瓶颈。

基于生态伙伴物料、产能、运能、供应节点的数据接入和物料、产品和订单之间的小时级双向模拟和智能撮合能力，华为供应链敏捷集成调度产业链资源，实现东莞松山湖、大朗两次封控下的风险发货敞口 2 周内分别降低 90%和 84%，当月发货计划完成率达到 98.3%，有效化解供应中断风险，保证面向客户的连续供应。

四、推广价值

非数字原生的企业要想在数字时代生存下来，急需进行数字化转型，成为数字企业。华为供应链持续开展数字化转型，协同供应生态伙伴打造“ERP+”，实现供应生态网络的“韧性+极简”，以在 VUCA 的环境下生存和持续发展。

1. 建设供应链数字孪生，实现业务闭环

数字孪生是物理对象或流程的数字镜像，其随物理对象和流程的行为不断发展，并用于优化业务绩效。

通过数字化转型变革，企业构建供应链数字孪生，首先通过业务数字化和流程/IT 服务化，实现从物理世界到数字世界的镜像；其次，通过场景和算法建设，从数据中提取信息，形成智能业务指令，指导物理世界作业；最后，基于智能业务指令对业务现场高效作业的驱动，实现数字世界到物理世界的闭环。

2. 转变业务运作模式，发展供应链核心竞争力

华为供应链通过数字化基础能力建设，打造数字化主动型供应链，用数字化技术重构供应链业务模式，包括管理模式、运作模式和组织模式。在这个过程中，华为供应链实现了从被动响应到主动服务、从保障要素到价值创造要素、从支撑市场发展到营销要素和竞争要素的转变，客户服务水平稳步提升，支撑了华为云服务、数字能源

和智能汽车解决方案等新业务的快速发展。同时，经受住了疫情等各种“黑天鹅”和“灰犀牛”事件的考验，保障了公司供应链的业务连续性，使供应链成为华为公司核心竞争力之一。

3. 从数字化、数智化到数治化

供应链的数字化转型不应止步于数字化和数智化，面向未来，数字化转型变革需要从提升企业运营效率的“赋能”向价值创造的“使能”演进。供应链需要持续深化与生态伙伴的数据连接和业务协同，即数治化，使能客户、供应商和合作伙伴，通过跨企业的多域数据联接、多变量模拟推演、多约束计划排产和多指令集成调度，实现生态伙伴的共生共赢。

第 26 章　朗华：升级供应链服务，打造生产性服务平台

一、行业背景

供应链管理作为新兴业态，较长一段时间在国民经济行业中缺乏对应分类，行业发展、监管及政策方面存在一定程度的空白，新业态发展支撑不足。朗华携手同行及行业协会等共同向政府相关部门呼吁，引起中央政府的高度重视。2017 年 10 月，原国家质检总局和国家标准委联合发布国标《国民经济行业分类》（GB/T 4754—2017）。根据该标准，供应链管理正式纳入国民经济行业分类并列入租赁与商务服务业项下，开启新业态发展新篇章。此后，根据新的国民经济行业分类，国家统计局印发了《生产性服务业统计分类（2019）》，将供应链管理服务纳入生产性服务业进行统计管理。至此，供应链行业发展得到进一步规范和支持。

我国供应链服务行业发展现状：2024 年 1 月，国家统计局相关部门负责人解读 2023 年主要经济数据时指出，2023 年，生产业商务活动指数年均值位于 55%以上较高景气区间。2023 年 1—11 月，规模以上供应链管理服务企业营业收入同比增长 17.4%。可以看到，供应链管理服务增势强劲，发展前景良好。虽然我国供应链管理服务行业发展迅速，但与欧美发达国家相比还存在较大差距，这一点从供应链管理服务所属的生产性服务业对比可以看出：我国生产性服务业占 GDP 比重为 17%～18%，相比之下，欧美国家的生产性服务业占 GDP 比重普遍在 40%～50%。正是意识到这一差距以及生产性服务业在推动经济发展、促进产业结构升级、提高国家竞争力等方面的重要作用，朗华积极建言献策，推动我国生产性服务业发展。在近两年的全国两会上，全国政协委员、朗华集团董事长张春华持续为生产性服务业发声，向全国两会提交了有关大力支持生产性服务业、支持生产性服务业培育新质生产力等多个相关政协提案，进一步引起中央政府对生产性服务业发展的关心和重视。在包括朗华在内的社会各界持续推动下，中央政府对生产性服务业发展日益重视，给予了更多关注和大力支持。2024 年政府工作报告明确提出：“加快发展现代生产性服务业……加强标准引领和质量支撑，打造更多有国际影响力的‘中国制造’品牌”，生产性服务业发展备受瞩目。

要实现供应链管理服务行业高质量发展，需要关注当前行业发展存在的问题，并结合产业变革趋势，形成有效的解决方案。

1. 传统供应链管理服务模式无法有效串联制造业各业务环节，服务模式亟须迭代升级

当前供应链管理服务与制造业之间的沟通和协调存在信息不对称的情况，这种信息不对称导致供应链管理服务提供者难以准确把握制造业企业的真实需求，使服务无法完全贴合生产实际需要。此外，由于供应链行业的专业能力和服务范围的局限性，无法打通制造业生产的全过程，供应链服务与制造业较难紧密结合。例如，供应链服务行业在为制造企业提供服务时，部分企业仅涉及生产过程中的单个或部分环节，如仅为客户提供物流或仓储或外贸等服务，这种单一碎片化的服务模式使得服务提供者难以将生产过程中所需的各个环节有效打通，使生产资料的流转与生产制造需求较难顺畅匹配，供应链服务赋能制造业降本增效的作用有限。

2. 供应链管理跨国服务能力较弱，难以满足中国制造出海需求

随着国内企业逐步走向国际市场，中国制造业集体“出海”，对跨国供应链服务的需求日益增长，但我国供应链服务国际化程度相对较低，跨国服务能力较弱。例如，对中国制造出海而言，物流成本和时效是客户考量的重要因素，若服务能力不足，则难以为制造业客户出海提供标准化、一单制的全程多式联运服务，服务时效、服务质量缺乏保障。

3. 部分供应链服务企业数字化水平不高，无法为实体经济提供有力支撑

提高服务业数字化发展水平是提升服务业发展能级、构建服务业发展新体系的必经之路。许多中小供应链企业由于缺少核心技术、资金支持等，导致服务数字化转型相对滞后，较难给实体经济提供有力支撑。服务业因数字化水平较低，对企业整体生产经营情况缺乏合理判断，无法有效把控服务风险，因此，在金融服务方面难以提供有效服务产品解决企业资金问题；客户无法及时获取供应链企业的服务动态和关键信息，因此要推动供应链服务的数字化转型升级，打破信息壁垒是行业发展关键。

二、企业介绍

朗华集团于2006年在深圳成立，下辖36家分、子及控股公司，定位“生产性服务平台”，立足微笑曲线左半边，为制造业提供生产流通环节的全链条平台服务，构建全产业链生态圈闭环。朗华业务辐射全球200多个国家和地区的大中城市，聚焦包括战略性新兴产业在内的先进制造业客户，以“新服务”推动中国产业转型升级，助力企业降本提质增效，累计服务客户超27000家，在电子通信、智能制造、新能源、半导体和电子元器件、5G产业链等领域都拥有领先的服务优势。朗华坚持创新发展，以科技创新促进产业创新，累计拥有82项专利和软件著作权。朗华的发展备受政府及社会各界关注和好评，先后获评工信部服务型制造示范平台、国家级两化融合贯标企业，商务部商贸物流重点联系企业、全国供应链创新示范企业，累计获得国家、省、市各项资质荣誉超200项。

朗华深耕供应链服务18年，已成长为供应链服务头部企业。其中，2023年，位列中国服务业500强、深圳工业供应链行业前列；2020年，位列全国外贸第44（《中国海关》杂志2020年4月刊发布的2019年中国外贸200强榜单）。

三、企业主要做法及成效

1. 创新升级供应链管理服务模式，打造中国首家生产性服务平台

习近平总书记指出，“新质生产力以全要素生产率大幅提升为核心标志，特点是创新，关键在质优，本质是先进生产力”。面对全球新一轮科技革命和产业变革，以战略性新兴产业为代表的“新制造”，和以高附加值生产性服务业为代表的“新服务”，已成为我国加快形成新质生产力的主阵地和战略制高点。朗华顺势而为，主动识变、应变，顺应新质生产力发展要求，推动供应链管理服务领域生产关系变革，运用大数据、人工智能等现代信息技术，创新升级供应链管理服务模式，打造中国首家生产性服务平台。朗华生产性服务平台涵盖工业外贸、工业物流、工业仓储、工业金融等十二大生产性服务产品，十二大产品可单独或灵活组合或全部打包为制造业客户提供服务，根据客户要求“随心配”，真正做到“想客户之所想”，以“新服务”提升“新制造”全要素生产率，赋能“新制造”高质量发展，助力加快培育发展新质生产力。朗华生产性服务平台提供的全产业链全生命周期的闭环服务，与传统供应链管理服务仅能提供单一或某几项服务的模式有着根本区别，形成了朗华的差异化核心竞争力。

2. 提升跨国服务能力，多渠道多形式赋能制造业出海

随着国际贸易的不断发展，制造业企业打开全球市场的需求日益增长，朗华通过提供全球生产性服务，为制造业企业参与国际市场铺设奠基石、打造护城河。

朗华为出海企业设计出海方案，提供仓储、物流、关务、金融等服务，护航中国

制造出海。在外贸方面，朗华积极拓展服务中间品贸易，为企业走出去提供支持；在仓储服务方面，朗华仓储服务辐射东南亚、欧美、中东、中国香港等地区，为制造业客户提供精细化分拣仓储，高标准定制央仓、大型中转仓、保税仓，提供仓储综合咨询解决方案等，现已运营仓储项目超200个，已运营仓储面积超200万平方米，可为制造业企业定制化智能仓储解决方案，全链条优化，满足多样化市场需求；在物流服务层面，朗华积极响应“一带一路”倡议，于2017—2019年在深圳率先发起运营深圳首班中欧班列“朗华号”，创新开启深圳中欧外贸新通道，朗华国际海陆空服务已覆盖东南亚、中东、欧美等地区。朗华物流服务安全、流程透明可视，对物流运输车辆进行全球定位监控，最大限度保障客户货物的追踪和安全；在关务服务方面，朗华集团旗下现已有五家公司获取了海关总署认定的AEO高级认证企业资质，可为客户高效通关服务，全年365天不间断运作；在金融服务层面，朗华打造了涵盖融资租赁、信贷、供应链金融等多维一体化数智化科技金融生态，为客户提供定制化金融服务。

3. 推动生产性服务业数智化转型，强化供应链协同增强供应链韧性

朗华建设了供应链管理大数据平台和数智化金融科技平台，通过数据治理和BI工具的结合，实现供应链的协同和协作，使各环节之间无缝互动。平台可实现对产业链全生命周期的管理，通过数字化风控管理，实现对客户需求的快速响应。同时可打造金融风控模型，为产业链中小企业融资难问题提供更有保障的金融服务。

同时，数据平台可实现各个供应链环节的信息共享，实时查看订单状态、库存量、交货日期等信息，并可适时调整生产和供货计划，缩短交货时间，增强供应链可见度和透明度，提升运营能力。

朗华还通过信息技术应用监控供应链风险，制定风险应对措施，降低风险影响的范围和程度，提升供应链韧性，助力产业发展。

四、推广价值

朗华针对产业变革趋势和行业发展痛点，创新升级供应链管理服务模式，打造中国首家生产性服务平台，为行业发展提供创新解决方案，推动制造业高质量发展。

1. 引领供应链服务生产关系变革，以新服务助力加快培育发展新质生产力

习近平总书记高度重视发挥先进生产力的作用，创造性地提出“新质生产力”，并深刻阐述发展新质生产力是推动高质量发展的内在要求和重要着力点，新质生产力需要有新服务，新服务的重点镶嵌在全球产业链、供应链中对全球产业链具有重大控制

性影响的生产性服务业。要推动生产性服务领域新质生产力发展，必然要求行业生产关系作出相应调整，从单一、彼此独立分割的服务模式，向平台化模式演变发展，形成全链条服务生态。朗华打造的中国首家生产性服务平台，成功地将服务触角延伸到了制造业的每一个环节，从原材料采购、生产制造到产品销售和售后服务，为产业链上下游企业提供了高效协同的解决方案。朗华生产性服务平台的服务模式，有效提高了企业全要素生产率，实现了降本增效，是供应链管理服务领域生产关系变革的创新示范，契合新质生产力发展要求，有助于经济高质量发展。

2. 提升跨国供应链服务能力，护航中国制造出海，保障我国产业链供应链安全稳定

当前，中国制造业正面临转型升级的迫切需求，向价值链高端迈进。在当前的时代变局中，全球价值链正加速重构，中国制造业要实现全球价值链攀升的目标，出海成为“必答题”。我国制造业企业在出海参与全球竞争的过程中，要实现高质量发展目标，离不开供应链服务的加持。虽然我国供应链服务参与者多，但缺乏具有全球竞争力的世界一流企业集团，服务中国制造出海的能力存在短板。在面临国际贸易摩擦、贸易保护主义等因素的影响时，中国制造业对产业链供应链的维护支撑作用不够突出，存在较大风险。朗华生产性服务平台，创新建立十二大服务产品生态圈，涵盖工业外贸、仓储、物流、金融等多元化领域，全方位赋能工业制造，可为中国制造出海保驾护航，维护我国产业链供应链安全与稳定。朗华基于丰富的创新成果，得到政府、企业和社会各界一致认可，是全国供应链创新与应用示范企业、国家服务型制造示范平台、国家两化融合贯标试点企业，成为行业优秀示范。

3. 推动供应链服务数字化，高效赋能制造业降本增效

朗华积极推动数字化转型，通过精心搭建智慧供应链管理平台，实现了线上线下的高效协同。在线上，朗华持续优化供应链跨境核心 ERP 系统，并依托 OTWB（OMS、TMS、WMS、BMS）子系统，借助大数据中心平台的强大能力，成功整合了产业链上下游信息，显著增强了风控能力。这一战略举措让朗华能够更敏锐地捕捉市场动态，精准优化和升级供应链服务能级，从而大幅提升运营效率。在线下，朗华对仓库进行了物联网态势安全智能化改造，采用 RFID 等技术手段，推动了仓库的自动化升级和智能化水平，为朗华的客户提供了前所未有的可视化管控和数字化服务体验。无论是智能制单、关务通关，还是仓储精益管理、工厂品质溯源，朗华都致力于通过数字化手段推动整个行业的数智化进程，引领行业高质量发展。通过线上线下的完美结合和数字化转型，朗华不仅优化了运营流程，更为客户提供了更为智能、高效的服务。

未来，朗华将继续深耕生产性服务业，充分发挥生产性服务平台优势，不断优化服务产品，拓展服务领域，为加快培育发展新质生产力，促进新型工业化建设，助推中国经济高质量发展贡献更大力量。同时，朗华也将积极探索与国际先进生产性服务业的合作与交流，提升自身服务能级，向生产性服务全国第一的目标迈进，争创世界一流生产性服务中国品牌。

（深圳市朗华供应链服务有限公司）

第 27 章　联想集团：数字化质量管理解决方案

一、行业背景

智能制造背景下随着联想公司的发展，公司的业务量不断扩大，产品越来越多，从个人电脑到服务器到手机，以及各种周边设备，质量管理过程中面临着诸多挑战。

（1）客户质量方面——多样化、个性化、高期望的挑战。

联想面对着商业客户、中小企业客户以及消费客户等多种复杂的客户类型，每类客户都有其个性化的需求。在客户对外观、性能高要求的新形势下，如若客户需求未能及时获得满足，在互联网环境下，其抱怨范围广、传播力度大，极易对产品品牌产生较大的负面影响。

（2）产品质量方面——复杂化、多模式、新技术的挑战。

联想的产品类别多样、产线庞大，在产品线管理、质量管理及服务复杂度等方面的难度呈指数上升。以个人电脑为例，每年有 300 多个新品上市，每代产品都有新技术的应用。同时联想产品开发过程复杂，有些产品需要全球研发团队共同参与，以 ThinkPad 为例，需要美国、日本、中国三地协作。

（3）供应链质量方面——跨地域、长链条、管理难的挑战。

联想的供应链上下游厂商分布全球，系统制造厂就有 30 多家，核心部件厂商 300 多家，上游零部件厂商上千家。因此，如何利用联想有限的人力物力确保产品质量、管理好整个供应商体系是一个非常大的挑战。

二、企业介绍

联想集团（以下简称“联想”）是一家成立于中国、业务遍及 180 个市场的全球化科技公司。联想聚焦全球化发展，树立了行业领先的多元企业文化和运营模式典范，服务全球超过10亿用户。作为值得信赖的全球科技企业领导者，联想助力客户，把握明日科技，变革今日世界。

联想作为全球领先ICT科技企业，秉承“智能，为每一个可能”的理念，为用户与全行业提供整合了应用、服务和最佳体验的智能终端，以及强大的云基础设施与行业智能解决方案。

作为全球智能设备的领导厂商，联想每年为全球用户提供数以亿计的智能终端设备，包括电脑、平板、智能手机等。2018年联想PC（Personal Computer）销售量全球第一。作为企业数字化和智能化解决方案的全球顶级供应商，联想积极推动全行业“设备+云”和“基础设施+云”的发展，以及智能化解决方案的落地。

面向新一轮智能化变革的产业升级契机，联想提出智能变革战略，围绕智能物联网（Smart IoT）、智能基础架构（Smart Infrastructure）、行业智能（Smart Verticals）三个方向成为行业智能化变革的引领者和赋能者。

质量4.0时代，联想更关注基于大数据的智能质量管理，包括过程质量控制与调整、全生命周期的产品质量管理与数据集成、顾客参与的高度个性化定制。

挑战是当前诸多中国企业面临的共性问题，而不同企业给出了自己不同的答卷。联想通过多年实践，提出了智能制造背景下应对挑战的崭新路径，创新性地提出打造联想智联质量生态管理模式，得以有效应对质量管理的多重挑战。在应对客户质量多样化、个性化、高期望的挑战时，联想通过对互联网上联想用户声音的大数据分析，高效获得用户对产品或服务的评价，进行精准的数据分析和持续改进。在应对产品质量复杂、多模式、新技术的挑战时，联想质量管理智能化系统能有效应对产品及供应链的复杂度，实现管理流程在线可视化以及海量数据的业务增值。在应对供应链质量跨地域、长链条、管理难的挑战时，以联想为核心企业，延展质量管理资源和能力，促进质量管理相关方的高质量协同，通过内部质量价值创造所形成的成熟经验，帮助供应链企业实现质量管理升级，赋能相关产业高水平发展。

三、企业主要做法及成效

1. 联想智联质量生态的整体架构

联想智联质量生态管理模式是联想智能化发展的背景下形成的，积淀了联想30多年基础质量管理的经验，既继承了全面质量管理、PDCA（Plan，Do，Check，Act）、QFD（Quality Function Deployment）、FMEA（Failure Mode and Effects Analysis）、六西格玛、ISO9000七项基本原则、卓越绩效模式九项基本理念等质量管理理论，又整合了生态圈、产业生态、智能制造等外延概念，形成了智能制造背景下具有联想特色的五大基本质量理念。

联想智联质量生态管理模式的五大基本理念为“智能驱动、生态共赢、聚焦客户、标准引领、源头预防”。

联想智联质量生态是联想在智能制造背景下构建的以智能技术协同互联的质量管理生态圈，其中建立了一个质量愿景、两个质量平台、三个质量基础、四个质量能力、五个质量领域（见图1）。

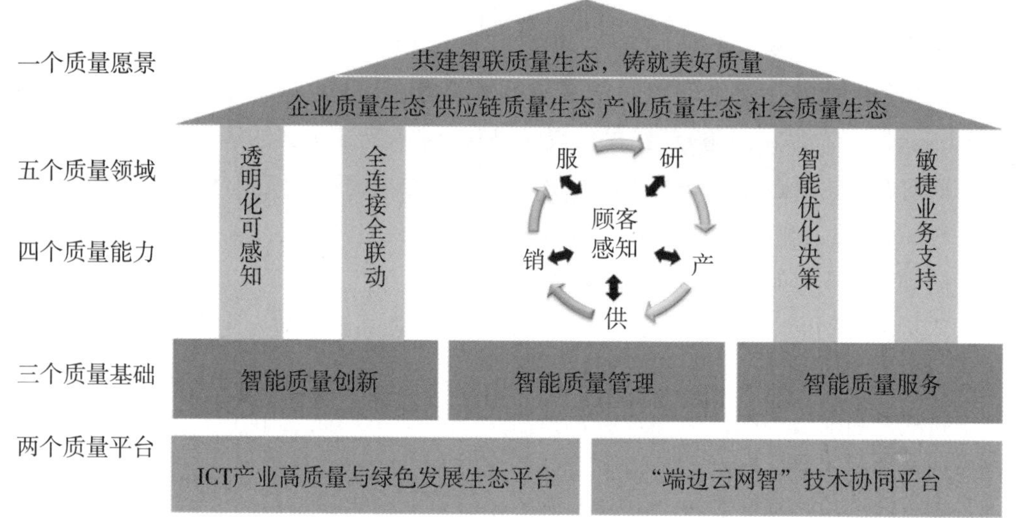

图1　联想智联质量生态架构

一个质量愿景是建立一个质量生态圈。质量生态圈是质量管理相关方基于不同的利益驱动，以实现组织和个人互利共存、资源共享、相互作用为基础的价值联合体，其中每个“客体”承担着不同功能，各司其职，但又形成互依、互赖、共生的关系，共同维持系统的延续和发展。

两个质量平台包括组织平台和技术平台。组织平台：ICT产业高质量与绿色发展生态平台，与绿色发展联盟旨在通过质量研究、技术创新、绿色发展，集聚各方优质资源，促进联盟成员之间资源共享和互惠互利，提升ICT产业高质量发展水平。技术平台：“端边云网智”技术协同平台，积极推进质量智能化转型，其中“端”指智能物联设备终端，“边”指边缘计算，“云”指云计算，“网”指以5G为代表的数据传输网络形成行业智能解决方案。

三个质量基础：创新基础——智能质量创新，依托卡诺（Kano）模型，提出以保卫+进攻型客户智能质量管理为理念的创新模式；管理基础—智能质量管理，以顾客为中心，突出源头预防，对各价值链的关键质量管理流程及活动进行智能化管理；服务基础——智能质量服务，基于质量成熟度模型的评估诊断，提供覆盖“研产供销服”全价值链的卓越质量管理、标准与合规管理、绿色发展等质量智能化解决方案。

四个质量能力：感知能力——透明化可感知；联动能力——全连接全联动；决策能力——智能优化决策；支持能力——敏捷业务支持。

透明化可感知能力：通过生产执行系统（MES）、物联网（IoT）、5G、云存储、大数据、边缘计算等技术，实现了全价值链、全场景下质量及其关联数据的实时采集和处理。它使联想确保质量部门在全价值链上质量数据透明化的同时，具备了全局质量态势的可感知能力。

全连接全联动能力：通过生产执行系统（MES）、物联网（IoT）、5G、云存储、大数据、边缘计算等技术，实现了质量价值链生态体系中企业间的全链路连接，打破了企业间关联质量的数据孤岛，实现了全域数据的融合与联通，增强了质量业务高效联动的协同能力。

智能优化决策能力：基于数据驱动的决策机制，利用大数据、数字孪生、AR（Augmented Reality）、VR（Virtual Reality）、机器学习、人工智能算法等技术，构筑质量业务决策的智能优化平台，最终实现质量基础业务的自动决策、普通业务的智能辅助决策、重大业务的智能数据决策支持。该能力可以有效提升质量业务决策的效率，降低质量业务决策风险。

敏捷业务支持能力：以透明化可感知、全连接全联动、质量优化决策三个质量能力为核心基础，通过核心数据、流程、功能的微服务和容器技术等方法，实现创新应用的快速落地与迭代，推动质量管理全场景敏捷业务支持和促进生态赋能。

五个质量领域分别是：研发领域、生产领域、供应领域、销售领域、服务领域。

研发领域中，产品研发的智能质量系统实现了产品研发的“精准设计”“智慧验证”和“智慧应用”的三步走战略，来保证每款产品的质量和用户体验达到业界一流水平。联想提出的基于模型设计MBD（Model Based Definition）解决方案更是缩短了研发时间，提升了产品质量。

生产领域中，联想构建数字化关键工位CTQ（Critical To Quality）系统，解决了组装厂过程管理绩效无法精准衡量的业界难题，真正意义上实现了预防质量管理。

供应领域中，数字化供应链质量管理系统首先解决的是数据问题，实现了人机料法环各个环节的数据互联互通。通过工业物联网等技术，联想实现了对供应商生产过程的远程监控和预警，满足供应链全过程精益管理的要求，具体包括点胶贴合、模具管理、喷涂等供应商关键制程。在此之上，联想基于多年经验，总结出一整套供应商质量管理体系和评价标准——四维（4C）供应商全方位评价体系。

销售领域中，联想基于应用场景出发，使订单信息状态清晰呈现，探索出了订单可视化的解决方案。解决了①联想业务模式繁多而复杂；②内外部不同部门和人员不同场景的对订单实时分析和决策的需求。同时构建了基于预测准确率较低等问题，联想探索实践了智能预测解决方案，使联想在复杂多变的市场环境下，可以更及时准确地感知市场需求并快速应对。

服务领域中，联想开发了人机协助的端对端客服解决方案及智慧客服魔方智能解决方案，应对客服人员管理困难；解决客户期望，完成多渠道接入，降低响应成本。同时，联想基于闭环质量原则及智能决策理念，以人工智能技术构建了智能维修解决方案。

2. 数智化供应链运用新技术情况

智能制造使得众多更前沿、更先进的技术融入制造领域，成为行业发展新的技术驱动力，推动质量智能化变革。联想大力把握这一技术变革，积极推进质量智能化转型，致力于做质量智能化变革的引领者和赋能者，提出了“端—边—云—网—智”技术体系架构。

联想通过“端边云网智”技术协同平台，在整个产品实现过程中，使用独特的质量管理工具和方法来保证设计、开发、制造和服务质量，如：NUDD（New，Unique，Difficult，Different）、DFMEA（Design Failure Mode and Effects Analysis）、DFX（Design for X）、检查表、MSA（Measurement Systems Analysis）、CAPA（Correction Action and Prevention Action）、PFMEA（Process Failure Mode and Effects Analysis）、DOE（Design Of Experiment）、六西格玛、SPC（Statistical Process Control）等。此外，还伴随数字化仿真、人工智能，大语言模型、IoT、AR 和 VR 等技术来深入推进数字化转型。

在产品设计环节，通过数字化计算机仿真，针对散热模组、结构强度、运行频率、产品声效及天线性能进行模拟仿真，以获得最优设计质量；在产品制造环节，利用 IoT 技术，及时采集生产过程关键参数，通过边缘计算和云计算的融合，对生产状态进行实时监控和预警；在服务环节，通过联想自研的智能对话系统，实现 7×24 小时不间断为客户答疑解难；在供应环节，协助下游供应商开发利用智能模具管理系统、智能喷/涂漆系统、智能涂胶系统完成关键制程和工艺实时智能质量管理解决方案，确保所有零部件的生产过程受控。此外，联想也通过质量大学平台，定期线上或者线下针对联想内部及整个价值链相关人员，进行质量工具和方法的培训和赋能。

联想通过大数据挖掘和人工智能技术，独创了产品满意度指数 PSI（Product Sentiment Index），创造了质量绩效管理新思路和新方法，通过客户期望型质量分析和提高，显著提升了客户满意度。

联想基于卡诺（Kano）模型，建立魅力质量智能管理解决方案。联想质量部门创新出一套新方法，即利用从互联网电商平台和论坛用户公开评论获取的数据，采用自然语言识别技术，结合 K-means 聚类、多元线性回归等算法，按照客户需求类型对产品属性进行归类。

需要说明的是，上述新技术的应用并非孤立存在，而是采用统一的应用集成标准，以业务架构为蓝图，构建在联想自主研发的统一质量生态系统之上。联想统一质量生态系统的应用架构如图 2 所示。

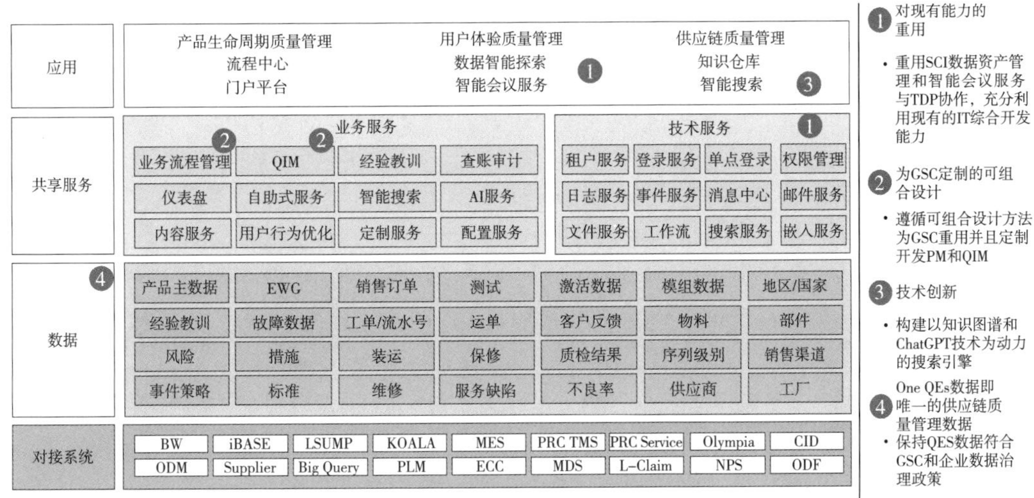

图 2　联想统一质量生态系统的应用架构

3. 核心案例详情

(1) LCD AOI 解决方案。

LCD（Liquid Crystal Display）是笔记本电脑、平板和移动终端的核心组件。作为全球最大的智能终端供应商，联想在 LCD 组装过程中就曾面临屏幕缺陷种类繁多、复杂且不易捕捉的挑战。联想基于小样本技术体系打造了显示屏缺陷检测专用平台系统——联想乐眼方案，并将其整合到联想质量生态系统，进而应用到联想自有工厂的 LCD 缺陷检验流程。针对屏幕质检场景的全要素，如缺陷的分类、定义、等级等，联想打造了符合生产要求的检测精度算法，将屏幕质检环节升级为 AI 智能检验单元，有效提高了质检智能水平和生产效率。

成本节约：减少人力投入，可以降低 50% 的成本。

测试效率提升：在线检验可以提高 30% 的测试效率，加快产品上市速度。

测试一致性和准确性提升：在线检验可以提高 30% 的测试一致性和准确性，确保产品质量稳定。

7×24 小时支持：引入在线检验后，您可以提供全天候的技术支持，满足客户需求。

无情绪影响：自动化的 IQC 和在线检验可以消除人为因素和情绪影响，提高测试结果的客观性和准确性。

解决方案架构如图 3 所示。

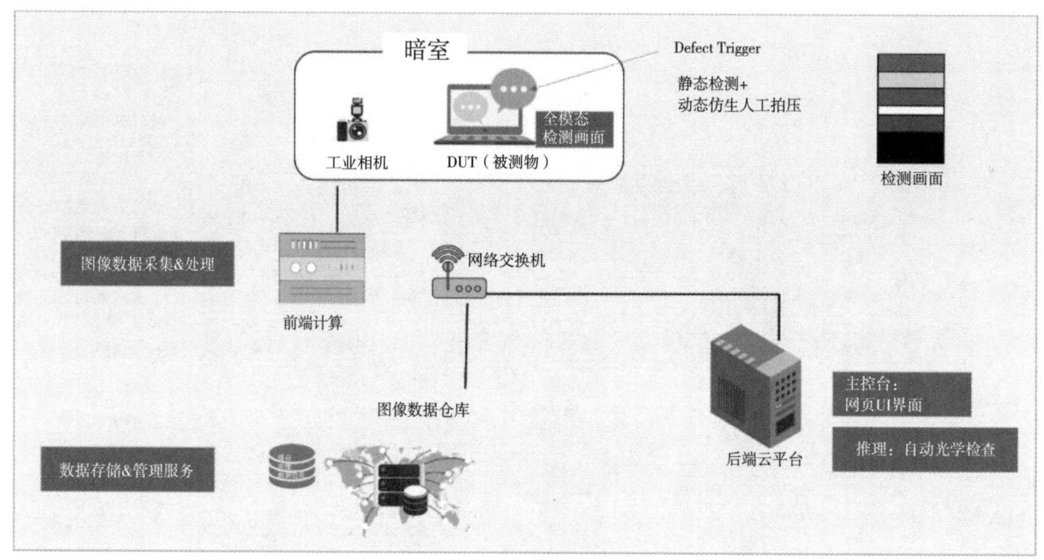

图 3　解决方案架构

AOI（Automated Optical Inspection）解决方案建立在前端和后端高度协作的处理系统上，通过实时数据收集、即时处理以及高速高精度分析和诊断来构建。

建立一个可以利用自学习和自适应技术来积累历史数据和知识库的端到端数据管理系统。通过管理系统的风险分析、预测、警告和跟踪，制造产品质量得到了精细控制和持续改进。

特点及优势：联想“边缘大脑”训练出来的模型具备强领域迁移能力。联想“边缘大脑”让一个型号产品的表面检测完成从 0 建模到训练的全过程只需要一周时间。并且当切换到其他型号时，去除工业相机光学调整时间，模型训练本身时间也能在一周之内完成。仅这一技术，就使客户降低了 80% 以上的原有检测成本，并且大大提高了产品质量和客户满意度。

（2）大语言模型助力新型客户体验。

近年来大语言模型的兴起给全球各个行业带来了极大的震撼与机遇，如何将多模态大模型从普通的社会知识问答应用到每个企业自身业务领域，为企业发展提供更新的技术方案和盈利能力，成为各个企业最为关注的话题。对于制造型企业的质量管理，大语言模型同样可以发挥重要作用。首先，大语言模型可以帮助业务人员快速准确地解决质量问题。包括提供相关的解决方案、根本原因分析以及影响程度评估，帮助业务人员快速做出决策。其次，大语言模型可以帮助企业建立质量管理知识库，将企业专有知识和经验进行积累和管理。这样可以提高知识的传承和利用效率，避免因人员流动带来的知识流失。最后，大语言模型还可以结合企业信息系统中的业务数据，进行数据分析和挖掘，为质量管理提供更深入的数据洞察。

联想在供应链以及质量管理领域已经成功实施了生成式AI相关应用—联想供应链智能体。可以通过多轮对话的模式，帮助质量管理乃至全体供应链人员，准确快捷地获取其需要的解决方案和业务数据。主要包括质量故障智能诊断、技术文献深度分析、供应链数据触达三个关键能力。

功能亮点有以下几点。

①质量故障智能诊断。

自动化收集并归纳总结联想产品从研发、新品导入、量产、售后全生命周期内的全部质量问题知识和信息系统数据。通过对话机器人或者嵌入系统功能两种方式，辅助业务人员面对各种质量问题时，通过AI技术给予其最佳的指导，比如告知问题发生的可能原因、推荐的解决方案、原因分析，以及后续闭环流程的触发等。

②供应链业务数据触达。

针对沉淀在供应链各个信息系统的结构化数据，传统的解决方案是通过BI工具进行交互式报表的开发，实现周期长，灵活度差，难以满足业务人员不固定形式的查询。联想供应链通过多种组合技术让大语言模型能够正确理解用户的提问，并从相关信息系统中自动获取并返回其需要的业务数据，支持图表生成，也支持多轮会话。

（3）智能模具管理。

智能模具管理具体而言，安装于模具上的专用传感器，一对一绑定模具ID，能够在通电后实时采集模具的工作状态，经过边缘计算设备的数据处理，通过5G网络同步到联想的数据平台。考虑到机构件生产现场网络信号不稳定、干扰大等挑战，传感器特别选择了消息排队遥测传输MQTT（Message Queuing Telemetry Transport）协议进行数据传输。数据传回后被进一步加工和处理，形成可视化的管理报表，并可以在地图上标识每一台工作状态下模具的物理地址。同时针对累计寿命、维护保养状态、各复制模具间的均衡使用等信息作完整清晰的展示，从而实现了前置有效的预防管理，解决了管理痛点。

其应用场景主要包括以下几个。

场景一：管理人员可通过该系统对供应商的生产状态进行实时监控，针对发现的问题，可及时改进和复盘。

场景二：整机外包制造厂商作为机构件的直接使用者，可利用该系统实时了解相关信息、提高沟通效率，及时推动业务管理。

场景三：使用该系统可实现无纸化现场管理，提升机构供应商的数字化管理能力。

智能模具管理系统如图 4 所示。

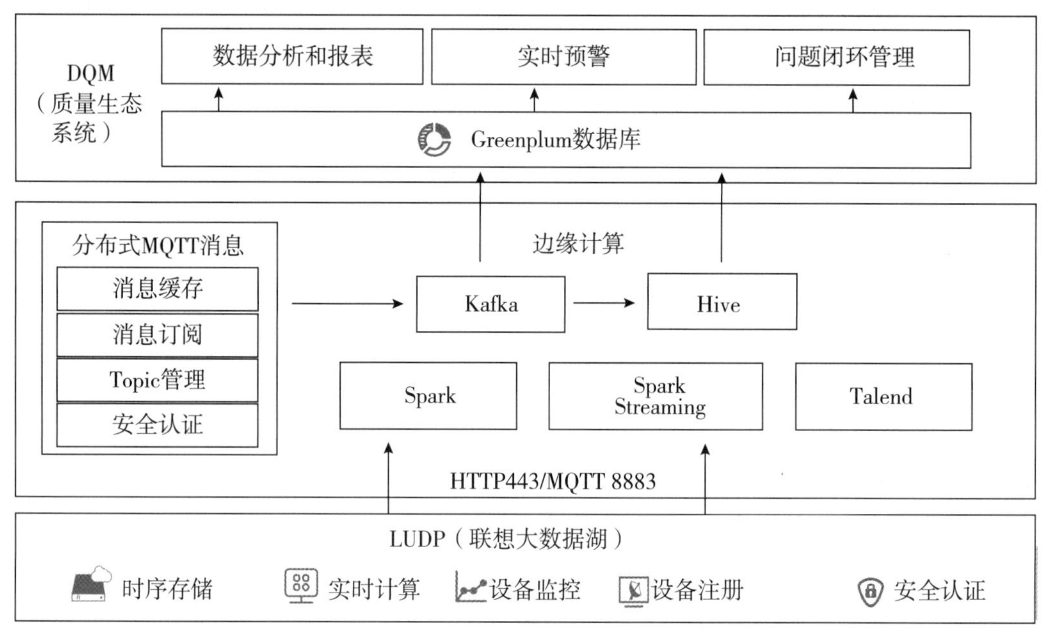

图 4　智能模具管理系统

（4）智能喷漆管理。

油漆作为决定产品外观颜色和质感的关键材料，通常在产品设计初期就由联想指定了供应商和料号。但是在实际生产过程中，油漆喷涂厂是机构件的下级供应商，这种第 2 层、第 3 层的多子级供应商管理形式严重挑战着传统管理。

由于各种原因，在实际运作时仍存在喷涂厂油漆配方错误、不使用指定油漆等潜在问题，同时油漆喷涂完成后，非外观类问题非常难及时发现，也缺乏有效的手段进行分析和鉴定。一旦发生批量可靠性问题时，技术根本原因的寻找、责任的判定都有非常大的挑战，造成产品部门单独承担巨大的损失。另外，由于油漆的使用、消耗和补充是个动态过程，纸质的消耗平衡表很难及时判断油漆的消耗和使用是否合理。

智能喷漆管理系统如图 5 所示。

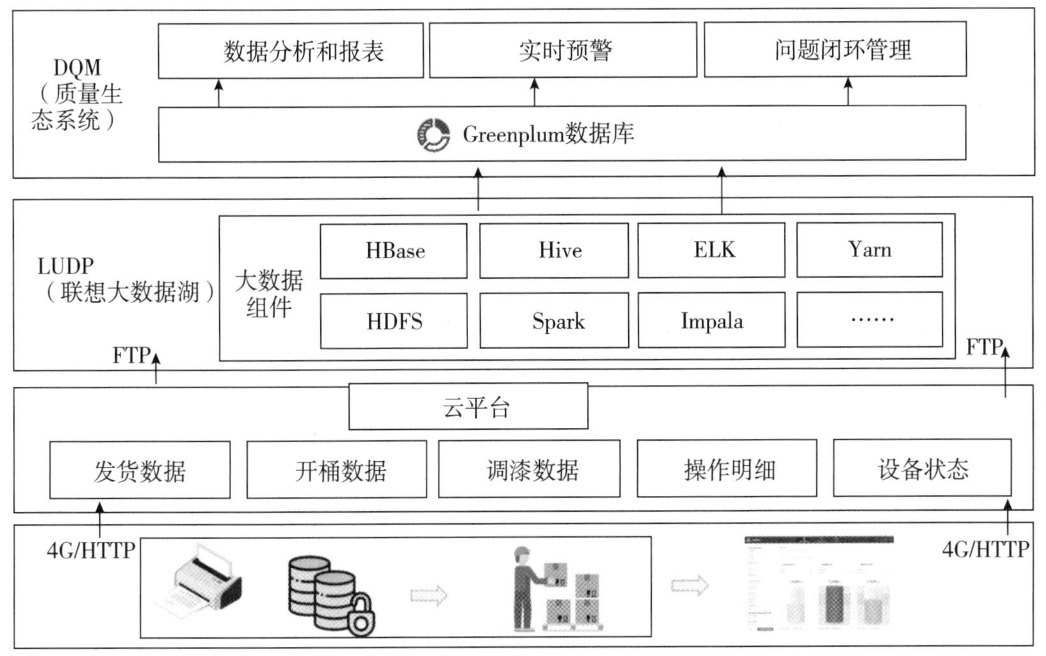

图 5 智能喷漆管理系统

四、推广价值

传统的质量管理往往根据不同的产品特性和业务关注点进行割裂管理，缺少统一的业务规划和方法论。联想统一质量生态管理系统，以其平台化、模块化、插拔式的设计思路和融合了联想供应链的知识积累和管理经验的具体解决方案，以联想作为链主，同时强化多级供应商之间的共赢，为供应链质量管理设计了一套全新的方法论。联想为质量管理业务成立了专门的外部赋能组织，将其先进的管理方法论应用到国内相关行业，取得了良好的经济与社会效益。

智能模具管理不仅使联想有效实现了模具的前置管理，还使机构件供应商也可以通过联想的云端管理平台，实现自己厂内的生产制造数字化管理转型，以相对较低的成本，大幅提高了管理水平和管理能力。此外，整机外包制造厂商，也可以通过这个开放共享的平台，一起了解和掌握模具的状态和质量水平。此套智能模具系统通过数据共享、平台共享实现了供应链上机构供应商、整机外包制造厂商和联想的三方管理共赢。

全新设计的智能喷漆管理平台，从油漆供应商到喷涂供应商再到机构件供应商，全程端到端对机构件的喷漆作业实现了有效管控。油漆厂在联想指定油漆出货前，在系统里上传二维码，实现关键信息备案。喷涂厂在使用过程中全程扫码，系统自动平衡物料的进销。同时在调漆环节引入 IoT 电子秤，确保油漆主料和辅料的配比以及配重正确，从而实现了防呆管理，有效避免了错用、漏加、少加、多加等错误的发生。同样，相关数据也是通过 5G 网络和 MQTT 协议，实时回传到联想的大数据湖 LUDP（Lenovo Unified Data Platform），并处理成清晰的报表线上展示。

目前联想已经将这套管理体系和产品解决方案推广到了 100 多家相关上下游厂商，未来，联想会将质量管理模式推广到供应链 1000 多家上下游厂商，打造供应链质量生态圈，并通过各种质量智能化的实践引领行业发展，赋能企业、供应链、产业和社会责任质量生态，创造每一个可能。

（王建民、袁上力，联想（北京）有限公司）

参考资料

1. 联想制造行业白皮书，2021 年。
2. 联想智联质量生态白皮书，2021 年。

第 28 章　南航集团：品类管理助力高质量供应链建设

一、行业背景

习近平总书记在党的二十大报告中指出“着力提升产业链供应链韧性和安全水平”，这是中共中央从全局和战略高度作出的重大决策部署。2023 年，国资委印发《关于中央企业在建设世界一流企业中加强供应链管理的指导意见》，着力推动提升中央企业供应链管理水平。目前，各航空公司日益重视供应链建设，各航司都在学习探索，如何建设，建成什么样的供应链，在供应链管理中也遇到了诸多难点、痛点、堵点。

1. 采购品类管理系统思维不够

目前，国内多数航空公司资产结构复杂，管理资金规模庞大，供应链链条长、环节多、覆盖地区广、涉及部门多，牵一发而动全身。航空公司普遍尚未形成科学的供应链战略思维，在供应链建设、管理、赋能方面缺少顶层设计和全局思维，统筹谋划不够。对不同品类采取同样管理策略，采购策略和供应链策略针对性、科学性和有效性不强，制约了供应链效益的充分发挥，不利于效率和质量提升。如民航机务重要工具（发动机托架、孔探仪）采购大多采用招标方式，未结合发动机制造厂家手册要求，以及市场上满足机务维修需求的潜在供应商较少的实际情况制定针对性采购策略。又如，航空餐食机上大米，根据国家航空食品安全标准规定，与普通大米相比存在品类需求特殊性，国内针对航空餐食大米的特性制定差异化策略的航空公司不多，存在“一药对百病”的倾向。

2. 品类管理水平亟待提升

受传统思维影响，国内航空公司采购领域容易陷入“招标 = 降低风险”的固化认知，凡金额达到一定数额普遍“一刀切”采用公开招标方式采购，缺乏科学合理的精细化采购策略分析，不仅影响部分采购结果质量和效率，长期看来还制约着供应链上下游资源打通问题，甚至可能减弱供应链的资源配置能力，不利于强链补链。如一味采用公开招标方式采购，但公开招标评审中价格因素占比较大且难以保证中标品牌口碑受大众认可、质量符合要求，招标结果存在较大不确定性。机供品如水、牛奶、果汁等的品牌度是航空公司品牌和服务的重要组成部分，价格较低的产品中标概率更大，但可能与航空公司品牌定位不匹配，给航空公司品牌建设和服务提升带来一定负面影响。以上的问题和管理痛点在国内航空公司普遍存在。

二、企业介绍

1. 南航集团基本情况

中国南方航空集团有限公司（以下简称“南航集团”），是中央管理的大型骨干国有企业。南航集团拥有 9 家全资公司、4 家控股子公司和 18 家参股公司。其中，中国南方航空股份有限公司为南航集团控股航空运输主业公司，是中国航线网络最发达、年客运量最大的航空公司，旗下拥有厦门航空、河南航空等 7 家航空运输子公司，拥有 18 家分公司、21 个境内营业部、53 个境外营业部。

南航旅客运输量连续 45 年居中国各航空公司之首，2022 年获评 Skytrax“中国最佳航司”奖，并保持着中国航空公司最好的安全纪录，安全管理水平处于国际领先地位。2024 年 1 月，南航荣获中国民航飞行安全最高奖“飞行安全钻石三星奖”，是中国国内安全星级最高的航空公司。

2. 南航集团供应链管理架构

南航集团构建了“四位一体”的供应链管理组织架构，形成了由董事会和总经理办公会统一领导、采购管理委员会统筹协调、采购管理部集中监督、授权单位具体实施的“四位一体”管理体系。其中，采购管理委员会是集团采购与供应链管理的统一领导机构。此外，南航还在采购管理部内设立了供应链规划部，专门负责供应链发展和运营管理。

南航集团建立了“1+15+N”采购模式，强化了“总部管总”能力，由采购管理部负责公司流程与制度的建设以及对各采购实施单位监管及业务检查，15 家总部采购单位承担四十六个大类的物资与装备采购工作，总部采购类别以外的品类根据属地管理原则由各采购实施单位在授权范围内实施采购。

三、企业主要做法及成效

针对国内航司普遍存在的采购管理痛点、难点，南航集团以品类管理为切入点，将加强“供应链管理”作为公司级策略，在现代供应链品类管理理论基础上，结合南航实际和当前国际先进企业的实践经验，成立课题组开展研究，推动构建形成“科学管控、创新增值、绿色低碳、协同发展”的采购品类管理体系，品类管理取得阶段性成果，通过系统实施品类管理，形成一些可借鉴和推广的经验做法。

1. 借鉴国际先进品类管理理念及运用实践经验

课题组对世界供应链管理的发展理论进行研究，指导构建具有中国航空业特色的采购品类管理体系和运行机制。借鉴知名咨询公司高德纳、麦肯锡、德勤研究理论成果，世界500强企业品类管理实践及成效，形成符合航空特点的品类管理体系。

高德纳公司（Gartner）指出，世界领先的采购供应链管理组织大都经历了五个共同发展阶段，其中第四、第五阶段（深度合作、战略协同阶段）都离不开“品类管理”的支撑作用，并总结出世界领先供应链组织供应链发展的四个特征——整合、科学、完善、协同。德勤公司2019年出版的《对标具有全球竞争力的世界一流企业》，提出了世界一流企业必须是业绩领先的企业，应具备“十要素”，其中采购供应链有七个主要特征，强调采购供应链管理水平和成效提升的四项重要能力：价值创造能力、科学管理能力、协同发展能力、人才培养能力。麦肯锡公司指出卓越采购供应链的核心目标和应具备的四个关键因素：能力与文化——人；品类管理与执行——价值；结构与系统——协同；整合与一致性——管理。参考高德纳观点（整合、科学、完善与协同）、德勤观点（品类管理、协同、价值）、麦肯锡观点（品类管理价值、协作），结合南航实际，课题组将“科学管控、全面协同、创新增值、绿色低碳”确定为品类管理目标，坚持目标导向，建设具有航空特色的品类管理体系，推动供应链创新和高质量发展。国际先进品类管理理念如图1所示。

2. 深入调研，结合航空特点，科学搭建体系

南航集团坚持以高质量发展为引领，坚持对标一流、争创一流，加强供应链顶层设计，构建南航特色的采购品类管理体系。体系建设需要考虑科学性、合理性和系统性，为避免闭门造车，南航集团与中国物流与采购联合会（以下简称“中物联”）联合组建课题组，中物联的专业优势和专业指导是体系成功搭建的关键因素。课题组通过深入项目调研，坚持问题导向，挖掘痛点、打通堵点，体系建设成果取得了突破。课题组通过对南航工程技术分公司、南航南联食品公司等15家总部采购单位开展现场调研，同时分析当前航空公司品类管理普遍存在的问题，系统性提出解决方案。

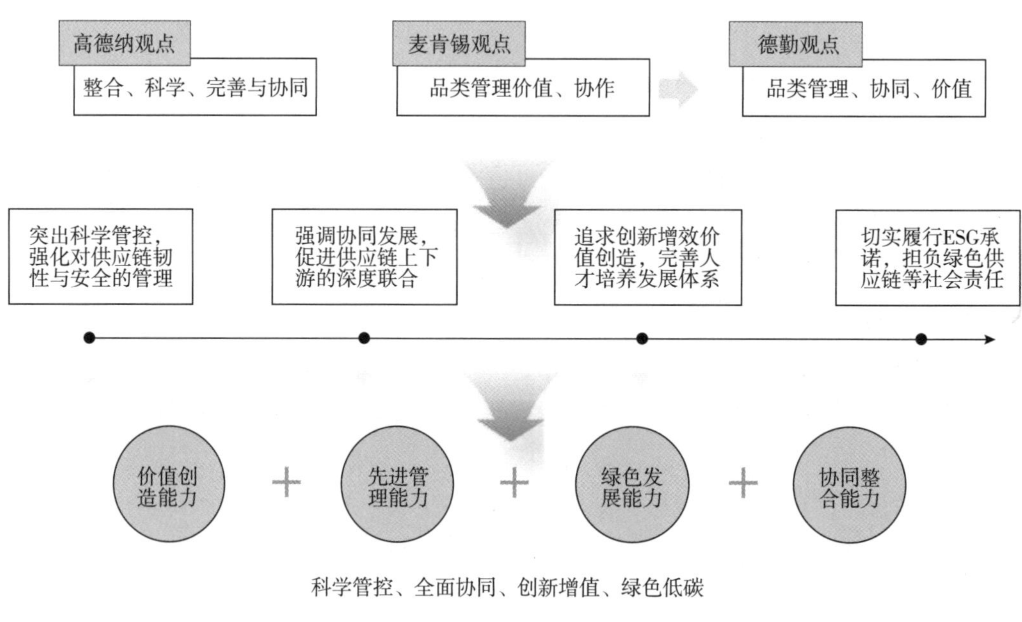

图1　国际先进品类管理理念

（1）高维度打造品类管理顶层架构。

树立品类管理目标。围绕南航集团推进高质量发展、迈向世界一流的总体战略目标，以“确保质量、降低成本、提高效益、管住风险”为初心使命，明确“科学管控、全面协同、创新增值、绿色低碳”作为品类管理目标，坚持目标导向，建设具有航空特色的品类管理体系，推动供应链创新和高质量发展。

明确品类管理原则。坚持依法合规，遵守国家法律法规，防控业务风险和廉洁风险；坚持科学决策，吸纳国内外先进理论，运用科学的方法、工具和模型，推进品类管理专业化、精细化；坚持效益导向，通过品类管理和供应链创新，最终实现企业效益和运营绩效提升；坚持韧性安全，着力攻坚关键核心技术与薄弱环节，打造核心部件自主可控、安全可靠的供应链；坚持数字赋能，推动数字化与供应链的贯通融合、相互促进，建设智慧高效的数字供应链；坚持绿色低碳，推进产品及服务的绿色创新，打造绿色供应链和绿色生态圈。

构建品类管理架构。围绕品类管理目标，结合企业实际，搭建“组织与战略级、计划与行动级、成果与评价级”三级品类管理架构。“组织与战略级”作为战略管控层，是品类管理的顶层设计，包括品类组织目标、品类体系划分标准、品类组织架构、品类管理岗位与职责、品类管理人才培养与发展等。“计划与行动级”作为运营管理层，是品类管理的主体和核心步骤，包括品类管理计划与品类管理实施两个阶段。“成果与评价级”作为绩效评估层，是品类管理的控制手段，有助于成果检验、经验推广、查漏补缺，推动持续改善，有效管控风险。

（2）高层次构建品类管理责任体系。

依托“董事会和总经理办公会、专业委员会、管理部门、实施单位”供应链管理体系，南航集团搭建了品类管理部门、总部采购单位、品类管理小组、二级采购单位“四位一体”的品类管理组织体系，压实各层级的责任，明确权责边界，确保品类管理理念落实、战略落地。

采购与供应链管理部门负责品类管理工作的统筹管理，是品类管理的“压舱石”，主要负责品类管理战略制定、目标计划制订、组织建设、制度流程建设、绩效指标制定和评价等。总部采购单位、品类管理小组、二级采购单位作为执行层实施具体品类管理工作，是品类管理的“驱动器”。其中，总部采购单位根据业务线条承担相关品类的集中采购工作，同时落实所负责采购类别的具体品类管理工作，是品类管理的中坚力量。品类管理小组由总部采购单位组建，是总部采购单位推进品类管理的“抓手”，负责品类分析、策略制定和实施、供应商开发及管理等，可跨部门组建团队，打破部门壁垒，发挥专业优势。二级采购单位是品类管理的重要参与者，参与市场调研、需求梳理、策略实施，负责质量管理、物流管理及履约管理等工作。南航集团通过建立健全品类管理的组织架构和责任体系，以“责任制”为牛鼻子，形成从总部到基层、从管理部门到实施部门、从领导干部到从业人员各司其职、各负其责的良好格局，确保品类管理的全局性、战略性、计划性和有效性。

3. 试点运行，稳妥推进，落地实践

借鉴壳牌、西门子和IBM等国际知名企业运用标准“5i”理论管理采购品类的卓越实践，总结出建设品类管理体系四个必备成功要素：品类管理成为公司战略、科学完善的管理机制、创新实现价值最大化、高效的跨职能管理团队，这为南航集团的品类管理建设提供宝贵经验。为高效管理采购品类，确保品类策略高质量落地实施，南航集团的结合供应链管理的现状，坚持“试点运行、稳妥推进”的原则，选取部分重点品类先行先试，为全面系统实施品类管理工作提供经验积累和实操借鉴。

（1）开展品类分析。推进品类基础场景分析，从供应市场、成本支出、内部需求、外部挑战等维度，梳理供需两端的基本场景，为后续分析提供事实支撑和数据基础。推进品类数据深度分析，运用竞争力/吸引力矩阵分析法、棋盘采购分析法等工具，以数据和事实为基础，对品类进行多维度、智能化的评估，确保品类策略制定的科学性和透明性。推进品类特殊维度分析，运用PESTEL分析法、SWOT分析法等工具，对特定品类和特定供应商进一步深入分析，作为前期数据分析的必要补充，确保品类策略制定更具针对性和有效性。

（2）明确寻源策略。基于品类分析和市场调研情况，南航集团运用卡拉杰克“供应定位模型”，以“价值”和“风险”为两个维度构建分析矩阵，将供应商划分为战略类供应商、瓶颈类供应商、杠杆类供应商、非关键类供应商四大类型，针对不同类型的供应商采取合适的应对策略。其中，战略类供应商重要性高、市场竞争力强，是需要争取长期合作共赢的业务伙伴；瓶颈类供应商重要性高，但供应资源少、供应风险高，可争取开发供应资源、推进替代方案；杠杆类供应商供应资源较多、供应风险较低，在市场上有完全替代竞争性方案，可通过标准化采购模式，增强竞争、降低成本；非关键类供应商供应风险小、供应资源丰富，双方依赖性低，可合并需求，通过电商化采购等方式优化供应资源。

（3）制定品类策略。根据品类分析结果，针对不同类型的供应商，制定差异化的采购策略，并统筹考虑供需市场博弈、双方合作前景、供应链韧性安全、绿色供应链等因素，确保品类策略的科学有效。例如航油采购，从内部需求的维度看，属于航空安全类重要物资，是刚性需求；从市场供给的维度看，在国内是相对单一市场，可开展战略合作；在国际按寡头垄断、充分竞争、部分垄断等不同市场，采取竞争性谈判、公开竞价等不同采购策略。此外，针对俄乌冲突影响，开展 PESTEL 分析，适时优化调整航油采购策略，保障航空主业正常运营。首批涵盖航油、航材、航食、航服领域的 17 个试点品类策略最终由南航集团采购管理委员会审批实施。

（4）加强供应商管理。南航集团通过电话访谈、网络筛查、市场调研、实地考察等方式，落实供应商寻源工作，积极挖掘潜在供应商，调动供应商充分竞争，提高自身议价优势和博弈地位，争取更大权益。推动按品类公开招募建立供应商库，严格入库标准，筛选合格供应商入库。分类分级管理供应商，加强履约监控和动态评价，建立优秀供应商激励机制以及不合格供应商退出机制，争取与优秀供应商紧密合作、互利互惠、实现共赢。

（5）建立品类管理绩效评估体系。从品类管理组织与战略、品类管理计划与实施、品类管理成果与绩效三个管理领域实施绩效评价，构建 17 个一级指标、21 个二级指标，采取定量与定性相结合，结合航空行业的市场特征，根据发展特征和规律对品类管理的成效设置了相应的指标并进行评估，将品类管理绩效分为规范级、专业级、卓越级三个等级，以评估品类管理水平及指明提升方向。

4. 以品类管理推动建设航空特色供应链集群

南航集团以高质量发展为出发点，立足深化国企改革、提升企业核心竞争力的大局大势，立足建设世界一流航空运输企业的战略追求，通过搭建高质量的品类管理体系，推进航空运营核心品类全链条科学管控、创新增值、绿色低碳、协同发展，持续提升供应链安全稳定水平、运营管理效能、资源整合能力和辐射带动范围，以高质量供应链推动高质量发展。

南航集团以品类管理为切入点，以现代供应链管理理论为指导，融合数智引领、协同高效、自主可控、绿色低碳、现代标准五大控制理念，构建供应链控制塔，通过航油、航材、航食等航空运营核心品类差异化精细化管理，制定科学的品类管理策略，实现与优秀供应商的共建共赢共享，畅通和优化供需两端，整合和调动上下游资源，打造航油 e 云、绿色航食、空中 e 诊、服装 e 选等一批具有航空特色的高质量供应链集群，形成“空地链动”、综合立体、现代多元的供应链网络，形成从空中到地面、从衣食到出行的多链协同格局，为畅通“空中走廊”提供坚实支撑。

南航集团以美好出行为落脚点，牢固树立“人民航空为人民”的宗旨意识，通过品类管理创新，推动现代化航空服务全场景创新。以收益制里程累积为抓手，完善权益资源的优化配置，促进里程内外部循环，贯通吃、住、行、娱、游、购全链条，建设高质量航空供应链和航空生态圈，搭建高质量“空中走廊”，为旅客出行提供“亲和精细”的服务体验，打造“客户尊享”“中转畅享”“行李优享”“亲情服务 360”“食尚南航”“南航 e 行”6 张服务名片，不断满足旅客对美好出行的需求。

供应链控制塔如图 2 所示。

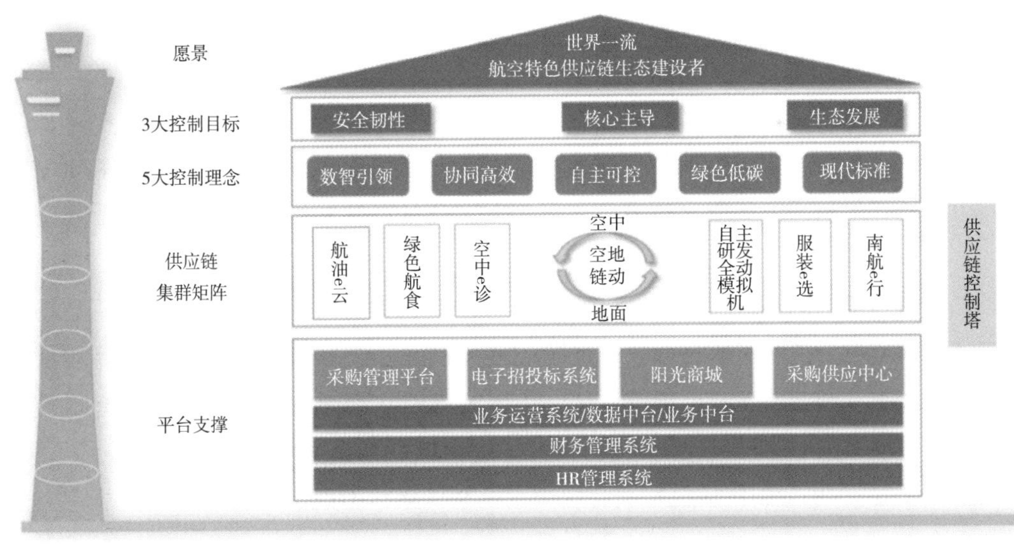

图 2 供应链控制塔

四、推广价值

南航集团采购品类管理体系建设项目成果已通过专家评审，项目成果符合企业现代供应链品类管理基本要求，体系建设具有科学性、合理性和系统性，符合航空行业特点要求，符合国央企采购供应链管理规范，具有行业推广和运用价值。

1. 南航在系统实施品类管理实践中的收获

（1）南航集团通过构建品类管理体系，进一步明确向供应链管理转型方向，进一步提升采购品类管理水平。一是树立品类管理目标。南航集团明确“科学管控、全面协同、创新增值、绿色低碳”为品类管理目标，坚持目标导向，建设具有航空特色的品类管理体系，推动供应链创新和高质量发展。二是明确品类管理原则。南航集团坚持依法合规，遵守国家法律法规，防控业务风险和廉洁风险。坚持科学决策，吸纳国内外先进理论，运用科学的方法、工具和模型，推进品类管理专业化和精细化。三是做好管理架构设计。南航集团围绕品类管理目标，结合企业实际，搭建“组织与战略级、计划与行动级、成果与评价级”三级品类管理体系架构。

（2）南航集团通过品类管理具体实践，形成一批试点品类采购策略，发挥实践示范作用。南航集团坚持“试点运行，稳步推进”原则，聚焦行业特点，选取涉及航材、航油、航食、航服等 17 个品类作为试点开展品类分析和策略编制。南航集团通过优化采购方式，推动品类建库，提升采购效率和质量，强化供应商关系管理，加快推进供应链建设。

（3）南航集团通过系统实施品类管理，总结形成可推广复制品类管理经验。一是找到解决采购方式选择的优化路径。南航集团运用品类管理的科学方法及工具开展品类分析、支出分析、市场调研等，综合考虑品类特点、业务实际，科学分析确定品类寻源方式，找出品类适合的采购方式。二是专业指导品类管理更加规范，凸显航空特色。南航集团通过和中物联合作，在专业机构的指导下，建设更加科学且适合企业实际的品类管理体系，制定一批具有航空公司特色的品类管理策略。三是科学管理提升采购效率和质量，规范采购行为。南航集团通过制定品类管理办法及配套管理制度机制，规范品类管理，强化品类绩效评估，在控制成本的同时加强风险防控，并以品类建库强化供应商关系管理。南航集团“推进品类管理创新，打造高质量供应链”案例入选商务部 2023 年全国供应链创新与应用示范案例集，南航成为首家系统实施品类管理的央企航司。

2. 课题研究成果在航司开展品类管理工作中的借鉴意义

航空运输是现代供应链物流体系中的重要组成部分，高质量的航空供应链，是联通各地、深化产业合作、实现生产要素高效流动配置的“大动脉”。南航集团通过品类管理为抓手，完成体系建设，同时推动航油、航材、航食等核心品类供应链实现资源优化、降本增效，形成航油e云、绿色航食、空中e诊、服装e选等具有航空特色的高质量供应链集群，辐射引领航空供应链效益全面提升，打造精益敏捷、智慧协同、绿色节能、韧性安全的航空供应链，推动供应链产业链上下游企业互利互惠、共赢共享，为人民群众的美好出行、经济社会的稳定发展贡献力量。航司在采购与供应链建设中面对的现实情况有很多相似之处，项目研究成果在央企航司中具有可借鉴、可复制运用的意义。

（中国南方航空集团有限公司采购管理部）

第 29 章　青山工业：数智供应链高效协同

一、行业背景

1. 汽车行业发展现状

目前，汽车制造企业之间的竞争是整个价值链甚至是产业链的竞争，企业采购管理转型不再局限于传统采购模式的转变和采购管理体系的优化再造，而是战略和战术体系的系统化变革，采购电商化、集中化、去中介化、全程化是其发展方向。汽车零部件行业与供应商的交互信息多，工作量大，传统方式下，主要是依靠邮件、电话、微信的方式来解决采购合同的签署、发货通知、物流、质量、对账、付款等业务，不仅效率低，也容易出现错误。互联网技术为企业价值链整合提供了技术手段，电子采购的发展驱使企业整合内外部资源，形成以产业链为主的商业生态圈，提高企业核心竞争力。

在如今汽车行业竞争越发激烈的大环境下，客户对产品交付的时间要求越来越高，需要企业具备很强的产品设计能力，快速的产品生产能力，快速响应客户需求，构建高效协同、稳健的供应链协同体系，将成为汽车零部件企业核心竞争力。中国作为世界上最大的汽车市场，且在新能源汽车飞速发展的背景下，作为汽车核心部件之一的变速器将面临巨大的机遇与挑战。

2. 汽车零部件企业面临的挑战

在全球竞争格局中，我国汽车零部件不占优势，且市场的竞争环境在发生着根本性变化。前些年的竞争更多体现为“价格拼杀，技术竞争”，而当今已全面升级为“拼市场体量（营销能力+资金实力），拼创新速度（技术+人才+模式），拼供应链效能（成本+质量+速度+稳定）”。那么，如何在群雄纷争中扩大市场份额？如何加快创新速度？如何提升供应链能力并保障信息安全？这些问题至关重要。

供应链效能方面其实一直被企业忽视。众所周知，汽车零部件行业供应链总成本占比较高（据历史数据分析供应链总成本占售价的比重超 70%），因此，打造有竞争力的供应链将是企业率先跳出亏损泥潭的关键，提升供应链效能将对企业的价值提升有显著作用。

3. 汽车零部件行业供应链发展趋势

随着全球经济一体化和技术革新的不断加速，汽车零部件行业将会全面重构供应链体系，并从三个阶段递进发展。

（1）推动供应商协同管理。

随着企业对供应链的充分认知，部分企业通过应用现代信息化技术初步实现了制造商与供应商的日常业务协同，并初步建成供应商的全生命周期管理、技术协同、质量协同、采购成本管理、采购商务管理、采购计划协同、供应质量协同、物流交付协同、财务协同等关键业务的线上化协同，并从协同中提升效率，降低成本，提高供应品质；同时企业通过线上化、规范化、透明化、公开化提升供应链的合规性。

（2）建设企业的数智供应链平台。

供应链是在生产及流通过程中，将产品或服务提供给最终用户的上游与下游企业所形成的网链结构；数智供应链融入数字与智能化元素，汽车零部件行业头部企业目前正在推动建设中。以下两点是汽车零部件行业数智供应链的显著特点。

①汽车零部件企业属于“中间链主企业”。一方面需连接上游供应商（供应端），一方面需连接下游客户（销售端），方能形成完整供应链，因此，汽车零部件行业未来一定会以构建“一链一网一平台”为主要构建形式。链网建设中将需穿透生态链中多层主体。

②数智供应链的核心理念是将数字技术和数据整合到整个供应链过程中，以提高可见性、智能化、效率和决策制定。它利用物联网（IoT）、大数据分析、人工智能（AI）和云计算等技术来追踪、监控和优化供应链活动。这不仅有助于实时跟踪物流和库存，还可以提前预测需求，减少库存浪费和降低运营成本。因此，新技术是数智供应链建设的关键。

（3）产业及生态供应链。

目前供应链格局正在以前所未有的速度演变。技术进步和不断变化的竞争环境正在重新定义供应链的运作方式，并使其适应各种挑战。产业供应链利用产业聚焦优势提升企业供应链能力；物流、金融、教育等生态伙伴助力供应链发展也将是未来的一个主流。

二、企业介绍

1. 企业基本情况

重庆青山工业有限责任公司（以下简称“青山工业”）系中国兵器装备集团有限公司所属的国有大型工业企业，在中国制造企业协会发布2023年“中国制造业综合实力200强”暨“中国装备制造业100强”排行榜中，青山工业分别位列第188、第92。公司始建于1965年1月，经过50余年的发展，目前拥有员工3000余人，拥有700余人的工程技术团队，其中研发人员500余人，高工及以上65人，博士8人；中国兵器装备集团有限公司有学科带头人5人，首席专家4人，学科带头人13人，其中拥有国务院政府特殊津贴5人，获“重庆英才”称号2人。青山工业2022年产销规模突破72亿元，资产总额逾54亿元，品牌价值逾60亿元，具备年产汽车手动、自动、混动、电驱电控300万台的制造能力，现已累计产销各类变速器2800余万台。青山工业被评为国家技术创新示范企业、建设世界一流“专、精、特、新”示范企业、国家“科改企业”、国家级绿色工厂。

2. 在行业供应链生态体系中的地位

青山工业以“打造青山数字化供应链，实现生态链高效协同”为目标，围绕“计划数字化、采购数字化、物流数字化、智能仓储”等核心建设场景，通过优化供应链协同运作机制，利用大数据、商业智能等技术对链路数据进行集中展示，打造青山供应链协同数字运营中心，从汽车零部件链主企业角度构建了一套全新的，引领行业的供应链协同新模式。

2021年青山工业被重庆市经信委选择为首批“一链一网一平台”的建设单位，支持青山工业“链主”建设工业互联网平台，带动产业链上下游企业“上云上平台”，以此打通企业之间的数据链、信息链、要素链，解决产业链企业间的信息数据孤岛、协作效率低等痛点，实现供应链协同、产品全生命周期管理和绿色节能生产等。

三、企业主要做法及成效

在新技术、新经济浪潮的推动下，汽车产业迎来了大变革时代，电动化、智能化和网联化成为我国汽车产业发展的大方向。云计算、物联网、5G、人工智能、自动驾驶、区块链等数字技术正在飞速进入汽车产业，驱动研发、生产、销售、服务等全链条变革，也使汽车零部件企业面临创新能力不足、产品附加值不高，供应链、劳动力成本不断提高等新挑战。在新趋势下实现转型发展，对于汽车零部件产业的发展影响深远。汽车零部件产业数字化转型通常利用数字技术融合到企业制造技术、管理技术之中，打通企业各部门与不同行业间的数据壁垒，实现“物理层、平台层、数字层”的高度融合，形成以数据驱动改变企业的经营理念，业务模式、供应链与客户关系等全面互联感知、分析优化、精准控制，推进汽车行业上游和下游产业链之间的数字化沟通，从而在更大程度上提升产业的经济运行效率。同时青山工业在供应链协同方面存在明显短板，生产计划与其他计划协同性方面有待加强，供应链信息传递与管理效率较低，且业务系统对关键业务指标的提取分析存在不足。

1. 公司数字化规划（企业供应链发展基础）

以“全面建成与世界一流汽车传动系统企业相适应的数字青山新业态体系”为数字化愿景，围绕“场景全覆盖、流程全打通、数据全在线”，构建“一朵青山云、一张产业网、一个数字化平台、一套精益管理体系”。打造数字青山，为效率和科技创新的核心能力全面赋能，加速青山工业“十四五”战略目标实现（见图1）。

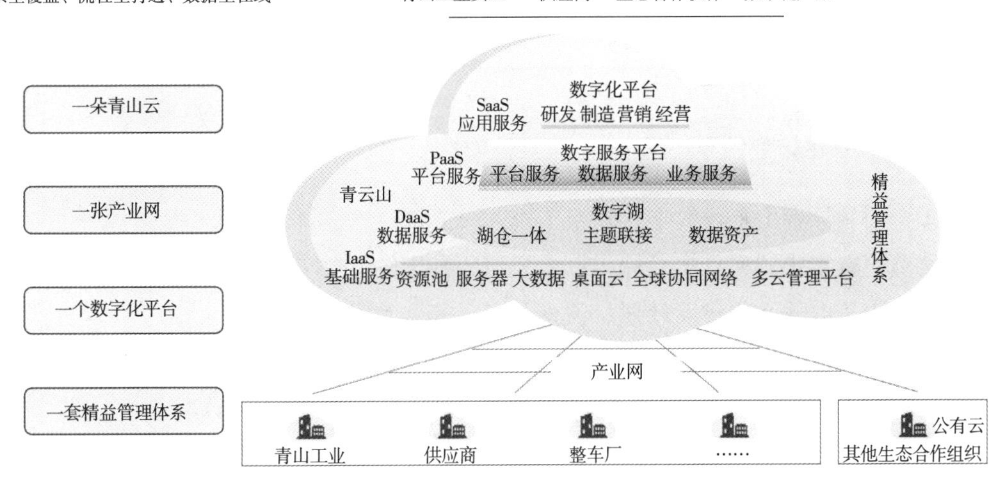

图1 数字青山新业态体系

青山工业积极拥抱时代变化，对标行业先进，结合自身发展需求，积极推动数字化转型工作，启动实施数字化工程，并将数字化工程列为企业“二号工程”，制定了“十四五”数字化转型规划，通过推动业务在线、指标在线、人员在线、分析在线、决策在线，实现为效率和科技创新全面赋能。

为达到“数智青山”的总体目标，青山工业成立了项目数字化工作委员会的组织架构。核心成员包括企业7位高层领导，17位业务部门数字化官及其对应下属的业务关键用户，40位以上的IT技术人员，将企业中的业务团队和IT团队深度融合，工作涉及小组包括智能制造组、经营数字化组、流程与数据治理组、数字化平台组等。项目管理组织结构如图 2 所示。

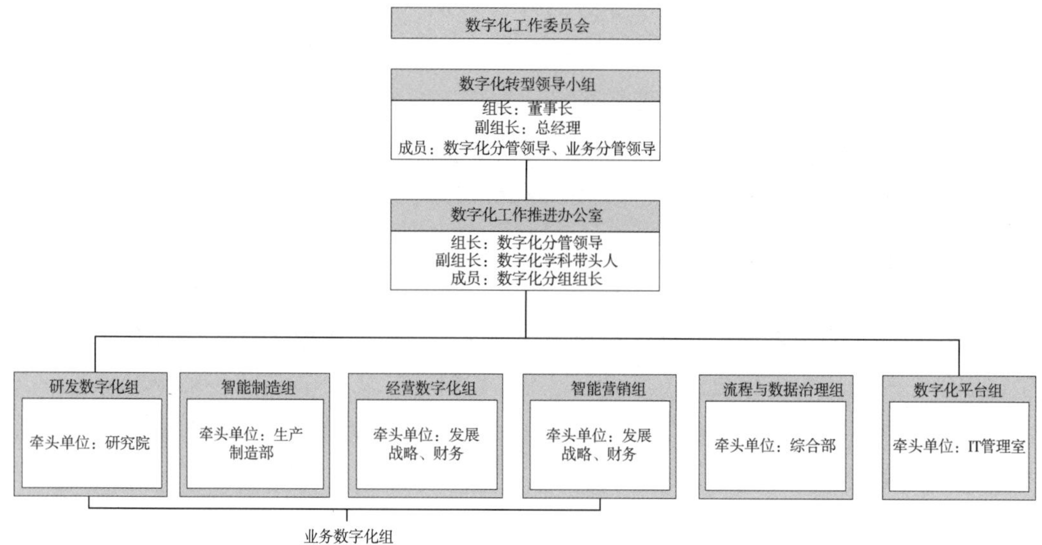

图 2　项目管理组织结构

项目管理组织构成如下。

（1）数字化转型领导小组。

①全面领导青山工业数字化转型工作。

②负责数字化转型总体目标、总体规划和各工作组数字化规划等重大事项审议。

③负责年度数字化建设计划、预算、变更等重大事项决策。

④负责监督、检查重大项目建设进度和应用效果。

⑤审核各数字化工作组、数字化团队机构设置、人员配备等审核。

（2）数字化工作推进办公室。

①围绕公司数字化战略、四大运营流程等重大事项，统筹推动公司数字化变革相关工作。

②统筹公司数字化转型总体目标、总体规划和各工作组数字化规划。

③统筹公司数字化年度预算，统筹各工作组建设目标和计划。

④负责规划管控数字化架构，指导数字化建设工作。

⑤负责跟踪、管理各工作组数字化重点任务，协调跨部门相关工作。

⑥负责公司数字化文化建设工作。

⑦研究产品软件定义、数字孪生、智能应用等前沿数字化技术并推动落地。

⑧研究数字化带来的流程变革、组织变革、产品变革，为公司战略转型提供支撑。

（3）按四大运营流程优化业务数字化组（即研发数字化组、智能制造组、经营数字化组、智能营销组）。

①牵头制定本领域业务主线（研发—IPD、制造—OTD、营销—PMS、战略—STE）数字化转型的战略目标、规划。

②负责本领域数字化战略目标分解、行动计划制订、项目建设等。

③负责对应数字化项目规划、立项、实施、验收等全生命周期管理。

④负责本领域信息系统应用的监督审计。

⑤统筹数据治理、流程优化相关工作，对流程、数据准确性负责。

（4）流程与数据治理组。

①牵头建立、优化公司业务架构、数据架构等相关工作。

②指导监督业务单位开展四大运营流程优化、数据治理相关工作。

③协助业务领域评估流程活动的数字化覆盖情况。

④按效率倍增、1/2 工程行动，识别精简业务流程。

⑤牵头进行流程优化、建立数据治理体系及管理制度。

⑥指导业务数字化组建立数据标准，指标体系。

（5）数字化平台组。

①负责公司数字化技术架构设计及优化。

②负责数字化底座战略目标分解、行动计划制订、项目建设等。

③负责数字化底座项目规划、立项、实施、验收等全生命周期管理。

④负责建立平台管控体系、容灾备份体系、信息安全体系。

⑤负责建立数字化底座相关的标准和制度。

⑥统筹管理各业务数字化组对计算、存储、基础平台等资源需求，推进业务敏捷上云。

采购赋能平台项目建设内容如下。

（1）采购赋能平台业务规划。

在公司数字化工程总纲下为加快生态链建设，青山工业大力推进“零号工程”，提升组织、体系、监督三大能力建设，落实建立均衡成本树、搭建供应商资源库、搭建赋能平台三大行动计划；开展“采购赋能平台”项目的建设。

项目建设以供应商全生命周期在线管理、采购业务全在线闭环管理、成本精细化控制为主要目标，以采购保障逻辑图为主线，响应公司加快内外生态链建设、严控廉洁风险，推行“阳光采购”，实现“长治久安”，打造世界一流汽车传动系统企业。

（2）制定清晰可行的项目目标。

青山工业实现了采购业务全在线闭环管理、供应商全生命周期管理，使项目管理、原价管理、采购执行、先期质量、供应商管理等采购主线业务有时间节点管控，执行标准统一，过程规范、透明，实现阳光采购，提升项目效率。

青山工业将采购业务和数据进行标准化规范和转换，逐步形成材料成本库、价格信息库、评审专家库、供应商资源库，并反馈到目标价格、材料成本、价格成本、寻源准入、询比价、定点定价等不同采购环节，提升价格管理的能力，实现降低采购成本，追溯成本构成。

青山工业打通现有青山信息平台能力，接入供应商质量问题索赔信息、供应商业绩评价结果，运用黑名单管理控制风险供应商权限，接入互联网供应商资信信息，严控资质、法律等风险，提前未雨绸缪，使供应商风险可控，供应商质量可控。

结合青山供应商合同管理、供应商财务协同的需求，引入电子合同、电子签章、电子签名，减少大量的线下合同管理引起的纸张成本浪费，降低纸质合同查阅难度，利用阶梯价格开票挂账来减少执行价差调整来提高合同对账效率。

青山工业通过对采购数据的分析、整合和利用，利用数据驱动管理，数据支撑决策，使管理有方向，决策有依据；提高业务处理效率，降低人工工作量，提升管理水平和决策能力；实现采购风险的提前预防，采购执行中的控制，事后分析的闭环管理。

（3）规划与实施落地。

采购赋能平台（打造协同高效透明的数智供应链）战略及蓝图规划如图 3 所示。

采购赋能平台旨在改变传统的供应商管理模式，建立双方合作共赢的战略伙伴关系，并通过信息手段控制优化双方之间的信息流、物流和资金流，降低企业采购成本，提升协同效率，提升零件品质，并以围绕增加客户的价值，提高公司的利润率为关键。

采购赋能管理平台从执行、管理与决策三层体系结构规划；业务覆盖青山工业与供应商技术、质量、采购、物流、成本、财务的全过程协同；未来将进一步联通客户的网络管理平台。

采购赋能管理平台支持三端应用：PC 端（B/S）、移动端（微信、App 等）、大屏。移动端可根据业务的实际情况配置，除必备的审批功能外，还将实现部分业务处理及数据查询的移动应用。

（未来可扩展供应链销售协同管理平台，并将整个大平台推广至非生产供应商端）

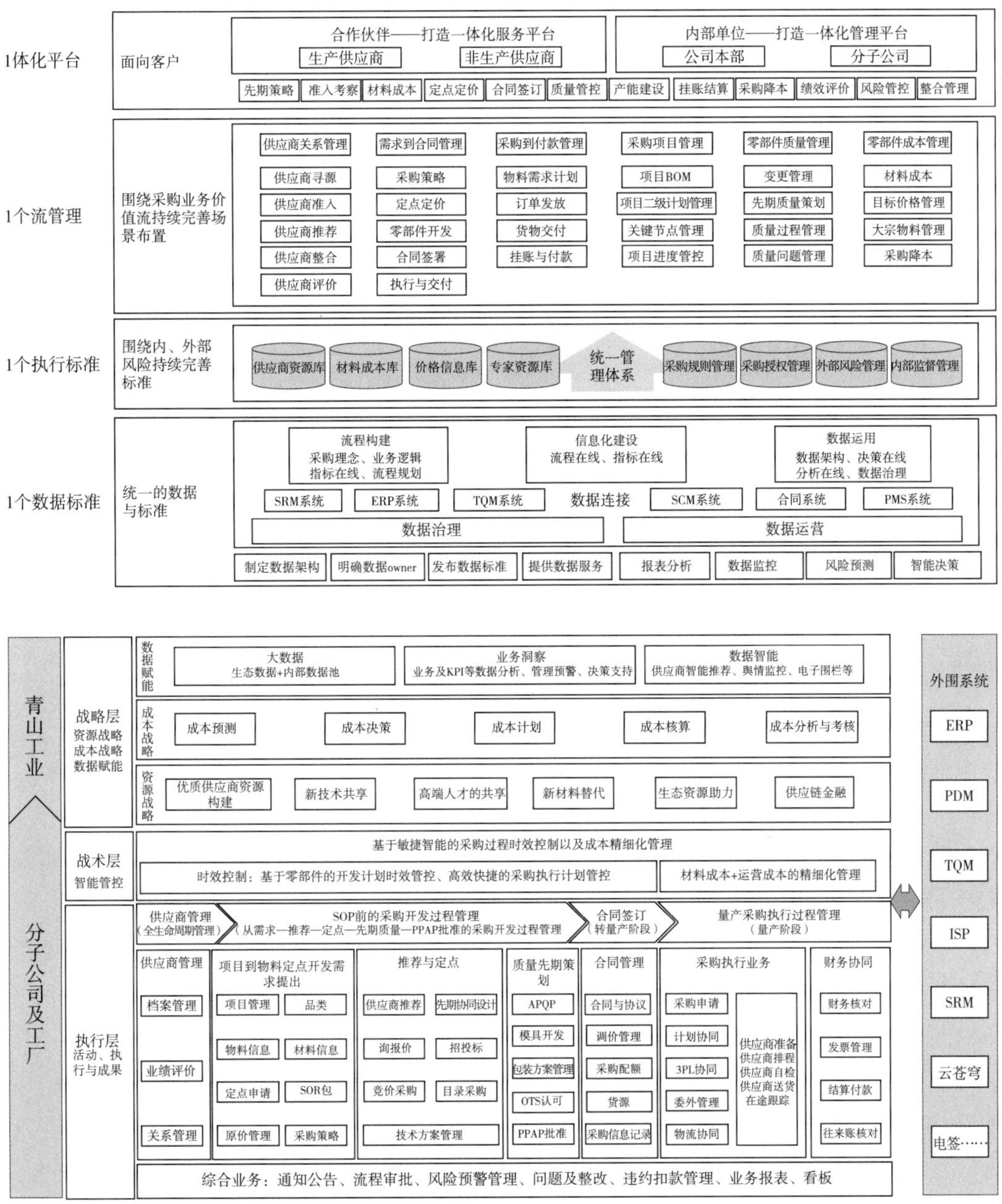

图3 采购赋能平台（打造协同高效透明的数智供应链）战略及蓝图规划

2. 项目建设方案

(1) 供应商全生命周期管理。

供应商全生命周期管理如图4所示。实现供应商市场库、待认证库、候选库、正式库四库管理，供应商全生命周期管理均由线上一个流程执行，全过程留痕，包括但不限于供应商寻源、供应商注册、供应商档案管理、供应商先期考察、供应商准入、供应商推荐、供应商审核管理、供应商业绩评价、供应商整合、品类冻结、黑名单管理、供应商风险管控等。

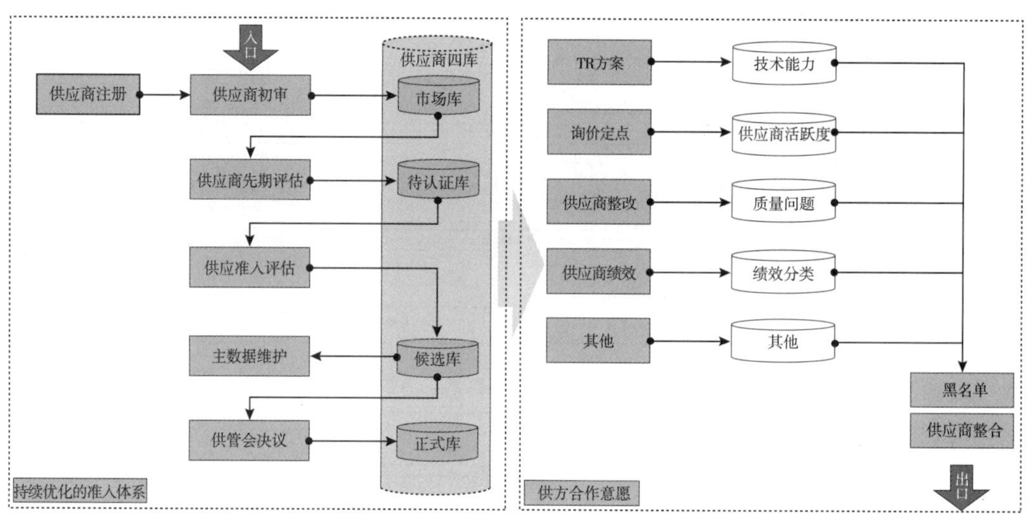

图 4　供应商全生命周期管理

（2）研发与项目管理。

全面对接研究院所用 PDM、PMS，实现技术与采购配套部业务的全面融合。研发与项目管理的内容主要包含以下几点。

①物料主数据：量产前全面应用设计码实现采购过程业务运行与管理；签订量产合同时，基于 PDM 提供的制造码，由系统自动转换为生产所需的价格协议与合同；核心在于研究院确认的制造码的准确性。

②BOM 表/项目信息：实现每个零部件的目标价设定，未来可精细化测算与分析成本结构；基于项目的进度周期，制定每个零部件的详细开发进度。

③图纸共享与 SOR 管理：实现研究院发布的新品与变更图纸、技术资料的在线发布。

研发与项目管理如图 5 所示。

（3）采购成本管理。

①关联零件的图纸版本，根据零件定点申请资料进行测算。

②关联相似件目标价格、合同价格。

③目标价格调整，自动匹配零件报价最低价格，有利于研发工程师反向分析价格测算。

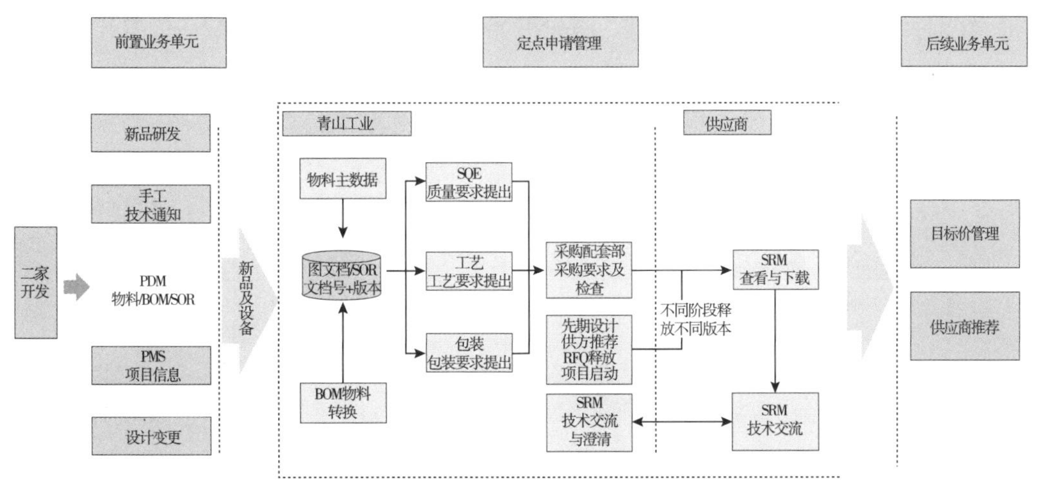

图 5 研发与项目管理

④系统与材料网站无缝连接，定时刷新，并根据材料价格形成价格趋势图。

⑤未来可根据材料波动分析零部件价格变动情况。

采购成本管理如图 6 所示。

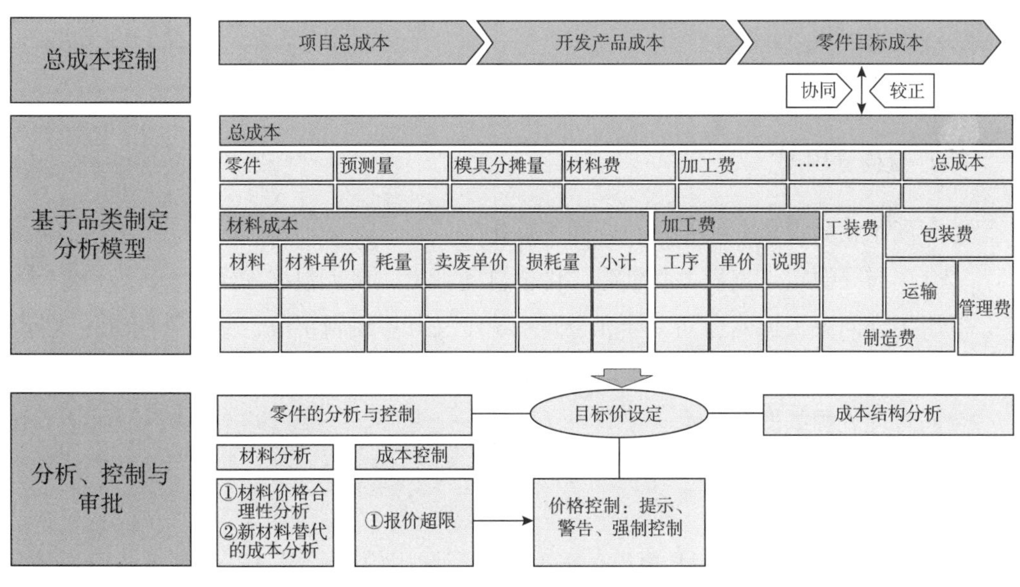

图 6 采购成本管理

（4）推荐与定点管理。

①品类自动推荐：根据品类物料、供应商对应关系，自动进行供应商推荐，推荐完成后同步推送 TR，实现技术方案的在线提交与审核。

②询报价管理：报价模板标准、报价开始截止时间、开标时间统一，按评比规则输出最终评比得分和评分排序。

③信息自动推送：定点报告审核完成后，自动推送定点信息给供应商。

推荐与定点管理流程如图 7 所示。

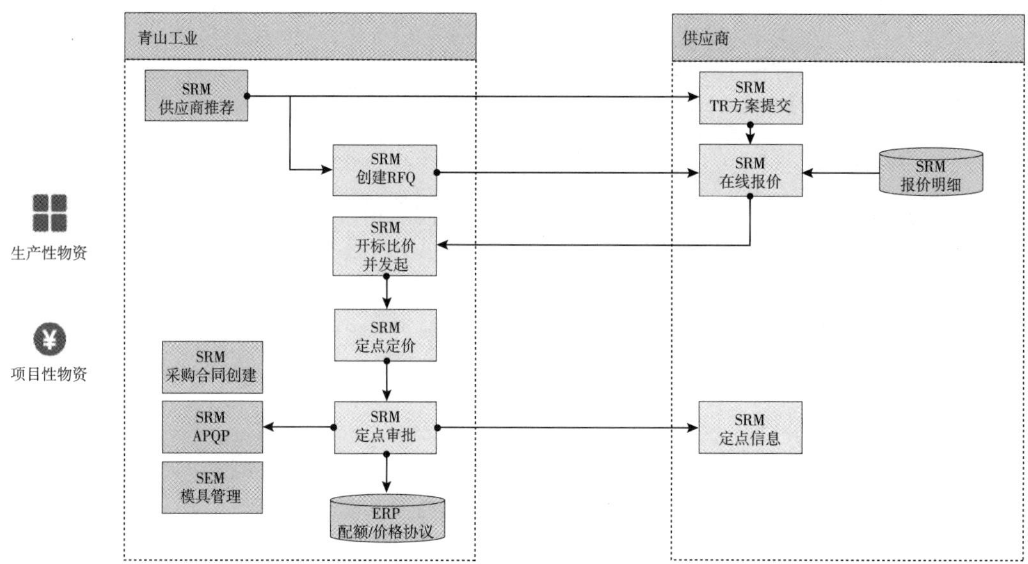

图 7　推荐与定点管理流程

（5）合同管理。

①合同条款和模板在线管理，合同规范化。

②合同与寻源定点流程关联创建，价格自动带出，保证数据一致性。

③引用合同模板创建合同，标准合同系统定义好可编辑字段，减少合同审核流程。

④合同在线归档、变更等基于历史版本，对合同版本进行追溯。

合同管理流程如图 8 所示。

（6）质量先期策划。

①系统配置 APQP，PPAP 模板，根据关注度调用模板。对 APQP 任务进行系统预警或超期提示。

②一料一单，所有 APQP 与 PPAP 的任务线上制订计划，线上提交审核资料，线上审核完结与关闭。

质量先期策划流程如图 9 所示。

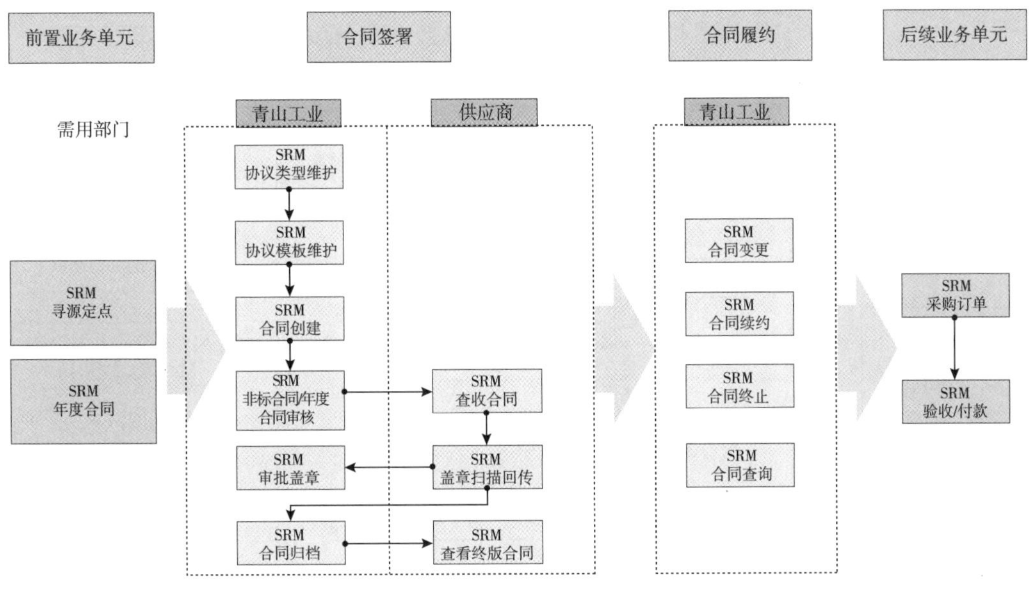

图8　合同管理流程

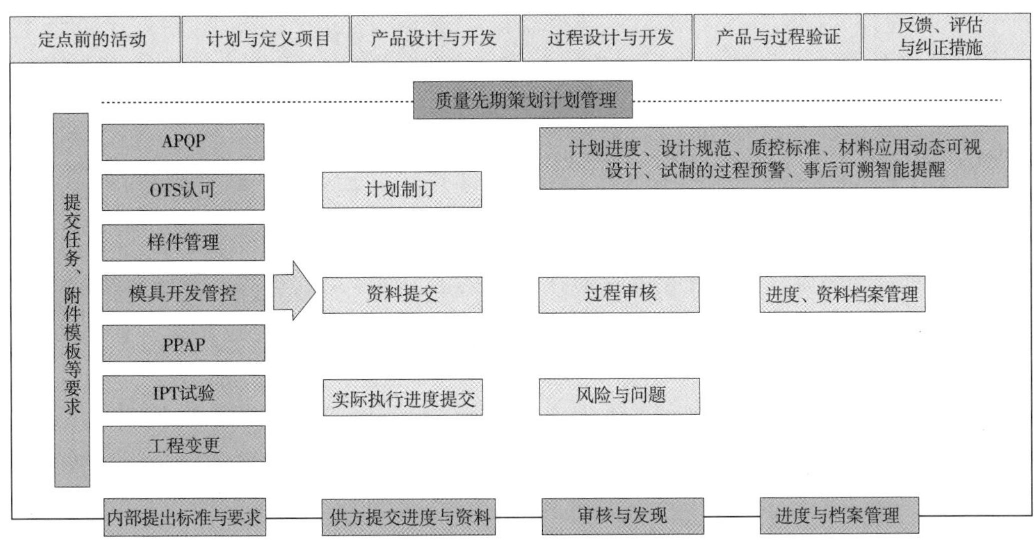

图9　质量先期策划流程

（7）数据分析与应用工作。

数据分析与应用工作可以实现对供应商资源的多维分析，为管理者提供数字决策支撑。

（8）系统集成工作（见图10）。

系统集成工作可以全面实现青山内部及关键生态商的互联互通。

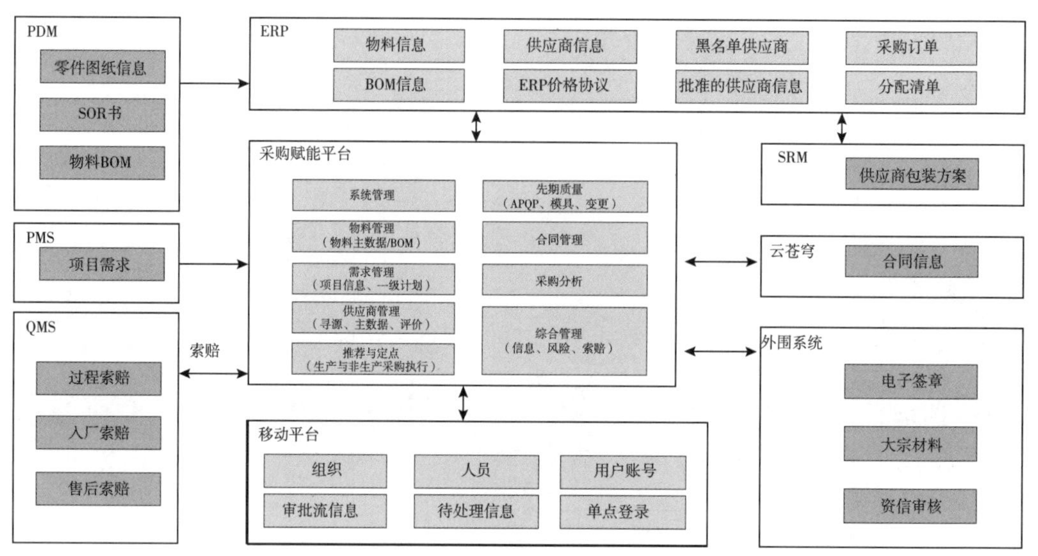

图 10　系统集成工作示意

3. 总结亮点与成效

（1）功能亮点。

①供应商注册。

原来：Excel 采集，邮件传递注册信息，采购自己整理录入，供应商注册提交内容参差不齐、漏项多、分析困难

现在：基于品类设置标准化的注册模板及内容，对于必要信息，系统提供强制录入要求，供应商全部自行线上提交档案，降低内部工作量，系统地存储、管理档案；科学分析供应商。

②供应商资质档案在线预警。

原来：供应商不主动反馈资质到期，很难发现问题。

现在：系统完整地存储供应商资质档案；智能化的预警与提醒。

③零部件开发计划实时在线跟踪。

原来：线上人工统计，不及时、工作量大、准确性差。

现在：全面在线管理零部件的整个开发过程与进度风险，标准节拍计划根据项目进度自动生成，推动计划由采购配套部根据节拍自动生成，实际执行进度根据实际业务开展的完成时间自动统计；全面呈现超期完成、超期未完成、准时完成情况；在线统计各岗位工作执行时效。

④智能推荐供应商。

原来：根据零件品类、绩效等线下匹配供应商。

现在：根据品类合格供应商目录、供应商绩效等进行供应商推荐。在TR评审通过后，将正式推荐名单及SOR信息发给采购管理员进行询价；再根据品类、供应商绩效等，系统自动匹配正式库的供应商进行推荐，并同步触发TR、询报价流程。

⑤线上询价，定时提醒。

⑥询价信息邮件提醒。

⑦在线询报价，开评标，实现正确公开透明。

原来：线下根据供应商报价、成本评比、绩效评比进行供应商定点。

现在：审计开标，未开标无法查询价格，后台也无法查询；系统根据目标价格、绩效得分等自动评比得分，采购员确认是否可定点及建议供应商，并触发定点报告、定点通知等。

⑧精细化的APQP管理。

原来：老SRM系统建立APQP计划，任务的进度跟踪难，变更、修改操作复杂，人员离职后信息不能修改。

现在：系统配置模板，根据关注度调用模板。对APQP任务进行系统预警或超期提示；一料一单，所有子项任务完结，APQP任务关闭。

（2）指标改善与提升。

①实现生产物资采购业务的70%在线闭环管理、供应商全生命周期管理的90%在线管理。

②项目管理、原价管理、采购执行、先期质量、供应商管理等采购主线业务，有时间节点管控，执行标准统一，项目进度管理由4~6小时/人/天，缩减至1~2小时/人/天；提高内外部协同效率至少10%；使管控标准化、合规化。

③将采购业务和数据进行标准化规范和转换，逐步形成材料成本库、价格信息库、评审专家库、供应商资源库，并反馈到目标价格、材料成本、价格成本、寻源准入、询比价、定点定价等不同采购环节，提升价格管理的能力，实现降低采购成本，追溯成本构成。

④打通现有青山信息平台能力，接入供应商质量问题索赔信息、供应商业绩评价结果，运用黑名单管理控制风险供应商权限，接入互联网供应商资信信息，严控资质、法律等风险，提前未雨绸缪，使供应商风险可控，供应商质量可控。

⑤结合青山供应商合同管理、供应商财务协同的需求，引入电子合同、电子签章、电子签名，减少大量的线下合同执行产生的纸张、物流费浪费；通过合同档案上线后，预计降低纸张、物流费等浪费约50%，降低纸质合同查阅及人工归档难度。

⑥青山工业通过对采购数据的分析、整合与应用，提高业务处理效率，降低人工工作量，提升管理水平和决策能力。

⑦青山工业实现了采购风险的提前预防，采购执行中的控制，事后分析的闭环管理；采购执行过程规范、透明，采购透明度由现在的小于50%提升至大于90%，实现阳光采购。

⑧青山工业实现了新品资源业务从计划到交付全过程多节点贯通，实现统一监控预警，新品订单成功率由原来的35%提升至100%，系统自动下达采购订单，自动更新统计，减少四类采购业务数据维护专员，减少两类数据维护专员工作量50%。

⑨青山工业提升了新品项目资源从研发域到制造域的沟通效率，新品交付期平均至少提升2~3天。

（3）青山工业项目价值亮点（见表1）。

表1　　青山工业项目价值亮点

序号	项目	实现说明	行业对标
1	供应商四库	对供应商整个引入淘汰过程的供应商状态划分四库，实现分类并有针对性地管理	首创
2	价格加密	采用价格加密技术，实现对价格的保密，使用SHA-256配合RSA、AES算法进行价格加密，加密结果>128字符，加密信息可根据模板配置	首创
3	采购业务	生产采购业务全在线，申请发起至合同签订，均可关联查询，有效提升采购业务透明度	领先
4	零部件开发计划的一体化跟踪	基于每个零部件的开发节拍，去跟踪实际的执行进度，找准差异，预警风险	领先
5	设计码与制造码双码应用，快速串联SOP前后业务	SOP前基于设计码实现整个采购寻源定点过程业务的开展与管理；在量产合同签订时快速转换为制造编码合同数据	领先

续　表

序号	项目	实现说明	行业对标
6	电子签章	具备条件的供应商与青山在线签署采购合同，不具备条件的供应商保留系统生成合同、线下盖章的功能	领先
7	供应商变更	变更的维度更广，由原来的公司名称、法人变更，优化为同供应商注册相同的档案维度。 支持内部邀请供应商变更，供应商自主发起变更	领先
8	设计码与制造码的转换	根据既定规则，由系统自动将设计码转换为制造码，并通过SRM平台打通研发、采购、制造系统	领先

四、推广价值

青山工业采购赋能平台围绕采购业务端到端的流程贯通，全面实现了供应链供需双方的业务协同、信息协同、数据协同以及管理协同；全面实现了供应商全生命周期管理、研发项目管理、采购成本管理、推荐与定点管理、质量先期管理、合同管理等采购业务线上化管理；贯通了企业内ERP、PDM、云苍穹等多套系统，以及电子签单、上海有色金属、启信宝等外部平台；解决了跨组织、跨系统、跨地域（采购商与供应商）、跨业务单元（采购配套部、研究院、质量等）的全链路信息；通过数据的挖掘实现了应用即分析、所得即所享，挖掘数据价值，发现采购真谛；提升了青山工业与供应商在供应链过程中的体验感及获得感。

借助标准体系，全面、真实地实现数据标准化、流程标准化、场景标准化、管理规范化、决策标准化等标准化管理。沉淀了包含供应商资源库、成本库、价格库等多维度的数据库，为数字供应链提供了基础保障。

未来，依托青山工业构建的采购赋能管理平台中的纵链管理功能（供应链销售协同管理：客户管理、商务管理、销售接单、计划响应、交货管理、库存共享等。供应链采购前移管理：计划前移、供应链库存共享、质量前移等），完全可开展青山工业向上游重点供应商延伸以及同客户的无缝集成；实现产业链上下游配套业务数据与生产数据联动，具备供应链信息协同、实时跟踪、动态调度、快速交付、智能预警等功能，能够降低产业链整体库存，提升存货周转率，为提升履约交付能力提供能力支持，促进产业链整体降本增效。

目前采购赋能平台在青山工业各业务模块运行正常，对业务的支撑较为明显，已基本达成了青山工业数字供应链的第一步目标，同时青山工业将借助平台的灵活性及可复制性，预计于2024年全面推广至成都青山、郑州青山等子公司应用。这种模式投资少、见效快，值得全集团借鉴。

青山工业是变速器行业的头部企业，其业务作业、管理模式等已得到众多供应商及同行的借鉴，因此，该业务模式将会带动变速器行业数字供应链的进一步变革，目前，璧山区已有较多企业到青山工业参观学习，并借鉴青山工业的经验。

（叶虹麟、王茂、陈希，重庆青山工业有限责任公司；
李超、熊霜，重庆精耕企业管理咨询有限公司）

第30章　同徽信息：斯凯孚数智化采购供应链平台

一、行业背景

汽车零部件行业为汽车整车制造业提供相应的零部件产品，是汽车工业发展的基础，是汽车产业链的重要组成部分。随着全球汽车市场的迅速发展和竞争加剧，汽车零部件行业已成为汽车制造业中不可或缺的重要组成部分。在汽车产业核心技术快速演进和供应链格局重塑的大背景下，汽车零部件行业稳步发展，同时随着新能源汽车渗透率的快速提升，也带动了汽车零部件行业企业需要向电动化、智能化、轻量化方向拓展。

汽车零部件行业企业在数字化浪潮下，供应链管理体系不仅涉及需求管理、供应商管理、原材料和零部件采购管理，还涉及生产计划、订单履行、销售管理、库存管理、客户服务等多个环节。在汽车零部件制造行业企业中，采购管理、生产计划管理、库存管理、销售管理和客户服务管理等环节都需要进行协同和优化。

汽车零部件行业企业在传统模式下的采购供应链管理面临“需要更加精细化的供应商群体管理”“定制化需求不断提升、对上下游的协同性要求更高”“需要更加精细化的计划和交货管理”“定价复杂、结算周期长”“整体供应链进行精益敏捷管理和严密控制”等痛点需要改进。

需要更加精细化的供应商群体管理：汽车零部件行业企业面临供应商数量多，质量管理难，数万个部配件背后的供应商数量庞大，加之链条长，质量要求高，整个管理非常复杂，需要更加精细化地管理数量庞杂的供应商群体。

定制化需求不断提升、对上下游的协同性要求更高：随着客户对定制化需求的提升，以及企业的采购模式向多元化转变，行业创新力度加大，更新迭代加快，客户对上下游的协同性要求更高。

需要更加精细化的计划和交货管理：制造行业对成本极为敏感，供应链采购需要更加精细化的计划和交货管理。需要通过交货计划+预测计划来实现指导采购交货精细化，以便实现按需采购的目标。

定价复杂、结算周期长：企业定价复杂，结算周期长，降本增效空间大；供应商选择、准入需很长周期，很难在生产采购下单中获取到当期有效的采购价格；企业往往存在“暂估价差异”；该模式下，采购方与供应商约定的财务结算中还涉及累计阶梯价规则，取价极为复杂。

整体供应链进行精益敏捷管理和严密控制：客户标准高、交期紧、敏捷性要求强，汽车零部件行业企业以整车厂的 JIT（准时制生产方式）生产为核心，对整体供应链进行精益敏捷管理和严密控制。

汽车零部件行业企业在供应链管理方面需要运用多种数字化技术，帮助企业将采购业务与上游供应商进行融合，提供涵盖供应商全周期及采购全流程的数字化，全面提升汽配企业管理水平，基于企业供应链上游采购和供应商关系管理环节深度集成，实现需求计划、采购过程、合同管理、付款结算、成本分析、预警识别等业务的全线融合。提高采购及供应商协作的效率，降低采购管理成本，实现透明化、精益化、数字化的供应链协同流程；可以帮助企业实现数字化转型和升级，提高供应链管理的智能化和可视化水平，从而提高企业竞争力和盈利能力。

二、企业介绍

斯凯孚集团来自瑞典，是全球旋转产品相关领域解决方案的领先企业，致力于帮助各行各业实现可靠运转。凭借丰富的行业经验以及先进的优势技术，为客户提供包括轴承、密封、润滑管理、人工智能、无线状态监测和智能再制造等领域的产品、整体解决方案和服务，帮助客户有效减少摩擦、延长设备正常运行时间、提高设备性能，助力客户提升自身竞争力。

斯凯孚（中国）有限公司（以下简称“斯凯孚”）正式成立于 1997 年，开启了在中国的全面深化发展。扎根中国 110 年以来，始终秉承“植根中国、技术引领、可靠运转”的发展理念，在中国进行了从生产制造、技术研发、市场进入乃至采购与供应链的端到端整体布局，计划到 2025 年，在中国实现 80%～90%业务的全价值链本地化布局。作为一家深度融入中国发展的外资企业，斯凯孚亲身见证了中国经济的高速发展，也在紧跟工业互联网、企业数字化转型的发展进程中，在企业供应链管理方面涵盖专属管理职能部门、供应链管理及实操人才团队，同时在信息化系统、数字化应用、新技术尝试方面不断地加大投入力度，以此谋求企业实现数智化的供应链管理体系。

三、企业主要做法及成效

1. 整体解决方案（见图1）

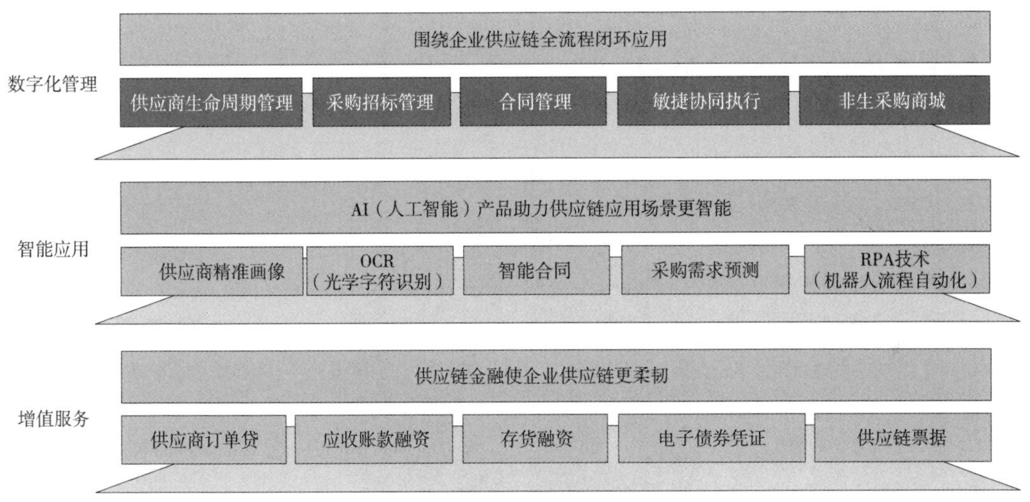

图1　数智化采购供应链体系

斯凯孚从企业采购核心诉求和企业现状出发，通过“数字化管理+智能应用+增值服务”为战略驱动的数智化采购供应链平台建设，旨在构建一个看得见、摸得着、能融通、能驱动、跑得稳且能进化的“链”，为业务赋能；以此为企业构建与供应商之间采购业务的在线数字化协同平台，提高采购及供应商协作的效率，降低采购管理成本，实现透明化、精益化、数字化的供应链协同流程。

掌控全局供应链：斯凯孚将供应链各业务伙伴集成一个网络，形成网状协同模式，开启更大价值空间，彼此深度协同，更好地提高供应链的灵活性。

生产端集成：斯凯孚通过数智化采购供应链平台实现从生产车间到供应链的全价值链协同，使企业全面掌控供应商链条信息，预防供应链风险。

透明化与合规：采购订单信息的及时传递，使企业在采购管理平台能查询整个采购任务的业务单据流，确保了采购执行过程中可视、可控、合规、高效。

降低采购成本：斯凯孚通过数智化采购供应链平台，让整个采购业务流程在采购管理平台上完成，简化了采购业务流程，同时也降低了供应商参与采购业务的交易成本。

实现信息化管理：数智化采购供应链平台基于云化方式协同，从供应商生产线到客户生产线全价值链协同，保证了工作的时效性和准确性。

优化供应链能力：以往管理各供应商的数据，项目繁杂，想做到数据多维度更为细致的分析，就需要多名员工进行整理分析，耗时耗力。现在通过数智化采购供应链平台就能准确地、多维度地对采购业务进行分析，为企业的供应链优化提供数据报告，提升供应链优化能力。

2. 解决方案场景介绍

（1）构建围绕企业供应链全流程闭环应用（见图2）。

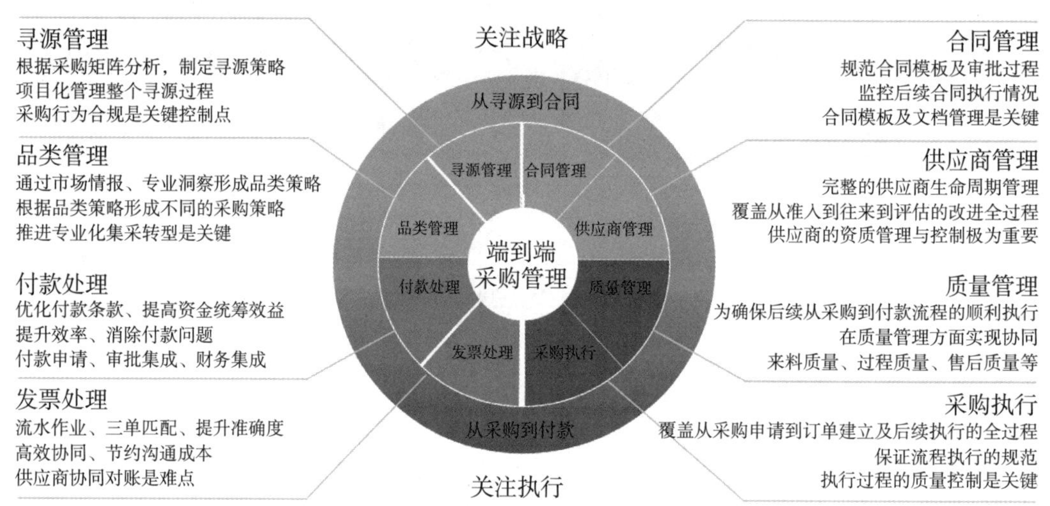

图2　端到端的全流程闭环管理

斯凯孚通过数智化采购供应链平台，实现了数据在一定规则下的共享互通，采购的风险管控也逐步实现自动化。企业采购供应链流程涉及供应商开发寻源、供应商管理、招标/询价、协议、订单、履约、支付、报销、预算等多个环节，既涉及外部供应商管理、合同管理，又涉及内部采购种类、采购权限等多个管理维度。随着各种新技术应用到采购平台，以及电子发票与电子合同等应用的普及，全程电子化已经能够完全实现将信息流、商品流、业务流、财务流“四流合一”，通过内嵌规则、设定权限、标准一致、预算分配、流程优化、统一结算，解决了内部审批流程规范问题和预算管控问题。采购统一后，也因此向下延伸到税务、票务，向上延伸到供应商管理体系。同时，斯凯孚与外部电商供应链、供应商全面协同，与企业内部信息系统高度集成，全面打通采购、报销与财税流程，实现了采购的集中共享，提高企业财务整体工作效率。

实现对供应商全面的全生命周期管理。由于企业在采购方面包括原材料、非生产材料等，各类型材料的供应商管理需要面向不同的策略支撑，因而供应商的管理需要支持按品类管理供应商全生命周期，实现注册、审核、绩效、退出的全流程管控，帮助企业快速筛选供应商、科学评估供应商绩效、沉淀优质供应商资源，提升供应商管理效率和风险管控能力。

满足企业多场景、多品类下的采购。斯凯孚采取不同寻源策略，实现采购线上化管控；招投标支持公开、邀请、代理等不同招投标方式，适合金额高、技术参数复杂、需要考虑总成本的采购；询报价快速匹配高性价比供应商，适合低金额，以价格为主要决标要素的采购；竞价供应商之间相互竞价，还价历史清晰可查，适合标准化程度高、定制件、供方资源丰富的采购；采购商城实时呈现供应商上架的标准商品，为企业提供商城下的浏览、比价、购物车式采购。

企业采购合同闭环管控。企业从合同起草、审批、签订、执行、变更到归档均在线上完成，使用通用语言及模板、统一术语及条件，供采双方可以节省时间并减少错误；实现自动匹配业务、自动查询进度、自动预警；合同文档与采购业务实现深度融合，自动运行并加快整个合同生命周期管理流程，合规透明可追溯。

全流程电子化订单执行跟踪（见图3）。企业可以在全过程数据链的支持下，对订单、收发料单、运单、结算单等多种单据的数据进行分析，建立不断完善的交易规则体系，成为精细化管理和智能化管理的基础。采供双方共享需求信息、产能与交付信息，可以提升整体预测精度；按需配送基于送货计划拉动供应商按需配送，让供应商每笔来料都准时、准确、可控，降低整体库存水平，提升供应链效率。

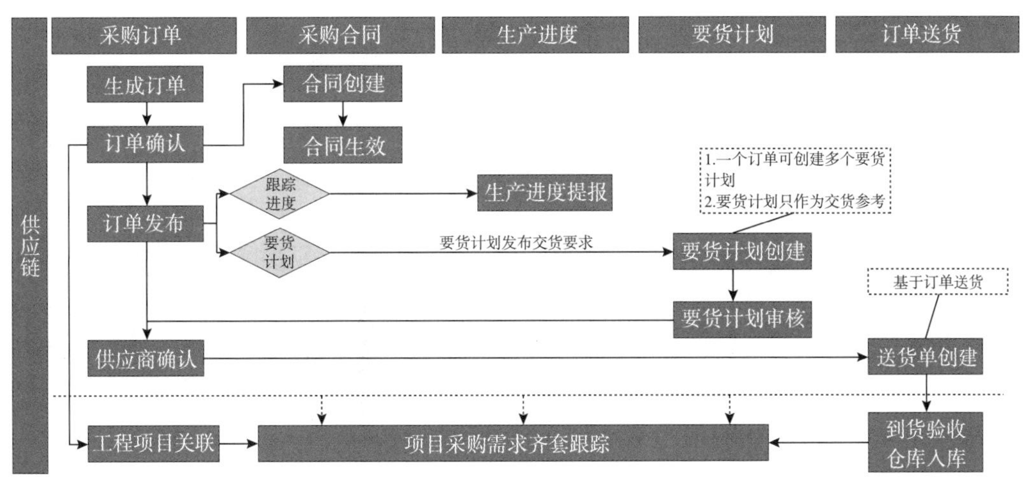

图3　订单履约执行

构建标准化商品采购商城（见图4）。斯凯孚利用电商化采购体系、可视化的商品详情，将采购员和其他员工日常采购统一到一个平台，不但统一了入口，实现多端并行，全程云操作，而且商品种类得到了极大的丰富，提升了采购业务流程体验，员工采购的自主选择与企业采购部门的管控也得到了和谐平衡。采购商城的普及时代已经来临，作为企业采购数字化的主入口，采购商城的使用，让企业目录采购比例提升至70%以上，帮助企业综合降本15%，效率提升40%，事务型工作量降低50%。

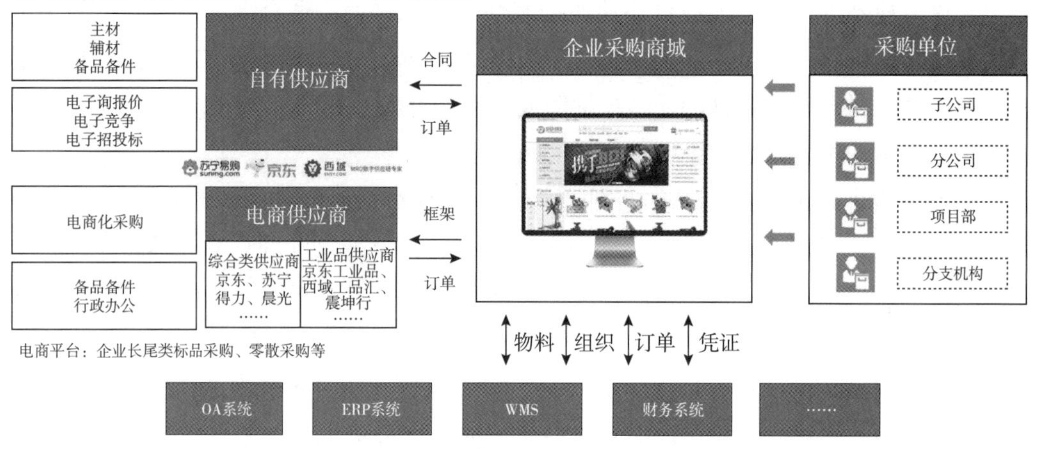

图4　采购商城

（2）利用AI、大数据、RPA等技术构建智能应用（见图5）。

图5　新技术应用体系构建智能化场景应用

斯凯孚将数字AI技术全面融入供应链管理各个环节，围绕企业供应链各环节构建“云、大、智、预、安”等专业化应用能力，实现效率、成本、风控的智能化解决方案。智能化采购依靠大数据等技术完善系统，典型特征之一就是降低“人”在整体流程中的参与度，“人”的因素越低，数字化采购的智能化程度越高。只有发挥技术与数据优势，打造智能化采购，才能真正实现智能管理、降本增效。

在技术层面，斯凯孚大量采用智能机器人、OCR（光学字符识别）文件影像识别、RPA（机器人流程自动化）等技术，帮助企业真正实现采购流程自动化，全面降低采购相关人员工作量。如在采购过程中，通过 OCR 将采购验收单扫描，系统根据相关项及对应数据进行匹配，选择流程进行相应处理；在采购中遇到问题，客服机器人会根据知识库回答问题，RPA 将根据规则实现流程自动化处理等。

在数据驱动层面，斯凯孚构建了统一的主数据管理平台等，保证同采购相关的数据在企业范围内的一致性、完整性、相关性和精确性，完成数据治理，这是自动化、智能化的基础。如非生产物资采购中的笔记本电脑采购，接入不同服务商的电子商城，要进行比价，在企业内部需要有统一的唯一编码，以保证产品的一致性。同时斯凯孚利用大数据相关技术拓展各类应用，比如自动识别物料进行主数据编码，拓展服务能力维度，自动寻源，做供应商评估筛选、智能价格筛选、合同条款分析和匹配以及自动风险评估等。

①OCR& 证照识别。斯凯孚利用 OCR 技术进行资质文件文本识别和关键信息提取，该技术可用于检查资质文件有效性和合规性等。

②供应商精准画像。斯凯孚基于企业各业务系统历史沉淀数据及网络公开数据建立多维度供应商评价体系，实现供应商精准画像，有效降低采购风险。

③RPA 技术审核自动化。自动化处理系统日常数据稽核工作，对于一些规则性较强的场景可以自动审核。

④智能合同应用。合同条款繁多、文本量大且数据庞杂，流程环节众多，合同数字化可降低企业经营风险。

⑤大数据智能风控。斯凯孚建立了全方位风险预警系统，监管业务流程，有效识别风险并预警。

⑥采购智能预测。斯凯孚构建了精准预测模型，基于 AI 和大数据分析预测商品的出入库数量、需求量、补货量、价格趋势等，以便调整最优采购策略。

（3）通过构建生态体系提供增值服务（见图 6）。

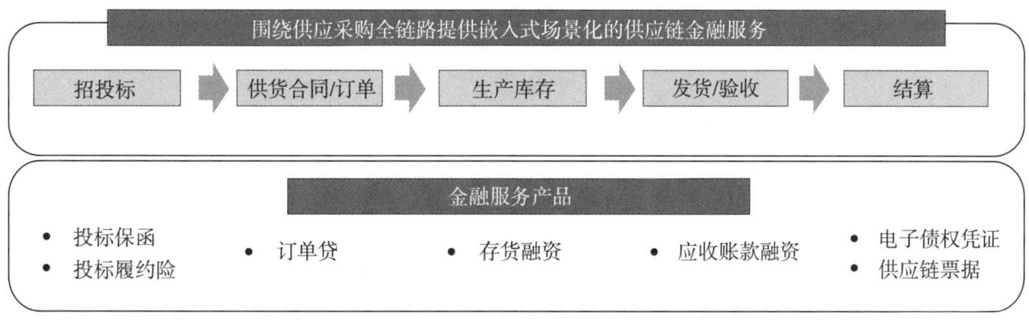

图 6　新技术应用体系构建智能化应用场景

通过数智化采购供应链平台提供的供应链协同过程全流程数字化，平台可以无缝对接外部服务商的金融科技平台，将供应商的应付账款数字化和电子票据化。供应商可以通过电子票据以及经过企业确权的交易流供应链数据，随时对接银行的融资服务，解决供应商过去缺乏抵押物和征信无法获得银行金融支持、融资能力弱等融资难问题。

3. 解决方案价值体现（见图7）

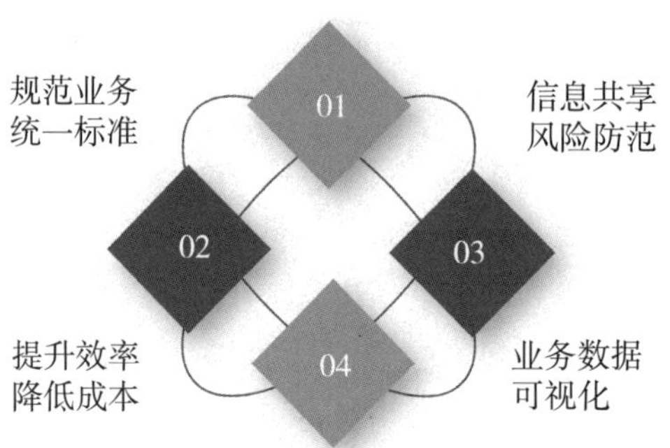

图7　价值点

数智化供应链采购协同平台是以企业采购全流程数字化协作模式为核心进行构建，旨在通过“规范业务、统一标准”“信息共享、风险防范”“提升效率、降低成本”“业务数据可视化”四个维度提升企业采购的职能效率、大幅降低成本，从而实现更快捷、更透明的可持续采购，成为企业识别和创造价值的工具，为战略采购流程提供支持。

斯凯孚依托数字化技术手段，实现企业采购流程更合规安全、采购执行向自动化和智能化迈进，提高采购效率和质量；通过系统化方式，对供应商实行全面评估和管理，实现供应商的精细化管理，从而提高供应链的稳定性和可靠性；通过对采购数据的分析和挖掘，实现对采购执行过程的监控和预测，从而更好地掌握市场变化和风险；通过与合作伙伴之间的协同创新，实现供应链的优化和升级，提高整个供应链的创造力和竞争力。数智化供应链平台与传统线下模式的价值优势对比如表1所示。

表1　价值优势对比

对比指标		传统线下模式	数智化供应链平台
供应链组织	组织结构	以满足企业—工厂为中心的单一线性结构管理模式	以企业—工厂—各方用户、供应商、合作伙伴等各方协同参与为中心的网络化结构
	连接状况	上下游分离、阻隔，信息传递滞后	上下游端到端互联，信息传递畅通、及时
	驱动流程	离散、按顺序执行的事件驱动型流程，基于历史数据和个人经验的决策	端到端的统筹式洞察驱动型流程，基于实时多维大数据的智能决策

续 表

对比指标		传统线下模式	数智化供应链平台
供应链协同	管理工具	只能使用企业内部 ERP、OA	通过数字化协同平台，同时打通内部各系统，实现业务数据的实时互联互通，减少信息传递失真
	信息共享	非实时信息交换，跨企业跨部门有信息孤岛	多来源实时信息交换，端到端透明可视
	战略合作	与个别合作伙伴建立战略合作意向，但缺乏数据共享和深度协同	与上下游多个合作伙伴深度战略合作，联合制订计划、设计流程，共同提升盈利能力
供应链业务	需求预测	不连续非实时的数据驱动，简单统计分析与经验预测	通过实时大数据作为底座基础，以及数据分析和算法加持，实现智能分析与精准预测
	计划制订	不完全集成的供应链计划，基于经验手动制订	与企业内部的供应链计划集成，基于共享数据模式下的内外部计划协同
	采购方式	通过电话、邮件沟通，人工采购成本高、易出错	通过平台线上寻源、高效协作、智能计算、自动匹配、智能比价，实现采购降本增效
	订单履约	依靠采购人员、物控人员等实时/定时人为跟进订单履约过程，耗时耗力、容易出错	差异化细分跟踪策略，通过系统化、网络化、自动化方式实现订单履约执行过程的监控与预警机制，解放人力
	对账结算	依靠人工基于内部 ERP 系统数据，线下制表并与供应商逐项核对，效率低下	利用数字化方式，通过差异化结算策略实现不同品类、供应商群体、账期模型、结算方式等组合的对账结算自动化，减少人为参与、降低错误率

续 表

对比指标		传统线下模式	数智化供应链平台
供应链风险	风险成因	除自然灾害、国际关系等，常因信息传递滞后或失真引发采购风险、库存风险等	除自然灾害、国际关系等，通过数据实时可视、预警机制、数据分析等方式进行风险预判
	风险应对	弹性不足，风险冲击后供应链恢复能力弱	富有弹性，风险冲击后供应链可以快速恢复

（1）**规范业务、统一标准**。

业务管控：斯凯孚通过系统化的运作加强对各企业采购业务、供应商、合同跟踪及履约过程的管控。

标准管控：斯凯孚对采购管理涉及的采购目录、采购模板、招标文件模板、供应商注册流程及管理标准、合同模板等进行了标准化管理。

（2）**信息共享、风险防范**。

斯凯孚按照“公开、透明、科学”和“采购、执行、监管分立”的原则，依靠科学化、合理化的采购制度和监管制度，理顺和规范采购流程，减少工作量，提高工作效率。

斯凯孚按照采购业务主线逐步深度集成，实现物资/设备管理、货源管理、需求/计划管理、采购过程管理、供应商管理、合同管理、交收货物、付款结算、成本分析、预警识别等业务全线融合。

廉政风险：斯凯孚通过权限管理、明确职责，有效防范违规行为发生；通过监督功能，保障采购行为安全合规；实现供应商管理系统化、规范化。

阳光采购：斯凯孚借助固化流程和权限管理的技术管控优势，进一步规范了各级采购管理人员的操作行为，最大限度地减少了管理漏洞，保证了公司采购活动内控管理的效果，实现了业务公开、过程受控、全程在案、永久追溯的阳光采购。

（3）**提升效率、降低成本**。

采购成本：斯凯孚通过平台提高集中采购和上网采购比例，扩大采购寻源范围，形成整体和批量采购优势，提高采购协同效率，节约采购资金，加速内部流程，实现“无纸化”交流，减少自身库存，提高交流效率，降低流程复杂度。

缩短采购周期，提高采购效率：平台使企业与供应商的信息沟通更加方便、准确、及时，供应商可快速响应企业需求，实现由提前采购转变成准时化采购。

（4）**数据可视化、精益管控**。

斯凯孚通过信息化手段规范采购流程，结合系统的集成数据和业务数据，通过数据挖掘分析，为管理层提供简洁、准确、图形化的统计报表，为管理人员提供辅助决策支持，实现对供应链全过程可追溯性。

斯凯孚通过掌握采购全过程数据，实现供应商绩效评价及采购组织绩效评价。供应商绩效评价是对供应商的绩效、成本、质量等进行实时监控；采购组织绩效评价则跟踪记录整个采购部门人员的绩效，以及采购团队的全部活动。

4. 解决方案应用成效体现（见图8、表2）

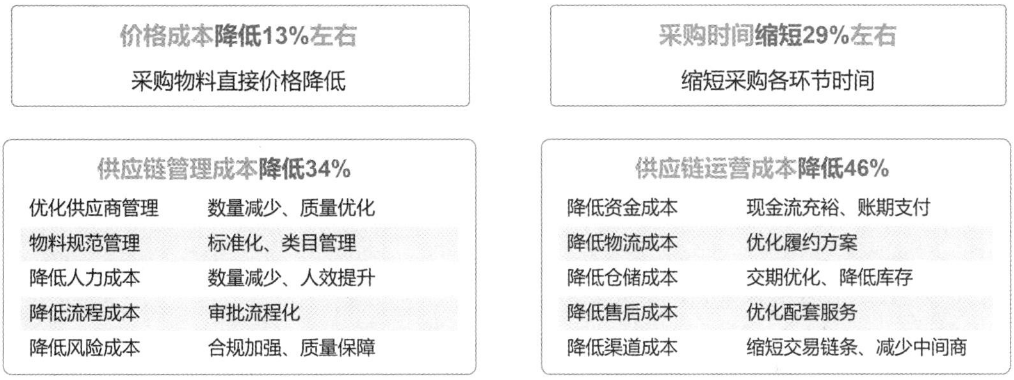

价格成本降低13%左右
采购物料直接价格降低

采购时间缩短29%左右
缩短采购各环节时间

供应链管理成本降低34%

优化供应商管理	数量减少、质量优化
物料规范管理	标准化、类目管理
降低人力成本	数量减少、人效提升
降低流程成本	审批流程化
降低风险成本	合规加强、质量保障

供应链运营成本降低46%

降低资金成本	现金流充裕、账期支付
降低物流成本	优化履约方案
降低仓储成本	交期优化、降低库存
降低售后成本	优化配套服务
降低渠道成本	缩短交易链条、减少中间商

图8　应用成效体现

表2　应用成效数据体现

数据指标体系		应用场景	成效数据体现
成本降低	显性成本	采购商品、原材料直接价格成本	价格成本降低13%左右，节省总金额超亿元
		采购供应链环节时间	采购环节时间缩短29%左右
	隐性成本	围绕供应链管理中供应商管理优化、采购商品/材料管理规范、流程规范、风险管控等方面	供应链管理成本降低34%
		围绕供应链运营中资金成本、仓储物流成本、人力成本、渠道成本、售后成本等方面	供应链运营成本降低46%

续 表

数据指标体系		应用场景	成效数据体现
协同增强	需求预测	实现基于供应链计划下的需求预测及共享机制	需求预测准确性提高 23%
	供需匹配	采供各方在产品/服务的供需方面快速匹配	供需匹配程度提高 18%
	响应速度	供应链条上各方合作伙伴、内部职能部门之间响应速度	供应链响应速度提高 20%
效率提升	寻源效率	企业通过线上寻源实现效率提升	采购寻源效率提升 50%
	商品优化	企业采购商品、材料的库存优化	材料库存周转率提升 20%
	履约及时性	采购执行配送及时率、准确率，结算效率	采购执行配送及时率、准确率、结算效率提升 15%
运营提高	业务在线	围绕企业采购供应链全程在线率	采购业务全程在线率达 69%
	品类上线	围绕企业采购品类上线率	品类上线率达 80%以上
	组织上线	围绕企业各组织上线率	组织上线率达 50%以上

（1）平台化运作保障生产供应。

数字化供应链采购协同平台也是企业工业互联网的一个重要组成部分，通过平台可进一步丰富企业在现代供应链管理理念的实践，切实有效地保障生产供应。通过需求协同，企业实现了高效、便捷地配送和物资供应。基于网络化协同，推动信息互通和资源共享，强化内外部生产计划与供应计划的精准对接，快速响应客户需求，解决信息不对称、交易成本高、供应不及时性等问题。通过平台协同，供应的时间缩短 29%，采购交易价格成本降低 13%，年度采购额可节省超亿元以上；帮助客户单位寻源、减少采购支出、提升设计质量、压缩库存。

（2）以技术手段促进采购合规。

斯凯孚通过数字化技术，使所有合规流程线上化、可追溯，使合规管理更加透明化；通过智能化技术，可以动态实时监测并智能预警风险点，使合规管理更加智能化；制定品类采购策略，构建品类选型评估要素模型，真实记录对供应商进行品类认证的过程和结果；构建与供应商高效协同平台实现自动请购、询报价、招投标的线上化协同，确保认证过程合规、高效、可追溯。

（3）全业务线上化，采购效率提升。

全业务线上化是实现供应链全程可视的基础，通过各环节业务在线、全品类在线、全组织在线，企业实现了全业务数据化，以数字供应链平台为基础，通过交易看板、销售看板等实现数据共享，最终实现供应链端到端的全程可视，实时跟踪其供应链各个环节的运行状态。可实现企业的采购业务全程在线率达69%、品类上线率达80%以上，组织上线率达50%以上。

（4）成本降低。

供应链数字化转型最显著的成效就是降本，而供应链成本不仅包括显性的采购成本，其表现为采购商品价格降低，采购时间缩短，还包括隐性的供应链管理成本和供应链运营成本等。通过供应链全链路数智化手段，可以更规范地管理供应商和商品，精简供应链流程，减少供应链执行人员。在供应链管理成本方面可降低34%，在供应链运营成本方面可降低46%。

（5）构建产业生态体系。

企业数字化供应链的发展方向，是企业基于自身在资源整合、流程优化方面的优势，逐步深入到供应链各个环节、实现各个参与者相互连接、融合，从而实现产业和产业之间的组织协同。数字化的价值是不断向产业生态扩张，实现共赢共创生态，形成产业数字化集群，带动数字供应链生态融合发展。

四、推广价值

汽车零部件行业企业构建数智化采购供应链平台为企业提供了一种采购全流程数字化协作模式，它能提升采购的职能效率，大幅降低成本，从而实现更快捷、更透明的可持续采购；还能成为企业识别和创造价值的工具，为战略采购流程提供支持。通过数字化技术手段，企业实现了采购流程的自动化和智能化，提高了采购效率和质量；通过对供应商的全面评估和管理，企业实现了供应商的精细化管理，从而提高供应链的稳定性和可靠性；通过对采购数据的分析和挖掘，企业实现了对采购过程的监控和预测，从而更好地掌握市场变化和风险；通过与合作伙伴之间的协同创新，企业实现了供应链的优化和升级，提高了整个供应链的创造力和竞争力。

（1）实现采购业务可视化。

数字化采购平台使用了数字化的工具分析数据，所以能自动生成采购结果。凭借着人工智能和具有自我学习功能的算法技术，企业实现了数据清理和分类的自动化，采购人员能在预算和财务报表中直接跟踪采购成本，从而实现采购业务的可视化。

（2）建设有价值的采购组织。

使用数字化的工具能整合各个采购的细分职能，一个完善的数字化采购平台能自动完成了解需求、分析市场等各个步骤，也能生成对品类管理的解决方案。最重要的是数字化采购平台能提升分析复杂数据能力，这将极大地降低企业的成本，最终实现价值的最大化。

（3）管理采购支付流程。

数字化采购平台一方面可以建立采购支付工作流程，另一方面可以自动化合规管理工具。对于许多企业来说，特别是大型的制造业和服务业来说，高级的合规管理功能对于数量大、金额高的合同特别有效。

（4）提高采购绩效管理效能。

数字化采购平台对于采购绩效的管理主要分两部分：一是对供应商绩效的评价；二是对采购组织绩效评价。供应商绩效评价是对供应商的绩效、成本、质量等进行实时监控；采购组织绩效评价则跟踪记录整个采购部门人员的绩效及采购团队的全部活动。采购经理通过数智化平台，可全面直观地管理工作内容及进度。

（安徽同徽信息技术有限公司）

第 31 章　卧龙电驱：打造端到端的供应链管理

一、行业背景

目前中国已经成为世界领先的电机制造国，在技术实力方面，中国电机行业的核心竞争力在于技术创新和研发能力。随着中国制造 2025 推进和技术升级，国内企业在高效节能、智能化等方面取得了显著进展，逐渐在传统领域和新兴领域占据一席之地。然而，与国际巨头相比，国内企业在某些高端技术领域仍存在一定差距，需要加强自主创新和知识产权保护。在品牌影响力方面，国内知名品牌如卧龙等在国内市场享有较高知名度和良好口碑，拥有广泛的销售网络和客户资源。然而，国外企业凭借其国际化的品牌影响力和高端形象，对部分高端市场依然具有一定竞争优势。在市场份额方面，随着中国市场经济的不断完善和开放，电机行业市场竞争日趋激烈，国内企业通过产品不断创新和多元化发展，逐步扩大了自身市场份额，但是国际企业也在积极布局中国市场，通过技术和服务等方面积极争取市场份额。

电机制造行业作为现代制造业的重要组成部分，其供应链的发展对于行业的整体竞争力和可持续发展具有至关重要的意义。

1. 发展特点

随着技术的不断进步和市场的日益扩大，电机制造行业供应链呈现出以下特点。

（1）供应链网络日益复杂：随着全球化和专业化的加深，电机制造行业的供应链已经不再是简单的线性结构，而是演变成复杂的网络结构。供应商、生产商、分销商、最终用户等各个环节紧密相连，任何一个环节的波动都可能对整个供应链造成影响。

（2）供应链管理信息化程度提高：信息技术在供应链管理中的应用越来越广泛，如供应商关系管理系统（SRM）、企业资源规划（ERP）等。

（3）供应链协同性增强：在激烈的市场竞争中，电机制造行业的企业越来越意识到供应链协同的重要性；通过与供应商、分销商等合作伙伴建立紧密的合作关系，实现信息共享、风险共担、利益共享，从而提高整个供应链的竞争力。

2. 痛点和难点

电机制造行业供应链面临的痛点和难点可以概括为如下方面。

（1）供应链稳定性不足：由于全球政治经济环境的复杂多变，电机制造行业的供应链稳定性受到很大挑战，如原材料价格波动、汇率变化、政策调整等因素都可能对供应链造成冲击，影响企业的正常运营。

（2）供应链管理人才缺乏：当前，电机制造行业缺乏高素质、专业化的供应链管理人才，这些人才不仅要具备丰富的管理经验，还要熟悉行业特点和发展趋势，能够灵活应对各种复杂情况。

（3）供应链协同机制不完善：虽然供应链协同已经成为行业共识，但在实际操作中，由于各方利益诉求不同、信息沟通不畅等原因，协同机制往往难以真正落地。这导致供应链的整体效率不高，难以形成强大的竞争力。

（4）技术创新与供应链整合的挑战：随着新技术的不断涌现，电机制造行业正面临着技术升级和转型的压力。如何将新技术与供应链进行有效整合，提高产品的附加值和市场竞争力，是行业面临的一大难题。

3. 发展趋势

面对当前的挑战和困境，电机制造行业供应链未来将呈现以下几个发展趋势。

（1）智能化供应链管理：随着人工智能、大数据等技术的发展，未来电机制造行业的供应链管理将更加智能化，通过构建智能供应链管理系统，实现供应链的实时监控和预测分析，提高供应链的反应速度和准确性。

（2）绿色供应链管理：在环保理念日益深入人心的背景下，绿色供应链管理将成为电机制造行业的必然选择，通过推广环保材料、优化生产流程、减少能源消耗等方式，实现供应链的绿色化、低碳化，降低对环境的影响。

（3）全球化与本地化相结合：在全球化的背景下，电机制造行业供应链将更加注重本地化布局，通过在全球范围内建立生产基地、研发中心、销售网络等，实现资源的优化配置和市场的快速响应。同时，通过本地化生产和服务，更好地满足当地市场的需求和偏好。

二、企业介绍

卧龙电气驱动集团股份有限公司（以下简称“卧龙电驱”）是卧龙控股集团有限公司下属上市公司，创建于1984年，现总资产358亿元、年销售额200亿元，拥有57

家全资及控股子公司，现有海内外员工 16000 余名。

卧龙电驱在全球有 39 个制造工厂和生产基地（海外包括墨西哥、越南、英国、德国、波兰、塞尔维亚、奥地利、意大利等），产品线覆盖低压电机、高压电机、EV 电机、日用电机、驱动控制电机、工业机器人等。公司拥有卧龙、南阳防爆等国内领先品牌及国际百年知名品牌，如 Brook Crompton（伯顿）、Morley（莫利）、LaurenceScott（劳伦斯）、Schorch（啸驰）、ATB（奥特彼）、希尔等；在油气、石化、采矿、电力、核电、军工、水利及污水处理、家用电器、新能源汽车等领域的中高端市场中有较高的品牌美誉度。

卧龙电驱在美洲、欧洲、亚洲设立运营中心，建立了全球“中央研究院”和日本、德国、美国、印度五大全球研发中心，形成遍及全球 100 多个国家的研发、制造、销售和服务网络，为客户持续打造安全高效稳定的供应保障系统。

截至 2023 年 9 月底，卧龙电驱共有生产物料核心供应商 3500 余家，辅料及设备供应商 2200 余家，覆盖工业制造大部分行业类别，年采购额在 110 亿元人民币以上。

三、企业主要做法及成效

1. 供应链战略布局和管理

（1）供应链全球布局。

卧龙电驱主动迎合区域一体化发展趋势及全球供应链重构需求，成立全球供应链管理中心，建立与供应商伙伴合作共赢、协同发展、良性循环的供应链体系。全球寻源，区域布局，积极与行业头部企业建立长期稳定的战略合作伙伴关系；对硅钢、磁材等大宗、新型及战略物料实施集中采购，进一步激发全球资源整合优势。

（2）供应链生态圈建设。

卧龙电驱作为产业核心企业通过质量、环境、职业健康安全、知识产权管理体系认证，并通过供应链管理体系和信息化系统跟供应商伙伴实现真正意义上的互联互通，给众多中小企业赋能。快速做大做强生态圈，确保供应链成为整个生态圈快速增长的关键支撑。

（3）供应链产业大脑建设。

卧龙电驱牵头建设运营电机产业大脑，打造面向电机行业中小企业的数字化专业服务平台，带动产业链协同发展。截至 2024 年 1 月底，平台已注册用户 12037 个，服

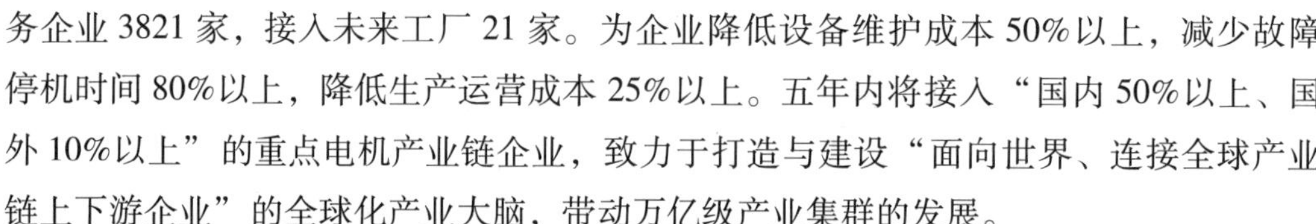
务企业 3821 家，接入未来工厂 21 家。为企业降低设备维护成本 50%以上，减少故障停机时间 80%以上，降低生产运营成本 25%以上。五年内将接入“国内 50%以上、国外 10%以上”的重点电机产业链企业，致力于打造与建设“面向世界、连接全球产业链上下游企业”的全球化产业大脑，带动万亿级产业集群的发展。

（4）供应链对技术研发的支撑。

卧龙电驱所属“中央研究院”充分利用卧龙优势资源，专注泛交通领域、高速/直驱永磁系统、动力系统集成产业，主要核心产品技术业内领先。对标世界一流企业研究院的发展，卧龙电驱持续重金投入，搭建了一支以国家级、省市级人才为带头人，博士和硕士为核心的上百人高素质研发队伍。目前，已承接了工信部特种电机材料应用示范平台、浙江省高效电机制造业创新中心等项目的建设和运营，与包括中国商飞在内的多家知名客户达成良好合作关系。

（5）绿色供应链及节能减排。

卧龙电驱崇尚绿色发展理念，专注以绿色研发、绿色设计、绿色制造、绿色产品，助力节能减排和环境保护。卧龙电驱积极投身于节能减排，积极参与客户和供应商的环境日、减排日等活动。

通过提供高能效电机产品助力“双碳”经济。将智能驱控与物联网相结合，凭借自身电机技术全球领先地位，使用永磁电机直驱方式，打造领先同行的节能改造方案。智能化、高效化、数字化、模块化的场景型产品广泛应用在工业风机、空调暖通、水泵等领域。整合行业资源，提供节能评估、节能改造、全生命周期运维、绿色金融、碳管理等节能降碳综合服务。

卧龙以身作则，助力“碳中和”，卧龙总部及上虞制造基地配电总负荷 10mW，光伏发电装机容量 8. 5mW，年发电量 900 万度，已基本实现“碳中和”目标。

2. 供应链数字化建设

卧龙电驱高度重视供应链数字化建设，2022 年 8 月，卧龙电驱携手用友基于 Yon-BIP 采购云启动供应链管理变革咨询和 SRM 系统建设项目。一期项目覆盖国内 31 个工厂和 2 个越南工厂，系统已于 2023 年 9 月全部顺利上线运行。

（1）供应链管理变革咨询先行。

卧龙电驱在企业快速发展过程中形成了从日用电机到工业电机、汽车电机、风电电机、防爆电机等多个事业群，制造模式涵盖标准化生产和定制化生产两种完全不同的模式，这两种模式对供应链管理有着不同的诉求；发展过程中还伴随大量的收并购业务，不同组织在具体供应链协同业务中也有不同的做法。如果不从业务源头设计，单纯设计一套系统并不能从根本上提升卧龙电驱供应链管理水平。

针对上述情况，卧龙电驱在SRM项目中先期开展了供应链管理变革咨询工作。卧龙电驱在管理咨询阶段对其供应链体系进行了全方位诊断，并从供应链战略定位与规划、组织与职能、流程、策略与方法、系统规划和人才发展等方面提出变革建议（见图1）。

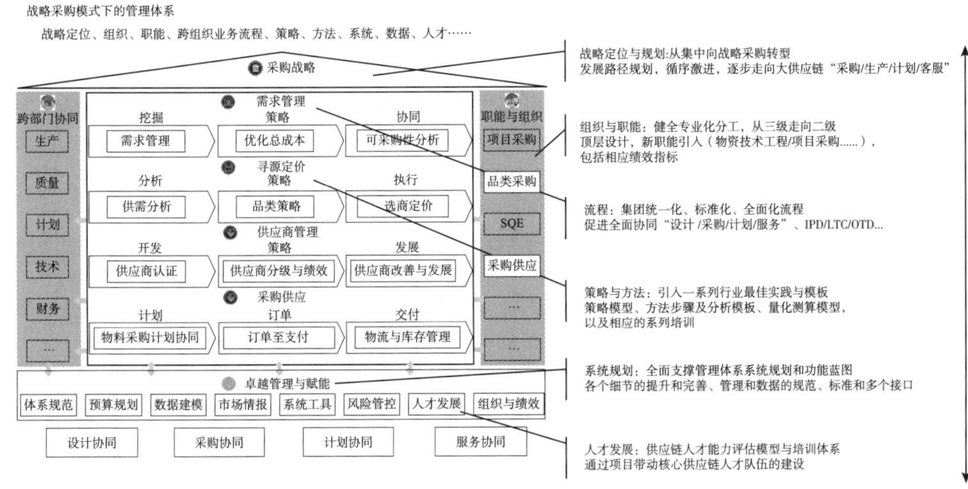

图1　卧龙电驱供应链管理变革咨询核心成果

卧龙电驱结合其供应链发展现状，提出了从“集中采购”向“战略采购”转型的四个重点协同，包括设计协同、采购协同、计划协同、服务协同（见图2）。

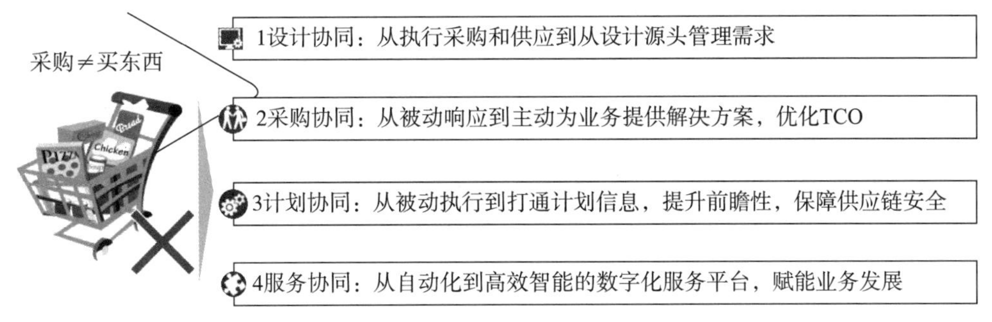

图2　从“集中采购”向“战略采购”转型的四个重点协同

供应链管理变革咨询方案完成后，卧龙电驱组织集团本部和各事业群供应链体系负责人和关键用户分两次历时一个多月开展了四级流程和五级流程研讨，并针对重点事项开展专题研讨，最终形成了 SRM 系统蓝图。

（2）搭建国内国外一体化 SRM 平台。

卧龙电驱 SRM 系统的上线有效地支撑了供应链管理体系的落地，使供应链体系效率得到了较大提升，供应链风险得到有效的管控，从原来的以经验为主过渡到按流程规范执行。

SRM 系统（见图 3）在功能方案上实现了生产性物资供应链采购业务全场景覆盖：在流程上覆盖了从 MRP 采购需求到订单、发货、业务对账、开票、付款、往来对账全过程管理；在采购类型上涵盖了标准订单、带料加工、工序外协、寄售采购、免费订单、退货订单、样品采购等全领域；在寻源方式上支持询报价、招投标、竞拍采购等多种形式；除此之外，还包括供应商全生命周期管理、电子合同、供货目录、价格公式、质量协同的全面管理。

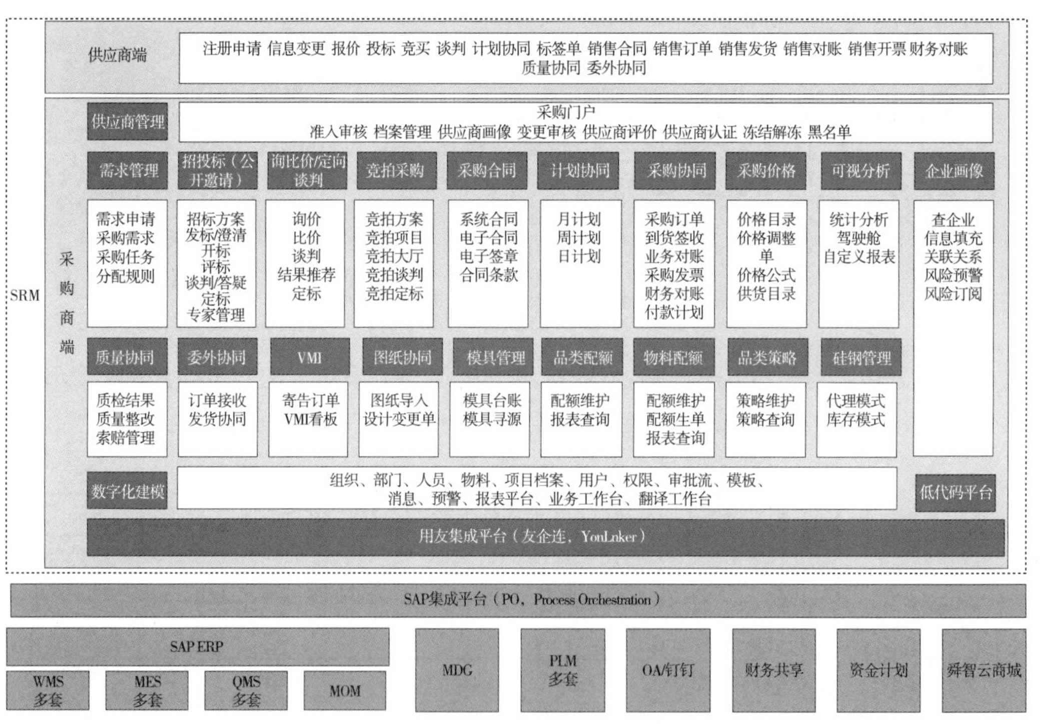

图 3　卧龙电驱 SRM 系统功能架构

卧龙电驱 SRM 系统方案设计过程中充分考虑了对海外分支的一体化管理。卧龙电驱在越南海防市建有日用电机、工业电机两个制造工厂，配备多条现代化生产线，产品服务于东南亚及全球市场。越南工厂的物资采购以中国大陆采购后出口到越南为主，占比约 80%；越南本地及其他国家采购占比约 20%，未来占比将持续增加。越南工厂在供应商管理、采购寻源、采购合同、供应链协同等业务领域一直缺乏有效手段支撑，在采购业务推进、采购管理效率、采购合规等方面面临诸多挑战。

SRM 系统建设过程中对越南工厂的业务诉求和管理特点进行充分调研，功能方面针对越南工厂部署了多语言、多币种、汇率、报关单、海外发票类型、海外供应商管理、国际化采购等多种方案，有效提升越南工厂供应链管理水平。

（3）系统集成消灭信息孤岛。

卧龙电驱以 SRM 系统建设为契机，打通了 ERP、SRM、MDG、PLM、MES、MOM、WMS、财务共享、资金计划等十几套供应链相关系统，畅通销售、研发、采购、制造、交付等各个环节，实现产供研销数据链实时共享。

（4）供应商全生命周期管理。

卧龙电驱实现了对供应商进行全生命周期管理，包括供应商准入、分级分类、物资认证、定期和专项评价、日常状态管理等，可实时查询和追溯（见图 4）。

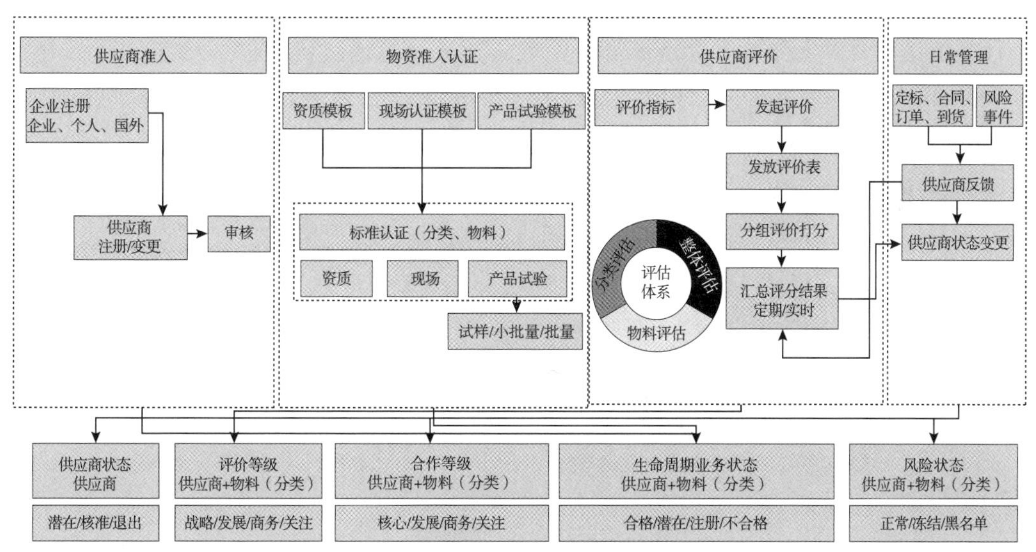

图 4 卧龙电驱供应商全生命周期管理功能框架

（5）生产性物资配额管理。

卧龙电驱生产性物资编码总量超过 10 万个，涉及的品类和供应商众多，线下管理易发生偏差，难于管控和纠偏。SRM 上线后实现了配额线上化管理，可根据维护好的配额协议自动拆分生成采购订单，提高操作效率和管控水平（见图 5）。

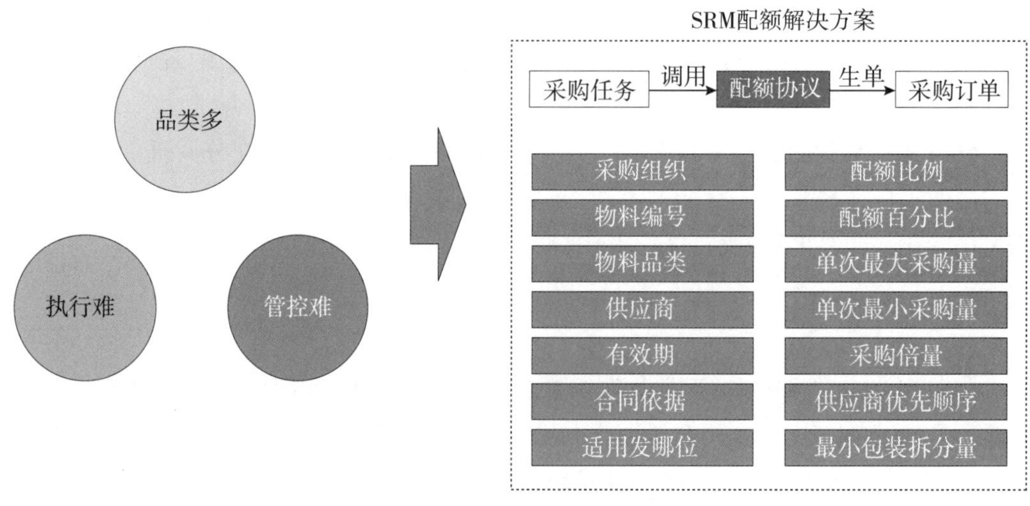

图 5　卧龙电驱配额解决方案

（6）生产性物资联动价格管理。

卧龙电驱大量生产性物资的采购定价模式不是一口价，而是通过几个甚至十几个定价因子来确定价格，以空水冷却器为例，定价因子接近 20 个，这从客观上为采购人员计算价格、财务人员核对价格带来了困难，SRM 系统通过价格公式功能实现了对物料联动价格的管理，在采购订单、对账单节点根据配置好的价格公式自动算出价格（见图 6）。

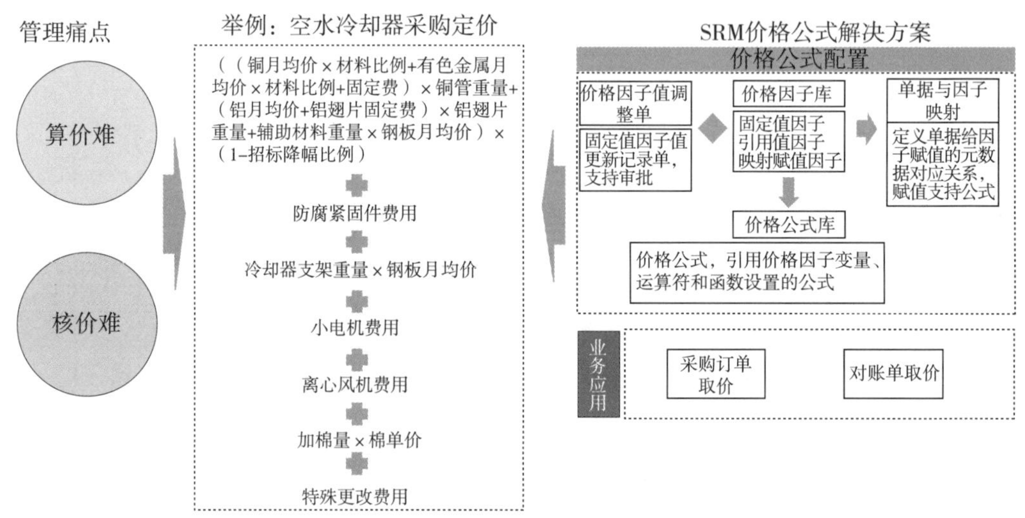

图 6　卧龙电驱价格公式解决方案

（7）供应商质量协同管理。

卧龙电驱实现质检结果、质量整改、索赔管理与供应商在线协同，全流程可追溯，提高质量管理工作效率。

（8）供应商发货条码管理。

卧龙电驱下属各工厂对应供应商供货场景可分为单一品种送货、多品种送货、小批量送货、大批量送货等多种模式。受限于供应商技术水平和管理模式，很多供应商送货仍然采用手工编制送货单的方式，如通过随车递送或拍照后即时通信的方式传递送货信息，降低了发货效率；同时卧龙电驱仓库需要手工录入送货信息办理物资入库手续，降低了入库效率且易出差错，整体上降低了交货及时率。为解决上述问题，卧龙电驱 SRM 系统实现了供应商发货条码管理功能，可根据需要按发货单、发货单明细行、发货包装箱生成条码或二维码，极大提高了发货和收货效率。

（9）供应链管理可视化。

卧龙电驱通过数字化手段实现供应链管理过程的可视化，提高供应链管理水平和决策效率。例如，通过采购驾驶舱实现采购量、金额、地域分布、按品类/采购组织/供应商排名等关键指标可视化展现，可传送业务中台；可对供应商准入和分布概况进行实时分析；可实时查询最新价格、到货及时率、首次质检合格率等关键数据。

四、推广价值

卧龙电驱作为电机制造行业龙头企业，其在供应链战略管理和数字化建设方面的经验极具推广价值。

1. 供应链战略布局和管理方面

（1）卧龙电驱着眼全球市场进行供应链重构和能力布局，与行业头部企业建立战略合作关系，注重整合全球资源优势，提升供应链稳定性和效率。

（2）卧龙链条充分发挥“链主”企业强大的资源配置能力、协同创新组织能力和上下游核心凝聚力，带动更多中小企业融入卧龙链条，实现大中小企业协同发展。

（3）卧龙电驱带头开展关键核心技术攻关，带动产业链上下游合作共赢。广泛吸收各供应商进入“链主”体系，畅通产业链供应链各环节。

（4）卧龙电驱重视绿色供应链建设与节能减排，实现企业效益与社会效益和谐发展。

2. 供应链数字化建设方面

（1）总体路线。管理咨询与 IT 系统建设相结合：以业务流程为牵引，先梳理业务流程，再进行系统建设，而非单纯上系统。

（2）蓝图方案。覆盖核心业务流程，业务部门充分参与，开展多轮集中研讨和专题研讨，方案具有行业代表性。

（3）集成标准。系统集成方案遵循统一性原则，确保系统间逻辑关系清晰，消除信息孤岛，保证系统稳定运行。

（4）新技术应用。在 SRM 系统建设过程中引入云原生、微服务技术，提高系统响应能力；引入配额管理、价格公式、条码/二维码、数据挖掘和可视化等技术提高供应链智能化水平。

（陈冠竹，卧龙电气驱动集团股份有限公司；
程秀昌，用友网络科技股份有限公司）

第 32 章　伊利集团：数智化订单预测驱动供应链模式改革

一、行业背景

2023 年，全球经济逐渐走出疫情阴霾，虽然没有如预测呈现强反弹，但整体仍呈弱复苏态势，并保持一定韧性。经济合作与发展组织 2023 年 11 月发布的经济展望报告预计，2023 年全球国内生产总值（GDP）增长率为 2.9%，全球经济增长保持温和态势。2023 年前三季度，中国 GDP 同比增长 5.2%，增速在全球主要经济体中保持领先。IMF（国际货币基金组织）2023 年 11 月将中国当年经济增长预期上调至 5.4%，经济合作与发展组织将 2023 年中国 GDP 增速预测值上调至 5.2%，认为中国仍将是亚太和全球经济增长的主要动力。

在此情况下，食品饮料行业、乳制品行业整体也呈现弱复苏态势。2023 年前三季度乳制品板块（不含港股）总营收达 1531 亿元，同比增长 2.5%，其中单 Q3 同比增长 0.6%。受线下商超客流下滑以及销售费用投放加大，低温鲜奶恢复速度低于常温奶，酸奶、奶酪等品类仍然面临着消费力带来的压力。

因此，从消费者需求和市场竞争角度，乳制品市场增量较弱，仍处于广义上的存量竞争。同时，由于整体经济在缓慢恢复中，消费者更追求“质价比”，对品牌方而言，要获取比较优势，更需要多线并进、提升竞争力。对品牌方供应链而言，需要对供应链成本和服务水平进行协同优化，满足消费者服务水平要求的同时，内部降本增效。

目前，低温液态奶行业供应链主要面临三方面的挑战：①行业竞争日益激烈，区域市场竞争多元化；②消费者需求细分，低温品类越来越丰富，渠道多元化，倒逼企业进行全渠道运作和履约，给传统供应链运营模式带来前所未有的挑战；③供应链越来越复杂，在高质量高品质要求下，供应链成本较高，满足当下全渠道、多品种的碎片化需求有挑战，低温业务市场波动影响因素比较多，需求预测难度大。

二、企业介绍

伊利集团位居全球乳业五强，连续十年蝉联亚洲乳业第一；优质的产品、领先的综合服务能力和全面的可持续发展能力，让伊利一直深受全球顶级盛会、赛事以及各级政府和社会各界的信赖与认可。从2008年北京奥运会到2019武汉军运会、2022年北京冬奥会、2023年杭州亚运会，从2010年上海世博会到2016年G20杭州峰会，伊利作为唯一一家提供服务的乳制品企业频频亮相。同时伊利也是博鳌亚洲论坛、世界互联网大会等顶级峰会的合作伙伴。

站在全球乳业五强的新起点，伊利已正式发布2025年挺进“全球乳业三强”的中期目标及2030年实现“全球乳业第一”的长期战略目标。

三、企业主要做法及成效

1. 背景

基于低温产品保质期短，消费者对新鲜度要求高的特点，行业内企业基本采用按单生产的模式，能有效控制库存积压和缺断货风险，但也存在供应链整体履约周期长、无法基于市场的变化快速响应、供应链敏捷性低等问题，特别是在消费者需求细化、渠道多元化的背景下，如何提高供应链的敏捷度、快速地应对市场变化，是行业内面临的难题，尤其对于全国性生产和销售的企业，更是难上加难。

伊利集团始终在“以消费者为中心”的经营理念指引下，站在整个价值链的角度进行思考，探索新的供应链模式，以更好地服务经销商，并协同经销商一起帮助零售商服务和满足终端消费者的需求。

2. 目标

伊利集团树立品牌商和经销商一起帮助零售商服务终端消费者的意识，实现经营改善，收入、利润达成目标，市场份额同比提升。

伊利集团通过缩短订单提前期（从下单到发货的时间间隔）降低中间流通环节库存，在同等服务水平下，确保更新鲜的产品触达消费者。

伊利集团有效地赋能终端经销商，打通门店到经销商订单和经销商到公司的订单，利用大仓的核心系统，确保在经销商端不储备安全库存，直接按照门店需求配送至大仓，节约经销商运营费用。

最终实现供应链管理效率、整体供应链的敏捷度、快速响应市场变化的能力的提升。

3. 方案思路

总体思路：供应链计划是供应链模式改革的核心驱动力，伊利集团通过数智化的预测与供应链管理理论相结合，打造数智化的供应链计划模式，驱动整体供应链模式的变革。

（1）数智化订单预测与供应链管理理论融合（见图1）。伊利集团通过智能分析各产品的生产周期、生产提前期、产品特征、历史销售数据等信息，打造智能化的算法模型，创新融合数字化能力与业务经验和供应链管理理论，驱动供应链模式改革。伊利集团通过营销总部共享库存代替经销商安全库存，部分产品预测主体由经销商变更为营销总部，依托需求预测算法及大数据处理能力，基于产品生产提前期、产品生产周期、销售渠道等属性，实现按单生产和按预测生产的智能融合，搭建基于人工智能的算法预测模型，通过人机协同方式，兼顾促销等特殊事件，基于不同品项的特征进行精细化的预测，提高预测准确率。

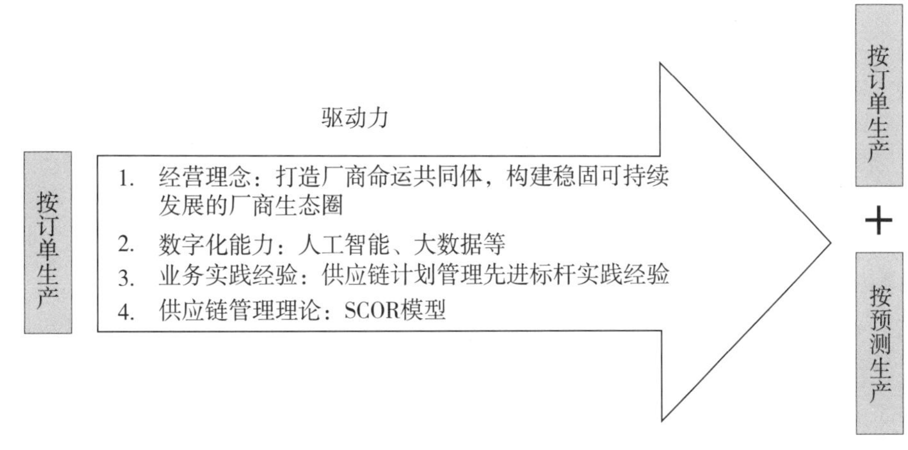

图1 数智化订单预测与供应链管理理论融合示意

（2）自研供应链数字化运营平台，支撑流程的线上化和智能化。伊利集团基于自研供应链数字化运营平台，以统一拉通的数据和需求预测算法为核心，支撑计划流程的线上化和智能化，由供应链数字化运营平台自动实现计划制订的事务性工作，再使用人工在基础上进行精细化运营，提高流程效率、促进管理改善、支撑模式创新。

（3）流程、工具、组织、绩效协同变革（见图2）。伊利集团通过流程、工具、组织、绩效的协同变革，理顺新业务模式的业务流程，搭建数字化工具能力，推进组织模式的转变，调整绩效的目标，确保业务模式落地成功，缩短经销商订单提前期。

1流程
基于流程梳理与挖掘，推动业务模式和流程的再造，实现内外部的业务集成，消除业务断点和痛点，为数字化转型提供基础

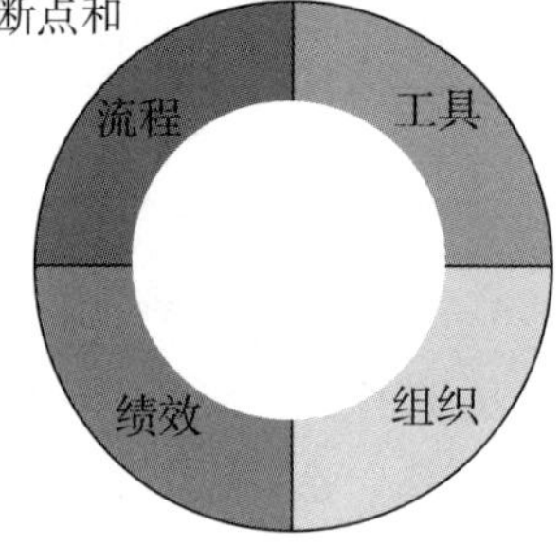

2工具
通过数字化工具，基于SKU的属性及历史数据，选择最优的算法输出预测结果，并通过人机协同的方式，兼顾促销等特殊事件，提高预测准确率

3组织
新模式对组织职责和人员能力提出新要求，计划部门需要更关注一线市场并掌握数字化工具，供应链部门需要关注被动库存，更加敏捷地协同供应链端到端

4绩效
通过绩效的调整，对新业务模式下的订单履约率、新鲜度、经销商库存水平等指标进行管控

图 2　流程、工具、组织、绩效协同变革

（4）大胆尝试、谨慎验证。以“大胆探索，谨慎验证”为思路，开展新模式落地可行性验证，伊利集团试点开展了业务模式验证和算法 POC 验证，订单提前期由 4 天下降至 1 天，并综合行业挑战、内部运营痛点和业务模式/算法 POC 验证结果，设计整体解决方案。

4. 推进策略

（1）新业务模式论证。伊利集团基于外部环境分析及内部运营痛点识别，提出新的订单响应模式思路，确定新模式的推进思路。

（2）业务模式落地可行性验证。2022 年 12 月到 2023 年 5 月，伊利集团试点开展业务模式验证，以“精准需求预测，降低流转环节库存”为思路进行业务探索，过程中制定 8 项业务落地举措，通过 6 条业务运行规划和 7 项业务关键控制点，推动订单提前期从 4 天降低到 2 天。

（3）数智化应用落地实施。伊利集团结合新模式可行性验证成果，完善项目蓝图方案设计，项目系统落地过程中持续推动组织、流程、工具、绩效的协同变革，并于 2023 年 9 月正式上线运营，支撑智能输出经销商日订单需求预测量，营销总部业务人员、计划人员结合实际市场洞察修订预测结果，提升需求预测准确率，支撑订单提前期进一步缩短至 1 天。

（4）经验总结及复制推广。伊利集团总结试点经验，沉淀数字化及业务管理能力，启动推广复制。

5. 落地结果

（1）订单提前期缩短。伊利集团在区域业务体系和经销商体系、核心零售商的共识基础上，将订单提前期由 4 天循序渐进地优化到 1 天，最大化满足客户需求，提升终端送货新鲜度和订单满足率。

（2）经销商盈利改善。伊利集团基于 AI 算法模型，供应链计划体系、业务体系结合既定的营销动作，人机结合合理调整经销商需求预测量，经销商订单需求预测准确率提升至 90%以上；同时，经销商提前 1 天下单时，可更有效地掌控终端需求，经销商预测更精准，支撑临期率降低、仓储费用降低、经销商报单时间节约、人力成本节约，以此助力经销商盈利能力和满意度的显著提升。伊利集团通过在产业链中承担供应链链主的责任，助力产业链上下游良性发展。

（3）供应链敏捷响应能力提升。伊利集团以数据连通为基础的协同能力，通过数据算法驱动需求预测，支撑更精准的市场感知、更有效的供应链响应和更完备的运营模型沉淀，需求计划制订效率提升 30%以上，通过数字化和智能化实现前端销售系统和后端供应链更有效的联动，提升供应链敏捷响应能力。

6. 模式创新

（1）“独创”——“从 0 到 1”，从无到有。在行业无成熟案例和成熟数字化产品的情况下，伊利集团大胆尝试验证，利用人工智能、大数据等技术，通过供应链产品组件能力，独立规划、设计、开发了适用伊利集团预测生产模式的数字化产品，并落地应用，实现了“从 0 到 1”，从无到有的模式探索和产品能力。

（2）“颠覆”——颠覆了酸奶订单拉动生产的传统业务模式。低温产品具有保质期短、新鲜度要求高的特点，供应链主要采用精益供应链的订单拉动生产模式，在一定程度上缺乏敏捷性。伊利集团致力于打造敏捷、精益供应链，在订单拉动与按计划生产之间寻找一种平衡，即预测订单生产、适量库存响应的模式，既有订单拉动生产低库存的成本精益优势，也具备灵活、快速响应订单需求的敏捷能力。通过订单拉动和按计划生产融合模式，既实现高效率、低成本，又能保持适量库存可以更快速地响应客户订单需求，打造出“敏捷+精益”供应链的行业新型运营模式，缩短经销商订单提前期。

（3）“智能”——需求计划制订走向智能化。伊利集团通过人工智能及大数据技术，自动预测未来的需求计划量，输出算法预测结果，同时将历史数据中的大单剔除，上月同期走势及上年同期走势等数据直观展示，需求计划制订走向智能化。

四、推广价值

1. 颠覆传统的低温奶供应链业务模式，打造出灵活、快速响应订单需求的敏捷能力

伊利集团针对低温产品保质期短、新鲜度要求高的特点，打造出“敏捷+精益”供应链的行业新型运营模式，缩短经销商订单提前期，此新型供应链运营模式在消费品行业具有广泛的推广空间和价值。

2. 破局难题，落地过程有效化解超期库存和缺货风险，总结经验和方法论，助力行业内的借鉴复制

在模式转型的过程中，伊利集团采取了大胆尝试、谨慎验证的方法，从流程、工具、组织、绩效等多个方面齐头推进，制定详细的策略，沉淀经验和方法。在流程方面，伊利集团重新设计了业务流程，使其更加高效、灵活和敏捷地满足市场需求；在工具方面，伊利集团搭建了先进的技术平台，提高了工作效率和质量；在组织方面，伊利集团优化调整组织结构，提升团队的协作能力和推动能力；在绩效方面，伊利集团建立了新模式落地的绩效评估体系。这些经验和方法也可以为行业内的其他企业提供借鉴和参考，推动整个行业的借鉴复制和持续发展。

3. 依托数据算法能力，提升预测的准确率，精细化运营，确保可落地性

伊利集团对算法与业务场景进行了适配，通过时序融合模型、特征工程模型等多个模型验证，选择适合的算法模型，并针对不同的品项的特征采取不同的预测策略，进行精细化的运营，同时将所有的模型参考数据及历史预测分析进行可视化展示，站在业务用户的角度，一方面提供预测的结果，另一方面也提供预测的依据和分析，确保业务可落地性。

4. 关注客户、合作者的利益，追求共赢

伊利集团秉承“厚度优于速度、行业繁荣胜于个体辉煌、社会价值大于商业财富”的理念和“平衡为主、责任为先”的法则，将可持续发展融入企业战略，致力于让世界共享健康，让人类共享美好生活。现代企业竞争已不再是单个企业与单个企业的竞争，而是一条供应链与其他供应链的竞争。企业的供应链就是一条生态链，客户、合作者、供应商、制造商在同一条船上。只有加强合作，关注客户、合作者的利益，追求多赢，企业才能活得长久。企业将内外产业链等面向市场竞争的所有资源和要素有效地整合起来，并在市场竞争中获胜，这是管理的价值，也是管理的目标。

5. 将数字化能力作为业务增长的新型核心驱动力，建立行业数字化转型、数智化升级的借鉴典范

为更系统性地开展数字化转型并赋能业务落地数字化转型战略，伊利集团对内成立了数字科技中心，定位于引领和赋能，联动其他部门共创合作，打造面向未来的数字化原生组织；对外加强合作，广泛引入各类数字化人才，在降本增效、激发内生动力的同时，也更加全面、深入地洞察并响应消费者需求。伊利集团通过建立和完善先进的数字技术系统、优质的数字资源体系、专业的数字化人才队伍，不断提升全产业链的数智化水平，持续构建“全周期、全流程、全渠道、全链条、全域运营”的消费者数字化平台，赋能“全球健康生态圈”建设，为消费者提供更高品质的健康产品与服务。

（内蒙古伊利实业集团股份有限公司）

第 33 章　益普科技：半导体芯片制造产业链的数智化案例

一、行业背景

半导体芯片制造行业作为高新技术产业的核心，近年来在国内得到了快速发展。随着国家对集成电路产业的战略部署和重点扶持，国内半导体芯片制造行业供应链在逐步完善，但与此同时，也面临着一系列独特的挑战和问题。下面将结合国内情况，对半导体芯片制造行业供应链的发展现状、挑战及未来趋势进行深入分析。

1. 供应链发展现状

目前，国内半导体芯片制造行业供应链已经初步形成较为完整的产业体系。从上游的原材料供应，到中游的芯片设计、晶圆制造，再到下游的封装测试等环节，都有一批国内企业在积极参与并努力提升技术水平。

在原材料供应方面，国内企业开始涉足硅材料、稀土元素等关键原材料的开采和加工，逐步减少对外部供应的依赖。虽然与国际先进水平仍有一定差距，但国内原材料供应的稳定性正在逐步提高。

在芯片设计和制造环节，国内企业也在不断努力追赶国际先进水平。一些具有实力的企业开始能够设计出具有市场竞争力的芯片产品，并在晶圆制造方面取得了重要突破。同时，国家通过设立专项资金、建设产业园区等方式，为行业的技术创新和产业升级提供了有力支持。

2. 面临的挑战与问题

尽管国内半导体芯片制造行业供应链在不断发展完善，但仍面临一系列挑战和问题。

首先，技术创新能力不足是制约行业发展的关键因素。虽然国内企业在某些领域取得了一定进展，但整体上与国际先进水平相比仍存在较大差距。特别是在高端芯片设计和制造方面，国内企业缺乏核心技术和自主知识产权，难以在市场竞争中占据优势地位。

其次，人才短缺也是行业面临的一大难题。半导体芯片制造行业需要具备高度专业化的知识和技能，而国内相关人才储备相对不足。这导致企业在招聘和留住人才方面面临较大困难，影响了行业的持续发展和创新能力提升。

此外，国际竞争压力也不容忽视。随着全球半导体市场的不断扩大和竞争的加剧，国内企业需要不断提升自身实力，以应对来自国际市场的挑战。然而，由于技术水平和市场经验的不足，国内企业在国际竞争中往往处于被动地位。

3. 未来发展趋势

展望未来，国内半导体芯片制造行业供应链将呈现以下发展趋势。

首先，技术创新将成为推动行业发展的核心动力。国内企业需要加大研发投入，加强关键技术研发和创新能力建设，突破技术瓶颈，提升产品性能和竞争力。同时，还需要加强与国际先进企业的合作与交流，引进先进技术和管理经验，推动行业的技术进步和产业升级。

其次，产业链协同和整合将进一步加强。为了提升整体竞争力，国内企业需要加强上下游企业之间的合作与协调，形成紧密的产业链合作关系；通过优化资源配置、提高生产效率等方式，实现产业链的协同和整合，提升整个供应链的竞争力。

再次，绿色环保和可持续发展将成为行业发展的重要方向。随着国家对环保要求的不断提高和市场对绿色产品的需求增加，国内企业需要加强环保意识和环保管理，推动绿色生产和可持续发展；通过采用清洁生产技术、加强废弃物处理和回收利用等方式，降低生产过程中的环境污染和资源消耗。

最后，国内市场的不断扩大和需求的不断增长将为行业提供更多机遇。随着国家对集成电路产业的持续扶持和市场的不断拓展，国内半导体芯片制造行业将迎来更加广阔的发展空间。同时，国内企业还需要密切关注市场动态和用户需求变化，及时调整产品结构和市场策略，以适应市场变化并抓住发展机遇。

二、企业介绍

工业数字化转型是近年来的趋势，随着互联网的发展，相关软件技术近20年来进入了快速发展阶段，这些改变为半导体智能制造行业带来了划时代的变革，为生产自动化打开了新局面。半导体智能制造属于高精密的制造行业，生产工艺精细化、复杂化，而信息化系统是提升产能和良率的必要工具。因此，依靠传统的ERP系统，仍然会出现各生产环节协调不一、缺乏效率的情况，在很大程度上影响了半导体公司的整体生产质量以及生产效益。

益普以优化流程和强化管理体制为基础，以降本增效为核心，为客户提供了以Si-Factory产品体系为基础，以MES（制造执行系统）为核心，针对半导体智能制造行业的生产执行系统方案，涵盖工艺流转管理和EAP（设备自动化）、QMS（质量管理）以及DMS（数据分析治理）等模块，解决生产实际问题，加上MenuTooling（智能制造工具箱）、半导体ATESTDF（半导体自动测试设备的测试数据文件）数据分析、尾数管理智能柜、标签自动打印系统等细分管理领域IT工具，从而实现现场人机料法环的精益管理，提升各个生产环节之间的协调度。

益普独立研发的“半导体智能制造MES系统”，帮助企业实现生产车间工艺及管理流程的数字化，实现生产设备的数据采集及互联互通，实现基于生产全流程的DieLeve（芯片级）晶圆颗粒级别的可追溯系统，打通了生产现场到计划系统间的“信息鸿沟”，并通过DataRobot（数据机器人）产品进行数据挖掘与分析，实现“提质、增效、降本、减存、协同”，提高国内半导体厂商核心竞争力。由于解决问题精准，市场认可度高，客户占有率高。

益普现有技术在行业中专业化程度较高，通过精细化的管理和新颖的经营理念公司在市场上的占有率始终得以保持领先状态，在解决企业内部数字化的基础上，也可解决上游IC设计企业及国外半导体客户在交货周期、工艺技术指标等不可控因素，并与上游IC设计厂家、下游半导体应用及终端厂家达成了初步的产业协同。

三、企业主要做法及成效

1. 主要做法

以半导体芯片封装测试以及LED（发光二极管）等泛半导体为代表的高端离散加工产业链企业，由于自动化设备密集、生产工艺复杂且订单呈现小批量、多品种的特点，加之工序多、质量要求严苛，生产运营管理面临很大压力；以深圳市盛元半导体有限公司案例分析为例，其主要从事半导体功率器件的封装及测试代工生产业务，年营业额4亿元左右，生产制造车间管理有以下几点痛点。

①客户协同难度大：由于其为代加工制造，需要实时同步生产进度给客户，PMC团队有10余人，人工成本高；且插单、急单无法实时同步，PMC跟单效率低。

②生产效率低：生产设备有400余台，设备利用率（稼动率）只有60%左右，浪

费严重。

③存料成本高：现场工序多，WIP（在制品）管理乱，堆料、丢料严重。

④绩效衡量差：生产设备技术员，工资高，工作量不好量化，无绩效KPI指标，劣币驱逐良币。

⑤质量要求高：其主要客户为国内一线IC设计公司，要求实现全流程质量追溯保障。

为了解决上述问题，益普通过构建“面向半导体封测及相关产业链企业的工业互联网数字化车间”，实现“数字化车间精益管理”，从“制造协同”入手，逐渐过渡到“协同制造”，帮助企业客户实现明显效率及收益的提升。

益普项目基于可视化、知识化、模型化、集成化、自动化、数字化的理念及半导体行业智能化解决方案等方面的基础优势，核心建设“面向半导体芯片制造行业及其上下游产业链的数字化车间工业互联网平台创新应用”，基于新一代信息技术，研发半导体行业深度解决方案：SiFactory SMES半导体智能制造执行系统。

SMES主要服务于半导体上下游产业链企业，由智能控制、智能生产、智能分析三个部分组成，其将与企业现有或未来的ERP深度融合，实现计划、生产、采购、质量、物流等方面有效监督和信息共享的统一数字化管理平台。

SMES半导体智能制造执行功能主要包括：智能控制、智能生产、智能分析三个核心部分。智能生产部分，针对生产全流程的工艺管控及可追溯体系；智能控制部分，针对半导体设备联网及控制EAP（设备自动化）系统；智能数据分析系统，核心以DataRobot（数据机器人）为主，实现半导体生产及测试数据分析及治理，最终实现半导体行业的智能化制造、网络化协同、客户服务化延伸。

（1）MES智能生产：半导体生产执行过程管理系统功能。

半导体生产过程执行系统作为一套面向制造企业车间执行层的生产数字化管理系统，引进后为企业提供包括制造数据管理、计划排产管理、生产调度管理、库存管理、质量管理、工作中心/设备管理、采购管理、成本管理、生产过程控制、底层数据集成分析、上层数据集成分解等管理模块，为企业打造一个扎实、可靠、全面、可行的制造协同管理平台。通过反馈结果来优化生产制造过程，强大的统计报表为企业管理决策提供实时、准确、可靠的生产数据，提高公司核心竞争力。

SMES半导体制造过程主要体现在在制品管理。在制品管理包括批次作业报工管理、订单进度管理、批次调度管理、良率管理、交期管理、结批管理、产量管理。产品部分主要功能如下。

①在制品辅助排单（Assistance Production Planning & Scheduling）。

对于生产过程复杂多变的离散制造企业而言，其生产面临重重考验，如生产作业计划频繁变更、制造工艺复杂，生产过程中的临时插单、材料短缺等现象。益普通过搭建生产协同管理平台，加强控制力、执行力和同步性，从而缩短交货周期并减少库存，提高效益和利润，让生产计划、生产准备、执行管理和现场生产过程实现制造过程全控制。产品通过 FIFO（First In First Out，先入先出）、锁批提醒、尾单提示等辅助排单功能，实现在制品在生产线的快速排单，减少资源浪费。

②LOE（Lot Operation Engine 批量操作引擎）——半导体批次作业流程引擎。

半导体由于工艺路线长、工序复杂、生产过程异常变更多，基于批次经常要发生复杂的操作。比如 Move（批次转工序）、Check In（批次上机）、Check Out（下机）、Split（拆批）、Combine（合批）、Hold Lot（锁批）、Release Lot（解锁）、Return（返工）、Tail-end（包装尾数）分割等，还经常发生批次分割后与其他批次融合，进而返工、分档，这种反复的操作，还要保证数据整体逻辑自洽，对批次作业引擎的开发设计提出很高的要求。益普经过 4~5 个版本的迭代，自研完成了半导体 LOE（批量操作引擎）的开发，可以无缝覆盖半导体、泛半导体相关行业，实现现场批次的精准作业。

③WIP（在制品）管理。

益普基于半导体各工序在制品的数据及时间，对 WIP（在制品）进行可视化管控。支持各个产品及工艺路线的筛选查看，以及数据的深度钻取。

④PRE（Process Routine Engine，工艺流程建模）半导体工艺流程建模引擎。

益普基于半导体制造的 IE（工业工程）基础及理论模型，实现基于 IEDB（IE DataBase 工业工程数据库）流程逻辑引擎 PRE（工艺流程建模）。PRE 以半导体制造运营逻辑为核心，构建工艺流程工序模型、工序控制参数模型；同时基于 IEDB 实现工艺流程控制计划（Flow Chart & Control Plan，FCCP）。

（2）EAP 智能控制：基于半导体专用通信协议 SECS/GEM 的半导体封测设备感知功能模块。

①基于 SECS/GEM 联网的设备联网管理。

益普通过基于 SECS/GEM 协议的设备联网，实现设备 EAP（设备自动化）智能控制，设备支持与 AGV（自动导向车）进行连接通信。实现设备的上下料与 AGV（自动导向车）的无缝对接；实现配方管理（Recipe Management，RMS），对产品的配方集中管理；设备具体运行关键参数，进行自动统计汇总，通过 SPC 统计过程控制、直方图、六西格玛分析等智能算法，实时预测产品质量趋势；实现设备状态实时监测（Real Time Monitoring，RTM），报警自动分析，自动分析设备

OEE（稼动率）、MTBF（平均故障间隔时间）等数据指标；管理停机会自动触发运维工单，现场可以通过 App 与设备进行直接交互，提高运维效率；实现设备远程控制（Remote Control Management，RCM）；实现 wafer map（晶圆图）的跨工序传输、匹配、解析、追溯；匹配常见的 wafer map file（晶圆映射文件）；实现设备关键备件、耗损件的寿命监测、预警，通过设定规则，实现预测性、预防性维护。

②基于 IO 数据采集的设备稼动率提升管理。

稼动率是指设备在所能提供的时间内为了创造价值而占用的时间所占的比重。时间稼动率是指相对于生产时间（负荷时间），实际生产物品的时间（稼动时间）所占的比率，是以机器设备的稼动时间除以最大负荷时间而得。时间稼动率无法完全表现设备对生产的贡献程度。若性能稼动率变小，则可判定生产相关设备的效率降低。设备全生命周期管理平台的可视化，具体包括可视化设备建模、可视化设备安装管理、可视化设备台账管理、可视化巡检管理等内容，表现为对企业设备进行几何建模，可以直观、真实、精确地展示设备形状、设备分布、设备运行状况，同时将设备模型与档案等基础数据绑定，实现设备的快速定位与基础信息查询。

（3）一键防呆包装标签打印管理 E-label。

半导体生产型号多，标签种类复杂，分为外箱、内箱、盘标签，依靠员工通过标签软件制作打印标签，容易出错，导致 Low-tech（低级错误）的客户投诉。E-label 通过一键自动打印标签，支持标签内容自定义，系统通过 MES 制造执行接口字段，自动生成并打印标签。同时，所有订单的物流单号支持通过系统管理/反查询并反馈给客户，再将每日和每月的发货数据生成统计报表。

（4）智能数据分析。

DataRobot（数据机器人）DMS（数据分析系统）智能分析部分，通过对前两部分数据积累，针对半导体工艺的特点，实现数据模型的建立，实现基于数据分析的数据分析应用，如 YMS（低良率分析系统）、STDF（测试数据文件）系统（针对 FT 测试结果数据的数据分析可视化系统）、智能决策系统等。

数据机器人应用场景举例：基于 ATE（自动测试设备）STDF（测试数据文件）的分析系统。

2. 主要成效

（1）经济价值。

项目实施后，盛元半导体经济收益有如下几点。

①通过士兰微、华润微等高端审厂要求，并每年为公司节省成本约 300 万元。

②实现全流程管理、生产过程防呆、质量预警，产品生产效率提高 15%左右。

③交期管理效率显著提升，生产过程进度透明化，生产线产品不良率由原来的 3%降低为 1.5%。

④设备稼动率提升 8.8%，并且通过大数据智能分析，降低人员数据统计时间，提高部门协同效率。

⑤本项目的实施为公司承接高端客户订单打下很好的基础，为公司增加 3000 万元以上的营业收入，公司增加纳税约 200 万元，促进公司年经济增长率达 25%以上。

（2）转型变革。

①降低成本。

对于企业的生产现场而言，益普 MES 制造执行系统可以采集现场数据及异常加工信息，实时调度生产计划及合理分配资源及人力，保证生产现场活动的继续，并监控设备使用情况，降低设备闲置率。

②提高生产效率。

MES 制造执行系统对在制品的加工过程采取实时监控，通过系统的反馈机制严格把握每个批次在每个生产环节中的加工情况，及时调整生产现场的生产活动及异常信息从而保证在制品的质量；并致力于优化管理在制品的加工流程，对每个批次的加工流程进行记录，实现产品的全程追溯。利用 MES 制造执行系统将生产现场的实时数据提供给计划层 ERP 系统，便于企业高层掌控生产现场的制造能力。

③实现生产协同。

益普通过搭建协同生产协同管理平台，加强控制力、执行力和同步性，从而缩短交货周期并减少库存，提高效益和利润；让生产计划、生产准备、执行管理和现场生产过程实现制造过程全控制。

3. 项目先进性

益普产品对标国外半导体软件——美国应用材料（Applied Materail）及西门子的 Camstar 制造执行系统（MES），上述两家供应商主导了国内外半导体制造及封装测试制造执行系统市场份额。但由于产品价格昂贵，动辄上千万元人民币，国内大量的半导体制造企业处于起步阶段，利润率不足以承受过高的软件成本。随着国内半导体制造业从无到有、从弱到强，数量从少到多，整个行业需要适合国内半导体企业现状的数字化车间 MES 产品。

益普旗帜鲜明地从半导体智能制造行业数字化车间服务出发，对标国外同类型软件产品，结合国内制造业运营现状，填补国内空白，持续坚持研发投入，经过10年积淀，公司独立研发的“硅芯似箭”SiFactory半导体数字化工厂产品体系，建立了半导体智能制造MES的创新应用试点示范。该体系构建于中国自有知识产权的业务平台之上，以工业物联网IIoT数据采集技术为基础，结合半导体智能制造复杂生产模式及工艺特性，采用系统集成与通信网络架构方案，快速占领国内市场，成功解决上游企业在技术指标、交货周期、价格等不可控因素，帮助企业实现操作简单、快速交付、低成本、易运维，提高国内半导体设备厂商核心竞争力。

国外公司的优势往往是产品链长，但由于面向全球不同国家、不同行业营销，功能具有通用性，很难照顾到一个细分领域，这就为本土MES软件企业提供了发展机会。益普经过10年积淀，研发针对半导体产业硅片材料、外延、芯片制造、封装与测试等的制造供应链生产管理，提供半导体硅片材料、外延片、芯片制造、流片、集成电路封装测试、分立器件封测、LED（发光二极管）封装测试、电子组装等产业完整的生产管理与系统导入，有效提升工厂营运效率、缩短交期、降低成本、提高产品质量，实施即时生产管制、智能预警降低营运风险，优化企业竞争能力，也为产业与其上、下游整合提供基础。

四、推广价值

益普坚持自己独特的实施方法论及行业化、产品化、工业软件功能封装化（模块化）等路线。

实施方法论：坚持像制造业导入新产品（NPI）一样导入数字化车间应用，从试点批次到试点产线，再全面推广的方案，可以把问题消除到早期，促成项目快速上线。

数据驱动代替流程驱动：从之前的纯流程管理软件，到IT与OT（运营技术）融合的IoT方案，即数据由设备及传感器自动产生，通过自动产生的数据驱动人的精益管理流程。项目对人的依赖性低，成功率高。

产品化路线：对于客户提出的定制化需求，益普成立了RRC需求评审委员会，对客户提出的需求进行集中评审。如果是行业通用需求，则会给客户一个产品迭代周期，不收取开发费。如果客户必须要求马上上线，则收取“开发加急费”。这种方式保证了大部分客户会按产品迭代节奏走，保证了产品化路线，以及在客户现场部署的高效性，降低实施成本，也降低了客户的综合成本。

工业模块化路线：实现各模块各个需求功能应用场景的独立性，坚持工业互联网平台+工业App的开发部署模式，“不重复造轮子”，每个工业App都可以解耦，可以安装和卸载，提高产品开发的复用能力和产品行业的生命力。

行业化路线：益普坚持行业化路线，坚持认为只有在行业内复制解决方案，才能有不错的利润来支撑持续的研发投入。在半导体封装测试行业内大量复制客户后，益普向半导体封测行业上下游关联行业扩展，由于此类行业与半导体行业工艺类似、管理方式类同、生产设备也基本相同，SiFactory 的方案推广应用的难度就降低了很多。

益普坚持上述的经验和做法，在半导体行业复制了上百家客户，市场认可度得到显著提高，并随着近几年半导体智能制造企业数量的迅速增加，在国内半导体行业获得了大量的应用，在国内半导体智能制造细分领域的市场占有率占主导地位。2022 年被知名半导体行业媒体评选为“半导体智能制造优秀服务商”，被知名数字化媒体评选为“半导体行业数字化年度品牌奖”。益普凭借优秀的技术能力成为国家高新技术企业和专精特新企业、国家智能制造 AA 级服务商、深圳市双软企业，入选广东省上云上平台供应商目录、广东省工业互联网资源池企业 A 类产品供应商、广东省工信厅智能制造生态合作伙伴、深圳市“工业互联网服务商培育”计划，产品入选工信部工业互联网 App 优秀解决方案等，企业进入佛山、厦门、芜湖、江门等多地政府工业互联网资源池。

（深圳市益普科技有限公司）

第 34 章　中科云谷：智能工厂柔性物流解决方案

一、行业背景

工程机械是装备制造业的重要组成部分，是国民经济发展的重要支柱产业之一。工程机械行业是典型的强周期行业，在产品销售上呈现明显的周期性。作为高端装备制造业，工程机械对投资规模和技术水平要求非常高，其生产特点是多品种、小批量，属于技术密集、劳动密集、资本密集型行业。

中国工程机械制造企业经过十余年的快速发展，目前已趋于白热化的市场竞争和供大于求的市场现状，简单的设计和生产产品已不能满足当下市场的竞争需求，企业需要根据市场与客户个性化做到快速响应，这为工程机械制造企业的供应链管理带来了极大的挑战。

（1）由于市场需求的变化，企业需要不断调整自己的生产计划和采购计划，预测性生产和按客户订单设计生产并存，紧急插单、撤单情况经常发生。

（2）产品层次复杂，结构庞大且呈现系列化，属于多品种小批量的典型离散制造。

（3）客户需求多变，定制化程度越来越高，生产物料需求千变万化，企业难以应对柔性制造带来的各种供应链问题。

（4）物流配送效率低，生产物流配送采用人工或叉车配送，物流自动化率较低，无法保证配送及时性及准确性，订单交付存在风险。

（5）周转容器利用率低，生产配送过程中，物料配盘未做精细化管控，容器利用率低导致整体物流配送效率降低。

（6）线边库存积压，未做拉动式生产导致线边需求不明确，企业没有准确的配送需求指引，导致线边库存积压，占用企业库存资金。

随着信息技术的不断发展，企业数字化转型和智能制造产业升级是大势所趋，企业在转型道路上，需朝着核心业务数字化、产品高度自动化和管理流程高度信息化的目标发展，以实现全链条的互联互通和闭环控制；同时随着云计算、大数据、人工智能、区块链等数智化技术蓬勃发展，数字化逐步渗透到供应链服务行业。以数智化能力为核心的方案设计与一体化服务能力相结合，将有效提高供应链各环节的协同效率，实现物流、商流、信息流、资金流的平台化共享，极大延伸了供应链行业服务空间。

数智科技与供应链服务各类场景的有效结合，将会不断催生更高效的服务模式，并有力促进供应链行业生态变革。科技结合的场景包括：物流设施数字化改造、安全仓库系统构建、多式联运系统对接、货运资源平台整合、供应链金融数智解决方案、产业链服务平台赋能等。

二、企业介绍

中科云谷科技有限公司（以下简称“中科云谷”）于2018年在上海成立，是中国装备制造标杆企业——中联重科拥抱新技术、新业态、新经济，倾力打造的跨行业、产融结合的工业互联网公司。其管理团队除来自中联重科外，还囊括了全球顶尖科技公司、知名院校以及大型央企的高管、教授、技术和运营人才，目前员工1000余人，其中80%以上为技术研发人员，30%以上具备硕士、博士研究生学历。

基于中联重科十余年的探索和积累，中科云谷工业互联网平台已连接超过50万台套价值千亿级别的设备资产，采集超过10000种数据参数，存量数据超过PB级别，具备设备链接、工业互联网平台、大数据分析、微服务App等多层次价值服务能力。

中科云谷以应用场景为核心，依托长期依赖的物联网、数据科学、工业AI方面的积淀，聚焦工业、农业、产业金融等重点领域，解决智能制造、企业经营、政府监管、城市建设、应急救援、农业种植等典型业务场景中的关键痛点，实现客户价值最大化，助力客户降本提效与创新商业模式。

三、企业主要做法及成效

中联重科智慧产业城智能工厂集群在“多品种”“小批量”“零件多”“高节奏”“链条长”的特点下，通过建设智慧物流管理系统，整合供应商、仓储产能库存、物流资源，保证供应及时、质量可靠、成本合理、风险受控、合规透明。实现供应企业、制造企业、销售企业全面连接、高效协同、智能决策，解决传统供应链上下游企业信息协同不及时、市场响应速度慢等问题，提升产业链资源周转效率。整体业务流程如图1所示。

中联重科整体业务架构中智慧物流管理系统对接SAP、生产、仓储、采购等业务系统及WCS（仓库控制系统）实现物流业务的信息传递及执行。

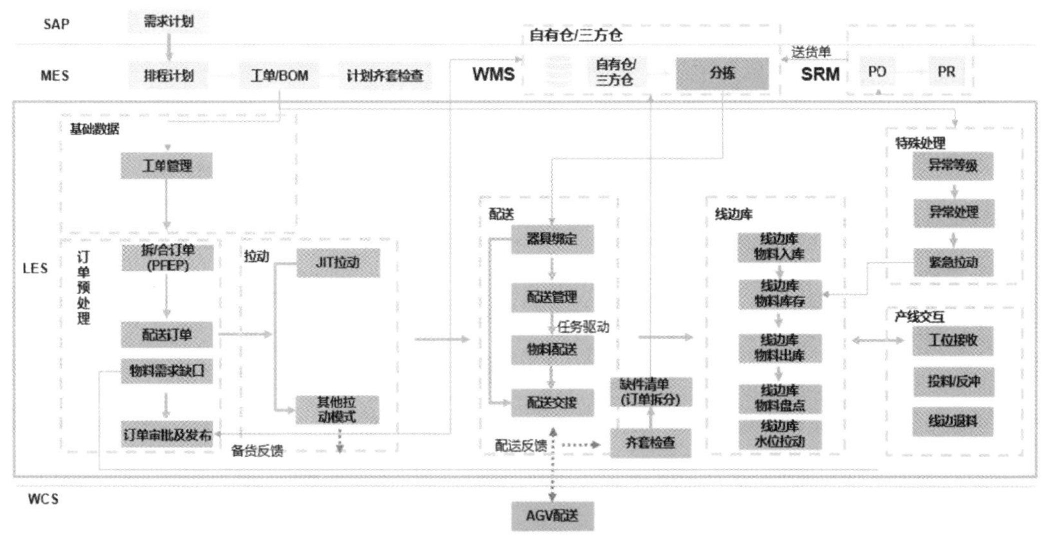

图1 整体业务流程

（1）中联重科基于未来生产计划的物料需求，结合采购在途及库存现有量，判断需求缺口并生成按需供货单，小批量多频次配送降低自有库存量。

（2）中联重科基于生产系统中工单物料清单（Bill of Material，BOM）计划进行订单预处理，将配送需求转化为配送任务，结合系统灵活的组盘策略实现柔性制造所需的配送需求。

（3）中联重科以分拣效率提升为出发点，结合分拣组波策略、分拣物料暂存、分拣公共物料调度等优化措施，达到分拣效率提升，助力企业产能爬升。

（4）中联重科基于三级拉动的生产物料配送，从供应商—仓库—线边库—产线形成多级拉动，满足生产所需的物料需求。

（5）中联重科基于车间点位复用多类型容器困难的问题，构建点位模型，满足点位可容纳多种容器类型，减少车间内所需点位的空间规划需求。

1. “按需供货”管理模式升级，达成分钟级配送节拍

按需供货方案通过将计划、生产、采购、仓储、物流等系统集成，打通各系统信息孤岛，滚动计算生产物料需求缺口，小批量多频次生成供货订单，根据企业生产需求按需供货，从而有效降低企业自有库存。

中联重科智慧产业城智能工厂当前生产节拍达到分钟级，仓储物流配送转型为自动化模式，配送模式多、物料品类多、供货周期差异大，传统单一按时间交付模式无法精准响应生产节拍，易造成库存成本居高不下、有效库存占比低等问题。智慧物流管理系统基于此场景对物料需求进行精确滚动计算，联动生产、物流、三方仓、供应

商仓数据，实现小批量多频次物料需求的三级拉动，按需供货、降低自有成本。库存货物流向示意如图 2 所示。

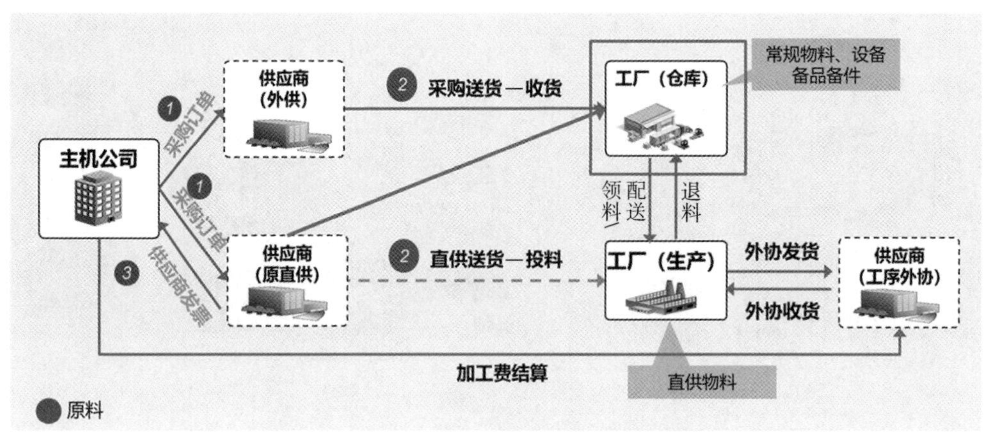

图 2　库存货物流向示意

（1）中联重科通过 LES 与 SRM/WMS/SAP/MES 数据集成，结合需求计划、实时库存、在途量等各因素滚动计算生产需求缺口，小批量多频次下单供货，降低企业库存成本。

（2）中联重科基于物料供应商供货周期数据统计分析，建立物流配送数据模型，实现了不同物料不同供应商在不同产地按时送达，配送准确率和及时率显著提高。

（3）集团事业部在实施小批量多频次的按需供货模式后，仓库的库存资金显著下降 25%。

2. “柔性配盘”算法模型支持柔性制造

柔性配盘方案通过对生产物料构建物流配送模型，定义配送物料的物流属性及组盘规则，同时基于生产工单及 BOM 的物料需求，对物料需求进行拆合处理并智能匹配组盘形式、配送模式等，以实现柔性制造场景下多品种、小批量、定制化生产物料的配送需求，满足企业生产线混品混型生产需要。

工程机械行业属于典型的“多品种、小批量、定制化”离散型制造业，产品呈现高度分散的状态，产品种类多、BOM 变化快，单机型下存在非常多的产品编码及 BOM 版本，而产线一般是混型生产，这导致物流系统需要依据生产计划做非常精确的 BOM 匹配，对物流的准确性要求高。针对中联重科各事业部多品种小批量的生产模式，智慧物流管理系统基于 PFEP（Plan For Every Part，单零件计划）维护 BOM 物料的组盘规则，包括配送物料所使用的托盘，每个托盘能装多少台套，配送此台套物料到具体的配送工位等。结合 MES 系统下发的已排好序的生产工单，系统在这些基础上对配送物料进行组合排序，生成对应的配送订单，满足产线柔性生产需求的同时保证配送效率。详细实现方案如表1所示。

表1 PFEP（单零件计划）简单样例

物料编码	工位编码	最大台套数	托盘类型	配送点位
A1	S1	4	T1	D1
A2	S1	4	T1	D1
A3	S1	4	T1	D1
A4	S1	4	T1	D1
A5	S1	4	T1	D1
A6	S2	2	T2	D2
A7	S2	2	T2	D2
A8	S2	2	T3	D2
A9	S2	2	T3	D2

（1）企业可以根据配送点对应托盘类型的最大承载台套数量，对多工单物料进行组合配盘，提升托盘使用率，同时多台套组盘的形式可减少生产配送频次，提升整体物流效率。

（2）传统的单一整机大批量生产场景下（如电子行业），工位BOM物料统一，在计算工位物料使用情况时，只需要知道BOM物料信息，与生产的整机台套数相乘就可以得到物料需求总数。而柔性生产的场景下，需依据每种类型的托盘能装载物料的最大台套数来计算此托盘订单的物料总需求，这样能在工位BOM物料不一致的情况下按需配盘，满足柔性生产的需要。

（3）结合生产工单的计划顺序，即便是混机型生产，且工位BOM不一致，只要按照托盘台套数来累加工位物料，系统便能根据生产顺序依次生成工位物料的配送计划单。

（4）基于PFEP的柔性组盘配送方案（见图3）已在中联重科智慧产业城多个事业部推广实施，以土方事业部为例，在方案实施前，生产物流配送主要以单台套配送为主，上位系统在每个工单下发生产时对工单BOM物料按工位进行拆解生成配送订单给到仓储系统进行备货，仓储按单台套备货后发往产线，导致托盘利用率极低且频繁地配送导致物流设备使用频率极度紧张，在切换至柔性组盘方案后，托盘利用率提升4~6倍，整体物流效率提升300%。

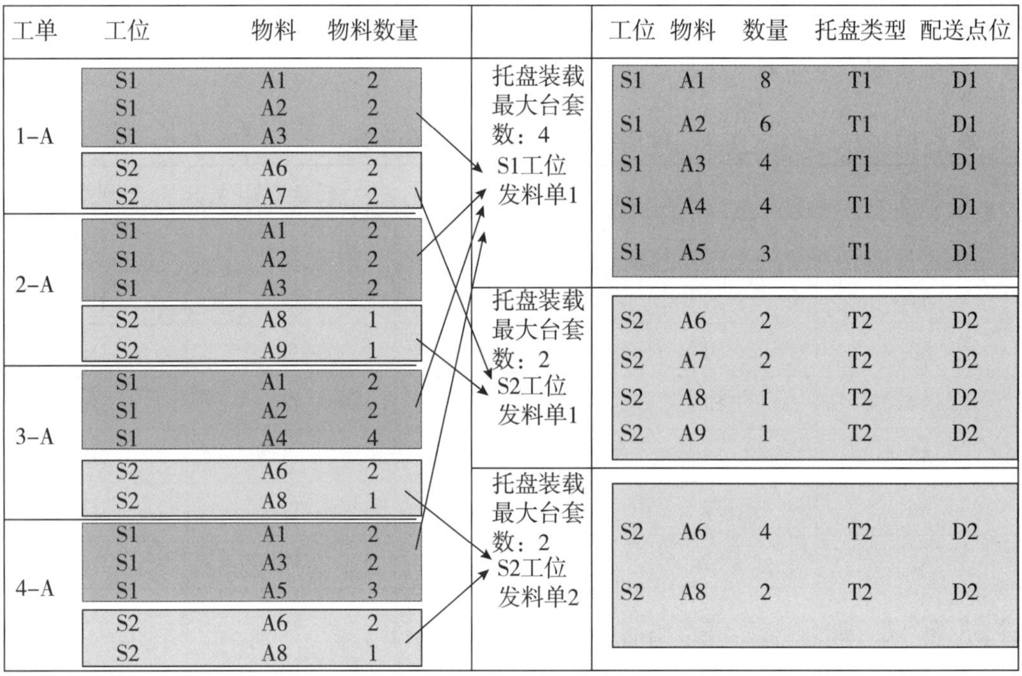

工单	工位	物料	物料数量
1-A	S1	A1	2
	S1	A2	2
	S1	A3	2
	S2	A6	2
	S2	A7	2
2-A	S1	A1	2
	S1	A2	2
	S1	A3	2
	S2	A8	1
	S2	A9	1
3-A	S1	A1	2
	S1	A2	2
	S1	A4	4
	S2	A6	2
	S2	A8	1
4-A	S1	A1	2
	S1	A3	2
	S1	A5	3
	S2	A6	2
	S2	A8	1

	工位	物料	数量	托盘类型	配送点位
托盘装载最大台套数：4 S1工位发料单1	S1	A1	8	T1	D1
	S1	A2	6	T1	D1
	S1	A3	4	T1	D1
	S1	A4	4	T1	D1
	S1	A5	3	T1	D1
托盘装载最大台套数：2 S2工位发料单1	S2	A6	2	T2	D2
	S2	A7	2	T2	D2
	S2	A8	1	T2	D2
	S2	A9	1	T2	D2
托盘装载最大台套数：2 S2工位发料单2	S2	A6	4	T2	D2
	S2	A8	2	T2	D2

图 3　基于 PFEP（单零件计划）的组盘示例

3. 基于运筹优化算法实现智能分拣，提升分拣效率

生产配送及时性制约着产线生产效率，出库分拣效率低导致产线间歇性停工待料已成为产能提升的一项瓶颈，智能分拣方案以分拣效率提升为出发点，结合分拣策略、分拣物料暂存、分拣公共物料调度等优化措施，达到分拣效率提升，助力企业产能爬升。

工程机械制造企业的生产工厂中主要包含结构车间、涂装车间、总装车间，从涂装车间下线到总装车间上线生产时间的间隔比较短，如中联重科智慧产业城薄板件工厂中涂装车间下线后，离总装车间第一个工位生产上线的时间间隔仅需 2~4 小时，总装车间在物料出库分拣环节的效率直接制约着总装车间整体产能，分拣效率低，物料无法按期配送至线边，则线边会存在停线等料的情况。智慧物流管理系统以分拣效率提升为出发点，提出智能分拣方案，在分拣业务流程中各个环节综合考虑分拣效率提升，达到整体分拣效率满足产能要求的效果。

（1）为达到多分拣工位同时分拣且多工位可分拣共用物料的效果，在分拣执行前，对分拣订单按规则进行组波，对分拣订单中的物料进行比对，将订单物料相似度较高的订单组为一个波次，同时综合考虑订单的交付时间。

（2）在分拣执行前，对下一个即将分拣的波次订单物料进行检索，判定分拣缓存区是否有对应的分拣物料，如果没有，提前将物料配送从立库或者平库配送至分拣缓存区，减少货到人分拣时物料的等待时间。

（3）在分拣执行过程中，多分拣工位同时分拣，利用运筹优化算法计算共用物料的最优去向，如果有共用物料需要多工位使用，在某个工位分拣完成此物料后，判定是否其他工位还需要使用，如果要用，则优先配送至其他分拣工位，如果其他分拣工位还在分拣且无点位存放，则将此物料配送至分拣缓存区等待分拣工位有位置时再配送。如果分拣后物料无须再用，则将物料配送至仓库以减少缓存区库位使用压力。分拣缓存区的使用可有效降低分拣过程中物料搬运的时间，提升整体分拣效率。

（4）在分拣执行过程中，为工作站分拣人员提供分拣指引界面，提示操作员从哪个分拣点位分拣托盘中拣什么物料、拣多少，以及要拣到哪个目的点位目的托盘中，同时提供图形化的指引界面，方面操作工能便捷地了解到分拣操作步骤及分拣进程。

（5）在分拣执行完成后，如果整个波次分拣完成，系统自动判定当前波次的剩余物料是否在下个波次中还需分拣，如果还需分拣，则分拣后的物料配送至缓存区，如果不需要，则回到仓库存储，同时基于下波次所需物料提前出库至分拣缓存区，波次切换过程中减少分拣人员等待物料的时间。

4. “三级拉动”满足生产需求，降低供应链整体库存

三级拉动方案通过构建供应商—仓库—线边库—产线的多级拉动模式，形成供应商/三方仓到自有仓库、自有仓库到线边库、线边库到产线的多段物料拉动，生产物料基于库存水位、过点信号、反空信号等多种触发方式形成良性循环拉动，满足生产所需的物料需求。

工程机械行业由于市场需求的变化频繁，企业需要不断调整自己的生产计划和采购计划，且产品 BOM 物料品类庞大，很多生产物料依赖外协外购，这些对工单计划中生产物料的齐套提出非常大的考验，如果要保证齐套生产，则对计划人员制定的生产采购计划提出非常精准的要求。而实际业务场景下，某个产品生产周期一般都比较长，有些可能要经历 3~5 天的生产周期才能下线，很多物料是在生产过程中补齐的，这就导致工单计划很难齐套生产，智慧物流管理系统基于以上业务痛点问题，提出拉动式物流配送方案，解决生产物料紧缺导致生产计划无法开展的问题。详细方案如下。

（1）在生产计划下达至物流系统时，系统根据工单 BOM 拆解配送订单至具体配送点位，并对配送订单进行排序，再依据配送订单排序依次下发至仓储系统进行备货。

（2）系统为线边工位的所有配送点位设定订单水位，在物流系统配送至线边一个订单后，判定下发至 WMS 进行备货的配送订单数量是否低于水位，如果低于水位，则自动补充备货订单至 WMS。这样仓库不需要将整个生产计划的物料全部备货再生产，

可根据实际生产情况按需备货。

（3）除了拉动式按序准时生产（Just in Sequence，JIS）配送外，线边还配备货架来存储标准件物料，如一些螺丝螺母，夹片等。针对标准件的物料拉动，采用JIT模式进行拉动，为线边货架的每一个货位设定物料及补货量，在线边货架中的标准件使用完成后，可按箱整箱补货。三级拉动示意如图4所示。

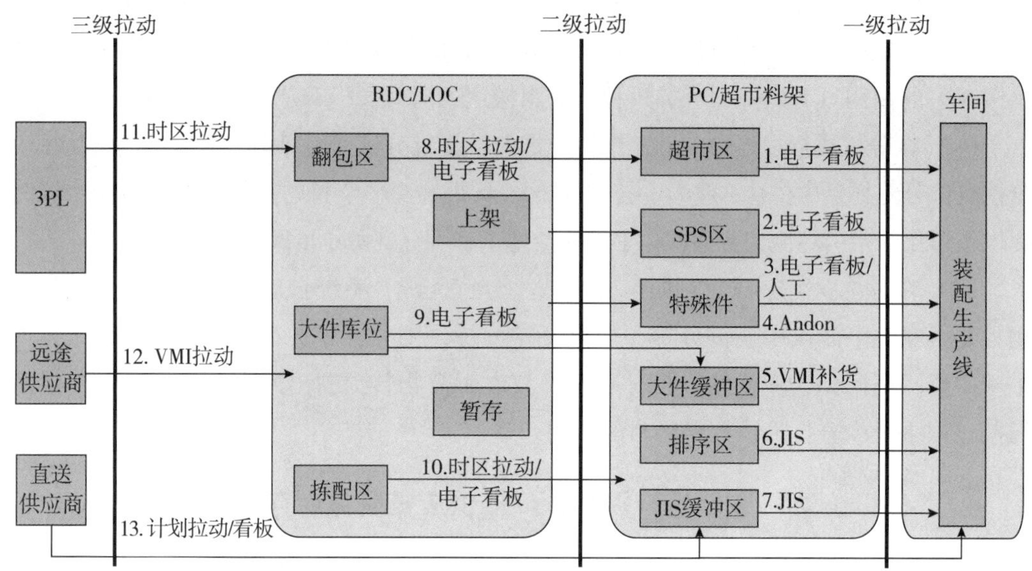

图4　三级拉动示意

（4）拉动式物流方案除了准时制生产（Just in Time，JIT）/JIS拉动外，还支持过点拉动，如涂装车间下线后过点拉动总装车间进行配送，同时支持看板拉动、Andon（安灯）拉动、反空拉动等多种拉动模式，满足各种生产场景需求。

5. 采用数字化虚拟“柔性点位”管理模式，提升车间空间利用率

柔性点位方案通过对配送点位建立数据模型，实现单个配送区域内匹配多种类型尺寸的配送容器，同时支持多个不同类型尺寸的配送容器在单区域内的排列组合，以达到区域空间使用率的最大化，极大减少了车间内点位区域的规划空间。

在工程机械行业中，生产所用零件尺寸大小各异，大的零件如泵车臂架有十几米长，小的零件可能只有几厘米，而不同尺寸大小的零件一般会规划不同规格尺寸的工装容器来承载，企业无法做到工装容器的完全通用和统一，这就导致不同的零件尺寸所用的工装容器可能要往同一个工位上面配送，而工位的作业区域是有限的，无法为每一个类型的工装容器划定一个配送点位。这就要求点位的使用要具备柔性，同点位既可存放大工装，也可存放多个小工装。基于此业务诉求，智慧物流管理系统提供柔性点位分配方案，

有效提高点位、托盘匹配关系，提高生产物流顺畅度。具体方案如下。

（1）建立柔性点位模型（见图5），根据点位分配场景确定区域内不同点位的划分规则，如中联重科高强钢备料中心工厂内，单块作业区域内可存在大、中、小3类工装类型，则系统依据此场景设定不同的托盘类型组合，并罗列点位实际排布规则，确定点位清单。

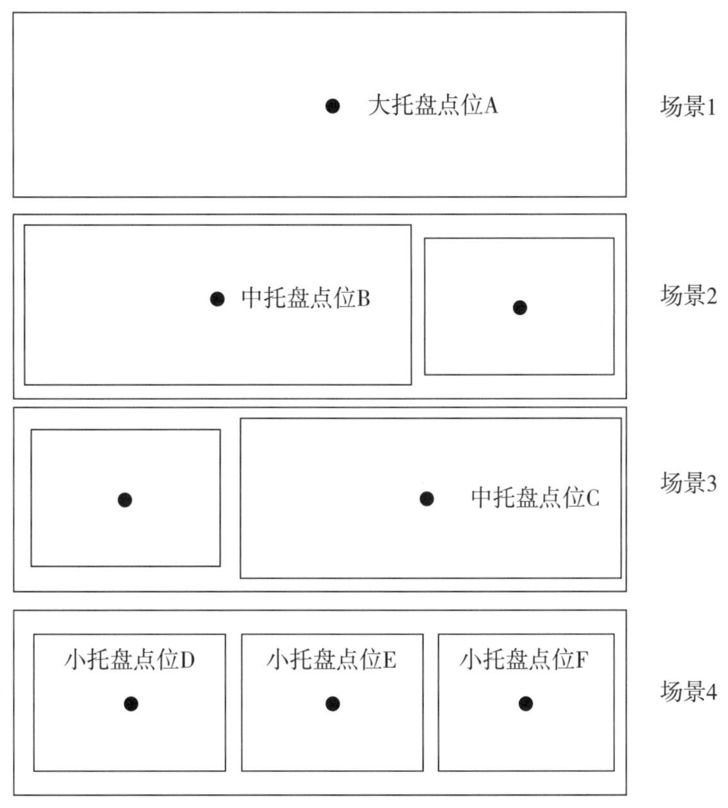

图5 柔性点位模型

（2）根据柔性点位的使用场景，确认柔性区域内点位的排布情况（见图6），并维护区域内每个点位信息作为点位基础信息。

（3）建立柔性区域内点位的关联关系，确定点位干涉情况，如该区域内放置了中托盘B，则小托盘D、大托盘A、小托盘E、中托盘C都被干涉，无法将对应托盘放置在该区域内。

（4）在实际生产过程中，当该区域内点位呼叫工装容器时，系统会自动判定区域内点位使用情况，再依据呼叫的工装容器类型判定合适的配送点位，达到智能匹配的效果。

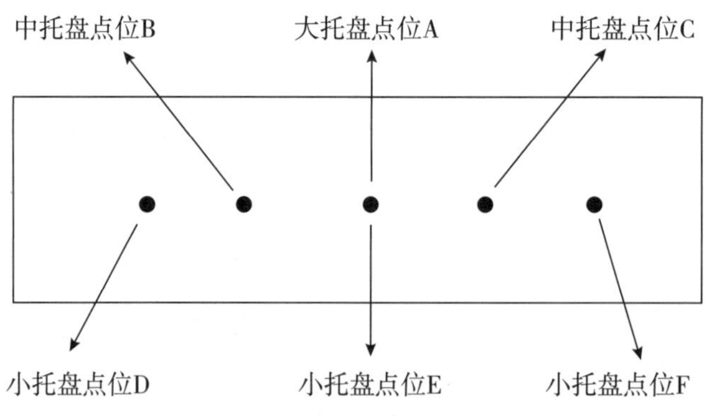

图 6　区域柔性点位排布

四、推广价值

以上介绍的智慧物流整体解决方案是中联重科在建设智慧产业城智能工厂过程中不断探索和实践得来的。为解决生产物流业务环节中涉及的供货问题、配送问题、效率问题、线边库管理问题等，智慧物流管理系统推出了一系列的解决方案。

（1）按需供货方案：解决企业无法根据未来生产计划决策采购计划的供货问题，该方案可有效降低企业采购库存成本，此方案可在各行业推广使用。

（2）柔性配盘方案：解决企业生产过程中配送物料线边时无配盘规则，多台套组盘及柔性制造所需的配送要求。该方案可提升企业整体生产物流效率，适用于装备制造行业。

（3）智能分拣方案：解决企业分拣效率无法满足生产节拍的问题，以提升分拣效率为出发点，帮助企业提升整体物流效率，该方案可在货到人分拣的场景下使用，适用于涉及自动化货到人分拣的行业。

（4）三级拉动方案：解决企业生产物料齐套难，物料紧缺导致停线等问题，该方案适用于工程机械行业、汽车制造行业、电子制造行业等。

（5）柔性点位方案：解决企业工装类型种类繁多、线边空间匮乏等问题，该方案适用于装备制造行业。

（中科云谷科技有限公司）

第 35 章　中铁物贸：构建数字化供应链新发展格局

一、行业背景

近十年来，中国经济面临增长速度换挡期、结构调整阵痛期、前期刺激政策消化期“三期叠加”的复杂局面，传统发展模式亟须变革。党的二十大报告提出全面贯彻新发展理念，加快构建新发展格局，着力推动高质量发展的新要求。数字经济是当今世界科技革命和产业变革的阵地前沿，统筹推进数字经济与实体经济的深度融合是实现高质量发展的重要抓手。2022 年，我国数字经济规模达 50.2 万亿元，总量稳居世界第二，同比名义增长 10.3%，占国内生产总值比重提升至 41.5%，数字产业规模稳步增长。而建筑业整体面临需求收缩、供给冲击、预期转弱的三重压力持续显现，2022 年全国建筑业总产值同比增速降低 4.5%。数字技术和实体经济融合推动新业态新模式创新是传统行业培育发展新动能的发展方向。以数字化驱动传统行业转型升级是建筑业把握新工业革命机遇实现自我突破的核心要素。围绕数字经济，国家层面打出一系列“组合拳”，谋划推进国民经济高质量发展的长远大计。《数字中国建设整体布局规划》、“十四五”规划、《关于加快推进国有企业数字化转型工作的通知》等作出的重大战略部署，立足于我国社会主义现代化建设全局，数字化转型将为深化供给侧改革带来新的生命力，从质量变革、效率变革、动力变革三个层次直接促进深化供给侧结构性改革，从而为新发展格局建立打好夯实基础。

就传统建筑行业而言，信息化建设相比制造业等其他相关产业总体起步较晚，但近年来大量建筑企业涌入数字化转型的风口，加速从信息化发展阶段迈向数字化发展阶段。供应链数字化创新的顶层设计、高层基调、改革决心，仍被传统的管理理念和体制机制所束缚。大多数企业已经充分认识到数字化转型的重要性，但缺乏清晰的战略目标、全局规划和改革决心。数字化转型是量变引发质变的漫长过程，短时间内战略资源的投入可能很难带来即时效果或红利，从而动摇企业数字化转型的决心。此外，产业结构发展不均衡，供应链条所涉及的行业繁多，包括上游原材料制造业、中游物流服务业等，跨行业融合不够深入，且所处发展阶段不一，信息化数字化程度受所属区域经济发达程度、产业平均水平、企业资金规模的影响较大。产业链供应链的协同发展需要每一个企业的共同作用，“木桶效应”会影响产业链供应链横向打通、协调有力的一体化推进格局建成效率。各参与方的数字化思维和接受程度不一致也影响了建筑业供应链数字化协同推进，导致长期可持续发展原动力不足，规模发展进程缓慢。在供应链条协同创新的系统化布局的过程中，因信息化数字化建设程度不一致，容易导致上下游企业间存在数据孤岛现象，对外信息采集、传递及共享时的数据标准不兼容、数据贯通不便等情况，导致数据要素价值释放不足，无法使数据生产要素充分发挥。

在数字技术的推动下，对企业的经营模式、组织架构、业务流程以及客户体验进行全面变革和升级是供应链发展的主流方向，凸显了数字化时代与传统商贸流通行业的融合。以数字化转型融合供应链应用场景，加强数据融合，整合订单需求、物流、产能、供应链等数据，强化产销对接、精准推送，优化配置产业链资源，打造快速响应市场的产业协同创新生态是数字化供应链转型的发展路径。

二、企业介绍

中铁物贸是中国中铁旗下专业从事供应链管理和物资贸易的企业集团。以中国中铁系统内部市场物资集采和供应为主，覆盖战略采购、区域集中采购、投资与总承包项目采购、中铁系统外市场业务、海外业务、电子商务与大数据服务、招标代理服务和原铁道部部管物资代理服务八大业务板块。中铁物贸以“打造世界一流建筑业供应链集成服务领军企业”为目标持续奋斗，先后成为中国物流与采购联合会副会长单位、中国企业联合会信用评价最优评级 AAA 企业、中国招标投标协会副会长单位、北京企业（诚信创建）评价协会副理事长单位，荣获“2020 年中国物流杰出企业”“2020 年中国物流创新奖”，2021 年被列入国家第一批“全国供应链创新与应用示范企业”，2022 年荣获物流创新示范企业和社会责任先锋企业称号，2023 年获评为全国第五批 5A 供应链服务企业。近年来，中铁物贸参与了多项国家和团体标准的编制工作，获得了多项信息化数字化成果奖项。

中铁物贸以“创新与转型升级”双轮驱动战略，积极推进供应链数字化转型升级。在中铁物贸信息化工程建设中，以实现供应链管理全流程信息化集成服务为基础，围绕大宗物资交易，以“连接、协同、共享”为理念，同步开展了中铁物贸“集物平台”和数据中台的建设工作，形成了前、中、后台全方位立体的数字化供应链体系；通过集物平台形成供应链体系运营新动能，数据中台赋能供应链体系数字新优势，业财共享平台夯实供应链体系管理基础，推动着数字化供应链新发展格局建成。

三、企业主要做法及成效

1. 构建中铁物贸数字化供应链体系

中铁物贸全面贯彻国家关于创新驱动发展战略的重要精神，落实国资委《关于中央企业在建设世界一流企业中加强供应链管理的指导意见》的要求，借助自身在物资贸易领域深耕多年的经验和对大宗物资业务的理解，提出“数平化转型”“两个市场”“新双轮驱动”等重大发展战略；顺应数字时代发展大势，响应国家布局适度超前的数字基建的发展要求，助力畅通稳定的产业链供应链循环，围绕服务中国中铁主材供应职责、建成世界一流供应链企业、提升价值创造、创新发展的战略目标，以建筑业企业为主要服务对象，并适度拓宽服务范围，打造以集物平台、数据中台、业财共享平台为一体的前、中、后台全方位立体的数字化现代化供应链体系，实现覆盖全链路的数字化支撑、平台化运营、一体化服务、网络化协同、智能化决策。中铁物贸现代化供应链体系以技术支撑、以数据驱动，对供应链中所涉及的跨企业、跨产业、跨区域运作的业务流、资金流、物流、数据流进行整体运作管理活动，使数字化现代化供应链体系赋能建筑业高质量发展，构建新发展格局。

2. 集物平台形成供应链体系运营新动能

集物平台是中铁物贸打造的建筑业全品类数字化生态平台，包含物贸在线、集物网、鲁班工业品三大业务门户，满足建筑业用户全品类物资数字化采购和管理需求。以电商化交易模式连通产业上下游企业，建立在线交易、物流追踪、仓储监控、结算支付、电子合同、供应链增值、数据资讯、SaaS 化服务及 OTO（线上到线下）服务等为核心的综合服务能力，实现大宗物资与工业品下单、统筹、配送、签收、支付、结算、开票的全流程线上化，最终在平台完成货物流、资金流、票据流、信息流四流合一的数字化作业及管理。

（1）面向上游丰富合作内涵，优化合作机制。打造集物品牌的标杆性，严格筛选战略合作渠道，严把质量源头关，对于重要的战略资源，探索以集团为主体的统筹采购管理模式，叠加总需求，放大规模效应。企业可以依托平台综合考虑供应资源的重要性、供应关系、运输距离等因素，建立数字供应资源网络布局，基于算法模型构建跨区域、跨业态的快速供应模式。同时探索多模式合作、多渠道建设，全面提升供应链应急响应能力和创效空间。

（2）面向下游拓宽合作内容，形成稳定客户群。集物平台以“平台直连”赋能采购销售模式和滚动经营，通过平台级直连和数据贯通以提高工作效能的方式吸引用户共同推动平台化应用。发挥区域公司与专业公司协同经营优势，做好经营渠道、专业品种和专业服务的深度融合，综合分析客户需求，在不同供应链节点分配各项产品和服务的供应能力、仓储能力、运输能力、服务能力等，深化“一切为客户”的服务水平。

（3）面向供应链全链路构建全流程信息追溯和可视化管控的物流仓储网络布局，合理利用第三方物流服务资源，完善管理机制。基于模型算法动态优化物流运输路线，实现物资高效配送交付；打造数字化仓储设施网络，推动资源厂商、施工单位、社会仓储共享机制，借助信息技术和传统仓储设施的融合协同发展，持续提升自身的服务水平和供应链韧性保障能力。

（4）面向供应链各参与方，以增值服务赋能平台运营。集物平台将供应链金融、资讯服务、数据应用等丰富的增值服务嵌入物贸方案中，在提供质优价廉的供应服务的同时配套不同账期、不同支付方式、及时的资讯信息以及数据动态分析以提升物贸方案的不可替代性。集物平台基于业财数据的共享整合，监控分析供应链资金使用情况，防控供应链金融风险，始终将资金链安全放在第一位；加强数据资产运营能力，通过大数据分析挖掘和智能建模，对大宗物资主要品类进行系统性的历史价格走势对比分析和价格预测，对供应链上下游供销、运输等业务管理数据进行动态分析，以数据为驱动提升供应链决策和管控水平；利用大数据技术，加强宏观市场相关资讯新闻的收集整理，为用户把握市场动态提供信息支撑。

3. 数据中台赋能供应链体系数字新优势

数据中台项目是中铁物贸以数据要素全力支撑集物平台的数字运营，持续夯实中铁物贸数字化转型的建设成果。经中铁物贸多年的信息化工程建设和现阶段数字化转型，沉淀了海量数据，构建出一套具备良好的系统性能、较高的处理效率，灵活、易用、安全的数据处理系统，通过全链路数据管理，开展数据治理，汇聚企业级数据资产，打造智能化数据服务中台，建成“一站式”数字能力运营平台，支撑企业智慧运营体系建设，提升企业运营效率。

（1）构建数据组织架构体系。中铁物贸采用集中策略，成立集团数据管理中心，统筹推进全集团的数据管理工作。以数据责任人、数据管家、数据使用者的角色及对应角色的职责，与现有组织架构的业务部门、研发部门进行深度的融合和明确的定位，在“立而不破”的数据治理技术架构基础上，更加有效地落地数据管理体系。

（2）构建数据管理制度体系。中铁物贸加强集团公司数据管理，构建覆盖全面、职能完备的数据管理体系，明确数据责任，推进数据标准建设，提高数据质量，优化数据服务，强化数据安全保障，充分发挥数据价值。依据国家及上级单位相关法律法规和制度办法，同时结合集团公司实际情况，建立健全的数据管理体系制度，明确数据管理工作具体内容以及集团公司各单位在各项数据管理工作中的职责，做到有法可依，依法而治。

（3）搭建“一站式”数据能力的架构体系。实现数据集成、数据治理、数据资产、数据服务、数据分析、数据运营等，构建集团公司数据全生命周期“一站式”数字能力运营平台，涵盖数据运营能力、数据应用能力、数据服务能力以及统一集成能力四大模块，支持行业知识库智能化建设，支持大数据存储、大数据计算分析引擎，帮助企业客户快速构建数据运营能力。在此基础上，“一站式”数字能力运营平台可以持续向各个领域提供统一的数据服务。

（4）构建数据运营服务机制。中铁物贸基于“一站式”数字能力运营平台，构建高效安全的数据运营体系，打造自动化数据运营机制和高水平数据服务团队，对内对外提供数据服务输出，支撑企业管理模式创新创效，推动企业高质量发展；通过“一站式”数字能力运营平台门户与数据分析工具进行一体化集成，支持不同部门、不同层级通过分析工具进行数据分析，形成业务报表，打造由运营域、财务域、风险域、价格域、运维域构成的多维度域的数据展示大屏，为管理决策精准定位；通过知识图谱、机器学习和深度算法框架，在数据智能匹配、精准营销、大数据风控等方面深度应用，构建价格分析模型、客户标签体系、客户评分模型、供应商评分评级模型等多维度数据模型，结合大宗业务线上化和平台化运营推进，面向管理者和平台运营者提供应用服务，助力大宗业务模式创新，为供应链业务持续赋能。

4. 业财共享平台夯实供应链体系管理基础

中铁物贸业财共享平台是中铁物贸信息化建设阶段的重点成果，全面实现了业务和财务管理全流程线上化、信息化，夯实了中铁物贸数字化供应链体系的管理基础。同时，可通过数据中台实现与外部应用的扩展，提升前台业务与后台管理的高效协同。以适应企业商业模式、业务模式和运营管理模式的变革创新，满足集物平台的支撑需要，有力推动了业财共享平台的传统采销数据 ERP 录入管理与集物平台深度融合，实现“大平台”管控，以前、中、后台模式去对中铁物贸现有系统实现高度集成，解决系统之间生硬分割、重复录入的问题，从而提高供应链管理全链条的工作效率和风控水平。借助平台刚性约束手段，将各项管理制度整合进平台，构建更加快捷高效的供应链管理流程基于中铁物贸数字化供应链体系中战略方向、目标、定位的引导，构建起中铁物贸供应链绩效指标体系，平台在线采集并测算绩效指标数据，对绩效指标和供应链整体运营状况进行实时监测和可视化展示，并开展量化考核评价。针对考核结果制定供应链绩效改进措施，持续优化整体供应链体系。

5. 平台服务推动供应链协同水平提升

中铁物贸基于集物平台、数据中台和业财共享平台对供应链数字化基础建设，不断推动供应链上下游资源聚集和供应链关键环节的专业化整合，增强供应链资源优化配置能力。中铁物贸顺应产业发展大势，积极同建筑业相关供应链平台加强对接，以合作和战略联盟的形式来共享资源信息与市场价格信息，进一步优化资源整合能力和供应链协同水平，加速形成了建筑业供应链生态圈；通过数字化供应链体系，做强供应链主材长板优势，补齐物资供应多元化短板弱项，系统提升供应链竞争力；借助数据中台持续加强企业内外部数据贯通、资源共享和业务协同，建立规模优势，积极推动企业间供应链标准的应用对接，实现全链条数据共享和流程可视，促进整体协调发展；推进业务流程再造，使业务流程更加连续化、功能更加柔性化。推进组织结构重组，打破原有组织结构和体制的障碍，实现了资源、市场、信息以及组织四方面的集成。

6. 数据服务辅助供应链效率提升

数据中台构建了价格预测分析模型、经济预警模型、客户标签体系、评分评级模型等多维度模型，与集物平台深度融合，在供应链资源统筹、供需匹配、多式联运等方面提供数据决策支持，形成智慧决策能力，以实现提质增效、价值创造。平台集成OCR 智能识别、RPA 机器人、数据融合等一系列智能化辅助工具，通过统一构建 OCR 能力，在供应商认证申请审核、收货凭证自动签收、银行票据自动识别等场景应用，人工耗时由 10 分钟/单缩短至约 2 分钟/单，效率将提升 80%，业务体量 3000 单/月，每月将节约人力 2~3 人。同时支撑业务平台和数字化创新解耦，提供移动 BI 分析入口，支撑业务高效协同，使决策层、管理层随时随地获取所需业务数据及分析展现，节约公司各层级月度日常报表统计耗时累计近 200 小时，每月节约人力 1 人。数据服务能力的提升有利于企业进一步实现提质增效、价值创造。

7. 数字风控促进供应链韧性逐步强化

中铁物贸围绕供应链关键领域、重要环节，巩固完善了金融、价格、安全质量、经营、法律、廉洁从业等方面的重大风险管控能力，完善风险预防预警应对机制。针对全链路、全渠道的供应链计划和供应链运营监控，利用数据化、精准化、可视化的平台管理模式对各业务风险问题实现了有效预防和控制。结合数据中台构建的经济运行风险预警模型、客户标签体系、客户评分模型、供应商评分评级模型、价格分析模型等，实现供应链全流程节点的实时监控和风险防范。通过智能预警和风险分析，将改变传统供应链单一链条的连接方式，以开放的态度持续扩展数据共享范围，转向网络化、多层次的链接，畅通数据资源循环，提升供应链的韧性和安全。

四、推广价值

中铁物贸以建筑业大宗物资贸易为切入点，搭建的以集物平台、数据中台、业财共享平台为一体的前、中、后台全方位立体的数字化现代化供应链体系在建筑业领域具有一定的超前性，也具有广阔的推广前景和价值空间。

顶层设计战略性考量。以数字化支撑、平台化运营、一体化服务、网络化协同、标准化运作、智能化决策为总体目标，全面系统地统筹推进现代供应链体系数字化转型，加快全价值链业务协同，提升资源整合能力，并实现智能化管理，推进数字化平台建设与创新，作为企业长期战略任务自上而下加以落实，确保了数字化转型的稳步推进。

平台服务全业态覆盖。集物平台面向建筑业市场，依靠真实的优势资源渠道，形成行业价格标杆，实现资源透明，为客户提供可自主筛选区域和物资品类的在线交易模式。满足终端直采、现货交易、产能预订、商家直营等不同的业务需求，覆盖钢材、水泥、钢轨、道岔、油料、辅料和二三项料等物资品类，集成金融、物流、仓储、信息资讯等多样性增值服务；通过平台建设运营加速推动业务管理模式变革、营利模式创新和现代化供应链体系重构，为建筑业数字化转型升级提供可供参考的方向。

企业数据全方位管理。中铁物贸基于多年来在数据治理和价值创造方面的工作，摸索出一套数据资源管理体系；通过数据资产管理、数据标准构建、数据全面治理，建立统筹业务数据、统一数据标准、监督数据质量问题，全面解决数据孤岛、数据标准不统一、数据不规范、数据不准确、跨业务流和跨系统的数据关系混乱、数据不安全、数据难溯源、数据更新不及时等存在的普遍数据问题；能够有效地帮助数字化发展过程中的跨行业、跨企业、跨系统的系统对接及数据贯通提质增效，进一步畅通数据资源大循环。

企业经营全面支撑。中铁物贸充分发挥企业全方位经营数据的价值创造能力，释放商业数据价值潜能；通过集成决策模型和 AI 算法，深入分析问题根源，预测未来发展趋势，推演实际经营过程，支撑企业科学决策；构建的数据地图、价格分析检测、供应链及客户全维分析、价格预测系统等多种数字工具为平台用户提供一站式数据服务。同时，提供移动 BI 分析入口，使集团公司决策层、管理层随时随地获取所需业务数据及分析展现，通过智能终端时刻全方位感知企业运营动态和经营异常。

生态建设多层次合作。中铁物贸要在未来的全球经济体系中掌控主动权，就必须切切实实发挥先进供应链管理理念的作用，充分发挥数字化技术的作用，推动建筑业供应链向智慧供应链转型升级。中铁物贸秉持“价值共创、利益共享、合作共赢”理念，依托“两个平台”对供应链体系进行专业化整合；依托现有多元化业务使供应链服务继续向上下游产业链，促进外部供应链企业协同合作；通过营造良好合作关系与保障供应链安全和韧性来推动供应链生态圈的高质量发展。

（佟希飞、徐晓晗）